高等职业教育"十三五"创新型规划教材

经济学基础

主　编　杨卫军　陈昊平
副主编　潘丽萍　张　庆
主　审　王永莲

北京理工大学出版社
BEIJING INSTITUTE OF TECHNOLOGY PRESS

版权专有 侵权必究

图书在版编目（CIP）数据

经济学基础／杨卫军，陈昊平主编．—北京：北京理工大学出版社，2018.12 重印
ISBN 978-7-5682-2382-9

Ⅰ．①经…　Ⅱ．①杨…②陈…　Ⅲ．①经济学-高等职业教育-教材　Ⅳ．①F0

中国版本图书馆 CIP 数据核字（2016）第 114956 号

出版发行／北京理工大学出版社有限责任公司	
社　　　址／北京市海淀区中关村南大街 5 号	
邮　　　编／100081	
电　　　话／(010) 68914775（总编室）	
(010) 82562903（教材售后服务热线）	
(010) 68948351（其他图书服务热线）	
网　　　址／http://www.bitpress.com.cn	
经　　　销／全国各地新华书店	
印　　　刷／三河市天利华印刷装订有限公司	
开　　　本／787 毫米×1092 毫米　1/16	
印　　　张／19	责任编辑／申玉琴
字　　　数／446 千字	文案编辑／申玉琴
版　　　次／2018 年 12 月第 1 版第 4 次印刷	责任校对／周瑞红
定　　　价／45.00 元	责任印制／李志强

图书出现印装质量问题，请拨打售后服务热线，本社负责调换

前　言

经过数百年的发展，经济学已经形成了完整的理论体系和丰富的思想内容，成为从事现代经济管理和决策工作必须掌握的基本理论。经济学，将为以后深入学习其他经济理论打下扎实的基础，因而成为所有财经类专业学生必须学习和掌握的基础课程。

本书充分考虑高职高专财经类专业学生学习背景，在遵循完整的经济学基本体系的基础上，借鉴国外经济学教科书的体系和特点，减少了复杂的图形、数学公式，增加了丰富的案例、阅读资料等，削弱了教材的理论性，强化了教材的趣味性及可读性，从而激发学生的兴趣，提高学习效果。本书在每章开始通过案例导入，引起学生的兴趣；在一些重要原理之后附有案例分析，用现实生活中通俗易懂的例子去佐证、阐释理论，强化了学生对理论的理解和掌握；每章中还有相关链接、延伸阅读等，可扩充学习知识点；在每章末有本章小结、关键概念、复习思考题等，进一步帮助读者检验学习效果。本书理论体系完整，内容简明扼要、通俗易懂，既可作为高职高专财经类专业学生学习经济学的教材，也可供从事经济理论研究、管理和决策的人士自学参考之用，还可作为经济学爱好者的入门读物。

本书以"必须、够用"为尺度，形成了具有特色的体系结构，比较全面地介绍了经济学理论，主要内容包括：导论、均衡价格理论、消费者行为理论、生产与成本理论、市场结构与厂商行为理论、市场失灵、分配理论、国民收入核算理论、国民收入决定理论、失业与通货膨胀理论、经济增长与经济周期理论、宏观经济政策。同时，为保证理论体系的完整性，本书保留了部分难度较大的知识点，主要在延伸阅读部分，这些内容可根据情况选讲或不讲。

本书由陕西工业职业技术学院杨卫军教授、陈昊平副教授担任主编，潘丽萍副教授、张庆讲师担任副主编，王永莲教授担任主审。杨卫军负责编写的组织和总纂定稿，陈昊平负责大纲的拟定、初稿的修改和统稿。撰写分工如下：第一章、第六章、第九章、第十一章由杨卫军执笔；第七章、第八章、第十章由陈昊平执笔；第四章、第五章由潘丽萍执笔；第二章、第三章、第十二章由张庆执笔。

本书在编写过程中参考了大量的书籍、文献、论文，引用了许多专家学者的著作和研究成果，通过网络搜集和采用了大量的资料，不能一一指出其出处与采用的观点，在此一并表示感谢！

由于编者水平有限，加之在编写过程中，依照高职高专人才培养模式和教学模式的创新，对教材内容及编写模式进行了改革和创新，缺点、疏漏乃至错误及不成熟之处在所难免，恳请读者批评指正，以期不断改进。谢谢！

编　者

目 录

第一章　步入经济学殿堂——经济学导论 ……………………………………（ 1 ）
　第一节　什么是经济学? ……………………………………………………（ 2 ）
　第二节　经济学的发展 ………………………………………………………（ 14 ）

第二章　谁在操纵物价——均衡价格理论 ……………………………………（ 30 ）
　第一节　需求理论 ……………………………………………………………（ 31 ）
　第二节　供给理论 ……………………………………………………………（ 37 ）
　第三节　均衡价格 ……………………………………………………………（ 42 ）
　第四节　弹性理论 ……………………………………………………………（ 47 ）

第三章　学会理性消费——消费者行为理论 …………………………………（ 58 ）
　第一节　效用概述 ……………………………………………………………（ 59 ）
　第二节　基数效用理论 ………………………………………………………（ 61 ）
　第三节　序数效用论 …………………………………………………………（ 67 ）

第四章　怎样才算真正盈利——生产与成本理论 ……………………………（ 78 ）
　第一节　生产和生产函数 ……………………………………………………（ 79 ）
　第二节　生产要素的最佳组合 ………………………………………………（ 85 ）
　第三节　成本 …………………………………………………………………（ 89 ）
　第四节　收益和利润 …………………………………………………………（ 99 ）

第五章　都是垄断惹的祸——市场结构与厂商行为理论 ……………………（103）
　第一节　完全竞争市场 ………………………………………………………（104）
　第二节　不完全竞争市场 ……………………………………………………（110）

第六章　市场不是万能的——市场失灵 ………………………………………（124）
　第一节　市场失灵 ……………………………………………………………（125）
　第二节　外部性及其治理 ……………………………………………………（130）
　第三节　公共物品与市场失灵 ………………………………………………（137）
　第四节　信息不对称与市场失灵 ……………………………………………（145）

第七章 "蛋糕"该怎样分——分配理论 (151)
- 第一节 工资、利息、地租和利润 (152)
- 第二节 社会收入分配与分配政策 (160)

第八章 什么是宏观经济——国民收入核算理论 (172)
- 第一节 国民收入核算的总量指标体系 (174)
- 第二节 国民收入核算的基本方法 (184)

第九章 一国财富的衡量——国民收入决定理论 (196)
- 第一节 简单的国民收入决定模型 (197)
- 第二节 IS-LM模型 (208)
- 第三节 AD-AS模型 (214)

第十章 按下葫芦浮起瓢——失业与通货膨胀理论 (223)
- 第一节 失业理论 (224)
- 第二节 货币理论与通货膨胀理论 (227)
- 第三节 失业与通货膨胀的关系 (236)

第十一章 要增长,还是要发展——经济增长与经济周期理论 (243)
- 第一节 经济增长理论 (244)
- 第二节 经济周期理论 (259)

第十二章 打好经济政策的"组合拳"——宏观经济政策 (268)
- 第一节 宏观经济政策概况 (269)
- 第二节 财政政策 (271)
- 第三节 货币政策 (277)
- 第四节 宏观经济政策的实施 (282)

复习思考题参考答案(部分) (291)

参考文献 (294)

学习参考网站 (296)

第一章

步入经济学殿堂——经济学导论

学习目标

掌握经济学、稀缺性、选择、资源配置等基本概念；
了解经济学的内容及西方经济学的演变；
理解经济学的基本问题和资源配置的基本方式；
初步掌握微观经济学和宏观经济学的主要内容。

学习建议

本章从整体上概括了经济学的内容、基本问题及其演变，重点是经济学相关的基本概念。延伸阅读部分难度较大，可供学有余力者学习。建议学习时间为4~6课时。

经济学：社会的一个尺度

导入案例

经济学——让你的生活更快乐！

我们在日常生活中会有意无意地运用到一些经济学知识，比如在市场买东西，我们喜欢与商贩讨价还价，到银行存钱，我们要决定是存定期还是存活期。大到国家也一样，国家有钱了,是去消费还是投资呢?在面临通货膨胀和失业的时候到底先解决哪个问题呢?在包括经济学初学者在内的大多数人看来,经济学既枯燥又乏味,充满了统计数字和专业术语,而且经济学总是与货币有割舍不断的联系,因此,人们普遍以为经济学的主题是货币。其实,经济学真正的主题内容是理性,其深刻的内涵就是人们理性地采取行动的事实。经济学是理解人们行为的方法,它假设每个人不仅有自己的目标,而且会主动选择正确的方式来实现这些目标。这种假设虽然未必总是正确,但在这样的假设下发展出来的经济学,不仅能够指导我们的日常生活,而且其本身也由于充满了理性而足以娱人心智。

经济学是一种致用之学,能够增加人们关于人类社会的知识,能够帮助人们在更多地理解人类行为的基础之上做出正确的决策。如果对经济学知识缺乏基本的了解,就容易在处理日常事务时理性不足,给自己的生活平添许多不必要的烦扰。比如我们常常烦恼别人为什么挣得比自己多,总觉得自己得到的比应该得到的少。而经济学却认为别人比自己挣得多是正常的,自己得到的就是应该得到的。我们之所以在生活中遇到这样或那样的烦扰,主要还是因为对经济学有一些误解,这可能是经济学说起来比较简单的缘故。"供给与需求""价格""效率""竞争"等都是大家非常熟悉的经济学词汇,而且意思也是显而易见的,因此,很多时候,似乎人人都是经济学家。人们不敢随便在一个物理学家或数学家面前班门弄斧,但在一个经济学家面前,谁都可以就车价跌了该高兴还是该郁闷等问题随意发表自己的见解。其实,经济学中有许多内容,并不是人们想象的那么简单。在经济学领域,要想从"我听说过"进入到"我懂得"的境界并非轻而易举的事情。

经济学会为你打开一扇窗,让你做生活的智者!如果你不推开经济学这扇窗户的话,你将无法真实地了解世界。因此,掌握一些正确的经济学知识,更加理性地面对日常生活的各种琐事,小到油盐酱醋,大到谈婚论嫁,就会减少生活中的诸多郁闷和不快,多一些开心,多一些欢笑!

每个人都应该明白这样一个道理:生活不是为了挣钱,挣钱只是为了更好地生活!一个人若想生活得更幸福和快乐,最大化地让自己感到满足,就需要考虑:时间的分配——多少时间用于挣钱,多少时间用于休闲;为什么我们这样做而不那样做,为什么我们总是面临选择;而我们又该如何选择才能够实现我们的目标,获得人生的快乐。不仅如此,在我们赖以生存的地球上,资源的有限性和人类欲望的无限性之间的矛盾始终困扰着人们,如何合理地配置和利用有限的资源,就成为人类社会的永恒的主题。经济学正是为了解决这一问题而产生的。什么是经济学?经济学包括哪些主要内容?它的发展历史如何?等等,这些就是本章所要回答的问题。

第一节　什么是经济学?

"经济"一词源于希腊语,由"家庭"和"管理"两个词逐渐演变而来。古代的奴隶制经济以家庭为基本的生产单位,而规模较大的奴隶主庄园往往役使成百上千的奴隶进行劳动,由此产生了最初的经济学,其主要内容是探讨奴隶制经济应如何组织生产、管理奴隶,以增加具有实用价值的财富总量。

我国古汉语中的"经济"一词，具有"经邦济世，经国济民"的含义，即治理国家、拯救庶民的意思，与西方语言中的"经济"不同。19世纪后半期，日本学者翻译西方著作时，借用了古汉语中"经济"这个词。后来，我国学者在翻译西方著作时，也逐渐采用了"经济"这一译法。

一、经济学的含义

人类自诞生以来，就一直为经济问题所困扰，生存与发展始终是困扰各国人们的两大基本问题。诸多经济问题，究其根源，主要在于：资源总是有限的！一方面，人类欲望几乎是无限的，而世界所赋予我们的资源却相对有限；另一方面，由于自然或社会各方面的原因，即使是那些非常有限的资源，或者没有得到合理的配置，或者没有得到充分的利用。因此，合理配置和有效利用有限资源，就成为人类社会永恒的问题，也是人类社会最核心的问题之一。而经济学正是为解决这一核心的永恒问题而产生的。

对什么是经济学，不同的人有着不同的理解：有的人说经济学就是研究怎样花钱、如何消费；有的人认为经济学是研究经邦济世的大学问；有的人认为经济学研究致富之路；有的人认为经济学研究生产关系；还有的人认为经济学无非是一些自命为经济学家的人的智力游戏或是对人们经济活动的一种描述。

关于经济学，一种比较流行的定义是：经济学是研究各种稀缺资源在可供选择的用途中进行配置的科学，其目标是有效地配置稀缺资源以生产商品和劳务，并在现在或将来把它们合理地分配给社会成员或集团以供消费之用。

综上所述，可以把经济学含义简单表述为：研究如何实现稀缺资源的最佳配置，以使人类的需要得到最大限度满足的科学。

相关链接　　　　　　　　　**人人都是经济学家**

每个人都可以说是"经济学家"，因为人天生就会计算。计算什么呢？计算收益与成本。比如说，星期六是加班挣点钱，还是在家休息或出门观光？是多花点时间和精力做一顿丰盛的晚餐，还是买点方便面应付了事以节省时间？是自己做家务还是请保姆？是从政还是经商？应该说人们每天、每时、每刻都在进行分析、计算、比较并做出选择。之所以这样选择而不是那样选择，是因为人们通过计算后觉得这样选择更划算。通过学习经济学，能够激发我们对现实生活的关注，有助于我们了解所生活的世界。

案例分析　　　　　　　　　**吃饭的学问**

饭桌上有两个菜：菜A、菜B，假定第1、2、3、4、5、6次连续吃菜A的效用分别是10、9、8、7、6、5；第1、2、3、4、5、6次连续吃菜B的效用分别是7、6、5、4、3、2，只准夹5次，怎么吃菜才能吃得最满意？

案例分析　　　　　　　　　**和谁结婚**

不考虑法律、道德等因素，一个22岁的姑娘应该和下面A、B、C、D中的哪一位男士结婚呢？

项目	A	B	C	D
年龄/岁	22	30	25	30
收入/元	1 000	1 000	5 000	5 000

二、经济学相关的基本概念

（一）资源的稀缺性——经济问题的根源

由于人类经济问题主要是源于人类社会必然面临的永恒问题——稀缺性，那么，要认识和了解经济学，就必须先了解稀缺性。没有稀缺性，就没有经济学存在的理由和必要。稀缺性是关于经济学研究对象的基础性概念，是相对于人类无限的欲望而言的，生产经济物品所需要的资源总是不足的，这种资源的相对有限性就是稀缺性。这里所说的稀缺性不是指资源绝对数量的多少，而是指相对于无限的欲望而言，再多的资源也是稀缺的。稀缺性的存在是绝对的，它存在于人类历史的各个时期和一切社会。

相关链接 　　　　　　**欲望的无限性与稀缺性**

关于人的欲望无限性的问题，西方经济学家认为它不属于经济学研究的范畴，因而只假定存在这一事实。人的欲望具有无限增长和扩大的趋势，而为了满足这种需要，就要生产更多的物品和劳务，从而需要更多的资源。但在一定时期内，可用于生产物品和提供劳务的资源与人们的欲望相比总是远远不够的，这就是稀缺性。

西方经济学认为，每个经济社会的经济问题都来源于一个基本的经济事实或矛盾：即人类需要的无限性和满足需要的资源的稀缺性。正是由于这样的一个基本矛盾，便产生了社会的基本经济问题，产生了研究经济问题的经济学。从根本上说，经济学就是与稀缺性进行斗争的一门学问。

相关链接 　　　　　　**自然资源的稀缺性与资源的枯竭**

1. 中国自然资源的相对稀缺性

由中国各种自然资源的相对稀缺性指数（见图1-1）可以看出，无论是储存性资源（可耗竭资源）还是流动性资源（可再生资源）方面，中国都面临着全面的资源紧缺。其中仅核能资源能达到世界平均水平，而铝土、石油、镍、铜、森林、铁、煤炭和水资源的相对稀缺程度最为严重，中国的耕地资源也不容乐观。

2. 世界石油还够用40年？科学家警告枯竭将提前来临

英国石油公司（BP）在2007年6月13日公布的《世界能源统计评估》中称，目前，人类对于石油的需求在快速增长。2007年，每天被消耗的石油平均为8 500万桶，而根据国际原子能机构最保守的估计，到2030年石油的日消耗量将达到1.13亿桶。如果按照现在的

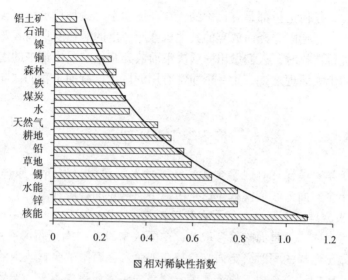

图1-1 中国自然资源的相对稀缺指数比较

数据来源：联合国粮农组织统计数据库（FAOSTAT）。

消费水平计算，世界上目前探明的石油储量还可供人类使用40年。但是，一些科学家却表示，统计数字中包含了许多政治因素，石油枯竭将提早来临。

3. 国土资源部——中国石油储量可开采19年

2011年11月24日，在国土资源部举行的《全国油气资源动态评价（2010）》成果新闻发布会上，国土资源部地质勘查司司长彭齐鸣介绍，近年来中国石油对外依存度超过50%。来自国土资源部的数据则显示，国内石油年产2亿吨可持续到2030年以后。

（资料来源：http://www.sina.com.cn，2011年11月24日。）

（二）自由物品和经济物品

根据资源稀缺与否和满足需要的程度不同，物品与劳务可分为自由物品和经济物品两大类。

自由物品是不受限制或不付代价就可以任意取用的物品，相对于人们的需要来说是丰富的，人们可以随心所欲地消费这种物品而不会影响他人的享用，最典型的自由物品是空气和阳光。在阳光明媚、空气清新的地区，阳光和空气是取之不尽用之不竭的，没有人会争取多一点阳光、多一点空气。

经济物品是指那些用稀缺资源生产出来的，相对于人们的需要来说是有限的物品。黄金白银、葡萄美酒、鲍参翅肚、水果蔬菜、衣食住行等，都是经济物品。相对于个人和社会来说，此类物品无法以充足的数量满足人们现有的需要，必须节约使用。经济物品之所以稀缺，根源就在于用来生产物品的资源是稀缺的。

（三）机会成本

由于稀缺性的存在，人们必须对现有资源的使用取向做出选择。正如哈姆雷特的一句名言："生存还是死亡，这是一个问题。"这表明哈姆雷特面临着生存和死亡的选择。在实际生活当中，我们也会面对众多的选择。比如，应当买房还是买车？大学毕业后应当读研究生还是直接参加工作？而无论哪种选择，一方面可以带来某种结果，另一方面也会产生一定的成本。如果选择的结果是生产某种有价值的商品，那么为了生产这些商品就必须放弃生产其他商品。换句话说，任何选择都是有代价的。在经济学中，这种代价由机会成本进行衡量。

所谓机会成本，是指因选择而放弃的其他机会所产生的潜在的最高收益，也就是在两种以上的事物之间进行选择时，人们做出一项决策而放弃其他多项决策中的潜在最高收益。机会成本是经济学的十大原理之一，是一个非常有用的概念，有助于我们在几种选择中做出理性的决策。

延伸阅读   经济学十大原理

美国著名经济学家曼昆在其风靡全球的经济学入门教材《经济学原理》中提出了经济学十大原理，从十个方面为我们解释了日常生活中所常见的经济现象。

1. 经济学十大原理之一——人们面临着权衡取舍（People face trade–offs）

我们在日常生活中，总是面临很多取舍，中国人常说的"有所得必有所失"，即是这样的道理。人们在做出选择的同时必定面临着权衡取舍。在有限的金钱收入的前提下，你只有做出一定的选择，比如说，是找工作还是考研，是先买房还是先买车，早餐是吃煎饼还是吃肉夹馍等。

2. 经济学十大原理之二——某种东西的成本是为了得到它而放弃的东西（The cost of something is what you give up to get it）

在做出选择的时候，理性的经济人不仅仅应该考虑看得见摸得着的成本损失，更应该考虑一些潜在的看不见的机会成本。一个比较经典的例子就是大学毕业之后做出是否继续上研究生的经济决策：去上研究生就不能去工作，上研究生的机会成本即是同样的时间内参加工作所能得到的最高收入；而相反，工作的机会成本即是上研究生所能拥有的美好未来。

3. 经济学十大原理之三——理性人考虑边际量（Rational people think at margin）

边际分析是经济学理论分析中的一个重要方法。边际即自变量每变化一个单位所引起的因变量的变化量。基于某些自然或者心理的作用，随着某些物质的增加，其带来的作用或者效果增加并不是与其增加量同比例的，而是递减的。每个人在消费的时候都会考虑他多花的一元钱所得到的好处或者满足是多少，即商品的边际效用递增还是递减。人在饥寒交迫时候的一个馒头给他带来的效用要远远大于他富足的时候；人在贫穷的时候所拥有的一元钱的意义远远大于他富裕的时候。

4. 经济学十大原理之四——人们会对激励做出反应（People respond to incentives）

经济学理论的一个重要假设是理性经济人假设，就是说人从本质上来说都是自私自利的。经济人都在试图以既定成本获取最大的收益或者在既定收益的情况下试图去使自身成本最小化。因而人们在做出决策的时候会权衡收益与成本，而激励会在某种程度上改变经济行为的成本与收益。这就势必使人们对激励做出反应。

5. 经济学十大原理之五——贸易能使每个人状况更好（Trade can make everyone better off）

贸易的过程即是两个经济主体进行交换的过程。大卫·李嘉图提出的比较成本理论指出，每个人或国家都在生产自己具有相对比较优势的产品来与他人或他国进行交换，这样的交换使得交换之后的总福利要比自己各自生产各自的东西要大得多。只要买卖是双方自愿的，对双方都是有益的。也可以说，买卖双方不存在谁赚钱的问题，因为双方都得到了好处。

6. 经济学十大原理之六——市场通常是组织经济活动的一种好方法（Markets are usually a good way to organize economic activities）

市场机制的作用发挥依靠的是竞争机制、价格机制、供求机制。历史的实践经验表明，市场机制作为配置稀缺资源的方式确实给世界带来了翻天覆地的变化。改革开放的探索经验也表明，市场机制与社会主义体制的完美结合造就了今天强大的中国！市场经济中的主体充分发挥自己的自主性，为自己的极大利益或极大效用而不择手段，正是这种激励作用才使得亚当·斯密的"看不见的手"指使着人们在追求自己福利最大化的同时，也促进了整个社会的福利最大化。

7. 经济学十大原理之七——政府有时可以改善市场结果（Governments can sometimes improve market outcomes）

由于市场调节有时候会导致市场失灵，在市场不能充分发挥或者有效配置资源的情形下，政府就应该出面替代市场的作用或者改善市场调节的结果。当今世界实际上已经没有纯粹的市场经济体，每个国家都或多或少地存在政府对经济的宏观调控和微观规制。

8. 经济学十大原理之八——一国的生活水平取决于它生产物品与劳务的能力（A country's standard of living depends on its ability to produce goods and services）

美国与非洲国家的生活水平为什么差别如此之大？归根结底是因为生产力水平的差异。一国的生产力水平高低直接决定着它生产产品和劳务的能力。经济增长的源泉来自于生产要素的投入量、劳动生产率水平以及制度。但是资源的可用量对于每个国家或个人来说在一定时间内是相对固定的，决定其生产的产品和劳务总量的因素就落到劳动生产率水平的提高和制度之上。生活水平与劳动生产率水平之间的关系也引导着政府如何提出合适的经济政策来刺激经济社会的发展，从而更大程度上促进人们生活水平的提高。

9. 经济学十大原理之九——当政府发行了过多货币时，物价上升（Prices rise when the government prints too much money）

货币的发行由中央银行所决定，当央行采取宽松的货币政策之时必定会引起货币供给的增加，但是生产能力在短期内并不可能上升，这就在经济中产生了过多的货币与相对过少的商品。货币就会追逐商品进行套利，从而推高商品的价格。近期我国的CPI高涨的背后即是前几年政府为应对金融危机而实行的适度宽松的货币政策所造成的货币超发的后果。

10. 经济学十大原理之十——社会面临通货膨胀与失业之间短期权衡取舍（Society faces short-run trade-off between inflation and unemployment）

经济学家菲利普斯在1958年根据美国的经验数据提出了货币工资增长率与失业率之间的关系；1968年，索洛和萨缪尔森在菲利普斯提出的理论之上进行了发展和创新，得出了菲利普斯曲线。菲利普斯曲线揭示了通货膨胀与失业率之间的短期取舍关系：即当失业率上升的时候，通货膨胀率会降低；当失业率下降的时候，通货膨胀率会上升。政府可以据此制定一个合理的失业率和通胀率的合理区间，当经济运行偏离了这一合理区域，政府即采取一定的宏观经济政策进行适当干预。

需要注意的是，机会成本不同于实际成本，不是做出某项选择时实际支付的费用或损失，只是一种观念上的支出或损失。如果资源只有一种用途，就不存在机会成本；当一种资源有多种用途时，机会成本是做出一种选择时，放弃的其他若干种可能收益中最大的那个。

案例分析   农民的投资决策

农民可以选择养猪、养鸭和养鸡其中的一种,假设收益分别为:养猪可以获得9万元,养鸡可以获得7万元,养鸭可以获得8万元。如果选择投资养猪就不能选择养其他家禽,养猪的机会成本就是放弃的选择中收益最高的那个。那么养猪的机会成本是8万元,养鸡的机会成本为9万元,养鸭的机会成本也为9万元。

案例分析   上大学值吗?——上大学的机会成本

中国现阶段一个大学生四年大学的会计成本主要是大学学费、书费和生活费,按照现行价格标准,假定一个普通家庭培养一个大学生的这三项费用是4万元。大学生如果不上学去工作,按照现行劳动力价格标准假如也是4万元,那么上大学四年的机会成本就是4万元。因此,大学生上大学经济学概念上的成本就是8万元。

上大学成本如此之高,为什么家长还选择让孩子上大学,是因为这种选择符合经济学理论中的收益最大化原则。我们算一下上大学与不上大学一生的成本与收益(正常情况下)。假定:不上大学从18岁工作到60岁,共42年,平均年收入是1.5万元,共63万元;大学毕业后从22岁工作到60岁,共38年,平均年收入是3万元,共114万元,减去上大学的经济学成本8万元,剩下106万元,与不上大学相比多得43万元的收入。这还没考虑学历高所带来的名誉、地位等其他效应。所以,选择上大学比不上大学去找工作来说,肯定更加理性。

但对一些特殊的人,情况就不一样了。比如,姚明为什么不选择上大学而选择去NBA打球?如果他在高中毕业后去打篮球,每年可收入200万元。这样,他上四年大学的机会成本就是800万元,远高于一个大学生一生的收入。更何况他在NBA每年年薪有上千万美元,还有拍广告所得到的广告费等。因此,有这种天赋的青年,即使学校提供全额奖学金也不去上大学(也是一定要退役后才去上大学的原因)。这就是把机会成本作为上大学的代价,不上大学的决策就是正确的。可见机会成本这个概念在我们日常生活决策中是十分重要的。

思考:用学过的理论分析自己上大学的"成本"?

(四)生产可能性曲线

虽然一个社会可以生产成千上万种物品和劳务,但由于受到资源和可供利用的技术的限制,它无法生产出所想拥有的一切东西。生产可能性曲线描述了这种限制。

所谓生产可能性曲线，是指在既定资源和生产技术条件下，一个社会充分利用现有经济资源所能生产的最大限度的产品组合的集合（曲线）。由于整个社会的经济资源有限，当这些资源都被充分利用时，增加一定量的一种产品的生产，就必须放弃一定量的另一种产品的生产。整个社会生产的选择过程形成了一系列的产品的不同产量组合，所有这些不同产量的组合就构成了生产的可能性曲线。

假设一个社会只生产黄油和面包两种物品。那么，无论是将社会所有的资源都用于生产面包还是黄油，每年生产的数量都会有一个最大数量。利用现有的资源和技术，每年能够生产的黄油最大数量是150万吨（见表1-1中可能性A）；每年能够生产的面包最大数量是5 000万吨（见表1-1中可能性F），这是两种极端的情况。多数情况下，要么是多生产一些面包，放弃一些黄油；或者多生产一些黄油，而放弃一些面包。具体情况如表1-1所示。

表1-1 生产可能性

生产可能性	面包/万吨	黄油/万吨
A	0	150
B	1 000	140
C	2 000	120
D	3 000	90
E	4 000	50
F	5 000	0

我们可以用图形来描述该社会的生产可能性边界。如图1-2所示，横轴表示面包，纵轴表示黄油。点F表示只生产面包不生产黄油，而点A则表示只生产黄油不生产面包。生产边界以外的S表示不可能，即无法达到的情况；而G点则代表无效率的生产情况，即表示某些资源和技术没有得到充分利用，有效率的生产情况必然是在生产可能性边界上。在A点向F点移动时，意味着在资源和技术既定的条件下，如果要增加面包的生产，就必须减少黄油的生产。

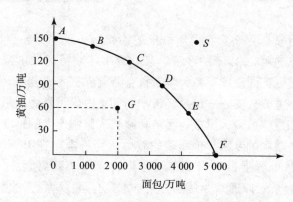

图1-2 黄油和面包的生产可能性边界

三、经济学的基本问题

在资源稀缺性存在的情况下，必须考虑社会如何将稀缺性的、竞争性的和生产性的资源在现在和将来、在生产各种商品和劳务之间做出选择，也就是人们要做出究竟该生产多少黄油和面包的决策。在某种意义上说，经济学就是一门关于如何在给定的约束条件下做出最佳选择的学问。著名经济学家斯蒂格利茨把选择概括为四个方面，也就是资源配置要解决的四大基本经济问题。

延伸阅读

斯蒂格利茨与《经济学》

约瑟夫·斯蒂格利茨，美国经济学家，1943年出生于印第安纳州的加里市（这个小城还诞生了一位当代最伟大的经济学家——萨缪尔森）。1964年，获阿墨斯特学院学士学位；1967年，在麻省理工学院获哲学博士学位。1970年，年仅27岁的斯蒂格利茨被耶鲁大学聘为经济学正教授。三年后他被选为计量经济学会的会员，这是一个经济学家所能获得的最高荣誉之一。1988年成为美国国家科学院院士。他先后工作过的大学包括：耶鲁大学（1970—1974）、斯坦福大学（1974—1976）、牛津大学（1976—1979）、普林斯顿大学（1979—1988）、斯坦福大学（1988—2001）、哥伦比亚大学（2001年至今）、北京大学（长江学者、讲座教授）。

1979年，他获得了美国经济学会两年一度的约翰·贝茨·克拉克奖，该奖项用于表彰对经济学做出杰出贡献的40岁以下的经济学家。2001年获得诺贝尔经济学奖。现任美国布鲁金斯学会高级研究员、英国曼彻斯特大学布鲁克斯世界贫困研究所（BWPI）主席。

他为经济学的一个重要分支——信息经济学的创立做出了重大贡献。他所倡导的一些前沿理论，如逆向选择和道德风险，已成为经济学家和政策制定者的标准工具。他还是世界上公共部门经济学领域最著名的专家。他所著的教材《经济学》在1993年首次出版后，一版再版，被全球公认为是世界上最通行的、最经典的经济学教材之一，成为继萨缪尔森的《经济学》、曼昆的《经济学原理》之后西方又一本具有里程碑意义的经济学入门教科书。

（一）生产什么，生产多少？

这个问题实质上包括了生产什么品种、生产多少、什么时间生产以及什么地点生产四个方面的问题。资源的有限性决定了不能生产人们所需要的所有产品，而必须有所取舍。用黄油与面包的例子来说，就是生产黄油还是生产面包；或者生产多少黄油、多少面包，即在黄油与面包的各种可能性组合中选择哪一种。如果黄油生产得过少，生产的面包滚滚而来，那么，这个社会肯定不可能长期生存下去。

（二）如何生产？

一个经济系统必须决定采用什么样的生产方法或资源配置方式来生产预期水平和构成的产品。如何生产包括以下几个方面的问题：其一，由谁来生产；其二，用什么资源生产；其三，用什么技术生产；其四，用什么样的组织形式生产及怎样生产。如何生产实际上就是如何对各种生产要素进行组合，是多用资本、少用劳动，用资本密集型方法来生产，还是少用资本、多用劳动，用劳动密集型方法来生产。不同的方法尽管可以达到相同的产量，但经济效益是不同的。

（三）为谁生产？

换言之，谁来享受经济活动的成果？或者，用正规的经济学语言，是指生产出来的产品和财富如何在社会成员之间进行分配。如黄油与面包按什么原则分配给社会各阶层与各个成员，谁得什么？得多少？为什么穷人仅有一点点，而富人却拥有太多？这种分配是公平的吗？

（四）谁做出经济决策，依据什么程序？

这实际是资源配置方式的问题，不同国家以及同一个国家的不同时期，资源配置方式会有很大差异。到目前为止，现代社会主要有以下三种资源配置方式。

1. 完全自由市场经济配置方式

完全自由市场经济配置方式是指政府不对经济施加任何影响，资源配置完全由市场机制自由配置，这是资源配置的一种极端情况。在这种资源配置体制下，资源配置、产品分配以及生产组织方式的选择完全由市场价格来调节。但是，市场经济也不是万能的，市场机制也有缺陷，也存在"市场失灵"的现象。

2. 完全指令计划经济配置方式

完全指令计划经济配置方式是指通过政府权力对所有资源进行配置的方式，又称计划经济方式，这是资源配置的又一极端形式。在这种资源配置体制下，所有经济问题的解决完全依赖于各级政府的指令，国家和各级政府拥有全部资源，控制着所有资源的价格。在生产力不发达的情况下，计划经济有其必然性和优越性，可以集中有限的资源实现既定的经济发展目标。但在生产力越来越发达以后，计划经济就无法有效地进行资源配置了。

3. 混合经济配置方式

纯粹的市场经济和计划经济各有利弊。事实上，世界上各国的资源配置都是二者的有机结合。在混合经济配置方式下，解决经济中的基本问题就要靠市场机制和政府宏观调控共同作用。对大众化商品的资源配置主要靠市场来调整，其价格和交易数量也主要由市场供求关系来决定。同时，政府要通过法律、财政、货币等政策手段对资源配置的状况实施监督和调节。对关系到国计民生的特殊资源配置和商品的分配，则主要依靠政府的指令方式进行调节，并在一定范围内有限地引入市场竞争机制。

四、经济学体系

经济学根据它所研究的具体对象、范围的不同，可以分为微观经济学和宏观经济学两个组成部分。

（一）微观经济学

1. 微观经济学的含义

微观经济学就是指以单个经济单位为研究对象，通过研究构成整个经济制度的单个经济单位的经济行为和相应的经济变量单项数值的决定，来说明价格机制是如何解决社会资源的配置问题。这些单位有：作为消费决策单位的家庭、作为生产决策单位的厂商和资源所有者。

2. 微观经济学的主要内容

微观经济学涉及以下几个方面的内容。

（1）均衡价格理论。均衡价格理论也称价格理论，它研究商品的价格如何决定，以及价格如何调节整个经济的运行。这一部分是微观经济学的中心，其他内容都是围绕这一中心而展开的。

（2）消费者行为理论。研究消费者如何把有限的收入分配于各种物品的消费上，以实现效用最大化。这一部分是决定价格的因素之一，即对需求所做的进一步解释。

（3）生产理论。研究生产者如何把有限的资源用于各种物品的生产上，成本、价格和产量是如何决定的，如何取得最大利润。这一部分包括研究生产要素与产量之间关系的生产理论、研究成本与收益的成本与收益理论，以及研究不同市场条件下厂商行为的厂商理论。

（4）分配理论。研究收入如何在不同生产要素的所有者之间进行分配等问题，也就是产品按什么原则分配给社会各集团与个人，即工资、利息、地租和利润是如何决定的。这一部分是运用价格理论来说明为谁生产的问题。

（5）市场失灵与微观经济政策。虽然市场机制能使社会资源得到有效配置，但实际上，市场机制的作用并不是万能的，市场也会"失灵"，所以，就需要相应的微观经济政策。

（6）一般均衡理论与福利经济学。研究社会资源配置最优化的实现，以及社会经济福利的实现等问题。由于篇幅所限，本书对这部分内容不做详细叙述。

此外，现代微观经济学还包括更为广泛的内容，诸如产权经济学、时间经济学、家庭经济学、人力资本理论等，这些都是在微观经济学基本理论的基础上发展起来的。

微观经济学可以说主要研究市场的价格机制、供求机制和竞争机制的作用，通过分析各种商品市场和要素市场的价格决定过程，考察各种经济变量之间的关系和相互影响，找到实现稀缺资源最佳配置的方法和途径。

（二）宏观经济学

1. 宏观经济学的含义

宏观经济学就是以整个国民经济为研究对象，通过研究经济中各有关总量的决定及其变化、相互之间的关系和相互作用，诸如国民收入、就业、总产量、经济增长、周期波动、一般物价水平的变化以及政府的财政、货币、收入政策对整个国民经济的影响等，来说明资源如何才能得到充分利用。

宏观经济学所要解决的是经济稳定和经济增长的问题，主要研究整个经济的价格和产出水平的决定过程，分析经济不稳定的原因，探索实现整个社会生产能力长期稳定增长的方法和途径。

2. 宏观经济学的主要内容

宏观经济学包括以下几个方面的内容。

（1）国民收入决定理论。就是从总需求和总供给的角度出发，分析国民收入决定及其变动的规律，介绍国民收入的核算方式等。国民收入决定理论是宏观经济学的中心理论，其他理论都是围绕着这一理论展开的。

（2）失业与通货膨胀理论。失业与通货膨胀是各国经济中最主要的问题。宏观经济学把失业与通货膨胀和国民收入联系起来，分析其原因及其相互关系，以便找出解决这两个问题的途径。

（3）经济周期与经济增长理论。主要分析国民收入短期波动的原因、长期增长的源泉等问题，以期实现经济长期、稳定的发展。

（4）宏观经济政策。宏观经济学是为国家干预经济服务的，宏观经济理论要为这种干预提供理论依据，而宏观经济政策则要为这种干预提供具体的措施。

（5）开放经济理论。主要分析一国国民收入的决定与变动如何影响他国，以及如何受到他国的影响，同时也分析开放经济下一国经济的调节问题。由于篇幅所限，本书对这部分内容不做详细叙述。

（三）微观经济学和宏观经济学之间的关系

微观经济学和宏观经济学的目标都是为了实现稀缺资源的节省和提高经济效率，达到社会福利最大化。二者的区别主要在于观察同一事物的角度不同：微观经济学是由下而上的视角，而宏观经济学则是由上而下的视角。在微观经济学中，总产量、价格总水平、总就业量是作为已知变量看待，侧重于个量分析方法分析单个经济单位的经济行为；而宏观经济学研究的对象正是微观经济学假定不变的经济总量，在分析方法上侧重于总量分析。因此，宏观经济学和微观经济学的关系，就好像森林和树木之间的关系一样。宏观经济学好比研究一片森林的构成、性质和变化，而不考虑一棵棵树木；而微观经济学则是考察森林中个别树木的性质和特点，在考察时以森林的状态不变为假定前提。如果要对整片森林有充分的认识，则这两个方面的研究缺一不可。

虽然西方经济学强调微观经济学和宏观经济学之间的联系，但目前西方经济学理论体系中的矛盾、不一致性也是相当明显的。首先，微观经济分析是以价格理论为核心而展开的；而宏观经济分析是以收入决定理论为核心而展开的，这两个核心理论没有内在联系。其次，这两个组成部分的结论是互相矛盾和互相否定的。微观经济学强调通过市场价格机制自发地调节经济活动，可以达到社会福利最大化，因此，政府对经济的过分干预是不必要的；而宏观经济学强调国家对经济生活的直接干预，否则自发的市场调节就不能有效运转。最后，微观经济学的理论基础是以马歇尔为代表的新古典经济学，其核心是市场有效性和自由放任；而宏观经济学的理论基础是凯恩斯主义经济学，其核心是市场失效和国家干预。

相关链接 **微观经济学与宏观经济学**

微观经济学和宏观经济学是密切相关的。生活中有很多事例在微观的角度看是正确的，但从整体角度看就是不合理的。比如，在看足球赛时，一个球迷站起来看能够看得更清楚一些，但每个人都这样的话，结果是每个人都看不清楚。由于整体经济的变动产生于千百万个人的决策，所以，不考虑相关的微观经济决策而要去理解宏观经济的发展是不可能的。又如，宏观经济学家可以从个人所得税减少对整个物品与劳务生产的影响进行分析。为了分析这个问题，他必须考虑所得税减少如何影响家庭把多少钱用于物品与劳务的决策。再如，失业现象严重时,作为个人,除了一些佼佼者能谋到职业外,总有人没有就业岗位,作为厂商也不能无效率地吸收工人,所以失业问题是宏观问题,解决就业是政府的责任。

第二节　经济学的发展

在西方,因为经济学是为解决"合理配置和有效利用有限资源"这一人类核心的永恒问题而产生的,所以被称为"社会科学的皇后",也有"最古老的艺术""最新颖的科学"之美誉。称之为"皇后",表明经济学在整个社会科学体系中的"身价"和"地位";称之为"最古老的艺术",是由于经济活动和对经济问题的思考同人类文明的演变是同步进行的;称之为"最新颖的科学",说明经济学本身是不断更新、不断变革的,就像人类经济文明的不断进步一样,经济学一天也没有停止过自身的发展。

经济学的产生,最早可以追溯到 17 世纪重商主义的创立,其发展主要经历了重商主义、古典政治经济学、新古典经济学、凯恩斯主义经济学和当代经济学五个阶段。

一、重商主义

重商主义存在于 15 世纪下半叶至 17 世纪下半叶,在英、法等国家占统治地位。大多数经济学家认为,重商主义是最早出现的经济学。其早期代表人物有英国的威廉·斯塔福、约翰·海尔斯,法国的安徒万·德·蒙克列田,其代表作是《献给国王和王太后的政治经济学》。晚期代表人物是英国的托马斯·孟,其代表作是《英国得自对外贸易的财富》,这本书曾被称作"重商主义的圣经"。

重商主义认为金银是唯一的财富,政府应该采取各种措施增加出口,减少进口,以保证本国财富的增加。因此,他们主张国家干预经济,把国家一切经济活动统统归结为攫取金银。

可以这样认为,重商主义盛行于资本主义生产方式的形成与确立时期,是在资本原始积累时期产生的代表商业资产阶级利益的一种经济学说和政策体系,仅以粗浅的现实主义总结了商业资本的实践经验。但是,与现代经济学不同,重商主义的研究仅仅停留在流通领域,其主要内容也只是一些政策主张,尚未形成完整的、系统的理论体系。有些学者认为,严格地讲,重商主义只能说是经济学的萌芽阶段,其发展时期只能算是经济理论的史前时期,真正的经济科学只有在从流通领域进入到生产领域中才算形成。

延伸阅读　　　　**早期重商主义和晚期重商主义**

重商主义的发展经历了早期重商主义和晚期重商主义两个阶段。

早期重商主义产生于 15—16 世纪中叶,以货币差额论为中心(即重金主义),强调少买,代表人物为英国的威廉·斯塔福。早期重商主义者主张采取行政手段,禁止货币输出,反对商品输入,以储藏尽量多的货币。一些国家还要求外国人来本国进行交易时,必须将其销售货物的全部款项用于购买本国货物或在本国花费掉。

晚期重商主义主要存在于 16 世纪下半叶到 17 世纪,其中心思想是贸易差额论,强调多卖,代表人物为托马斯·孟。他认为对外贸易必须做到商品的输出总值大于输入总值(即卖给外国人的商品总值应大于购买他们商品的总值),以增加货币流入量。16 世纪下半叶,西欧各国力图通过实施奖励出口、限制进口，即奖出限入的政策措施，保证对外贸易出超，以达到金银流入的目的。

二、古典政治经济学

随着资本主义经济的发展，从17世纪下半叶开始，在英、法等国逐渐形成一种反对重商主义的干涉主义的社会经济思潮，强调从生产领域来研究财富增长，主张自由放任。英、法两国一大批优秀的思想家、哲学家、医生和商人，如威廉·配第、约翰·洛克、大卫·休谟、弗朗斯瓦·魁奈等人，开始有目的地探索资本主义市场经济发展的规律，寻求对经济现象的理论与解释。他们的理论发现和观点被汇集到亚当·斯密的《国民财富的性质和原因的研究》（简称《国富论》）中，形成第一个完整、系统的经济理论体系。

延伸阅读　　　　　　　　**亚当·斯密与《国富论》**

亚当·斯密（1723—1790年），18世纪英国著名的经济学家和伦理学家，经济学的主要创立者。1723年出生在苏格兰的寇克卡迪，青年时就读于牛津大学。1751—1764年在格拉斯哥大学担任哲学教授，在此期间发表了他的第一部著作《道德情操论》（1759），确立了他在知识界的威望。1776年发表的伟大著作《国富论》，使他在余生中享受着荣誉和爱戴，世人尊称其为"现代经济学之父"和"自由企业的守护神"。1790年7月17日在苏格兰爱丁堡去世。亚当·斯密一生与母亲相依为命，终生未娶，没有子女。

亚当·斯密于1768年开始着手著述《国富论》，1776年3月出版。《国富论》是使经济学成为一门独立学科的奠基之作，可以说，为经济学确定了完整的架构。它的哲学基础是《道德情操论》中的所谓的自然秩序、"经济人"和"看不见的手"。

《国富论》的基本思想：财富的源泉是劳动，任何生产部门的劳动都创造财富。增加财富的方法有两种：一是提高专业工人的劳动生产率，为此就要分工；二是增加生产工人的人数，为此必须增加资本。

《国富论》共分五卷。它从国富的源泉——劳动，说到增进劳动生产力的手段——分工，因分工而起交换，论及作为交换媒介的货币，再探究商品的价格，以及价格构成的成

分——工资、地租和利润。

第一篇　论劳动生产力进步的原因，兼论劳动产品在不同阶级人民之间自然分配的顺序，共 11 章。本部分从一开始就研究了分工，并从分工的前提和后果的角度研究了交换、货币、工资、利润和地租。

第二篇　论资本的性质、积累和用途，共 5 章。阐述资本的性质、构成、用途和积累资本的条件，以及生产劳动和非生产劳动的区别，借贷、工业、商业资本的区别。

第三篇　论不同国家财富的不同发展，共 4 章。实际是经济发展史，主要内容是介绍造成当时比较普遍的重视城市工商业、轻视农业的政策的原因。

第四篇　论政治经济学体系，共 9 章。实际是经济学说史，主要内容是列举和分析不同国家在不同阶段的各种经济理论，着重批判重商主义和重农主义。

第五篇　论君主或国家的收入，共 3 章。研究国家的财政收入，属财政学，主要内容是分析国家收入的使用方式，是为全民还是只为少数人服务，如果为全民服务有多少种开支项目，各有什么优缺点；为什么当代政府都有赤字和国债，这些赤字和国债对真实财富的影响等。

在亚当·斯密之后，大卫·李嘉图的《政治经济学及赋税原理》（1817）进一步发展和完善了劳动价值论、比较优势理论等相关理论，最终完成了具有古典意义的政治经济学。

总的来看，古典政治经济学的研究特点是：把经济制度本质的分析与既定制度下经济运行过程数量的分析结合起来。古典政治经济学代表了一个半世纪内一大批学者研究经济现象和经济规律的总汇，探索了资本主义生产方式的内部联系。从经济学发展的历史角度来看，它之所以被称为"古典"，也在于它是整个经济学发展的基础和出发点。

在李嘉图之后，古典学派的研究特点发生了改变，在法国以萨伊为代表，在英国则以约翰·斯图亚特·穆勒为代表，对经济制度的本质不再研究，而只研究既定制度下资源配置的运行机制。

延伸阅读　　　　　　　　　萨伊与"萨伊定律"

让·巴蒂斯特·萨伊，法国资产阶级经济学家，法国资产阶级庸俗政治经济学的创始人，是继亚当·斯密、李嘉图古典经济学派之后的又一个经济学伟人，最主要的著作是 1803 年出版的《政治经济学概论》。

萨伊

萨伊定律,也称作萨伊市场定律。在《政治经济学概论》中论述了"供给创造其自身的需求"这一经济学中著名的"萨伊定律"的核心思想,主要说明,在资本主义的经济社会一般不会发生任何生产过剩的危机,更不可能出现就业不足。他建立了政治经济学的"三分法":把政治经济学划分为财富的生产、财富的分配和财富的消费三部分。同时,萨伊提出效用价值论,认为生产只创造效用(物品满足人类需要的内在力量),物品的效用是物品价值的基础,劳动、资本、土地(自然力)共同创造了产品的效用,从而创造了产品的价值。萨伊在效用价值论的基础上阐明分配,他认为资本、土地如同劳动一样能创造效用,具有创造价值的能力,因此,也具有创造收入的能力。他据此断言工资、利息、地租分别来源于劳动、资本、土地:劳动—工资、资本—利息、土地—地租,这就是"三位一体"公式,利润则被看作企业家才能的报酬,否定资本主义剥削。

与李嘉图同时代的萨伊和马尔萨斯被认为抛弃了劳动价值理论,发展了斯密等人的资产阶级古典经济学中的庸俗成分,而成为早期庸俗经济学的代表人物。"萨伊定律"在当时就遭到西斯蒙第和马克思等人的反对,但在凯恩斯革命以前,一直为西方的主流所接受。

三、新古典经济学

新古典经济学是19世纪下半叶以来西方经济学中具有广泛影响、占有重要地位的经济理论,它渊源于19世纪70年代的所谓"边际革命",其创始人为英国剑桥学派的著名经济学家马歇尔。

19世纪70年代,由于自然科学的发展和影响,数量分析特别是边际增量分析、统计方法和均衡概念等逐渐应用到经济研究上来。于是经济学又发生了一次重大变革,在西方被称为"边际革命"。其代表人物为奥地利的门格尔、英国的杰文斯和法国的瓦尔拉斯。他们几乎同时提出了以边际效用决定商品价值的理论,抛弃了从生产、成本和供给等方面对价值分析的所谓英国古典经济学传统,使用抽象演绎法、边际分析法、心理分析法和数理分析法建立了包括边际效用理论和一般均衡论等在内的理论体系,主要侧重于从欲望、需求和效用方面来分析价值,并把这种分析与边际原理结合起来。

马歇尔(代表作《经济学原理》)在英国传统经济学三要素生产成本价值论的基础上,通过需求曲线和供给曲线相结合的方式,吸收和综合19世纪末风靡一时的边际效用论,建立了一个折中式的经济理论体系,这个经济理论体系被称为"新古典经济学"。

A·马歇尔

新古典经济学的基本特点是：这种学说是建立在人与物的关系及物对人的满足的基础上，采取一系列极端假设，在远离现实世界的条件下，把注意力集中到既定制度下资源配置过程及其变量的研究。在否认经济危机和资本主义剥削关系的基础上，把市场经济关系变成了由符号和公式所组成的数学模型，用精密的数学逻辑，证明资本主义自由竞争的市场经济可以自动实现均衡和使社会福利最大化。边际革命以后的西方主流经济学，就完全抛弃了经济制度本质的分析，专门注重对既定制度下资源配置过程进行宏观和微观分析。

延伸阅读　　　　　　　　　**经济学中的几个古典经济学**

1. 古典经济学。一般是指从1750—1875年这一段英国古典经济学，其分析了自由竞争的市场机制，将其看作一只"看不见的手"支配着社会经济活动；反对国家干预经济生活，提出自由放任原则；分析了国民财富增长的条件及促进或阻碍国民财富增长的原因。其杰出代表和理论体系的创立者是亚当·斯密。

2. 新古典经济学。它是19世纪70年代由"边际革命"开始而形成的一个经济学流派。在继承古典经济学经济自由主义的同时，以边际效用价值论代替了古典经济学的劳动价值论，以需求为核心的分析代替了古典经济学以供给为核心的分析。新古典经济学形成之后，代替了古典经济学成为当时经济理论的主流。

3. 新新古典经济学。它是在对新古典经济学进行细化，而于20世纪70年代形成的学派，其理论框架由理性预期假说和自然失业率假说组成。该学派主张市场经济能自动解决失业、不景气等问题，而政府主导的稳定政策没有任何效果。

4. 新兴古典经济学。自20世纪80年代以后，以澳大利亚华人经济学家杨小凯为代表的一批经济学家，用非线性规划和其他非古典数学规划方法，将被新古典经济学遗弃的古典经济学中关于分工和专业化的精彩经济思想，变成决策和均衡模型，掀起一股用现代分析工具复活古典经济学的思潮。

四、凯恩斯主义经济学

1929—1933年，爆发了一场空前严重的世界经济危机。这场大危机不仅猛烈地动摇了资本主义统治的政治和经济基础，而且宣告了新古典经济学的破产。因为按照这种学说，这一类危机是根本不可能存在的，新古典经济学家既无法提出诊断，也不能给出药方，经济学陷入一片混乱和危机中。正是在这种情况下，经济学界出现了"凯恩斯革命"。

延伸阅读　　　　　　　　　　　**凯恩斯**

约翰·梅纳德·凯恩斯，英国经济学家，1883年6月出生于英格兰的剑桥，14岁以奖学金入伊顿公学主修数学，曾获托姆林奖金。毕业后，以数学及古典文学奖学金进入剑桥大学国王学院。1905年毕业，获剑桥文学硕士学位。之后又滞留剑桥一年，师从马歇尔和庇古攻读经济学。

凯恩斯是活跃于20世纪上半叶西方学术、思想和政治舞台的著名经济学家、哲学家和政治家，也是20世纪西方资本主义世界应对内外危机、实现国家和社会治理的政策和思想传统的根本转换的枢纽型人物。作为现代西方经济学最有影响的经济学家之一，他创立的

"宏观经济学"与弗洛伊德所创的"精神分析法"、爱因斯坦发现的"相对论"一起并称为20世纪人类知识界的"三大革命"。因其深厚的学术造诣,曾长期担任《经济学杂志》主编和英国皇家经济学会会长。1929年被选为英国科学院院士,1942年晋封为勋爵,1946年剑桥大学授予其科学博士学位。凯恩斯因开创了经济学的"凯恩斯革命"而著称于世,被后人称为"宏观经济学之父""资本主义的救世主"。

J·M·凯恩斯

凯恩斯不仅是经济学理论上的天才,而且还是位大胆的实践者。凯恩斯不但开辟了宏观经济学的研究阵地,还担任过大学司库和剑桥大学学监、政府官员和顾问等。此外,凯恩斯还是一位富有的投资者。凯恩斯的经济理论影响了几代人,在如今的经济政策制定中仍然起着举足轻重的作用。

在20世纪30年代,凯恩斯发起了一场导致经济学研究范式和研究领域根本转变的革命(即"凯恩斯革命")。在40年代的"二战"后期及战后初期,凯恩斯参与了国际货币基金组织、国际复兴开发银行(即世界银行)和关贸总协定(世贸组织的前身)等机构(它们构成了所谓的"华盛顿体系")的组建工作,是当今世界经济秩序的主要奠基人之一。1998年的美国经济学会年会上,在150名经济学家的投票中,凯恩斯被评为20世纪"最有影响力"的经济学家(弗里德曼排名第二)。

1936年2月4日,凯恩斯的代表作《就业、利息和货币通论》(简称《通论》,"凯恩斯革命"的核心文献)出版,立即在大危机后惊魂未定的西方世界引起轰动。西方学者对此评论道:"凯恩斯在致命危机威胁资本主义世界时挽救和巩固了这个社会。"甚至有学者把凯恩斯的理论比作"与哥白尼在天文学上、达尔文在生物学上、爱因斯坦在物理学上一样的革命"。

凯恩斯的成就,与他的背景和个性有关。凯恩斯的父亲(内维尔)是剑桥经济学家和逻辑学家,母亲(佛萝伦丝)也是剑桥毕业生,曾任剑桥市市长。

凯恩斯(1883—1946年)根据20世纪30年代大危机和大萧条的情况,于1936年出版了他的代表作《就业、利息和货币通论》,对传统理论和政策提出了全面的挑战和批判。凯恩斯以"有效需求不足"论、三个基本心理"规律"和小于充分就业的均衡理论,否定了传统经济学的市场供求自动调节论的主要理论支柱——"萨伊定律",证明了资本主义的常态是总需求不足和小于充分就业均衡,而自由市场经济的自发调节又无法改变这种均衡常态，因此，必须依靠政府干预经济，才能克服市场自发调节的不足，来实现理想的充分就业均衡。

凯恩斯建立了一个以国家干预为中心，以医治资本主义经济危机与失业为目标的完整的理论体系，为资本主义国家的经济干预政策提供了理论依据。与新古典经济学主张完美的市场机制和不要政府干预不同，凯恩斯公开宣称，资本主义市场制度是有缺陷的，只有国家直接干预经济，资本主义才可以"渐臻完善"。他希望国家多负起直接投资之责，国家必须调节经济，必须用改变租税体系、限制利率以及其他方法，指导消费倾向和吸引投资。

《就业、利息和货币通论》出版后，许多经济学家放弃了传统的观点，追随凯恩斯，对凯恩斯的"有效需求理论"进行注释、补充和发展，形成了一套完整的宏观经济理论体系。特别是萨缪尔森打出了"新古典派综合"的旗号，把马歇尔的微观分析与凯恩斯的宏观分析拼凑在一起，以政府的需求管理弥补市场机构的缺陷，以市场机制的作用来调节稀缺资源的配置，从而完成了经济学说史上的第三次大综合。

延伸阅读 **萨缪尔森与《经济学》**

保罗·萨缪尔森（1915—2009 年），1915 年出生于美国印第安纳州加里市的一个波兰犹太移民家庭，1923 年搬到芝加哥居住。1935 年获芝加哥大学文学学士学位，1936 年获芝加哥大学文学硕士学位，1941 年获哈佛大学理学博士学位。在哈佛就读期间，师从约瑟夫·熊彼特、华西里·列昂惕夫、哥特弗里德·哈伯勒和有"美国的凯恩斯"之称的阿尔文·汉森研究经济学。萨缪尔森出身于经济学世家，其兄弟罗伯特、妹妹安妮塔、侄子拉里·萨默斯均为经济学家，另一侄子则是大名鼎鼎的美国财政部部长劳伦斯·萨默斯。

萨缪尔森一直在麻省理工学院任经济学教授，是麻省理工学院研究生部的创始人。1970年，55 岁的萨缪尔森成为第一个获得诺贝尔经济学奖的美国人。他发展了数理和动态经济理论，是当代凯恩斯主义的集大成者及经济学的最后一个通才。其研究内容涉及经济学各个领域，如一般均衡论、福利经济学、国际贸易理论等，是世界上罕见的多能学者。萨缪尔森首次将数学分析方法引入经济学，帮助经济困境中上台的肯尼迪政府制定了著名的"肯尼迪减税方案"。

萨缪尔森的经典著作《经济学》，据报道以四十多种语言在全球销售超过 1 000 万册，是全世界最畅销的教科书，影响了一代又一代人。也正是这本著作，将西方经济学理论第一次系统地带进中国，并使这种思考方式和视野在中国落地生根。从历史角度看，里程碑式的经济学教科书在几十年内长盛不衰的情况并不鲜见。1776年"经济学之父"亚当·斯密的《国富论》问世以来，西方经济学界已经产生了三部公认的里程碑之作。第一部是1848年约翰·穆勒的《政治经济学原理》，该书多次重版，成为19世纪后半叶西方世界必读的经济学教科书；第二部是1890年阿尔弗雷德·马歇尔的《经济学原理》，该书一直被奉为西方经济学界的"圣经"；1948年出现第三部"集大成"之作，即保罗·萨缪尔森的《经济学》。

第二次世界大战以后，几乎所有的发达资本主义国家都奉行凯恩斯主义经济学，按照"凯恩斯方式"来管理经济。凯恩斯主义经济学成为西方的主流经济学，西方国家进入了所谓的"凯恩斯时代"。但是，推行凯恩斯主义的结果，却改变了凯恩斯主义发生作用的某些条件。20世纪60年代以后，资本主义世界出现了大量失业与通货膨胀并存的"停滞膨胀"，这种情况标志着凯恩斯主义的失灵。于是，在当今的经济学界形成了众多经济思潮和流派纷争的局面。

延伸阅读

当代经济学流派

当代经济学的基本状况是流派林立、群雄纷争。凯恩斯革命以及凯恩斯主义对战后资本主义国家产生了重大影响。根据对凯恩斯主义的态度，把当代经济学的众多流派分为以下三种。

1. 支持或追随凯恩斯主义的流派。主要包括新古典综合学派（也被称为后凯恩斯主流经济学），代表人物为汉森、萨缪尔森；新剑桥学派，代表人物是琼·罗宾逊；新凯恩斯主义，代表人物是斯蒂格利茨。这几个流派的共同特点是主张国家干预，但在国家干预的方式等方面，则存在着不同的意见。例如，新剑桥学派主张国家要干预经济，但应该放在分配领域。

2. 与凯恩斯主义相对立的流派，又称为自由主义经济学。主要包括：货币学派，代表人物是米尔顿·弗里德曼；理性预期学派，代表人物是罗伯特·卢卡斯；供给学派，代表人物是阿瑟·拉弗；新制度经济学派，代表人物为科斯；公共选择学派，代表人物是布坎南等。这些流派的共同特点是反对国家过多干预经济生活，主张不同程度上加强市场机制的作用。

3. 既不同于凯恩斯主义经济学各理论流派，也不同于自由主义经济学各理论流派的非主流经济学派。主要包括：瑞典学派代表人物熊彼特的经济理论体系、罗斯托的经济成长阶段理论、新制度学派、激进政治经济学派等。

本章小结

本章主要讲述了经济学的含义、经济学基本问题、经济学体系，以及西方经济学的发展演变。通过学习，学生应掌握经济学的概念、稀缺性、机会成本等，熟悉经济学的内容及经济学的由来和演变，能够明确经济学对个人、企业和政府的意义，知道为什么要学习经济学以及应该以怎样的态度去学习经济学。

关键概念

经济学　稀缺性　机会成本　生产可能性曲线　微观经济学　宏观经济学　重商主义　凯恩斯主义经济学

复习思考题

一、名词解释

经济学　稀缺性　机会成本　生产可能性曲线　微观经济学　宏观经济学

二、选择题

1. 资源的稀缺性是指（　　）。
   A. 世界上的资源最终会因为人们生产更多的物品而消耗完
   B. 相对人们无穷的欲望而言，资源总是不足的
   C. 生产某种物品所需要的资源的绝对数量较少
   D. 以上均不正确

2. 如果一国在生产可能性曲线内部生产，那么（　　）。
   A. 只能通过减少一种商品的生产来增加另一种商品的生产
   B. 是高效率的生产
   C. 资源被平均分配给所有商品的生产
   D. 有些资源被闲置

3. 经济学产生的原因是（　　）。
   A. 生产的需要　　　　　　　　B. 欲望满足的需要
   C. 稀缺性的存在与选择的必要　　D. 选择的需要

4. 微观经济学要解决的问题是（　　）。
   A. 资源利用　　　　　　　　　B. 资源配置
   C. 单个经济单位利益的最大化　　D. 整个经济利益的最大化

5. 《就业、利息和货币通论》的作者是（　　）。
   A. 亚当·斯密　　B. 大卫·李嘉图　　C. 凯恩斯　　D. 萨缪尔森

6. 下列问题中不属于宏观经济学研究的是（　　）。
   A. 橘子汁价格下降的原因　　　　B. 物价水平下降的原因
   C. 政府预算赤字对通货膨胀的影响　D. 国民生产总值的决定

7. 宏观经济学的中心理论是（　　）。
   A. 失业与通货膨胀理论　　　　B. 经济周期与经济增长理论
   C. 价格理论　　　　　　　　　D. 国民收入决定理论

8. 研究个别居民与厂商决策的经济学称为（　　）。
   A. 微观经济学　　B. 宏观经济学　　C. 实证经济学　　D. 规范经济学

9. 以下问题中不是微观经济学所考察的问题的是（　　）。
   A. 一个厂商的产出水平

B. 社会失业率的上升或下降
　　C. 联邦货物税的高税率对货物销售的影响
　　D. 某一行业雇用工人的数量
10. 经济学的基本问题是（　　）。
　　A. 生产什么，生产多少　　　　B. 如何生产
　　C. 为谁生产　　　　　　　　　D. 谁做出经济决策，依据什么程序

三、问答题

1. 经济学的基本问题有哪些？
2. 微观经济学和宏观经济学的研究内容各有哪些？
3. 什么是机会成本？谈谈你对机会成本的看法。
4. 谈谈你学习经济学的几个理由。

四、阅读材料

阅读材料一　我国面临的自然资源约束

中国自然资源种类繁多，绝对数量可观，按资源总量计算，我国耕地、森林、草地、淡水、矿产等自然资源都位居世界各国的前列。但由于我国人口众多，按人均计算，中国大多数资源的人均占有量都低于世界平均水平，耕地、森林、淡水等资源的人均占有量分别只有世界平均水平的二分之一、四分之一和三分之一（见图 1-3）。

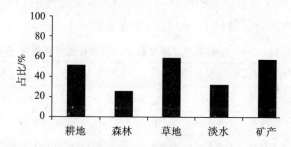

图 1-3　中国自然资源人均占有量相对世界平均水平的比例
数据来源：《国际统计年鉴 2010》。

截至 2008 年年底，中国石油探明储量达 148.3 亿桶，占世界石油探明储量的 1.11%，人均石油探明储量仅 11 桶，为世界平均水平的 5.61%；天然气探明储量达 2.46 万亿立方米，占世界天然气探明储量的 1.31%，人均天然气探明储量仅为 0.18 万立方米，是世界平均水平的 6.61%；煤炭探明储量为 1 145 亿吨，占世界煤炭探明储量的 13.86%，人均煤炭探明储量为 84.61 吨，约为世界平均水平的 70%。

由 2000—2009 年石油、煤炭、天然气的探明储量和消费量来计算历年中国能源资源的相对稀缺指数（见图 1-4），可以看出十年来中国三种能源矿产资源的相对稀缺指数均小于 1，且呈下降趋势，即中国能源资源拥有量份额小于消耗份额。换言之，中国的能源矿产资源相对于世界平均水平是不足的，且随着国民经济的高速增长，中国的石油、天然气和煤炭资源的相对稀缺性越来越明显。2009 年石油、煤炭、天然气三种资源的相对稀缺指数分别为 0.11、0.30、0.44，其中以石油资源的相对稀缺程度最为严重。

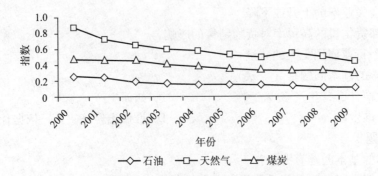

图 1-4 2000—2009 年中国能源矿产资源相对稀缺指数
注：2001—2006 年煤炭探明储量采用的是 2007 年的数据。
数据来源：《BP 世界能源统计 2009》。

水是人民生活、生产不可或缺的重要资源，是构成和影响环境的重要因素。随着国民经济的发展、人口的快速增长以及人民生活水平的提高，对水的需求也在迅速增长。中国水资源总量比较丰富，实际可再生水资源总量达 28 291 亿立方米，居世界第五位。但水资源人均占有量少，世界水资源总量排名前十的国家中，中国的人均占有量远远小于其他国家。2007 年中国人均实际可再生水资源总量为 2 125 立方米，约为世界人均水平的四分之一，居第 122 位（见表 1-2）。到 2009 年及 2011 年，人均水资源量已逼近甚至低于联合国可持续发展委员会确定的 1 750 立方米用水紧张线。（根据国际公认的标准，人均水资源量低于 2 000 立方米且大于 1 000 立方米为中度缺水，人均水资源量低于 1 000 立方米且大于 500 立方米为重度缺水，人均水资源量低于 500 立方米为极度缺水。）

表 1-2 2007 年中国水资源总量、人均占有量与其他国家比较

国家	水资源总量		人均水资源占有量	
	立方千米	位次	立方米	位次
巴西	8 233	1	43 027.9	24
俄罗斯	4 507.3	2	9 837.1	62
加拿大	2 902	3	88 335.6	10
印度尼西亚	2 838	4	12 440.8	56
中国	2 829.1	5	2 125	122
哥伦比亚	2 132	6	45 408.1	21
美国	2 071	7	2 449.3	113
秘鲁	1 913	8	52 133.4	19
印度	1 896.7	9	1 670.2	133
刚果	1 283	10	20 973	40

数据来源：联合国粮农组织统计数据库（FAOSTAT）。

耕地是指种植农作物的土地，衡量中国耕地资源是否稀缺，应该看耕地资源是否能为我国人口和经济发展提供必需的粮食和其他农产品。2007 年中国耕地资源总量达 14 063 万公顷，仅次于美国和印度，居世界第三位。但在耕地资源总量排名前十的国家中，中国的人均

耕地占有量最小，仅为1.58亩，小于印度，尚不及世界人均耕地占有量的一半，居第133位（见表1-3）。另据2012年12月12日国土资源部发布通报称，2011年中国耕地保有量为18.2476亿亩（12 165万公顷）。

表1-3 中国耕地资源总量、人均占有量与其他国家比较

国家	耕地总量		人均耕地占有量	
	千公顷	位次	亩①	位次
美国	170 428	1	8.28	15
印度	158 650	2	2.04	113
中国	140 630	3	1.58	133
俄罗斯	121 574	4	12.85	9
巴西	59 500	5	4.69	47
加拿大	45 100	6	20.53	7
澳大利亚	44 180	7	31.78	4
尼日利亚	36 500	8	3.71	63
阿根廷	32 500	9	12.34	10
乌克兰	32 434	10	10.51	13

①1亩=0.066 7公顷
数据来源：联合国粮农组织统计数据库（FAOSTAT）。

阅读材料二　历届诺贝尔经济学奖得主及其学术成就

诺贝尔经济学奖，全称是"纪念阿尔弗雷德·诺贝尔瑞典银行经济学奖"，通常称为"诺贝尔经济学奖"，也称"瑞典银行经济学奖"。

诺贝尔经济学奖不属于诺贝尔遗嘱中所提到的五大奖励领域之一，而是由瑞典银行在1968年为纪念诺贝尔而增设的，其评选标准与其他奖项是相同的，获奖者由瑞典皇家科学院评选。1969年（该银行的300周年庆典）第一次颁奖，由挪威人弗里希和荷兰人丁伯根共同获得。

与诺贝尔奖其他奖项不同，考虑到经济学理论对社会产生的影响往往滞后，诺贝尔经济学奖颁发往往在得奖者提出重大经济理论之后的数年、十几年甚至几十年之后。每年12月10日，诺贝尔经济学奖颁奖仪式在瑞典首都斯德哥尔摩举行，瑞典国王亲自向经济学奖获得者颁发获奖证书、金质奖章和奖金支票。诺贝尔经济学奖可以颁发给单个人，也可以由两三人分享，其主要目的是表彰获奖者在宏观经济学、微观经济学、新的经济分析方法等领域所做出的贡献。

历届诺贝尔经济学奖得主如表1-4所示。

表1-4 历届诺贝尔经济学奖得主简况

年份	得主	获奖时国籍	学术（获奖）成就
1969	拉格纳·弗里希 简·丁伯根	挪威 荷兰	发展了动态模型来分析经济进程。前者是经济计量学的奠基人，后者是经济计量学模式建造者之父

续表

年份	得主	获奖时国籍	学术（获奖）成就
1970	保罗·萨缪尔森	美国	发展了数理和动态经济理论，将经济科学提高到新水平。其研究涉及经济学的全部领域
1971	西蒙·库兹涅茨	乌克兰人，美国籍	在研究人口发展趋势及人口结构对经济增长和收入分配关系方面做出了巨大贡献
1972	肯尼斯·约瑟夫·阿罗 约翰·希克斯	美国 英国	深入研究了经济均衡理论和福利理论
1973	瓦西里·列昂惕夫	苏联，美国籍	发展了投入产出方法，该方法在许多重要的经济问题中得到运用
1974	纲纳·缪达尔 弗里德里希·哈耶克	瑞典 奥地利人，英国籍	深入研究了货币理论和经济波动，并深入分析了经济、社会和制度现象的互相依赖
1975	列奥尼德·康托洛维奇 佳林·库普曼斯	苏联 美国	康托洛维奇创立享誉全球的线形规划要点；库普曼斯将数理统计学成功运用于经济计量学，对资源最优分配理论做出贡献
1976	米尔顿·弗里德曼	美国	创立了货币主义理论，提出了永久性收入假说
1977	詹姆斯·爱德华·米德 戈特哈德·贝蒂·俄林	英国 瑞典	对国际贸易理论和国际资本流动进行了开创性研究
1978	赫伯特·亚·西蒙	美国	对经济组织内的决策程序进行了开创性研究，这一基本理论被公认为关于公司企业实际决策的独创见解
1979	威廉·阿瑟·刘易斯 西奥多·舒尔茨	英国人，美国籍 美国	刘易斯在发展经济学方面，提出了二元经济模型和进出口交换比价模型；舒尔茨在经济发展方面做出了开创性研究，深入研究了发展中国家在发展经济中应特别考虑的问题
1980	劳伦斯·罗·克莱因	美国	以经济学说为基础，根据现实经济中实有数据所作的经验性估计，建立起经济体制的数学模型
1981	詹姆士·托宾	美国	阐述和发展了凯恩斯的系列理论及财政与货币政策的宏观模型，对金融市场及相关的支出决定、就业、产品和价格等方面的分析做出了重要贡献
1982	乔治·斯蒂格勒	美国	在产业结构、市场的作用和公共经济法规作用与影响方面，做出创造性贡献
1983	杰拉德·德布鲁	法国人，美国籍	概括了帕累托最优理论，创立了相关商品的经济与社会均衡的存在定理

续表

年份	得主	获奖时国籍	学术（获奖）成就
1984	理查德·约翰·斯通	英国	被喻为国民经济统计之父，在国民账户体系的发展中做出了奠基性贡献，极大地改进了经济实践分析的基础
1985	弗兰科·莫迪利安尼	意大利	首次提出储蓄的生命周期假设，在研究家庭和企业储蓄中得到广泛应用
1986	詹姆斯·布坎南	美国	将政治决策的分析同经济理论结合起来，使经济分析扩大和应用到社会、政治法规的选择，为经济和政治决策理论建立了契约和制度的基础
1987	罗伯特·索洛	美国	对经济增长理论做出了重要贡献，提出长期的经济增长主要依靠技术进步，而不是依靠资本和劳动力的投入
1988	莫里斯·阿莱斯	法国	在市场理论及资源有效利用方面做出了开创性贡献，对一般均衡理论重新做了系统阐述
1989	特里夫·哈维默	挪威	阐明了经济计量学的概率论基础，并对联立经济结构进行了分析，建立了现代经济计量学的基础性指导原则
1990	威廉·夏普 默顿·米勒 哈里·马科维茨	美国	对金融经济学理论做出了先驱性贡献
1991	罗纳德·科斯	英国	揭示并澄清了经济制度结构和函数中交易费用和产权的重要性
1992	加里·贝克尔	美国	将微观经济学的理论扩展到对人类行为的分析上，包括非市场经济行为
1993	道格拉斯·诺斯 罗伯特·福格尔	美国	诺斯建立了包括产权理论、国家理论和意识形态理论在内的"制度变迁理论"；福格尔用经济史的新理论及数理工具重新诠释了过去的经济发展过程
1994	约翰·福布斯·纳什 约翰·海萨尼 莱因哈德·泽尔腾	美国 美国 德国	这三位数学家在非合作博弈的均衡分析理论方面做出了开创性的贡献，对博弈论和经济学产生了重大影响
1995	小罗伯特·卢卡斯	美国	倡导和发展了理性预期与宏观经济学研究的运用理论，深化了人们对经济政策的理解，并对经济周期理论提出了独到的见解
1996	詹姆斯·莫里斯 威廉·维克瑞	英国 美国	前者在信息经济学理论领域做出了重大贡献，尤其是不对称信息条件下的经济激励理论的论述；后者在信息经济学、激励理论、博弈论等方面做出了重大贡献

续表

年份	得主	获奖时国籍	学术（获奖）成就
1997	迈伦·斯科尔斯 罗伯特·默顿	美国	前者给出了著名的布莱克—斯科尔斯期权定价公式，已成为金融机构涉及金融新产品的思想方法；后者对布莱克—斯科尔斯公式所依赖的假设条件做了进一步减弱，在许多方面对其做了推广
1998	阿马蒂亚·森	印度	对福利经济学几个重大问题做出了重大贡献，包括对社会选择理论、福利和贫穷标准的定义、匮乏的研究等做出精辟论述
1999	罗伯特·蒙代尔	加拿大	对不同汇率制度下的货币与财政政策以及最优货币区域做出了影响深远的分析
2000	詹姆斯·赫克曼 丹尼尔·麦克法登	美国	在微观计量经济学领域，发展了广泛用于个体和家庭行为实证分析的理论和方法
2001	乔治·阿克尔洛夫 迈克尔·斯彭斯 约瑟夫·斯蒂格利茨	美国	为不对称信息市场的一般理论奠定了基石。他们的贡献来自于现代信息经济学的核心部分
2002	丹尼尔·卡尼曼 弗农·史密斯	美国	前者把心理学分析法与经济学研究结合在一起，为创立新的经济学研究领域奠定了基础；后者开创了一系列实验法，为通过实验室进行可靠的经济学研究确定了标准
2003	罗伯特·恩格尔 克莱夫·格兰杰	美国 英国	用"随着时间变化的易变性"和"共同趋势"两种新方法分析经济时间数列，从而给经济学研究和经济发展带来了巨大影响
2004	芬恩·基德兰德 爱德华·普雷斯科特	挪威 美国	研究有关宏观经济政策的"时间一致性难题"和商业周期的影响因素
2005	罗伯特·奥曼 托马斯·克罗姆比·谢林	美国	通过博弈论分析加强了对冲突和合作的理解，被广泛应用在解释社会中不同性质的冲突、贸易纠纷、价格之争以及寻求长期合作的模式等科学领域
2006	埃德蒙·菲尔普斯	美国	在加深人们对通货膨胀和失业预期关系的理解方面做出了巨大贡献
2007	莱昂尼德·赫维奇 埃里克·马斯金 罗杰·梅尔森	美国	奠定了机制设计理论的基础
2008	保罗·克鲁格曼	美国	在分析国际贸易模式和经济活动的地域等方面做出了巨大的贡献

续表

年份	得主	获奖时国籍	学术（获奖）成就
2009	奥利弗·威廉姆森 埃莉诺·奥斯特罗姆（女）	美国	前者对经济治理的分析，特别是对公司的经济治理边界的分析做出了贡献；后者对经济管理方面的分析，特别是对公共资源管理的分析做出了贡献
2010	彼得·戴蒙德 戴尔·莫滕森 克里斯托弗·皮萨里德斯	美国 美国 塞浦路斯	对存在摩擦情况的市场进行分析，提出了市场失效理论，建立的模型有助于人们理解政府监管及经济政策以怎样的方式影响失业率、职位空缺及工资变动
2011	克里斯托弗·西姆斯 托马斯·萨金特	美国	其研究成果解答了许多有关经济政策与宏观经济变量之间的关系问题，已成为宏观经济分析的必要工具
2012	阿尔文·罗斯 罗伊德·沙普利	美国	在稳定分配理论和市场设计中的实践方面做出了突出贡献
2013	尤金·法马 拉尔斯·彼得·汉森 罗伯特·席勒	美国	对资产价格的实证分析
2014	让·梯若尔	法国	对市场力量和监管的分析
2015	安格斯·迪顿	美国	对消费、贫困和福利的分析

第二章

谁在操纵物价——均衡价格理论

学习目标

掌握需求与供给、需求价格弹性的概念；
掌握影响需求与影响供给的因素、均衡价格的形成过程；
理解需求量变动与需求变动之间的差别、需求与供给的变动对均衡价格的影响、"薄利多销"与"谷贱伤农"。

学习建议

本章的中心理论是均衡价格的形成与波动问题、需求价格弹性的影响因素。延伸阅读部分可供学有余力者学习。建议学习时间为6~8课时。

导入案例

邮票为何价格不菲？

花人民币8分钱买来的一样东西，在40年以后，竟然拍卖出高达4 000多万倍的天价，达到368万港元。这自然马上成为报纸和网络的新闻。就算是凡·高的油画，身价的上升也没有这样的劲头吧。

这样东西就是中国邮政部门发行的一枚"全国山河一片红"邮票。

原来，中国在"文化大革命"期间"错发"过名为"全国山河一片红"的邮票，有极少数没能回收销毁。香港布约翰邮票拍卖有限公司在2009年10月31日至11月1日举行2009年秋季邮票拍卖会，人们关注的焦点就是七枚这种"全国山河一片红"邮票，它们的面值都只有8分钱，其中一枚较大的，是横式邮票，而其他六枚较小的，是竖式邮票，较大的也只不过是较小的两倍那么大。在这次拍卖中，其中较大的那枚以368万港元的天价，刷新单枚中国邮票拍卖成交价的世界纪录，成交价比票面价高了4 000多万倍。另外六枚较小的成交价也很高，共拍得293万港元。

这种邮票发行的具体情况大致如下："文化大革命"期间，为了庆祝和纪念全国29个省、自治区、直辖市成立"革命委员会",邮电部在 1968 年 11 月发行了这种"全国山河一片红"邮票。这种邮票刚一发行,便由于政治原因被叫停,已经发出的要回收销毁。叫停的原因,一说是地图画得不够准确,一说是缺了台湾不能叫作"全国山河一片红",未有官方的公开说明。不过,迅即要求回收销毁却是众所周知的事实。

可是也有极少数已经售出的邮票没有能够回收销毁。后来,"文化大革命"结束,政治环境也逐渐宽松起来,这些"禁版邮票"遂悄悄浮出水面,进入市场。不过从这个时候开始,大家都可以看到,它们的身价扶摇直上,早已今非昔比。

小小一枚邮票,怎能如此神通广大,身价一翻再翻,扶摇直上?原因并不复杂:一是需求很旺,许多人趋之若鹜;二是珍邮稀缺,不可再生,供求缺口极大。物以稀为贵,市场经济条件下商品的价格是由商品的供求关系决定的,这就是珍邮身价高昂的浅显道理。

(资料来源:英国《金融时报》中文网专栏作家王则柯。)

在第一章中,我们已经对经济学有了简单的认识,并且了解了经济学家如何运用模型来预测人类行为。本章中,我们将研究需求和供给,这是经济学当中最为有力的工具。运用这个工具解释价格是如何决定的至关重要。

第一节　需求理论

在市场体系当中,消费者最终决定了购买什么产品,但什么因素影响消费者做出购买决策?当然有很多因素会影响消费者购买特定产品的意愿。例如,当购买薯片时,可能零用钱的多少、薯片的口味、购买了其他零食的数量等多种因素都会对这次购买产生影响。不过,一种决定因素起着中心作用——物品的价格。

一、需求定理

需求是指消费者在某一特定的时期内,在每一价格水平时愿意并且能够购买的商品量。

应当注意的是,需求是购买欲望和支付能力的统一,两者缺一不可。因此,需求必须同时具备两个条件:一是消费者的购买意愿;二是消费者的购买能力。仅有第一个条件,只能被看成是欲望和需要,而不是需求。例如,某一消费者很想购买一辆宝马车,但他的收入很低,除了日常支出之外,他所有的储蓄无法达到宝马车的价格水平,在不存在借贷的条件下,无法形成对宝马车的需求。同样,消费者仅有购买能力但无购买意愿的话,也不能称之为需求。

那么,你购买的薯片和薯片的价格之间存在着什么关系?我们不妨想象一下,如果每包薯片的价格上升到 8 元,你就会少买一些薯片,转而去买锅巴;如果每包薯片的价格下降至 2 元,你就会多买一些。由于需求量随着价格的上升而减少,随着价格的下降而增加,因此,需求量与价格负相关。

因此,需求定理就是在其他条件不变的情况下,一种商品的需求量与其自身价格之间呈反方向变动,即需求量随着商品自身价格的上升而减少,随商品自身价格的下降而增加。

相关链接　　　　　　　　　　　　**需求定理的例外**

是否存在这样一种商品——价格越高人们购买得越多？事实上需求定理的例外存在两种情况。

一种是炫耀性商品，其价格与需求量同方向变化。如高档首饰、豪华汽车、奢侈品牌等，只有高价才能显示拥有者的社会地位，低价大众化之后，高档消费人群的需求量反而下降。

另外一种商品是"吉芬商品"。1845年爱尔兰发生大灾荒，英国学者罗伯特·吉芬观察到一个现象：当土豆价格上涨的时候，人们消费更多的土豆。这个现象就是著名的"吉芬反论"或者"吉芬矛盾"，土豆这种商品就被称为"吉芬商品"。

二、需求表和需求曲线

我们可以用不同的价格来重新解释上面的问题，表2-1中显示了李明在不同的价格上愿意购买薯片的数量。这个表就是需求表，即在其他影响因素不变的情况下，一种物品价格与其需求量之间关系的表格。图2-1中用图形表明了数字说明的需求定理，纵轴表示薯片的价格，横轴表示薯片的需求量。价格与需求量联系在一起的向右下方倾斜的曲线被称为需求曲线。

表2-1　薯片的需求表

需求表	
薯片的价格/元	薯片的需求量/包
0	10
2	8
4	6
6	4
8	2
10	0

三、个人需求与市场需求

图2-1显示了单个人的需求曲线。为了分析市场是如何运作的，需要确定市场需求。市场需求是指所有消费者对某种物品或劳务的需求总和。

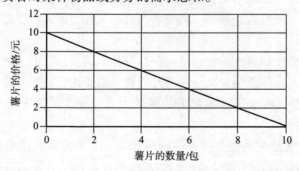

图2-1　薯片的需求曲线

通常，我们所说的市场至少包含一座城市某种商品的所有消费者，甚至可能包括全世界所有消费者。为了简单起见，假设薯片市场由李明和王伟两个消费者组成。表2-2表示两人——李明和王伟对薯片的需求量。市场需求就是这两个人需求的总和。

表2-2 个人需求与市场需求

薯片的价格/元	李明需求量/包	王伟需求量/包	市场需求量/包
0	10	9	19
2	8	7	15
4	6	5	11
6	4	3	7
8	2	1	3
10	0	0	0

图2-2表示了对应表2-2的需求曲线。把单个消费者的需求曲线水平相加得出市场的需求曲线。市场的需求曲线表示在所有影响消费者购买的其他因素保持不变的情况下，一种物品的总需求是如何随着价格发生变动的。

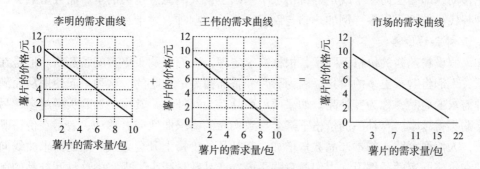

图2-2 个人需求与市场需求

四、需求曲线的移动

需求定理有一个非常重要的假设：在"其他条件不变"的情况下，在任何一种既定的价格下人们购买薯片的数量。如果让一个价格以外的、可能影响消费者购买薯片意愿的变量发生改变，会有什么样的结果呢？例如，假设专家指出长期大量食用薯片有可能会造成胆结石，这个发现便减少了薯片的需求。在任何一个既定的薯片价格基础上，购买者所购买的薯片数量减少，薯片的需求曲线就会移动。图2-3显示了需求曲线的移动。在任意一个价格水平基础上，需求增加，需求曲线向右移动；同理，需求减少，需求曲线向左移动。许多价格之外的变量都会影响市场的需求，下面五个变量是最重要的。

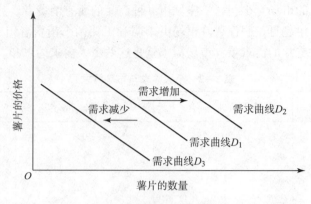

图 2-3 需求曲线的移动

（一）相关产品价格

1. 替代品的价格

如果锅巴的价格下降，需求定理告诉我们，锅巴的需求量会增加，人们会增加对锅巴的购买。同时，人们也许会减少薯片的购买，因为它们都属于休闲小食品。这种满足人们相同欲望的商品，称为替代品。如果两种商品互为替代品，其中一种商品买得越多，另外一种商品就买得越少。替代品价格上升会导致产品的需求曲线向右移动，表示在任何一个既定价格水平基础上，人们愿意购买的本产品数量增加。同理，替代品价格下降会导致产品的需求曲线向左移动，即在任何一个既定的价格水平基础上，人们愿意购买的本产品数量减少。现实中这种替代品的例子很多，例如热狗与汉堡、茶叶与咖啡、磁带和CD等。

2. 互补品的价格

如果假设番茄酱的价格下降了，根据需求定理，人们将购买更多的番茄酱。但是在这种情况下，人们将购买更多的薯片，因为薯片和番茄酱是一起吃的。这种一起使用从而满足人们某种需求的商品，称为互补品。如果两种商品互为互补品，其中一种购买得越多，另外一种也会购买得越多。互补品的价格下降会导致产品的需求曲线向右移动，表示在价格既定的条件下，人们愿意购买的本产品数量增加；互补品的价格上升会导致产品的需求曲线向左移动，即在价格既定的条件下，人们愿意购买的本产品数量减少。现实中这种互补品的例子也很多，例如计算机和软件、羽毛球和羽毛球拍等。

案例分析　　超市为什么需要了解互补品和替代品？

超市里出售的货物的品类多得让人们摸不着头脑，以薯片为例，各种各样的包装，各种各样的品牌，各种各样的口味让人们眼花缭乱。与此同时，超市每年还在不断地往货架上增加新的货物品种，并撤下一些旧的货物品种。那么超市在做这些活动的时候是如何决策的？

克里斯托夫·唐是加州大学洛杉矶分校安德森管理研究生学院的教授。在接受《巴尔的摩太阳报》采访时，指出超市不一定要从货架上撤下销售最缓慢的货物，而要考虑货物之间的替代关系。特别是要考虑撤下的货物与其他货物之间是替代品还是互补品。唐认为超市如果把销售缓慢的能够被另一种商品替代的商品撤下架，情况会得到改善。

与此同时，超市不仅仅在上、下架商品时考虑商品的替代关系和互补关系，在商品陈列时同样也会用到。例如，互补关系的商品，为了方便顾客购买，就不会陈列得太远，这种关系有时也称作关联商品。

（二）收入

如果这个月的零用钱增加了，那么对薯片的需求会产生什么样的变化呢？很可能的情况是需求增加。因为较高的收入，意味着人们可以在某些物品，乃至于大多数物品上多支出一些，这时，需求曲线向右移动。收入增加后需求增加，相反，收入减少后需求减少的产品是正常品。生活中大部分商品都是正常品，随着人们的收入增加对这些商品的需求增加。

但并不是所有商品都是正常品。当收入增加时，商品的需求反而减少，这种商品称为劣等品，例如公交汽车。当人们的收入增加之后，人们可以有更多的出行选择，乘坐出租车，乃至于自己购买一辆车，这时乘坐公交车的需求减少，需求曲线伴随着人们收入的增加向左移动。

在这里需要注意的是，劣等品并不意味着商品的质量低劣，而是因为随着人们收入的增加对这种商品的需求减少了。

（三）偏好

偏好是一个包罗万象的类别，它是指可能影响消费者购买产品决策的主观因素。如果人们喜欢薯片，那么人们就会多买一些。一般来说，偏好提升，需求曲线向右移动；偏好降低，需求曲线向左移动。

（四）预期

如果有足够的消费者确信下个月薯片的价格会下降，那么薯片现在的需求会减少，因为人们不太愿意用今天的价格达成交易，他们会推迟购买时间。

（五）购买者数量

由于市场需求曲线是由个人需求曲线推导出来的，所以市场需求取决于购买者的人数。在关于市场需求的推导过程中，假设市场上只有李明和王伟两个消费者，如果再加入第三个、第四个……，每一个价格时市场的需求量会增加，需求曲线向右移动。

表2-3总结了导致市场需求曲线移动的重要变量。需要注意的是，这张表格显示了各变量增加所导致的需求曲线的移动，这些变量分别减少会导致需求曲线向相反的方向移动。

表2-3 导致市场需求曲线移动的变量

变量值增加	导致需求曲线变化	原因
替代品价格	向右移动	消费者购买的替代品减少，该产品的购买增加
互补品价格	向左移动	消费者购买的互补品减少，该产品的购买减少
收入（正常品）	向右移动	消费者把他们较高收入中的一部分用于购买该产品
收入（劣等品）	向左移动	消费者收入增加会减少此类商品的消费
偏好	向右移动	消费者在每一个价格水平上更喜欢这类产品
人口	向右移动	消费者数量增加导致需求量增加
预期未来价格	向右移动	消费者现在购买更多的产品而规避未来的涨价

五、需求函数

影响需求的因素是多种多样的，有些因素主要影响需求欲望（如消费者偏好和消费者对未来的预期），有些因素主要影响需求能力（如消费者收入水平）。这些因素共同决定了需求。

如果将影响需求的各种因素作为自变量，把需求作为因变量，则可以用函数关系表示影响需求的因素与需求之间的关系，这种函数关系称为需求函数。若以 D 代表某种商品的需求，P 代表商品自身的价格，P_r 代表相关商品的价格，Y 代表收入，T 代表消费偏好，P_e 代表消费者价格预期，Y_e 代表消费者收入预期，则需求函数可以表示为：

$$D = f(P, P_r, Y, T, P_e, Y_e, \cdots)$$

假设其他条件不变，只考虑需求量与价格之间的关系，把商品自身的价格作为影响需求的唯一因素，以 P 代表价格，就可以把需求函数表示为：

$$D = f(P) = a - bP$$

式中，常数 a 表示当 $P=0$ 时的需求量；$-b$ 为斜率，表示当 P 发生微小变化时引起需求曲线 D 的反向变化。

六、需求的变动与需求量的变动

在经济分析中，特别要注意区分需求的变动与需求量的变动。

需求的变动是指当除了产品价格之外的，影响消费者购买这种产品的其他各因素中的一个发生变化，需求曲线这时会出现移动。例如，当人们的收入增加时，人们就可以在薯片每个价格上购买更多的产品，需求曲线整体向右移动，即需求增加。

需求量的变动是指产品因价格变化导致的在其他条件不变的情况下，商品自身价格变动所引起的需求量的变动。需求量的变动表现为同一条需求曲线上的移动。图 2-4 揭示了这个重要的区别。如果薯片的价格从 3 元下降到 2 元，需求量会沿着需求曲线从 A 点移动到 B 点，即需求量从 4 包增加到 6 包。如果收入增加，需求曲线向右移动，从 D_1 移动到 D_2，导致薯片在每包 3 元的价格上需求量从 4 包增加到 8 包。

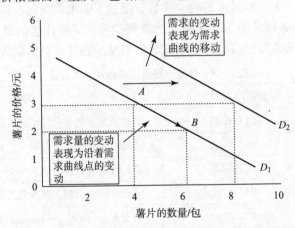

图 2-4 需求的变动和需求量的变动

案例分析　　北京市将控制需求应对交通拥堵

人"三高"了不好受，城市患"三高"也难受。

北京交通"三高"显著。私人车辆从 300 万辆到 400 万辆，东京实现这一变化用了 12 年，北京仅用了 2 年零 7 个月。专家分析，造成这一局面的主要原因是"四低"，即本市购买车辆的门槛低、小汽车使用成本低、绿色出行意识低、替代出行方式服务水平低。世界上很多国家的首都都面临着同样的问题,同时也采取了很多措施。伦敦——进入市中心需另交税;里斯本——车入市中心须交拥堵税;新加坡——市区收费及购车申请。这些措施抬高了开车出行的费用。这些措施表现在需求曲线上点的移动,如图2-5(a)所示。

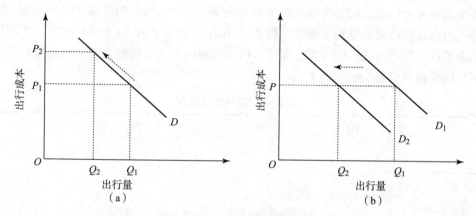

图2-5 缓解交通拥堵的方法
(a)抬高出行价格;(b)改变出行的需求

2010年11月17日,北京市人大常委会听取了市规委关于《北京城市总体规划(2004—2020年)》实施情况评估工作的报告。市规委主任黄艳在报告中提及交通问题时表示,本市将采取优化供给和控制需求并举,采取更加有效的综合措施,积极应对交通拥堵问题。结合北京当前的交通情况,优化交通供给不仅包括发展轨道交通、公交、道路等交通设施,更重要的是要对交通出行结构进行优化。通过提高公共交通服务水平、扩大覆盖范围,吸引更多市民乘坐公交出行,从而提高公交出行比例,优化交通出行结构。从控制需求角度来看,通过加强交通规划和城市规划的衔接,可以对交通的刚性需求进行调整,如在轨道交通沿线新建高密度小区,尽可能缩短市民从住所到工作场所的距离。这种政策使得需求曲线向左移动,如图2-5(b)所示。

第二节 供给理论

现在我们转向市场的另一方,考察卖者的行为。供给和需求是相对的概念,是卖者愿意并且能够销售的数量。有许多决定供给的因素,但在分析时,价格仍在起着决定因素。

一、供给定理

供给是指生产者(企业)在某一特定时期内,在每一价格水平时愿意并且能够供应的某种商品量。

供给要具备两个条件:一是生产者有供给愿意;二是具备供给能力。仅具备供给愿望而不具备供给能力,不能形成真正的供给;同样,只具备供给能力而不具备供给愿望,也无法形成供给。

那么,薯片的出售者出售薯片的数量和薯片的价格存在什么样的关系?当薯片的价格提高时,出售薯片是有利可图的,因此,供给量也会增大。同时,薯片的出售者供给时间更长,生产工具更多,并且可能雇用更多的工人。相反,薯片价格下降,经营不太赢利时,出售者会减少供给;甚至当价格很低时,出售者停止供给。这种在其他条件不变时,一种物品的价格和供给量的正比例关系被称为供给定理。

表2-4表示了一个薯片出售者在各种薯片价格时的供给量。这个表被称为供给表,表示在影响出售者出售商品的其他条件保持不变的情况下,供给量和价格之间的关系。随着价格上升,出售者供给的数量越来越多。图2-6用图形表示了表2-4中的数字,其把供给量和价格联系在一起的曲线,称为供给曲线。供给曲线向右上方倾斜,表示在其他条件不变的情况下,供给量和价格成正比例关系。

表2-4 薯片的供给表

薯片的价格/元	薯片的供给量/包
0	0
2	2
4	4
6	6
8	8
10	10

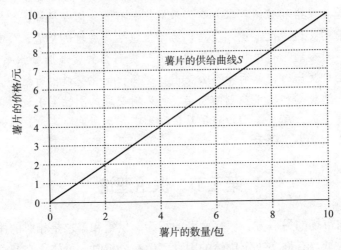

图2-6 薯片的供给曲线

相关链接　　　　**供给定理的例外**

是否存在供给量不随价格变化的商品,或者价格越高反而供给数量越少?某些特殊商品的确是这样的。

比如,古董、字画等这些供给量一定的商品,即使价格再涨,供给量始终保持不变。

其次,还有劳动力供给,当工资提高时,劳动者愿意提供的劳动时间增加,但当工资上涨到一定程度时,较高的工资使得劳动者更倾向于闲暇,并且用较少的时间赚钱,劳动供给量反而减少。

二、市场供给与个人供给

正如市场需求是个人需求的总和一样,要构建市场供给曲线,同样需要把各个薯片的出售者在不同价格上所供给的薯片数量加总在一起。

假设市场上只有两个出售者,表2-5表示了两个出售者——老张和老李的供给情况。市场供给就是这两个人供给的总和。

表2-5 个人供给与市场供给

薯片的价格/元	老张的供给量/包	老李的供给量/包	市场供给量/包
0	0	0	0
2	2	1	3
4	4	3	7
6	6	5	11
8	8	7	15
10	10	9	19

图2-7表示对应供给表的供给曲线。和需求曲线一样,加总个人供给曲线得出市场供给曲线。市场供给曲线表示一种物品的总供给量如何随着价格的变化而变化。

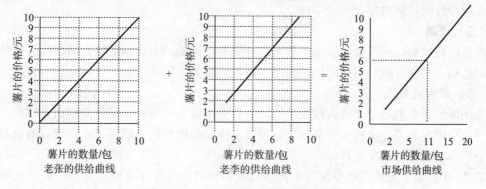

图2-7 个人供给曲线与市场供给曲线

三、供给曲线的移动

薯片的供给曲线表明,在"其他条件不变"的情况下,在任何一种既定的价格下出售者售出薯片的数量。如果让一个价格以外的、可能影响出售者售出薯片意愿的变量发生改变,会产生什么样的结果呢?例如,假设科学家发明了一种新型炸薯片机器,使得薯片生产效率提高了2倍。那么作为一个出售者,生产效率的提高意味着减少了生产成本,从而在任何一个既定的薯片价格基础上,出售者所卖出的薯片数量会增加,薯片的供给曲线会移动。

图 2-8 显示了供给曲线的移动。在任意一个价格水平基础上,供给增加,供给曲线向右移动;同理,在任意一个价格水平基础上,供给减少,供给曲线向左移动。

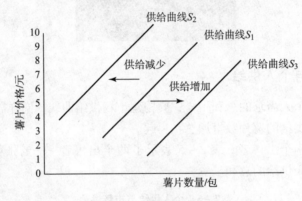

图 2-8 供给曲线的移动

许多价格以外的因素都会影响供给,以下是四个最重要的因素。

(一) 投入品价格

最有可能导致产品供给曲线发生变化的因素是投入品价格。例如,生产薯片,出售者需要各种投入:马铃薯粉、精炼植物油、各口味调味料、生产的厂房、工人等。当这些投入品中的一种或者几种价格上升,生产薯片的成本上升,企业提供的薯片就会减少,供给曲线向左移动。相反,投入品价格下降,生产成本降低,企业提供的薯片就会增加,供给曲线向右移动。

(二) 技术

生产要素为既定时,生产技术的提高会使资源得到更充分的利用,从而供给增加。所以,在生产中提高技术是非常重要的。例如,当产煤技术由手工操作转向机械操作时,煤炭的供给就会增加。此外,新能源、新材料的发现会突破传统能源和材料对生产的局限性,从而使相应产品的供给增加。

(三) 预期

企业现在的薯片供给量还取决于对未来的预期。例如,企业预期将来的薯片价格会高于现在的价格,它就会减少现在的供给而增加将来供给的动机。

(四) 卖者的数量

市场出售者的数量变化也会改变供给。当新企业进入市场时,供给曲线向右移动,表示在任意一个既定的薯片价格水平基础上,市场上提供的薯片数量增加了。当现有的企业离开或者退出时,供给曲线向左移动。

表 2-6 总结了导致市场曲线发生移动的重要变量。需要注意的是,这张表格显示了各变量值分别增加所导致的曲线的移动。这些变量减少会导致供给曲线反方向移动。

表 2-6　导致市场供给曲线移动的变量

变量值增加	导致供给曲线变化	原因
投入品价格	向左移动	原材料价格上涨
技术	向右移动	成本下降
预期未来价格	向左移动	现在销售减少，而在未来高价格时获利
卖者数量	向右移动	更多的企业导致每一价格水平基础上供给量增加

四、供给函数

如果把影响供给的各种因素作为自变量，把供给作为因变量，则可以用函数关系来表示影响供给的因素与供给之间的关系，这种函数关系被称为供给函数。以 S 表示供给，P 表示商品自身的价格，F_p 表示生产要素的价格，F_q 表示生产要素的数量，T 表示技术，P_e 表示厂商预期价格，则供给函数可以表示为：

$$S = f(P, F_p, F_q, T, P_e, \cdots)$$

如果假设其他条件不变，只考虑供给量与价格之间的关系，即把商品自身的价格作为影响供给的唯一因素，以 P 代表价格，则供给函数可以表示为：

$$S = f(P) = -c + dP$$

式中，常数 c 表示当 $P=0$ 时的供给量；d 表示供给曲线相对于价格轴的斜率。

五、供给量的变动和供给的变动

前面曾经提到，需求的变动和需求量的变动之间的区别很重要。同样，理解供给的变动与供给量的变动亦非常重要。

除产品价格之外的影响供给量的变量发生变化，称为供给的变动，表现为供给曲线的整体移动。

供给量的变动是指由于价格因素发生的变化而导致供给数量的变化，表现为同一条曲线上的上下移动。

图 2-9 揭示了这个重要的区别。如果薯片的价格从 2 元上升到 3 元，结果将是供给量沿着供给曲线从 A 点移动到 B 点——即供给量从 8 包增加到 10 包。再如，假设生产薯片的

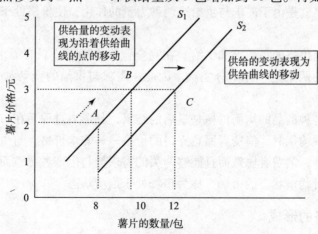

图 2-9　供给的变动与供给量的变动

投入品价格下降，企业成本降低，使得出售者在每一个价格上都供给更多的产品，那么供给曲线向右移动，表现为供给曲线从 S_1 移动到 S_2，薯片在 3 元的价格上从 B 点 10 包增加到 C 点 12 包。

第三节　均衡价格

在熟悉了需求和供给两种市场的力量之后，再来看看它们是如何共同作用于市场的。

一、均衡和均衡价格

在经济学中，均衡是指经济中各种对立的、变动着的力量处于一种力量相当、相对静止、暂时稳定的状态。在均衡价格时，买者愿意并且能够购买的物品数量正好与卖者愿意并且能够卖出的数量相等。在这个价格时，市场上的每一个人都得到了满足，买者买到了他想要购买的所有东西，卖者卖出了他想要卖的所有东西。

图 2-10 中把薯片的市场需求曲线和市场供给曲线放在了一起。需要注意的是，需求曲线和供给曲线相交到了一点，这一点称为市场的均衡点，这两条曲线相交时的价格称为均衡价格，而相交时的数量称为均衡数量。在这里，薯片的均衡价格是 3 元，均衡数量是 6 包。

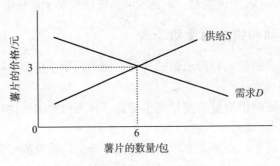

图 2-10　市场均衡

对均衡价格的理解应注意以下三点。

第一，均衡价格就是由于需求与供给这两种力量的作用，使价格处于一种相对静止、不再变动的状态。

第二，决定均衡价格的是需求和供给。在完全竞争市场上，只有需求与供给决定价格，它们就像一把剪刀的两个边一样不分主次。因此，需求与供给的变动都会影响均衡价格的变动。

第三，市场上各种商品的均衡价格是最后的结果，其形成过程是在市场的背后进行的。当市场供求实现均衡时，消费者愿意支付的价格——需求价格，与生产者愿意接受的价格——供给价格相等，消费者愿意而且能够购买的需求量与生产者愿意而且能够提供的供给量也相等。处于这种均衡状态的市场，称为市场处于出清状态。

二、均衡价格的形成

均衡价格是由需求和供给两种力量共同作用达到的相对静止且不再变动的状态，为了说明其中的原因,接着考虑当市场价格不等于均衡价格时会出现什么情况。

首先,如图2-11(a)所示,市场价格为3.5元时,市场均衡价格为3元,市场价格高于均衡价格。在这个价格上,卖者发现薯片的价格增加了,他们更加倾向于多卖出一些薯片;而同时,薯片的买者发现薯片的价格上涨,他们会减少薯片的购买,薯片的需求量降低到4包,最终薯片的卖者发现,他们的货柜里装满了越来越多想卖却卖不出的薯片。这种状态称为物品的过剩,或者称为超额供给。面对过剩,卖者的反应是降低其价格。价格降低,需求量增加,供给量减少,一直下降到达到市场均衡位置。

如图2-11(b)所示,市场价格为2.5元时,市场均衡价格为3元,市场价格低于均衡价格。较低的价格使买者想要购买更多的薯片,甚至出现排长队购买现有的薯片的状况。由于太多的买者抢购太少的商品,卖者可以做出的反应是提高自己的价格,这个状态称作短缺。随着价格逐渐上升,需求量减少,供给量增加,市场又一次向均衡变动。

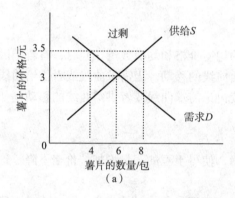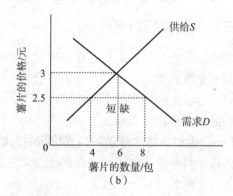

图2-11 非均衡的市场
(a)超额供给;(b)超额需求

因此,许多的买者和卖者的活动自发地把市场价格推向均衡价格。一旦市场价格达到均衡,买者和卖者都得到了满足,也就不存在价格上涨或者下降的压力。在大多数市场上,由于价格最终会变动到均衡价格,过剩与短缺都是暂时的。这种现象称作供求定理。其具体原理如下:

(1)需求的增加引起均衡价格上升,需求的减少引起均衡价格下降;
(2)需求的增加引起均衡数量增加,需求的减少引起均衡数量减少;
(3)供给的增加引起均衡价格下降,供给的减少引起均衡价格上升;
(4)供给的增加引起均衡数量增加,供给的减少引起均衡数量减少。

上述结论同样可以用数学模型求得。根据需求曲线和供给曲线的一般函数形式,再加一个均衡方程,即构成一个完全竞争市场模型的基本方程:

$$\begin{cases} D = f(P) = a - bP \\ S = f(P) = -c + dP \\ D = S \end{cases}$$

例如:假设薯片的供给函数为:$S = -400 + 200P$;需求函数为:$D = 800 - 100P$;
求得市场均衡价格,$D = S$ 时,均衡价格 $P = 4$;
将 $P = 4$ 代入供给方程或者需求方程得:
均衡数量 $Q = 400$

案例分析　　　　　　　从"蒜你狠"说起

大蒜在中国已经有2 000多年的历史，是人们生活中不可缺少的食物和调料。中国也是重要的大蒜生产国和贸易国，产量和贸易均占世界70%以上。

"蒜你狠"是2010年中国流行的一句时髦用语，源于大蒜疯涨超过100倍，价格超过肉和鸡蛋的现象。高昂的大蒜价格引发了种植热潮，导致我国重要的大蒜产区金乡大蒜库存量从2010年的不到90万吨飙升为130万吨，直接造成了2011年大蒜的收购价格不到1元/千克，大批蒜农本钱都挣不回来。

大蒜等农产品的价格，主要受市场供求关系影响：蒜农在高价格时的"惜售"，供过于求时的"按兵不动"，造成大蒜市场的进一步供求不平衡。

（资料来源：《谁让"蒜你狠"变成"蒜你贱"》，腾讯财经，2013/03。）

三、均衡价格的变动

需求和供给在市场上相互作用决定了产品的均衡价格和均衡数量。同时，有若干因素会导致需求曲线的移动，还有若干因素会导致供给曲线的移动。当需求曲线或者供给曲线发生移动时，市场上的均衡就会发生变化。下面继续讨论需求曲线或者供给曲线的移动是如何影响市场的均衡价格和数量的。

（一）供给曲线的移动对均衡价格的影响

假设，科学家发明了一种新的土豆培育技术，使得土豆的产量增加，价格下降。这个事件是如何影响薯片市场的呢？

首先，新的培育技术影响了薯片的原材料——土豆的价格，使生产土豆的成本下降，需求没有变化，因为薯片成本的下降并未直接影响人们购买薯片的数量。

其次，成本下降，使得供给曲线向右移动，如图2-12所示，供给曲线由S_1移动到S_2，供给增加了。这种移动表明，在每种价格时，薯片的供给量增加了。

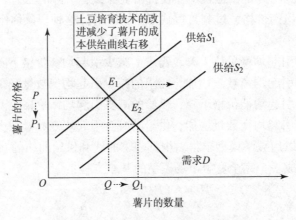

图2-12　供给增加如何影响均衡价格

最后，分析新的均衡点。如图2-12所示，由于供给曲线由S_1移动到S_2，而需求曲线并未发生变化，所以，薯片市场的均衡点由原来的E_1移动到了E_2。比较这两个均衡点，就会发现，由于土豆的价格下降致使在薯片市场上，薯片的价格下降了，销售量增加了。

（二）需求曲线的移动对均衡价格的影响

再假如，科学家指出长期大量食用薯片有可能会造成胆结石。这个发现将如何影响薯片市场呢？

首先，这个发现通过改变人们对薯片的偏好而影响了需求曲线。这个发现改变了人们在任何一种既定价格时购买薯片的数量。但供给曲线不变，因为这个发现并不直接影响企业。

其次，由于这个发现降低了人们对薯片的偏爱程度，所以，薯片的需求曲线向左移动。图 2–13 表示随着需求曲线从 D_1 移动到 D_2，需求减少了。

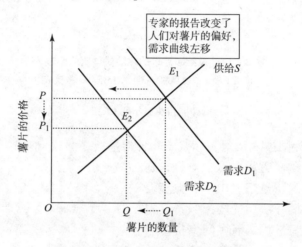

图 2–13　需求减少如何影响均衡价格

最后，分析新的均衡点。如图 2–13 所示，由于需求曲线由 D_1 移动到 D_2，而供给曲线并未发生变化，所以，薯片市场的均衡点由原来的 E_1 移动到 E_2。比较这两个均衡点，可以发现：由于专家的报告使得在薯片市场上，薯片的价格下降了，销售量减少了。

（三）供给曲线和需求曲线同时变动对均衡的影响

现在，假设专家的报告和土豆的增产发生在同一时期，那么它们如何影响薯片市场呢？同样，也分三个步骤。

首先，确定两条曲线由于这两个事件都会发生移动。土豆价格下降改变了薯片的成本；而专家的报告改变了人们的嗜好。

其次，这两条曲线移动的方向和前面分析的移动方向相同：需求曲线向左移动、供给曲线向右移动，如图 2–14 所示。

最后，如图 2–14 所示，两条曲线都发生移动时，会引起两种结果，这取决于供给和需求移动的相对大小。在这两种情况下价格均下降。在图 2–14（a）中，需求减少的幅度不大，而供给增加的幅度很大，这时，均衡数量增加了。在图 2–14（b）中，需求大幅度减少，而供给增加的幅度很小，这时均衡数量减少了。因此，这两个事件都会降低薯片的价格，但对薯片的销售量影响是不确定的。

从以上分析可以看到，一般来说，分析一个事件如何影响一个市场时，按照三个步骤进行。第一，确定该事件使供给曲线移动还是需求曲线移动，或者在一些情况下，使得两条曲线都移动。第二，确定曲线是向左移动，还是向右移动。第三，用供求图来比较原来的均衡点和新均衡点，分析新的价格和均衡数量。

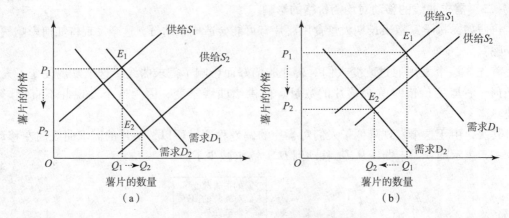

图 2-14 供给和需求的移动对均衡的影响
（a）价格下降，数量增加；（b）价格下降，数量减少

延伸阅读

如何消灭高利贷？

高利贷在中国和外国被"反对"了几千年，但是从来都"反对"不掉，它仍顽强地存在着。当今中国经济面临通货膨胀的难题，在不得不收缩资金供应的背景下，中小企业获得资金格外困难。它们很难从大的国家银行获得贷款，只能乞求于民间借贷。而民间借贷多半是高利贷，这加重了中小企业的资金负担，极不利于其发展。因此消灭高利贷在当今成为更迫切的问题。

我们从来都认为，放高利贷是一种剥削，因为放款人不劳而获，借款人背负沉重的利息负担，显然很不公平。但是我们也应该从另一个角度想一想，如果没有人放高利贷，急于用钱的人，告贷无门，岂非更加困难？至于说放款人不劳而获，是一种剥削，那么整个金融业都是不劳而获的。他们是不是也在剥削？现代的金融业利润非常丰厚，每年赚的钱是天文数字。如果他们没有创造财富，所赚的钱全都是剥削来的，果真如此的话，全部金融业都应该立刻关门，免得危害社会，侵犯了别人的利益。所以金融业是否创造财富，它所赚的钱是否正当，事关金融业的存废，也和解决高利贷的问题直接相关。如果高利贷也创造了财富，那就不是剥削，反而值得鼓励。

市场上常用拍卖的方式提高物品的使用价值。比如现在规定土地的使用一定要经过公开拍卖，避免用于不合适的用途。如果资金的使用也采取拍卖的方式，资金的供给方可以举办拍卖，比如把 10 万元使用一年的权力拍卖，谁出的利息率最高就给谁使用。结果一定是发生高利贷，可见高利贷是有效利用资金的方式。大家对拍卖这种方式并没有异议，这是市场配置资源的方式。这样我们对高利贷就有了新的看法。

高利贷所犯的错在于利息率太高，而不是资金的高效配置。如果能将高利贷的利息率降下来，它的坏处就可避免了。所以，对待高利贷的方针不是消灭它，而是降低它的利息率。

从经济学来讲，利息率是使用资金的价格，价格高是因为供不应求。所以，降低利息率的方法是增加资金的供应。这里讲的是增加高利贷的资金供应，不是一般的资金供应。过去反对高利贷失败的原因就在于不是增加高利贷的供应，相反，而是处处给它限制，不让它发生。结果是事与愿违，由于高利贷供给减少，利息率越来越高。所以，消灭高利贷的方法恰好是提倡高利贷，让大家都去放高利贷。由于供给增加，利息率必定下降，高利贷的危害也就避免了。

大家都去放高利贷，有没有这种可能？从资金的数量来看完全是有可能的。中国居民有几十万亿元的储蓄存款，现在的利息率低于通货膨胀率，事实上每时每刻都在损失财富。让他们去放高利贷，获得正常的利息率，他们肯定很愿意。之所以大家没有去放高利贷，有三点原因：一是认为这样做不道德；二是不知道谁愿意借高利贷；三是怕信用不可靠，借钱不还。通过本文的分析，应该认识到，放高利贷不但不是剥削，而且利国利民，非常值得鼓励。第一点原因可以消除。第二点是信息不沟通，现在有了互联网，这个问题大大缓解了。真正成问题的是第三点，怕借钱的人不还钱。事实上根据许多经验，这种情况发生得很少。大量民间借贷的坏账只有百分之一二，远比我们设想得低很多。

（资料来源：天则经济研究所理事长茅于轼为英国《金融时报》中文网撰稿。）

第四节　弹性理论

设想，你是一个种植小麦的农民。你的所有收入来自于种植小麦，所以，你尽了最大努力来提高你土地的生产率。你知道，你的小麦种得越多，收成之后卖得也就越多，而你的收入也就会越高。

相关链接　　　　　　　　　谷贱伤农

"万盛米行"的河埠船头，横七竖八地停泊着乡村里出来的敞口船。船里装载的是新米，把船身压得很低。齐船舷的菜叶和垃圾给白腻的泡沫包围着，一漾一漾地，填没了这船和那船之间的空隙。那些戴旧毡帽的以为今年天照应，雨水调匀，小虫子也不来作梗，一亩田多收了三五斗，该得透一透气了。

那知"哪里有跌得这样厉害的！""还是不要粜的好，我们摇回去放在家里吧！"

先生冷笑着，"你们不粜，人家就饿死了吗？各处多的是洋米、洋面，我们同行公议，这两天的价钱是糙米五元、谷三元。"载在敞口船里的米总得粜出；米行里有的是洋钱，而破布袄的空口袋里正需要洋钱。在柜台前迸裂了希望的肥皂泡，赶走了入秋以来望着沉重的稻穗所感到的快乐。第二天又有一批敞口船来到这里停泊。镇上便表演着同样的故事。

——叶圣陶《多收了三五斗》

释义：谷：粮食。谷贱伤农：指粮价过低，使农民受到损害。出处《汉书·食货志上》："籴甚贵，伤民；甚贱，伤农。民伤则离散，农伤则国贫。"可见谷贱伤农这已是几千年的老问题了。

如果有一年，风调雨顺，使得你种植的小麦乃至全国小麦普遍增产10%。这种现象会使你的经济条件变好还是变坏呢？为了分析这个问题，经济学家提出一个新的工具：弹性。

弹性是衡量买者与卖者对市场变动反应大小的指标，可以更加精确地分析供给与需求。当研究某个事件或政策如何影响一个市场时，不仅可以讨论影响的方向，而且可以运用弹性的概念讨论它的大小。

一、弹性与需求价格弹性

"弹性"是一个物理学名词，指一物体对外部力量的反应程度。想象一下，一个受你手指压力而发生形变的弹簧，对你手指的反应程度，就是弹性。同样，在经济学中，弹性是指在经济变量之间存在函数关系时，因变量对自变量变化的反应程度。

需求定理表明，一种物品的价格下降时需求量增加，提价会减少需求量。而关键问题在于：价格升降带来的需求量的变化到底有多大？经济学家利用需求价格弹性的概念来解释这一问题。

需求价格弹性是指价格变动的百分比所引起的需求量变动的百分比，即需求量变动对价格变动的反应程度。

二、需求价格弹性的影响因素

如果一种物品的需求量对价格变化的反应大，也就是说，价格变动一点点，需求量会大幅度变化，可以说，这种物品的需求是富有弹性的；反之，如果一种物品的需求量对价格变动的反应小，可以说这种物品是缺乏弹性的。一般来说，影响需求弹性的因素主要有以下几种。

（一）消费者对某种商品的需求程度

消费者对某种商品的需求程度是指该商品对于消费者生活的重要程度。一般来说，消费者对生活必需品的需求强度大且稳定，所以生活必需品的需求弹性较小，而且，越是生活必需品，其需求弹性就越小。例如，粮食、蔬菜这类生活必需品的弹性一般都较小，它们属于需求缺乏弹性的商品。相反，消费者对奢侈品的需求强度较小且不稳定，所以奢侈品的需求弹性较大。例如，到国外旅行这类消费的需求弹性一般都较大，它们属于需求富有弹性的商品。

（二）商品的可替代性

一般来说，一种商品的可替代品越多，相近程度越高，则该商品的需求价格弹性往往就越大；相反，一种商品的可替代品越少，相近程度越低，则该商品的需求价格弹性往往就越小。例如，在苹果市场，当红富士苹果的价格上升时，消费者就会减少对红富士苹果的需求量，增加对相近的替代品如秦冠苹果的购买。这样，红富士苹果的需求弹性就比较大。又如，对于食盐来说，没有很好的替代品，所以，食盐价格的变化所引起的需求量的变化几乎等于零，它的需求价格弹性是极其小的。

（三）商品用途的广泛性

一般来说，一种商品的用途越是广泛，其需求弹性也就越大；相反，一种商品的用途越是狭窄，则其需求弹性也就越小。这是因为，一种商品的用途越多，则消费者的需求量在这些用途之间进行调整的余地就越大，需求量做出反应的幅度也就越大。例如，在美国，电力的用途很广，需求价格弹性较大，而小麦的需求价格缺乏弹性也与它的用途面比较窄有关。

（四）商品的消费支出在消费者预算总支出中所占的比重

消费者在某商品上的消费支出占其预算总支出的比重越大，该商品的需求价格弹性可能越大；反之则越小。例如，火柴、盐、铅笔、肥皂等商品的需求价格弹性就是比较小的。因为，消费者每月在这些商品上的支出是很小的，因而往往不太重视这类商品的价格变化。

（五）所考察的消费者调节需求量的时间

一般来说，所考察的调节时间越长，则需求的价格弹性就可能越大。因为，当消费者决定减少或停止对价格上升的某种商品的购买之前，他一般需要花费时间去寻找和了解该商品的可替代品。例如，当石油价格上升时，消费者在短期内不会较大幅度地减少需求量。但设想在长期内，消费者可能找到替代品，于是，石油价格上升会导致石油的需求量较大幅度地下降。

在以上五种影响需求弹性的因素中，最重要的就是需求强度、替代程度和在消费者预算总支出中所占的比例。某种商品的需求弹性到底有多大，是由上述这些因素综合决定的，不能只考虑其中一种因素。而且，商品的需求弹性也会因时期、消费者收入水平和地区的不同而不同。

三、需求价格弹性的计算

我们在一般意义上讨论了需求价格弹性，现在要更精确地衡量。经济学家用需求量变动的百分比除以价格变动的百分比来计算需求价格弹性，其公式为：

$$需求价格弹性 = -\frac{需求量变动的百分比}{价格变动的百分比}$$

即

$$E_d = -\frac{\Delta Q/Q}{\Delta P/P} = -\frac{\Delta Q}{\Delta P} \cdot \frac{P}{Q}$$

式中　E_d——需求弹性的弹性系数；

P——价格；

ΔP——价格的变动量；

$\Delta P/P$——价格变动的百分比；

Q——需求量；

ΔQ——需求的变动量；

$\Delta Q/Q$——需求量变动的百分比。

值得注意的是，由于需求量与价格呈反方向变动，所以需求价格弹性系数为负值。但为了便于比较，一般在公式前面加一个负号，以使需求的价格弹性为正值。

例如，假如薯片的价格上升了10%，而你购买薯片的数量减少了20%，我们计算出的需求价格弹性为：

$$需求价格弹性 = -\frac{-20\%}{10\%} = 2$$

在此例中，薯片的需求价格弹性是2，反映了需求量变动是价格变动的2倍。

四、需求价格弹性的分类

需求的价格弹性表明，当商品的价格变动1%时，需求量的变动究竟有多大。在现实中，各种商品的需求弹性并不一样。有的商品需求弹性较大，而有的则较小。因此，根据各种商品需求价格弹性的大小，可以把需求弹性分为以下五类。

（一）需求完全无弹性

需求完全无弹性，即 $E_d = 0$。在这种情况下，无论价格如何变动，需求量都不会变动。例如，糖尿病人对胰岛素这种药品的需求就是如此。因为胰岛素是糖尿病人维持生命所必需的，无论其价格如何变动，需求量也不会变。所以，胰岛素的需求弹性为零。这时的需求曲线是一条与横轴垂直的线，如图 2-15 中（a）所示。

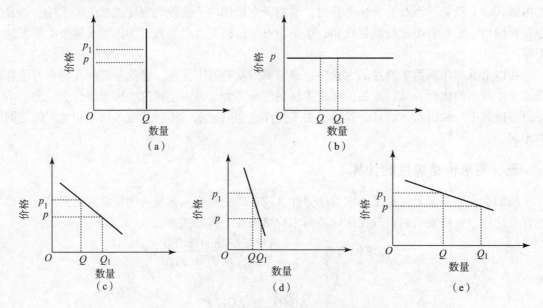

图 2-15 不同需求弹性的需求曲线

（a）需求完全无弹性；（b）需求富有无限弹性；（c）单位需求弹性；（d）需求缺乏弹性；（e）需求富有弹性

（二）需求有无限弹性

需求有无限弹性，即 $E_d \to \infty$。在这种情况下，当价格为既定时，需求量是无限的。例如，银行以某一固定价格收购黄金，无论有多少黄金，都可以按这一价格收购，则银行对黄金的需求有无限弹性。这时的需求曲线是一条与横轴平行的线，如图 2-15 中（b）所示。

（三）单位需求弹性

单位需求弹性，即 $E_d = 1$。这是一种巧合的情况。在这种情况下，需求量变动的比率与价格变动的比率正好相等。这时的需求曲线是一条正双曲线，如图 2-15 中（c）所示。

以上三种情况都是需求弹性的特例，在现实生活中是很少见的。现实生活中经常见到的是以下两种情况。

（四）需求缺乏弹性

需求缺乏弹性，即 $0 < E_d < 1$。在这种情况下，需求量变动的比率小于价格变动的比率，即需求量对于价格变动的反应不敏感。生活必需品中，如粮食、蔬菜等都属于这种情况。这时的需求曲线是一条比较陡峭的曲线，如图 2-15 中（d）所示。

（五）需求富有弹性

需求富有弹性，即 $E_d > 1$。在这种情况下，需求量变动的比率大于价格变动的比率，此时需求量对于价格变动的反应是比较敏感的。一些奢侈品如汽车、珠宝、国外旅游等均属于这种情况。这时的需求曲线是一条比较平坦的线，如图 2-15 中 (e) 所示。

延伸阅读

恩格尔定理

19 世纪，德国统计学家恩格尔根据对德国某些地区消费统计资料的研究，提出了一个定理：随着家庭收入的增加，食物开支在全部支出中所占的比例会越来越小，这就是"恩格尔定律"。恩格尔定律也可以用恩格尔系数来表示。恩格尔系数是指用于食物的支出与全部支出之比。用公式表示为：

$$恩格尔系数 = \frac{食物支出}{全部支出}$$

恩格尔系数反映了一国或一个家庭的富裕程度与生活水平的高低。一般来说，恩格尔系数越高，即食物支出在全部支出中所占的比重越高，那么用于其他方面，如医疗、住房、精神享受、奢侈品等的支出就会较少，则富裕程度和生活水平越低；反之，则说明富裕程度和生活水平越高。一般把恩格尔系数在 0.5 以下作为生活达到富裕水平的标准。恩格尔定理也说明了生活必需品（食物）的收入弹性较小。

五、需求价格弹性与总收益

当研究市场的供给或需求变动时，经常考虑一个变量——总收益，即卖者出售一定数量商品所得到的全部收入，亦即销售量与价格的乘积。如果以 TR 代表总收益，Q 为销售量，P 为价格，则有：

$$TR = P \cdot Q$$

我们可以像图 2-16 那样用图形表示总收益。需求曲线下面矩形的高是 P，宽是 Q。这个阴影部分方块的面积 $P \cdot Q$ 就是总收益。图 2-16 中，$P = 4$ 元，$Q = 100$，总收益是 400 元。

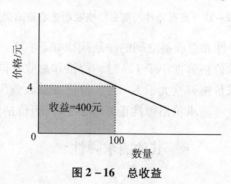

图 2-16 总收益

总收益的大小如何沿着需求曲线变化？答案取决于需求的价格弹性。

如果某种商品的需求是缺乏弹性的，那么当该商品的价格下降时，其需求量（销售量）增加的幅度小于价格下降的幅度，所以总收益会减少；而当该商品的价格上升时，需求量（销售量）减少的幅度小于价格上升的幅度，总收益就会增加。如图 2-17 所示，价格从 3 元下降到 1 元，使需求量从 80 增加到 100，但是总收益却从 240 元降低到 100 元。这是由于商品缺乏弹性，价格下降引起的需求量的增加幅度小于价格下降的幅度，从而总收益下降。这也是缺乏弹性的农产品"谷贱伤农"的原因。

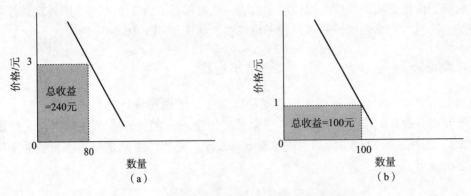

图 2-17　缺乏弹性的商品价格变动总收益的变化

如果某种商品的需求是富有弹性的，例如，在图 2-18 中，价格从 5 元下降到 4 元，需求量从 100 增加到 200，因此，总收益从 500 元增加到 800 元，看似价格下降影响了卖者的利益，相反，卖者的总收益却提高了。这是由于商品的需求是富有弹性的，商品价格 P 下降的幅度小于商品数量 Q 增加的幅度，所以总收益增加了。这也就是一般人们所说的"薄利多销"。

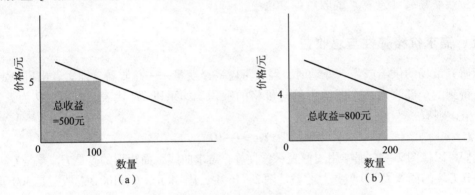

图 2-18　富有弹性的商品价格变动总收益的变化

在此，总结需求价格弹性和总收益之间的一般规律如下：
当需求缺乏弹性（需求价格弹性小于 1）时，价格和总收益同方向变动。
当需求富有弹性（需求价格弹性大于 1）时，价格和总收益反方向变动。
如果需求属于单位弹性（需求价格弹性正好等于 1），当价格变动时，总收益不变。

其他需求弹性

延伸阅读

（一）需求收入弹性

需求收入弹性是一种物品消费量对消费者收入的反应程度，用需求量变动的百分比除以收入变动的百分比来计算，其计算公式为：

$$需求收入弹性 = \frac{需求量变动的百分比}{收入变动的百分比}$$

前面提到，正常品是当收入提高时需求量增加，由于需求量与收入同方向变动，正常品的需求收入弹性为正数。另一方面，劣等品是当收入提高时需求量反而降低，例如公交汽车。由于需求量与收入是反方向变动，所以，劣等品的需求收入弹性为负数。

(二) 需求交叉弹性

需求交叉弹性是衡量当一种物品的价格变动时,另外一种物品的需求量如何变动。可以用物品1的需求变动的百分比除以物品2的价格变动的百分比来计算需求交叉弹性,其计算公式为:

$$需求交叉弹性 = \frac{物品1的需求量变动的百分比}{物品2的价格变动的百分比}$$

需求交叉弹性是正数还是负数取决于这两种商品是替代品还是互补品。如果是互补品,那就意味着物品1的需求量和物品2的价格呈反方向变动。例如,羽毛球的价格上升,人们购买羽毛球拍的数量也减少了,那么这两种物品的需求交叉弹性为负数。如果两种物品是替代品,那么意味着物品1的需求量和物品2的价格成正方向变动。例如,当薯片的价格上升,锅巴的需求量增加了,那么,这两种物品的需求交叉弹性为正数。

案例分析　　　农业的丰收对农民来说是个好消息吗?

现在,让我们回到弹性理论开头时候的那个问题。当风调雨顺的某年全国小麦普遍增产10%(或者你也可以考虑,新型的杂交种子的应用,使得小麦产量普遍提高)时,小麦市场会发生什么样的变化?

结合供给需求曲线的移动以及弹性理论来回答这个问题。首先,风调雨顺影响小麦的供给还是小麦的需求?其次,供给或者需求曲线向左移动还是右移动?最后,分析新的均衡点。

如图 2-19 所示,逐步分析:

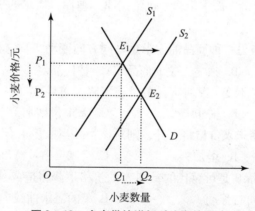

图 2-19　小麦供给增加对均衡的影响

首先,风调雨顺影响了小麦的供给,使得供给曲线向右从 S_1 移动到 S_2;同时,并没有直接影响到消费者,所以需求曲线 D 不变。供给曲线的移动使得均衡点从原来的 E_1 移动到现在的 E_2,均衡价格从 P_1 下降到 P_2,均衡数量从 Q_1 增加到 Q_2。也就是说,风调雨顺使得小麦市场上的交易量增加了,但是价格却下降了。

那么,接着分析小麦的供给者,农民的状况怎样了?从农民的总收益 $P \cdot Q$,也就是价格乘以销售量入手,风调雨顺的天气使得销售量 Q 增加了,但同时,价格 P 却降低了。那么,现在关键的问题就在于价格降低的幅度和数量增加的幅度,哪个大?

这时,要注意一点,如图 2-19 所示,小麦是生活必需品,而且少有替代品,所以需求缺乏弹性,我们画了一条比较陡直的需求曲线,从图上能直观地看到,缺乏弹性的商品,价格下降的幅度要大于需求量增加的幅度,即需求缺乏弹性的商品,总收益和价格呈同方向变动,而这时,小麦价格下降了,总收益也就减少了。

本章小结

微观经济学要阐明价格是如何配置资源、如何调节经济的。因此,价格理论是微观经济学的核心内容。在市场经济中,价格是由供求关系决定的,所以,需求与供给是本章最重要的两个概念。本章主要介绍了需求、供给及均衡价格的决定,价格如何调节经济以及价格变动与需求量或供给量变动之间的关系,即弹性理论的内容。弹性理论是价格理论的重要组成部分,也是供求分析的工具之一。

关键概念

需求　供给　需求量的变动与需求的变动　均衡价格　均衡价格的形成过程　需求价格弹性　弹性与总收益

复习思考题

一、名词解释

需求　供给　均衡价格　需求定律　供给定律　弹性　需求的价格弹性

二、选择题

1. 一种商品的价格与另一种商品的需求量呈同方向变动,称这种商品是（　　）。
   A. 互补品　　　　B. 独立无关的商品　　C. 替代品　　　　D. 劣等品
2. 保持所有其他因素不变,某种商品的价格下降,将导致（　　）。
   A. 需求增加　　　B. 需求减少　　　　　C. 需求量增加　　D. 需求量减少
3. 消费者预期某物品未来价格将上升,则对该物品当前需求会（　　）。
   A. 减少　　　　　B. 增加　　　　　　　C. 不变　　　　　D. 上述三种都可能
4. 如果商品 A 和商品 B 是可替代的,则 A 的价格下降将造成（　　）。
   A. A 的需求曲线向右移动　　　　　　B. A 的需求曲线向左移动
   C. B 的需求曲线向右移动　　　　　　D. B 的需求曲线向左移动
5. 一个商品价格下降对其互补品最直接的影响是（　　）。
   A. 互补品的需求曲线向右移动　　　　B. 互补品的需求曲线向左移动
   C. 互补品的供给曲线向右移动　　　　D. 互补品的价格上升
6. 建筑工人的工资提高将使（　　）。
   A. 房屋供给曲线左移并使房屋价格上升
   B. 房屋供给曲线右移并使房屋价格下降
   C. 房屋需求曲线左移并使房屋价格下降
   D. 房屋需求曲线右移并使房屋价格上升
7. 均衡价格随着（　　）。

A. 需求和供给的增加而上升 B. 需求和供给的减少而上升
C. 需求的减少和供给的增加而上升 D. 需求的增加和供给的减少而上升

8. 如果某商品富有需求的价格弹性，则该商品价格上升会使该商品的（　　）。

A. 销售收益增加 B. 销售收益不变
C. 销售收益下降 D. 销售收益可能增加也可能下降

9. 如果某一种商品的需求收入弹性小于1，则该商品是（　　）。

A. 必需品　　　B. 低廉品　　　C. 奢侈品　　　D. 中型商品

10. 某种蛋糕的价格为10元/斤，该蛋糕的需求价格弹性为1.5，为了使该商品的需求量提高30%，应采取（　　）。

A. 蛋糕价格上涨20% B. 蛋糕价格下降20%
C. 蛋糕价格上涨25% D. 蛋糕价格下降25%

三、问答题

1. 需求量的变动和需求的变动有何区别和联系？
2. 均衡价格是如何形成的？
3. 影响需求价格弹性的因素有哪些？

四、计算题

已知某一时期内某商品的需求函数为 $Q_d = 50 - 5P$，供给函数为 $Q_s = -10 + 5P$。

（1）求均衡价格 P_e 和均衡数量 Q_e。

（2）假定供给函数不变，由于消费者收入水平提高，使需求函数变为 $Q_d = 60 - 5P$。求出相应的均衡价格 P_e 和均衡数量 Q_e。

（3）假定需求函数不变，由于生产技术水平提高，使供给函数变为 $Q_s = -5 + 5P$。求出相应的均衡价格 P_e 和均衡数量 Q_e。

五、阅读材料

阅读材料

蛛网理论

"蛛网理论"是20世纪30年代出现的一种关于动态均衡分析的微观经济学理论，它运用弹性理论来考察某些产品（特别是农产品）的价格波动对其下一个周期产量（供给量）的影响。"蛛网理论"说明，在时间发生变化的情况下，均衡量值的变动过程及其重新均衡所需要的条件。

以生猪为例，由于生产者从仔猪开始饲养到出栏可供销售需要经历一定的时间（例如6个月），生产者对下期生产量的确定是依据本期的生猪市场价格（即目前市场上的生猪价格）来进行的，所以猪肉产品的价格与供给量之间的关系可以概括为：本期供给量决定本期价格，而本期价格决定下期供给量。目前市场的供求是影响目前价格的首要因素，而目前的市场价格是影响生产者进行下期生产决策的首要原因。所以，产量对价格的反应是滞后的，而价格对产量的反应是即时的，这种价格与供给量的关系符合农产品的生产与供求行为。可以用函数形式表现这种关系为：

$$S_t = f(P_{t-1})$$
$$P_t = g(S_t, D_t)$$

其中，S_t 为 t 期的供给量；P_{t-1} 为 $(t-1)$ 期的价格；p_t 为 t 期的价格；D_t 为 t 期的需求量。

在完全竞争的条件下，随着供给与需求弹性大小的不同，产量 S_t 与价格 P_t 的确定出现了不同的状态。供给与需求弹性的大小分为三种情况：供给弹性小于需求弹性、供给弹性大于需求弹性、供给弹性等于需求弹性。

（1）供给弹性小于需求弹性，即 $E_s < E_d$。这意味着价格变动引起供给量的变动要小于需求量的变动。此种状况下价格变动在时间序列中对供给量的影响逐步递减，价格与供给量的波动也会越来越弱，最后趋向均衡水平，如图 2-20 所示。

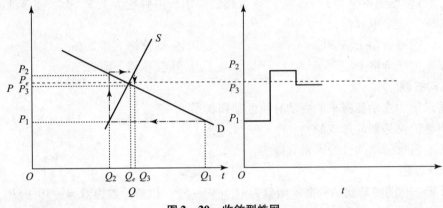

图 2-20　收敛型蛛网

在图 2-20 中，假定初始产量为 Q_1，这一供给量大于均衡产量，并决定初始价格 P_1。较低的初始价格 P_1 决定第二期的产量为小于均衡产量的 Q_2，第二期产量小于均衡产量使第二期的价格为 P_2，它高于均衡价格。较高的第二期价格 P_2 使第三期的产量增加到 Q_3，又大于均衡产量 Q_e，如此循环运行，直至价格趋近于均衡价格，供求最终相等，停止波动。

因此，在供给弹性小于需求弹性的情况下，价格和产量的变动在时间序列中是逐渐向均衡点收敛的，此称为收敛型蛛网。

（2）供给弹性大于需求弹性，此时价格变动引起的供给量的变动大于需求量的变动。由于本期的产量仍决定本期的价格，而本期价格决定下期产量，所以在时间序列中产量与价格两个变量如同第一种情况仍相互影响，只不过价格变动对产量的影响逐渐扩大，如图 2-21 所示。

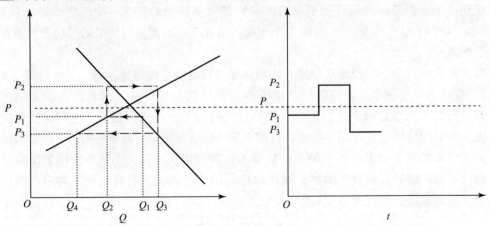

图 2-21　发散型蛛网

图 2-21 中，初始产量为 Q_1，本期产量决定本期价格，则第一期价格为 P_1；而本期价格决定下期产量，则第二期的产量为 Q_2。依此类推，产量与价格的波动越来越大，均衡难以形成。价格与产量的变动在时间序列中呈发散型，越来越偏离均衡点，这种情况称为"发散型蛛网"。

（3）供给弹性等于需求弹性。该情况下，价格变动对需求量和供给量的影响是等同的。价格、产量的相互关系仍如前所述。在变动的时间序列中，价格对产量的影响程度始终如一，价格和产量的循环出现相同的情况，如图 2-22 所示。

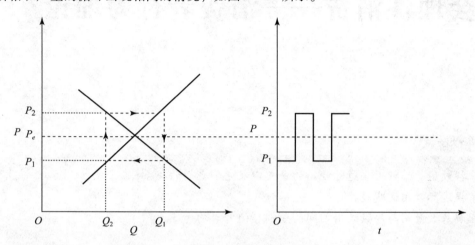

图 2-22 封闭型蛛网

图 2-22 中，当初始产量为 Q_1 时，第一期价格为 P_1，因本期价格影响下期产量，则第二期产量缩减为 Q_2，第二期价格则为 P_2，由于供求弹性相等，第三期的产量仍为 Q_1，如同第一期产量，价格也出现循环。产量与价格的波动始终如一，既不发散也不收敛，这种情况称为"封闭型蛛网"。

蛛网理论最适合解释农产品的供求状况及其价格的基本走势，以及农户对未来农产品的供给。在营销活动的优化中，重点强调信息的流通性以及市场建设的规范性，使供给需求达到平衡，从而走出"蛛网困境"。

第三章

学会理性消费——消费者行为理论

学习目标

掌握效用、总效用、边际效用的含义以及它们之间的关系；
掌握边际效用递减规律；
理解基数效用与序数效用之间的差别、消费者均衡。

学习建议

本章的中心理论是消费者均衡理论，以及相应的基数、序数效用理论。延伸阅读部分可供学有余力者学习。建议学习时间为4~6课时。

导入案例

你会为都教授埋单吗？——名人代言效应

金秀贤是谁？其实很多网友都不清楚，但只要稍微一提《来自星星的你》的男主角都教授，你就会说：哦，原来是他。一部韩剧《来自星星的你》成功将金秀贤推上人生事业的最高峰，轻松成为广告界的大赢家。粗略估计，地球上可是没一位广告代言人攀得上来自星星的都教授了。接广告接到手软的他，一阵风似的包揽地球上所有大大小小的广告，包括餐饮业、电器业、互联网、服饰等，几乎每到一处总有他的存在。

企业请名人代言的目的何在呢？显然，企业希望通过名人代言的广告提升其产品的销售额。但为什么只要名人代言的产品，消费者就会购买甚至买得更多呢？

企业做广告已经有好几个世纪的历史了。Josiah Wedgwood 是 18 世纪英国的餐具制造商，他可能是启用名人代言广告的鼻祖了。他以较低的价格向当时的上层人士出售制作精美的陶瓷用品，希望这些销售的社会效应有助于打开大众消费市场。1886 年，药剂师 John Styth Pemberton 在美国佐治亚州的亚特兰大创立了可口可乐公司。1891 年 Asa G. Candler 收购了可口可乐公司，从此可口可乐开始走向世界。公司刚成立时，可口可乐公司的主要产品是药店出售的苏打水。可口可乐公司在报纸、杂志、广告牌和日历上做的广告往往是正在开怀畅饮的年轻漂亮的女士，并没有强调可乐的味道或产品本身的其他特性。一位商业历史学家评论：这些年轻的广告女士很好地展现了女性气质。年轻的女性希望能够像广告里的女人一样；而年轻的男人则希望与这样的女性约会，而这些女性都在畅饮可口可乐。

通过前面的学习，我们知道，经济学家通常假设人的行为是理性的和自利的。在解释消费者行为时，这一假设意味着，在收入等条件不变的情况下，消费者将尽可能满足自己的偏好。对于消费者来说要知道在某些情况下，做出的决策是否最佳，这本身就是一件非常困难的事情，我们将提出预算线和无差异曲线来描述这样的决策，以考察消费者的决策行为。本章我们将考察消费者是如何在不同产品之间做出购买选择的。

第一节　效用概述

消费任意一种商品或者商品组合所得到的满足感，最终取决于人的偏好，"萝卜青菜，各有所爱"正是说明了这一点。假设作为一个运动爱好者，你在购买运动饮料的时候选择了佳得乐，而没有购买红牛，那么，我们可以这样说，你从喝佳得乐中获得了更多的快乐和满足。

一、效用的概念

效用是指消费者在消费商品时所感受到的满足程度。一种商品对消费者是否具有效用和效用大小，取决于消费者是否有消费这种商品的欲望和欲望大小，以及这种商品是否具有满足消费者欲望的能力。

效用与人的欲望是联系在一起的，它是消费者对商品满足自己欲望能力的一种主观评价，是一种心理感受。因此，一种商品的效用大小，因人、因时、因地而异。例如，在烈日炎炎的沙漠中，水比电视机有更大的效用，而当你坐在家中欣赏 NBA 篮球赛时，通常电视机比水有更大的效用。

这里，需要注意的是效用与使用价值的区别。使用价值是物品本身所具有的属性，它由物品本身的物理或化学性质所决定。使用价值是客观存在的，不以人的感受为转移。例如香烟，无论对吸烟者还是不吸烟者，它都具有使用价值。但对于不吸烟者或者反烟者，香烟便失去了效用。效用强调了消费者对某种物品带来的满足程度的感受的主观性。当然，效用要取决于使用价值。但在研究消费者行为时，我们强调的是效用的主观性。

相关链接　　　　　　效用与"朝三暮四"

《庄子·齐物论》中提到：宋国有一个养猴的老人，他喜欢猴子，就把它们成群养着，他可以理解猴子的意思，猴子也可以理解老人的心意。养猴的老人宁可减少他的家人的食物也要去满足猴子的需求。然而过了不久，他家里的粮食缺乏了，他将限定猴子的食物数量，但又怕猴子不顺从自己，于是就先对猴子说："给你们橡木果实，早上三颗，然后晚上四颗，够吗？"猴子们都站了起来，并且十分恼怒。见到这样的情形，他又说："这样吧，给你们早上四颗，晚上三颗，总行了吧？"猴子听了都非常高兴。

早上三颗晚上四颗，或者早上四颗晚上三颗，看似一模一样的分配方式，聪明的猴子告诉你，这是不一样的，早上四颗橡树果实带来的心理满足程度——效用水平，要高得多。

二、基数效用论与序数效用论

效用是用来表示消费者在消费商品时所感受到的满足程度，于是便产生了对"这种满足程度"即效用大小的度量问题。在这一问题上，西方经济学家先后提出了基数效用和序数效用的概念，并在此基础上形成了分析消费者行为的两种理论：基数效用论和序数效用论。

（一）基数效用论的基本观点

基数效用论由杰文斯、门格尔和瓦尔拉斯提出。其基本观点：效用是可以计量并加总求和的，因此，效用的大小可以用基数（1，2，3，…）来表示，正如长度可以用米来表示一样。

所谓效用可以计量，就是指消费者消费某一物品所得到的满足程度可以用效用单位来衡量。例如，可以说消费者吃一块巧克力所得到的满足程度是5个效用单位，等等。

所谓效用可以加总求和，是指消费者消费几种物品所得到的满足程度可以加总而得到总效用。例如，某消费者吃一块巧克力所得到的满足程度是5个效用单位，听一张音乐光碟所得到的满足程度是6个效用单位，这样，消费者消费这两种物品所得到的总的满足程度就是11个效用单位。根据这种理论，可以用具体的数字来研究消费者效用最大化问题。

19世纪20年代初期，西方经济学家普遍采用基数效用的概念。基数效用论采用边际效用分析方法来分析消费者行为。

延伸阅读

边际革命

边际效用论的先驱者是德国经济学家戈森。1854年他出版了《人类交换诸法则及人类行为的规范》一书。在书中他从研究消费者行为出发，探讨消费和需求的规律。他认为人类行为的目的在于追求最大限度地享乐和尽可能避免痛苦。追求享乐的行为通常受两个规律的支配：第一个规律是"边际效用递减规律"。即随着某种需要的满足，消费者所感觉到的享乐程度逐渐递减，直到最后出现感受上的饱和状态。第二个规律是"边际效用相等规律"。即在边际效用递减规律的作用下，一个人如果要从一定量的物品中得到最大限度的满足，他就必须把它在不同用途间进行分配，而分配的方式必须使每一种用途上的物品的边际效用相等。这就是经济学史上著名的"戈森两大定律"。戈森定律在戈森生前并没有引起西方学者的重视。

戈森以后，奥地利经济学家门格尔于1871年出版了《国民经济学原理》；英国的杰文斯于1871年出版了《政治经济学理论》；法国的瓦尔拉斯于1874年出版了《纯粹政治经济学纲要》。这三个人在戈森定律的基础上同时明确提出了以边际效用价值论为核心的经济学理论。因此，他们被认为是"边际革命"的奠基者。其中门格尔以维也纳大学为中心培养了一些学生和追随者，形成一个学派，影响最大，被称为"奥国学派"或"维也纳学派"。杰文斯和瓦尔拉斯则把数学方法引入经济学，成为数理学派的先驱。美国的克拉克则提出以边际生产率论为基础的国民财富分配理论,成为 20 世纪初美国最著名的经济学家。

奥国学派从研究消费者行为出发探讨消费和需求的规律。他们认为,经济就是消费,消费是目的,生产不过是为满足人们消费欲望的一种手段。针对古典学派认为的生产的三项费用决定价值的理论,奥国学派认为,价值起源于效用,消费者购买商品是为了获得效用和欲望的满足。因此,决定商品价值的既不是劳动,也不是生产费用,而是商品的边际效用。一个商品是否具有价值,不取决于生产它时花费了多少劳动和生产费用,而取决于在市场上消费者的选择和对其边际效用的评价,取决于消费者是否愿意为它付钱和愿付多少钱。如果一个商品没有消费者需要它,没人愿为它付钱,那么不论生产它时花费了多少劳动和费用,它都是没有价值的。这样,奥国学派就提出了一套与古典学派完全不同的经济理论。英国经济学家罗尔在评论边际革命时指出,"古典主义强调生产、供给和成本。现代学说关心的主要是消费、需求和效用。边际效用概念的引入实现了这种重点的转移。从那时起,它便几乎以无上的权威统治着学术思想"。

应该指出,"边际革命"的历史功绩在于它强调了盲目生产并不一定能创造社会财富和价值,生产必须符合消费者的需要。生产出的产品是否具有价值、是否成为财富,最终取决于市场上消费者的评价和选择。也正是由于此,消费者开始被尊为"上帝"。这是"边际革命"在经济思想的重大影响。

(资料来源:薛治龙. 微观经济学 [M]. 经济管理出版社,2009.05。)

(二) 序数效用论的基本观点

序数效用理论是由帕累托提出的,希克斯对其进行了进一步发展。其基本观点是:效用作为一种心理现象无法计量,也不能加总求和,只能表示出满足程度的高低与顺序,因此,效用只能用序数(第一、第二、第三……)来表示。仍然引用上面的例子,消费者要回答的是哪一种消费带来的满足感是第一,哪一种消费带来的满足感排第二。

20 世纪 30 年代,序数效用的概念为大多数经济学家所使用,序数效用论采用无差异曲线的分析方法考察消费者行为。在现代微观经济学里,经常使用的是序数效用的概念。

第二节 基数效用理论

一、总效用和边际效用

为了更准确地描述消费者行为,先想象一个场景,假如你的朋友邀请你去他的家中做客,晚饭提供包子,而且你非常饿。在这种情况下,你可能会从吃第一个包子中得到很大的满足感。假设这种满足感是可以度量的,其值等于 10。在吃了第一个包子后,你决定吃第二个,因为你不再那么饿了,所以吃第二个包子获得的满足感肯定小于吃第一个包子的,假设,其值等于 8。如果继续吃,每多吃一个包子给你带来的满足感会越来越少。

总效用是指从消费一定量的某种物品中所得到的总的满足程度。在上个例子中,就是你吃完的每一个包子给你带来效用的总和(10 + 8 + …)。边际效用是指某种物品的消费量每增加一个单位所增加的满足程度。

边际分析方法是最基本的分析方法之一。"边际"考虑的不是如何在中餐和西餐之间做出选择,而是是否再多吃一个包子。或者当考试临近的时候是否多花一小时复习功课而不去看电视。西方经济学家用边际变动这个术语来描述对现有行动的微小增量调整。需要注意的是,"边际"是指"边缘",因此,边际变动是围绕你所做的事的边缘进行调整的。

案例分析　　　　　　是否该给这位乘客打折?

假设一架有200个座位的飞机,横跨两省飞行成本是10万元。这样,每个座位的平均成本10万元/200,也就是500元。或许你会得到这样的答案,航空公司的票价绝不能低于500元。但实际上,航空公司考虑的是边际量。设想,这架飞机马上起飞,但飞机上仍然有10个空位,这时登机口有一位乘客愿意支付300元买一张票。航空公司应该卖给他吗?

事实上,当然应该。如果飞机上有空位,多增加一个乘客,增加的成本是微乎其微的。虽然一位乘客飞行的平均成本是500元,但是空座位上多增加一位乘客,增加的成本仅仅是一瓶矿泉水,或者提供的免费快餐。

可以用表3-1来说明总效用和边际效用的关系。

表3-1　某商品的效用表

商品数量	总效用	边际效用
0	0	—
1	10	10
2	18	8
3	24	6
4	28	4
5	30	2
6	30	0
7	28	-2

图3-1中,横轴代表商品的消费量,纵轴代表总效用,TU代表总效用曲线。图3-2中,横轴代表商品的消费量,纵轴代表边际效用,MU为边际效用曲线。

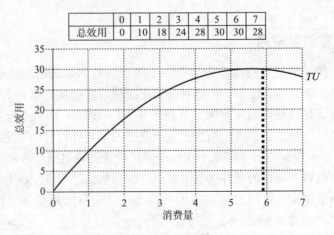

图3-1　总效用

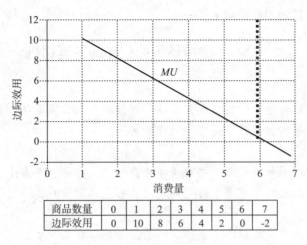

商品数量	0	1	2	3	4	5	6	7
边际效用	0	10	8	6	4	2	0	-2

图 3-2 边际效用

从表 3-1 和图 3-1 中可以看出，当消费一个单位的商品时，总效用为 10 个效用单位。由没有消费商品到消费一个单位的商品，消费量增加了一个单位，效用增加了 10 个效用单位，所以，边际效用是 10 个效用单位。当消费两个单位的商品时，总效用是 18 个效用单位，由消费一个单位的商品到消费两个单位的商品，消费量增加了一个单位，效用从 10 个单位增加到 18 个效用单位，所以边际效用为 8 个效用单位。依次类推，当消费 7 个单位的商品时，总效用为 28 个效用单位，而边际效用为 -2 个效用单位，即消费第 7 个单位的商品所带来的是负效用。由此可以看出，当边际效用为正数时，总效用是增加的；当边际效用为零时，总效用达到最大；当边际效用为负数时，总效用减少。

二、边际效用递减规律

从表 3-1 和图 3-2 中还可以看出，边际效用是递减的。这种情况普遍存在于一切物品的消费中，所以被称为边际效用递减规律。这一规律可以表述如下：在一定时间内，在其他商品的消费数量保持不变的条件下，随着消费者对某种商品消费量的增加，消费者从该商品连续增加的每一消费单元中所得到的效用增量，即边际效用是递减的。

通常被用来体现该规律的例子类似如下：一个人饥饿的时候，吃第一个包子给他带来的效用是很大的。以后，随着这个人所吃的包子数量的连续增加，虽然总效用是不断增加的，但每一个包子给他所带来的效用增量即边际效用是递减的。当他完全吃饱的时候，包子的总效用达到最大值，而边际效用却降为零。如果他还继续吃包子，就会感到不适，这意味着包子的边际效用进一步降为负值，总效用也开始下降。

边际效用递减规律可以用以下两个理由来解释。

1. 生理或心理的原因

消费一种物品的数量越多，即某种刺激的反复使人生理上的满足或心理上的反应会减少，从而满足程度就会减少。

2. 物品本身用途的多样性

每一种物品都有多种用途，这些用途的重要性不同。消费者总是先把物品用于最重要的用途，而后用于次要的用途。当消费者有若干这种物品时，把第一单位用于最重要的用途，其边际效用就大，把第二单位用于次重要的用途，其边际效用就小了。依此顺序用下去，用途越来越不重要，边际效用就递减了。

> **案例分析**　　　　**我应该拆掉去年的圣诞树吗？**
>
> 亲爱的经济学家：
> 　　自年初以来，我的计划不停被打断，因此一直没机会拆掉圣诞树。到如今，我是应该在今年剩下的时间把这棵树留着，还是立刻动手拆掉它？
> 亲爱的 D·西雅图：
> 　　我们每个人都会时不时地拖着一些事情不办。例如，我在去年春季就收到了你的电子邮件。如果在这过程中，你已经解决了自己的困境，那么请原谅我，不过，有可能我的回答仍然有用处。
> 　　我觉得我们可以按照以下思路来假定一个效用函数：在圣诞节期间有一棵圣诞树可以带来正的效用，但随着时间流逝，边际效用就会递减。过了一段时间后，边际效用就为负了：这棵树变成了令人恼火的东西，既没有使用价值，又不能做装饰。
> 　　鉴于吝啬在经济学模型中是一种美德，我们假定，如果这棵圣诞树（假设是塑料的）挺过了一年，在来年圣诞节，它的存在不会像旧物那样，而是会像以前一样受欢迎。同时假定，把树装饰起来和拆掉都会带来负效用（尽管就我的经验来看，情况未必会这样）。
> 　　所有这些简单化的假设会导致人们偏向于不拆掉树；尽管如此，用一些数字例证进行计算后的结果表明，几乎在所有情况下，拆掉树都会使你的经济情况变好。即便是现在（12月初），我也会建议你拆掉你的节日植物装饰，享受圣诞节前夜辞旧迎新的那份激动。
> 　　如果那棵树还没拆掉，我会觉得你的问题比低级成本效益分析要更加严重：这是将短期内的棘手行动往后推的严重倾向。我们已经发明了一种办法来处理这种问题，它的名字叫作新年决心书。
>
> 　　　　　　　　　　　　　　　　　　　　　　　　（资料来源：蒂姆·哈福德编写。）

三、货币的边际效用

　　基数效用论者认为，货币如同商品一样，也具有效用。消费者用货币购买商品，就是用货币的效用去交换商品的效用。商品的边际效用递减规律对于货币也同样适用。对于一个消费者来说，随着其货币收入量的不断增加，货币的边际效用是递减的。也就是说，随着某消费者货币收入的逐步增加，每增加一元钱给该消费者所带来的边际效用是越来越小的。

　　但是，在分析边际消费者行为时，基数效用论者又通常假定货币的边际效用是不变的。据基数效用论者的解释，在一般情况下，单位商品的价格只占消费者总货币收入量中的很小一部分，所以，当消费者对某种商品的购买量发生很小的变化时，其所支出的货币的边际效用的变化是非常小的。对于这种微小的货币的边际效用的变化，可以略去不计。这样，货币的边际效用便是一个不变的常数。

四、消费者均衡

　　消费者均衡研究的是消费者在既定收入的情况下，如何实现效用最大化的问题。这里的均衡是指消费者实现最大效用时，既不想再增加也不想再减少任何商品的购买数量的一种相对静止的状态。

（一）消费者均衡的假设条件

在研究消费者均衡时，假设条件如下。

1. 消费者的偏好是既定的

也就是说，消费者对各种物品的效用与边际效用的评价是既定的，不会发生变动。

2. 消费者的收入是既定的

每1元货币的边际效用对消费者来说都是相同的。换句话说，由于货币收入是有限的，货币可以购买一切物品，所以货币的边际效用不存在递减问题。

3. 物品的价格是既定的

消费者均衡正是要说明在这些假设条件之下，消费者如何把有限的收入分配于各种物品的购买与消费上，以获得最大效用。

（二）消费者均衡的条件

在运用边际效用分析方法来说明消费者均衡时，消费者均衡的条件是：如果消费者的货币收入水平是固定的，市场上各种商品的价格是已知的，那么，消费者应该使自己所购买的各种商品的边际效用与价格之比相等，或者说，消费者应使自己花费在各种商品上的最后1元钱所带来的边际效用相等。

假设消费者的收入为 M，他购买并消费 X 与 Y 两种物品，X 与 Y 的价格分别为 P_X 与 P_Y，购买的数量分别为 Q_X 与 Q_Y，所带来的边际效用分别为 MU_X 与 MU_Y，每1单位货币的边际效用为 MU_m。这样，在购买两种商品情况下的消费者效用最大化的消费者均衡条件可表示为：

$$P_X \cdot Q_X + P_Y \cdot Q_Y = M \tag{3-1}$$

$$\frac{MU_X}{p_X} = \frac{MU_Y}{p_Y} = MU_m \tag{3-2}$$

上述（3-1）式是限制条件，说明收入是既定的，购买 X 与 Y 物品的支出不能超过收入，也不能小于收入。超过收入的购买是无法实现的，而小于收入的购买也达不到既定收入时的效用最大化。（3-2）式是在限制条件下消费者实现效用最大化的条件，即所购买的 X 与 Y 物品带来的边际效用与其价格之比相等。也就是说，每1单位货币不论用于购买 X 商品，还是购买 Y 商品，所得到的边际效用都相等。

假定消费者用既定的收入购买几种商品，P_1，P_2，P_3，…，P_n 分别为几种商品的既定价格，Q_1，Q_2，Q_3，…，Q_n 分别表示几种商品的数量，MU_1，MU_2，MU_3，…，MU_n 分别表示几种商品的边际效用，则可以把消费者均衡的条件表示为：

$$P_1 \cdot Q_1 + P_2 \cdot Q_2 + P_3 \cdot Q_3 + \cdots + P_n \cdot Q_n = M \tag{3-3}$$

$$\frac{MU_1}{p_1} = \frac{MU_2}{p_2} = \frac{MU_3}{p_3} = \cdots = \frac{MU_n}{p_n} = MU_m \tag{3-4}$$

其中，（3-3）式是限制条件，（3-4）式是消费者均衡的条件。（3-4）式表示消费者应选择最优的商品组合，使得自己花费在各种商品上的最后1元钱所带来的边际效用相等，且等于货币的边际效用。

延伸阅读　　　　　**社会因素对消费决策的影响**

社会学家和心理学家一直在争论一些社会因素，如文化、习俗和宗教在解释消费者行为时也十分重要。传统上，经济学家认为，这些因素都不是很重要。但是，近些年来，一些经济学家已经开始研究这些社会因素对消费者行为的影响。

例如，看起来人们消费他们认为更加流行的产品时，所获得的效用将会更大。正如经济学家加里·贝克尔和凯文·墨菲指出的：毒品、犯罪活动、打保龄球、拥有一块劳力士手表、在工作中穿着便装、保持环境卫生的整洁带来的效用取决于你的朋友和邻居是否吸毒、实施犯罪活动、打保龄球、拥有劳力士手表、在工作中穿着便装或者保持环境卫生整洁。

这种理由可以帮助解释即使两个餐馆提供实际上完全相同的食品和服务，也可能一家生意火爆，一家门庭冷落。人们去哪家餐馆就餐不但取决于基本的食物和服务，还很大程度上取决于餐馆的知名度。在名气大的餐馆吃饭可以提高消费者效用，因为他们自己认为在名气大的餐馆吃饭可以显示出他们的新潮和富有。只要消费行为是在公共场合发生的，许多消费者将会将其购买行为建立在其他消费者购买行为上。这样的例子包括在餐馆就餐、参加运动项目时穿着衣服和佩戴首饰、买车等。在所有这些例子中，购买某件商品的决策部分取决于该商品的特征，同时部分取决于有多少其他人购买了该种物品。

案例分析　　　　　　　　**为什么钻石比水贵？**

亚当·斯密曾在《国富论》中写道："没有什么东西比水更有用，但它几乎不能够买任何东西……相反，一块钻石有很小的使用价值，但是通过交换可以得到大量的其他商品。"一吨水才几元钱，而成千上万吨的水才换得的一颗钻石，除了能让人炫耀财富外，几乎没有什么用途。但为什么水的用途大而价格低，钻石的用途小却价值大呢？这就是著名的"钻石与水悖论"，也就是"价值悖论"。

这的确是一个"悖论"！水的使用价值大却不值钱，而钻石没有多少实用价值却价值连城？

济学家约翰·劳认为水之所以用途大、价值小，是因为世上水的数量远远超过对它的需求；而用途小的钻石之所以价值大，是因为世上钻石的数量太少，不能满足对它的需求。正像俗话所说的那样，物以稀为贵。他的观点是以数量与需求的关系来决定物品价值的。

经济学家马歇尔则用供求均衡来解释这一"谜团"。他认为，人们对水所愿支付的价格，由于水的供应量极其充足，而仅能保持在一个较低的水平；可是，钻石的供应量却非常少，而需要的人又多，所以，想得到它的人，就必须付出超出众人的价格。

这些解释不无一定的道理，让我们再来看看西方边际学派用"边际效用"来如何说明价值悖论？

由于水的数量一般来说总是取之不尽的，而人对水的需要总是有一定的限度，不可能无休止。就拿喝水来说，随着人的肚子逐渐鼓胀起来，最后一单位水对他来说就变成可喝可不喝的了，也就是说，最后一单位水对人增加的"效用"也就很小。西方边际学派认为边际效用决定商品的价值，边际效用小，其价值也小，而钻石的数量相对人的需求来说却少得可怜，所以，它的边际效用很大，于是价值也大。这就足以解释"钻石与水悖论"了。

因此，我们也可以用边际效用解释生活中的其他一些常见现象：某些物品虽然实用价值大，但是却廉价；而另一些物品虽然实用价值不大，但却很昂贵。

第三节 序数效用论

当你走进商店时,会遇见成千上万种你可以买的物品。当然,由于你的财力是有限的,你不能买你想买的一切。因此,你考虑各种供销售的物品的价格,并在你的财力为既定时购买最适合你需要和合意的一组物品。序数效用论者用无差异曲线和预算线解释人们在收入既定的条件下是如何做出选择的。

一、偏好

所谓偏好,就是爱好或喜欢的意思。比如你是一个消费者,在给定的价格水平之下,你购买不同组合的两种商品,比如不同组合的汉堡和可乐,消费者可以根据自己判断到底是喜欢2个汉堡1听可乐这种商品组合,还是喜欢1个汉堡2听可乐的商品组合。假设,消费者必须在下面两种消费组合中做出选择。

消费者两种消费组合的选择	
消费组合 A	消费组合 B
2个汉堡1听可乐	1个汉堡2听可乐

消费者由于偏好问题,可能存在以下三种判断。
(1) 消费者更喜欢 A 组合。
(2) 消费者更喜欢 B 组合。
(3) 消费者觉得 A 组合与 B 组合都喜欢,它们之间差别不大。

二、无差异曲线

就像刚才所提到的,如果两种组合同样适合消费者的偏好,那么可以说,消费者在这两种组合之间是无差异的。

(一) 无差异曲线的含义

无差异曲线表示能够给消费者带来相同效用的消费组合。现实中,消费者可以在很多的商品组合中进行选择,为了简单起见,假设目前只存在两种商品或者服务。图3-3给出了某位消费者对于汉堡和可乐的偏好。在这个例子中,无差异曲线表示使消费者同样满足的汉堡和可乐的组合。

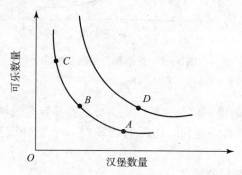

图3-3 无差异曲线

由图3-3中可以看出，消费者在A、B和C的组合中是无差异的，因为它们都在同一条曲线上。毫不奇怪，如果消费者消费的汉堡减少了，比如说从A点到B点，可乐消费的增加必然可以使消费者同样幸福。如果汉堡的消费再减少，比如从B点到C点，可乐的消费量还会增加。

消费者的无差异曲线给出了消费者偏好的完整排序。也就是说，可以用无差异曲线来给任意两种物品的组合排序。例如，无差异曲线说明，对D点的偏好大于A点，因为D点所在的无差异曲线大于A点（这个结论可能是显而易见的，因为D点向消费者提供了更多的可乐和更多的汉堡）。无差异曲线还表明，对D点的偏好大于C点，因为D点在更高的无差异曲线上。尽管D点时的可乐比C点少，但它有的额外的汉堡足以使消费者更偏好它。

（二）无差异曲线的特征

1. 对较高无差异曲线的偏好大于较低无差异曲线

消费者通常对东西多的偏好大于东西少的。这种对更大数量的偏好反映在无差异曲线上。正如图3-3所示，更高的无差异曲线所代表的物品数量多于较低的无差异曲线。因此，消费者偏好较高的无差异曲线。

2. 无差异曲线向右下方倾斜

无差异曲线的斜率反映了消费者愿意用一种物品替代另一种物品的比率。在大多数情况下，消费者两种物品都喜欢。因此，如果要减少一种物品的数量，那么为了使消费者同样幸福就必须增加另一种物品的数量。由于这个原因，大多数无差异曲线向右下方倾斜。

3. 无差异曲线不相交

为了说明这一点是正确的，假设两条无差异曲线相交，如图3-4所示。这样，由于A点和B点在同一条无差异曲线上，两点能使消费者同样满足。此外，由于B点与C点在同一条无差异曲线上，这两点也能使消费者同样幸福。但这些结论意味着，尽管C点两种物品都更多，但A点与C点能使消费者同样幸福。这就与消费者对更多两种物品的偏好大于较少两种物品的假设相矛盾。因此，无差异曲线不能相交。

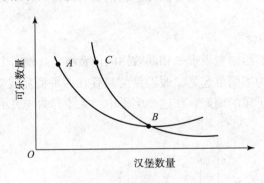

图3-4 无差异曲线相交假设

4. 无差异曲线凸向原点

即无差异曲线的斜率的绝对值是递减的。为什么无差异曲线具有凸向原点的特征呢？这取决于商品的边际替代率递减规律。边际替代率是一个十分重要的概念，将在下面详细介绍。

（三）两种极端的无差异曲线

无差异曲线说明消费者用一种物品交换另一种物品的意愿。当物品很容易相互替代时，无差异曲线不太凸向原点；当物品难以替代时，无差异曲线非常凸向原点。为了说明这种情况的正确性，现在考虑极端的情况。

1. 完全替代品

假设某人向你提供 10 元和 5 元的组合。你将对这不同的组合如何排序呢？

很可能的情况是，你只关心每种组合的总货币价值。如果是这样的话，你就会根据 10 元数量加 2 倍的 5 元数量来判断一种组合。换句话说，无论组合中的 10 元和 5 元有多少，你总愿意用 10 元换 2 个 5 元。你在 10 元和 5 元之间的边际替代率是一个不变的数 2。

我们可以用图 3-5 中（a）的无差异曲线表示你对 10 元的偏好和 5 元的偏好。由于边际替代率是不变的，所以无差异曲线是一条直线。在这种极端的直线性无差异曲线情况下，我们说这两种物品是完全替代品。

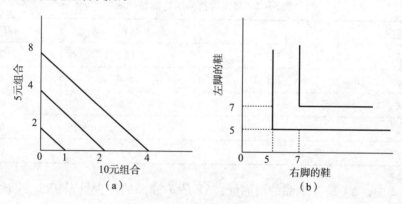

图 3-5　完全替代品和完全互补品
（a）完全替代品；（b）完全互补品

2. 完全互补品

现在假设某人向你提供了一些鞋的组合。一些鞋适于你的左脚，另一些鞋适于你的右脚。你对这些不同的组合又将如何排序呢？

在这种情况下，你只关心鞋的对数。换句话说，你根据你能从这些鞋中配成的对数来判断组合。5 只左脚鞋和 7 只右脚鞋的组合只有 5 对。如果不同时给左脚鞋，多给一只右脚鞋没有任何价值。

可以用图 3-5 中（b）的无差异曲线来代表你对右脚鞋的偏好和左脚鞋的偏好。在这种情况下，5 只左脚鞋和 5 只右脚鞋与 5 只左脚鞋和 7 只右脚鞋的组合是相同的。它也与 7 只左脚鞋和 5 只右脚鞋的组合相同。因此，无差异曲线是直角形。在这种极端的直角形无差异曲线的情况下，我们说这两种物品是完全互补品。

当然，在现实世界中，大多数物品既不是完全替代品（像 10 元和 5 元），又不是完全互补品（像右脚鞋与左脚鞋）。更典型的情况是，无差异曲线凸向原点，但不像直角形那样凸向原点。

三、边际替代率

（一）边际替代率的含义及公式

边际替代率是指在维持效用水平或满足程度不变的前提下，消费者增加 1 单位的某种商品的消费数量与所需要放弃的另一种商品的消费数量的比。

以 ΔX 代表 X 商品的增加量，ΔY 代表 Y 商品的减少量，MRS_{XY} 代表以 X 商品代替 Y 商品的边际替代率，则边际替代率的公式为：

$$MRS_{XY} = \Delta Y / \Delta X \qquad (3-5)$$

例如，增加 2 听可乐，减少 1 个汉堡，则以可乐代替汉堡的边际替代率为 0.5。应该注意的是，在维持效用水平不变时，增加一种商品的消费必然要减少另一种商品的消费。因此，边际替代率应该是负值。无差异曲线的斜率就是边际替代率，无差异曲线向右下方倾斜，就表明边际替代率为负值。但为方便起见，我们一般用其绝对值。

（二）边际替代率递减规律

我们首先来计算表 3-2 中以 X 商品代替 Y 商品的边际替代率。

表 3-2 某两种商品的边际替代率

变动情况	ΔX	ΔY	MRS_{XY}
$a-b$	5	12	2.4
$b-c$	5	5	1.0
$c-d$	5	3	0.6
$d-e$	5	2	0.4
$e-f$	5	1	0.2

在表 3-2 中，ΔX 是 X 商品的增加量，ΔY 是 Y 商品的减少量，MRS_{XY} 应该是负值。边际替代率递减是指边际替代率的绝对值在减少。从表 3-2 中可以看出，MRS_{XY} 从 2.4 一直下降到 0.2。经济学家认为，这种情况存在于任何两种商品的替代中，称为边际替代率递减规律。

具体地说，商品的边际替代率递减规律是指，在维持效用水平不变的前提下，随着一种商品的消费数量的连续增加，消费者为得到每一单位的这种商品所需要放弃的另一种商品的消费数量是递减的。

边际替代率递减的原因是，随着 X 商品的增加，它的边际效用在递减；随着 Y 商品的减少，它的边际效用在递增。这样，每增加一定数量的 X 商品，其所能代替的 Y 商品的数量就越来越少，即 X 商品以同样的数量增加时，所减少的 Y 商品的数量会越来越少，或者说，在 $MRS_{XY} = \Delta Y / \Delta X$ 这个公式中，当分母 ΔX 不变时，分子 ΔY 在不断减少，从而分数值 MRS_{XY} 就在减少了。

边际替代率递减实际上是用无差异曲线的形式来表述边际效用递减规律。因为从以上的解释可以看出，边际替代率递减正是由于随某商品数量的增加，其边际效用在减少。

四、预算线

大多数人都喜欢增加他们所消费的物品的数量和质量——更长的假期、更豪华的车，或者在更好的餐馆吃饭。人们之所以消费的物品比他们愿意消费的物品少，是因为他们受到收入的约束或限制。

（一）预算线的含义

预算线又称为消费可能线或价格线，它表明在消费者收入与商品价格既定的条件下，消费者的全部收入所能购买到的两种商品的各种组合。

预算线表明了消费者消费行为的限制条件。这种限制就是购买物品所花的钱不能大于收入，也不能小于收入。大于收入是在收入既定条件下无法实现的，小于收入则无法实现效用最大化。这种限制条件可以表示为：

$$M = P_X \cdot Q_X + P_Y \cdot Q_Y \tag{3-6}$$

上式也可以表示为：

$$Q_Y = \frac{M}{P_Y} - \frac{P_X}{P_Y} Q_X \tag{3-7}$$

这是一个直线方程式，其斜率为 $-\frac{P_X}{P_Y}$。

为了方便起见，还是考察刚才提到的两种产品：汉堡和可乐。

假设消费者每月有1 000元收入，而且他把每个月的全部收入用于购买可乐和汉堡。一听可乐的价格是2元，而汉堡的价格是10元。表3-3表示消费者可以购买的可乐和汉堡许多组合中的一部分。该表的第一行表示，如果消费者把全部收入用于购买汉堡，他一个月可以吃100个汉堡，但他就根本不能买一点可乐。第二行表示另一种可能的消费组合：90个汉堡和50听可乐。以此类推，表中的每种消费组合花费正好是1 000元。

表3-3 消费者预算约束

消费者月收入1 000元				
可乐/听	可乐支出/元	汉堡/个	汉堡支出/元	总支出/元
0	0	100	1 000	1 000
50	100	90	900	1 000
100	200	80	800	1 000
150	300	70	700	1 000
200	400	60	600	1 000
250	500	50	500	1 000
300	600	40	400	1 000
350	700	30	300	1 000
400	800	20	200	1 000
450	900	10	100	1 000
500	1 000	0	0	1 000

图3-6画出了消费者可以选择的消费组合。纵轴代表可乐的数量，横轴代表汉堡的数量。这个图上标出3个点：在 A 点，消费者不买可乐而消费100个汉堡；在 B 点，消费者不买汉堡而消费500听可乐；在 C 点，消费者买50个汉堡和250听可乐。C 点正好是 AB 线的中点，在这一点上消费者支出在可乐和汉堡上的钱相同（500元）。当然，这只是消费者可以选择的可乐和汉堡许多组合中的三种。AB 线上所有各点都是可能的。这条线被称为预算约束线，表示消费者可以买得起的消费组合。在这种情况下，它表示消费者在可乐和汉堡之间的交替关系。

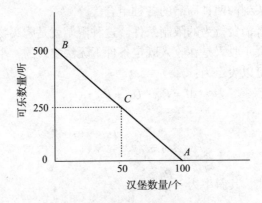

图3-6 消费者的预算约束线

(二) 预算线的变动

预算线的变动可以归纳为以下四种情况。

第一种情况是，两种商品的价格不变，消费者的收入发生改变。这时，相应的预算线的位置会发生平移。例如，月收入从1 000元增加到2 000元，预算线就会向右上方平行移动；同样，如果月收入从1 000元降低到500元，预算线就会向左平移。如图3-7所示，AB是原来的预算线。当收入增加时，向右上方平行移动到A_1B_1；当收入减少时，则向左下方平行移动为A_2B_2。

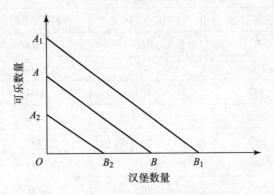

图3-7 消费者收入变化引起预算线变动

第二种情况是，消费者的收入不变，两种商品的价格同比例、同方向发生变化，这时相应的预算线的位置也会发生平移。

第三种情况是，商品X的价格发生变化，商品Y的价格和消费者的收入保持不变。这时，预算线的斜率会发生变化，预算线的横截距也会发生变化，但是纵截距保持不变。如图3-8所示，消费者的收入与可乐商品的价格不变，而汉堡商品价格下降，则预算线由AB移动至AB_1。

第四种情况是，消费者的收入与两种商品的价格都同比例、同方向发生变化，这时预算

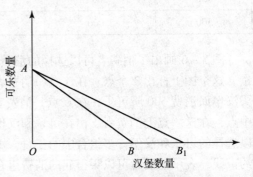

图3-8 商品价格变化引起预算线变动

线不发生变化。理由是此时预算线的斜率以及预算线的横截距和纵截距都不会发生变化。

五、消费者均衡

（一）消费者均衡的含义

消费者均衡就是消费者想达到可乐和汉堡最好的可能组合。也就是说，在最高可能的无差异曲线上的组合。但消费者还必须达到或低于他的预算约束线，预算约束线衡量他可以得到的总收入。

图 3-9 表示消费者的预算约束线和许多无差异曲线中的三条。消费者可以达到的最高无差异曲线（图中的 I_2）是与预算约束线相切的无差异曲线。这条无差异曲线与预算约束线相切的一点被称为最优点。消费者会更偏爱 A 点，但他负担不起那一点，因为，这一点在他的预算约束线之外。消费者可以负担得起 B 点，但这一点在较低的无差异曲线上，因此，给消费者带来的满足程度较低。最优点代表消费者可以得到的可乐和汉堡最好的消费组合。

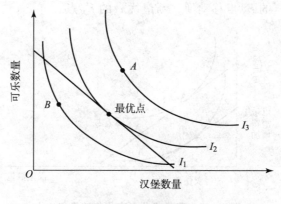

图 3-9 消费者均衡

要注意的是，在最优时，无差异曲线的斜率等于预算约束线的斜率，即无差异曲线与预算约束线相切。无差异曲线的斜率是可乐和汉堡之间的边际替代率，而预算约束线的斜率是可乐和汉堡的相对价格。因此，消费者选择的两种物品组合要使边际替代率等于相对价格。

（二）影响消费者均衡的因素

1. 价格变化如何影响消费者均衡

如果汉堡的价格从 10 元 1 个下降到 5 元 1 个，那么消费者均衡将发生什么样的变化呢？首先，要弄清楚汉堡价格下降如何影响预算线。如图 3-10 所示，在汉堡价格 10 元/个时，最多购买 100 个汉堡；而当汉堡价格下降到 5 元/个后，可以最多购买 200 个汉堡。于是如图 3-10 所示，预算约束线的端点从 B 移动到 B_1，代表着现在可以购买更多的汉堡。

当预算约束线外旋之后，与较高的无差异曲线相切，现在可以购买起一些原来无法

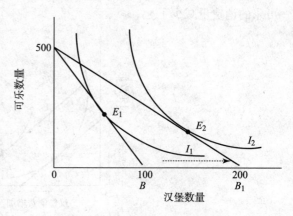

图 3-10 价格变化与消费者均衡

支付的商品组合。如图 3-10 所示,在新的均衡点 E_2 上可以购买更多的汉堡,这是因为低价格增加了购买机会。

但是要指出的是,预算线外旋之后如何改变两种商品的消费取决于消费者的偏好,也就是说,当汉堡价格下降之后,消费者能够支付起原来不能达到的商品组合。但是,是汉堡多一些,还是可乐多一些,还要取决于消费者的偏好。

2. 收入变动如何影响消费者均衡

(1) 正常品。

假设收入增加了,在更高收入时,消费者可以买得起更多的两种物品。因此,收入增加使预算约束线向外移动,如图 3-11 所示。由于两种物品的相对价格并没有变,新预算约束线的斜率与原来预算约束线的斜率一样。这就是说,收入增加引起预算约束线平行移动。预算约束的扩大使消费者选择更多的可乐和汉堡的组合。换句话说,消费者现在可以达到更高的无差异曲线。在预算约束线的移动和用无差异曲线代表的消费者偏好为既定时,消费者的最优点从"原来最优"的 E_1 点移动到"新最优"的 E_2 点。

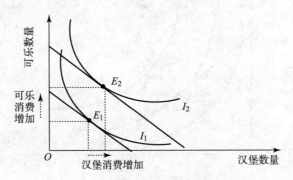

图 3-11 正常品收入变化与消费者均衡

(2) 低档品。

在第二章中接触过一种商品:当人们的收入提高,对此类商品的消费反而减少了,这类商品,称之为低档品。那么假设,可乐是低档品,当消费者收入提高后,均衡会发生什么样的变化呢?如图 3-12 所示,当消费者的收入提高,出现新均衡时,汉堡的消费量提高了,可乐的消费量减少了。

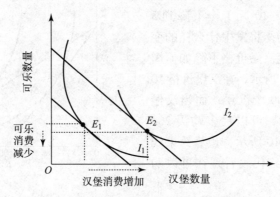

图 3-12 低档品收入变化与消费者均衡

本章小结

本章主要讲授了消费者是如何做出消费决定的。基数效用论认为效用可以用数字来表示，并利用边际效用递减规律来解释消费者均衡。序数效用论则通过消费者的预算线和无差异曲线解释预算既定的情况下消费者如何做出最优选择。

关键概念

效用　基数效用　序数效用　边际效用　边际效用递减规律　预算线　无差异曲线　消费者均衡

复习思考题

一、名词解释

基数效用论　序数效用论　总效用　边际效用　无差异曲线　预算线

二、选择题

1. 一个消费者想要一单位 X 商品甚于想要一单位 Y 商品，原因是（　　）。
   A. 商品 X 有更多效用　　　　　　　B. 商品 X 价格更低
   C. 商品 X 紧缺　　　　　　　　　　D. 商品 X 是满足精神需要的
2. 总效用达到顶点时（　　）。
   A. 边际效用曲线达到最大　　　　　B. 边际效用为零
   C. 边际效用为正　　　　　　　　　D. 边际效用为负
3. 对于一种商品，消费者想要的已经都有了，这时（　　）。
   A. 边际效用最大　　B. 边际效用为零　　C. 总效用为零　　D. 边际效用为负
4. 无差异曲线的形状取决于（　　）。
   A. 消费者偏好　　B. 消费者收入　　C. 商品价格　　D. 消费者效用水平
5. 某个消费者的无差异曲线有无数条，这是因为（　　）。
   A. 收入有时高、有时低　　　　　　B. 欲望是无限的
   C. 消费者人数无限　　　　　　　　D. 商品数量无限
6. 无差异曲线为斜率不变的直线时，表示相结合的两种商品是（　　）。
   A. 可以替代　　B. 完全替代　　C. 互补的　　D. 完全互补
7. 同一条无差异曲线上不同的点表示（　　）。
   A. 效用水平相同，所消费两种商品组合比例相同
   B. 效用水平相同，所消费两种商品组合比例不同
   C. 效用水平不同，所消费两种商品组合比例相同
   D. 效用水平不同，所消费两种商品组合比例不同
8. 预算线反映了（　　）。
   A. 消费者收入约束　　　　　　　　B. 消费者偏好

C. 消费者人数　　　　　　　　D. 货币购买能力

9. 在消费者均衡点上无差异曲线的斜率（　　）。
   A. 大于预算线的斜率
   B. 等于预算线的斜率
   C. 小于预算线的斜率
   D. 有可能大于，也有可能等于或者小于预算线的斜率

10. 已知消费者收入是100元，商品X的价格是10元，商品Y的价格是3元，假定消费者打算购买7单位X和10单位Y，这时，商品X和商品Y的边际效用分别是50和18，如果要获得最大效用，消费者应该（　　）。
    A. 停止购买　　　　　　　　　B. 增购X，减少Y的购买量
    C. 减少X的购买量，增购Y　　 D. 同时增购X和Y

三、问答题

1. 解释边际效用递减规律。
2. 什么是无差异曲线？它有哪些特征？
3. 简述序数效用论消费者均衡的过程。

四、案例分析

<h3 style="text-align:center">设计新的汽车</h3>

如果你是一家汽车公司的经理，那么你将如何决定什么时候推出新型号？该投资多少钱用于款式的重新设计？你或许知道，一辆汽车的两大特性是款式设计（例如设计和内部特点）和性能（例如汽油里程数和驾驶性能）。款式设计和性能都是受到人们关注的特性，一辆汽车的款式设计越好，性能越佳，其需求量就越大。然而，重新设计款式，提高汽车的性能，就会增加一定的成本。在一辆汽车里，应该增加多少特性呢？问题的答案部分地取决于生产成本，也取决于消费者对于汽车特性的偏好。

图3-13显示了消费者偏好的两个特性描述，a图所示的是一部分人偏好性能，而不是款式，他们愿意放弃相当的款式造型以换取更好的性能。将这些偏好与b图所示的另一部分人的偏好相比，可知后者偏好款式而不是性能，他们愿意为获得更新颖的款式而容忍低效的汽油里程数或稍差的驾驶性能。在人群中，哪个偏好组别占了多数，知道这一点有助于汽车公司的经理作出战略性的生产决策。判断的途径之一是对人们进行调查，这些调查就款式和性能不同组合的几种汽车询问每个被调查者的偏好。另一途径是从统计上分析消费者以往购

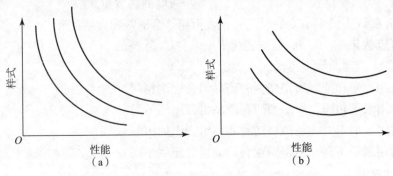

图3-13　消费者对样式和性能的不同偏好

买不同款式和性能的汽车的数量,将不同汽车的售价和汽车的特性水平联系起来,人们就可以判断不同组别的消费者赋予每一特性的相对价值。上述两种途径都可以帮助人们判断最大的消费者组别是更看重性能,还是更看重款式;另外,还可了解每组中的消费者在多大程度上愿意放弃一种特性以换取另一种特性。

有关美国汽车需求的一项最新的研究表明,在以往的二十多年里,绝大多数消费者偏好的是款式而不是性能。该研究将1977—1991年在美国销售的所有汽车,从超小型车到豪华的跑车,分成9个市场类别。在每一个类别中,款式变化的程度用指数来表示,从1(没有可见的外部变化,如本田雅阁1991年车型)到5(整个金属薄板的变化,如别克世纪1989年车型)再到9(一个全新的车身,尺寸有变化,后轮驱动改为前轮驱动,如雪佛兰嘉奖1980年车型)。该研究发现,重视款式变化的公司的发展快于重视性能的公司;特别是那些经过款式革新的汽车,其销量远大于那些没有经过革新的汽车(大的结果紧接在款式革新之后发生,但小的结果在随后的年份里出现)。款式的重要性有助于解释在美国的日本进口车不断增加的份额。美国国产车的销量年均增长1.3%,而进口车的销量年均增长6.4%。就平均而言,在所有的国产美国车中,每年只有15%的车会有一个大的款式变化,而所有进口车的这一数字为23.4%。显然,款式变化(伴随着性能和可靠性的提高)促进了进口车的增长。

通过以上分析可知,汽车消费者组别的不同偏好是如何影响其购买决定的。我们考虑两个消费者组别,每个组别想花100 000元用于汽车的款式和性能(其余的钱可以用在此处不予讨论的其他汽车特性上),但对于款式和性能,每个组别有不同的偏好。

图3-14显示了每个组别中的个人所面临的购买汽车的预算约束。第一组别,其偏好类似于图(a)所示的偏好,在性能和款式中偏好前者。通过在一条典型个人的无差异曲线和预算约束之间寻找相切点,我们发现,第一组别的消费者偏好这样一种汽车:其性能值70 000元、款式值30 000元;而第二组别的消费者偏好性能值25 000元、款式值75 000元的汽车。

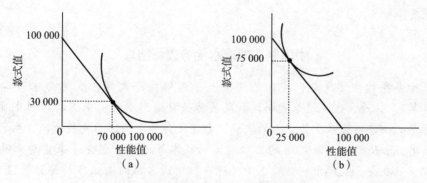

图3-14 消费者对样式和性能的选择

在已知组别偏好的情况下,一家汽车公司就可以设计产品、制订销售计划了。一个具有潜在盈利的选择是,制造这样一种车型,它注重款式的程度略低于图(b)中个人所偏好的程度,但远高于图(a)中个人所偏好的程度(以吸引这两组人)。第二个选择是,生产较多的、注重款式的汽车,生产少量的、注重性能的汽车。这两种选择都是上述对购车偏好了解的结果。

第四章

怎样才算真正盈利——生产与成本理论

学习目标

了解生产和生产函数的基本概念、短期成本的构成和变动特点；
掌握利润最大化的原则、一种生产要素的合理投入；
理解生产要素最佳组合的原则。

学习建议

本章重点掌握生产者行为，即厂商作为经济人，为实现利润最大化，怎样以最小的成本获得最大的产量，如何以最优要素组合进行生产。延伸阅读部分可供学有余力者学习。建议学习时间为4~6课时。

导入案例

中国制造的成本优势或将结束

经过三十多年的快速发展，中国已变成一个超级经济大国，成为全球第二大经济体（按GDP计算）。但是，也有迹象表明这种发展势头将遇到阻力：中国的计划生育政策、老龄化人口数量的快速增长以及劳动力的减少，都将成为多个领域的发展瓶颈，生产成本也会随之增加。其他如通胀和不断增加的出口与运输成本等因素，也会带来重要影响。许多行业，如纺织业的业务已表现出明显的下滑。现在，中国占据的全球市场份额已经开始萎缩。罗兰贝格执行总监托马斯·温特说道："现在，由于成本上涨，中国正在丧失其竞争优势，而许多在华企业具有的价值主张也因此消失。"

"中国将面对一个人口大问题，"罗兰贝格的布兰登·波义耳警告道，"退休人数稳步增长，而劳动力到2030年时却会减少10%，这意味着劳动力总体将减少1亿人。"此外，政府不断改善内陆地区的生活条件，人口向城市迁移的速度也因此减缓。由此引起的劳动力短缺无疑又给工资带来了压力。波义耳解释道："中国的工资水平从1999年到现在已经增长了258%，推动该增长的其他因素还包括工人罢工等。"

虽然工资上涨是成本增加的主要原因，但通胀以及汇率压力进一步加速了竞争力降低的过程。此外，还有不断增长的出口与运输成本。2006年起，中国的出口成本相比其他国家经历了大幅上涨——中国增幅为49%，而世界平均水平仅为13%。运输成本也在不断增长，反映出不断增长的石油价格和全球能源消耗量。罗兰贝格专家也因此预测中国制造成本在2010—2015年间将上升75%。许多企业也因此转向邻近国家，如越南，因为他们的劳动力更加年轻，也拥有更多的贸易优惠关系和更低的生产成本。温特继续说道："在中国仍有发展机会，但只局限于半导体、电路板和汽车等行业。"

一提到生产，人们往往会联想到轰隆转动的机器、纵横交错的管道，以及现代化的电脑控制室。虽然许多产品的生产过程非常复杂，涉及大量的原材料投入和多道加工程序，但是日常生活中也有不少重要的产品，其生产过程却十分简单，煮饭便是其中一例。煮饭也是一个生产过程，它需要一定的投入，如大米、水、热量和劳力等，经过一定的操作加工，生产出米饭。经济学中，凡是提供效用的东西，有形的或无形的，都是产品。因此，生产概念的内涵十分广泛。制造电脑、加工衣服、煮饭炒菜、讲故事、写文章都是生产。那么，经济学是怎样来描绘这些形形色色的生产过程的呢？

第一节　生产和生产函数

一、生产和生产函数概述

（一）**生产**

生产是对各种生产要素进行组合以制成产品的行为。在生产中厂商要投入各种生产要素并生产出产品。所以，生产也就是把投入变为产出的过程。

（二）**生产要素**

生产要素是指生产中所使用的各种资源，包括从事生产所必须投入的各种人力、物力、财力。这些资源一般被划分为劳动、资本、土地与企业家才能。

1. 劳动

劳动是指人类在生产过程中提供的体力和智力的总和，可以分为智力劳动与体力劳动。劳动力是劳动者的能力，由劳动者提供，它的质和量是发展生产的决定性因素。

2. 资本

资本是指生产中所使用的资金。它采取了两种形式：无形的人力资本与有形的物质资本。前者指体现在劳动者身上的身体、文化、技术状态；后者指厂房、设备、原料等资本品。在生产理论中，我们指的是后一种物质资本。

3. 土地

土地是指生产中所使用的各种自然资源，不仅包括土地本身，还包括在自然界所存在的一切自然资源，如海洋、矿藏、森林、湖泊等。

4. 企业家才能

企业家才能是指企业家组织建立和管理企业的能力。经济学家特别强调企业家才能，他们认为把劳动、土地、资本组织起来，使之演出有声有色的生产戏剧的关键正是企业家才能。

生产是这四种生产要素合作的过程，产品则是这四种生产要素共同努力的结果。

（三）生产函数

生产要素的数量与组合和它所能生产出来的产量之间存在着一定的依存关系。生产函数是指在一定时期内，在技术水平不变的情况下，生产中所使用的各种生产要素的数量与所能生产的最大产量之间的关系。任何生产函数都以一定时期内的生产技术水平作为前提条件，一旦生产技术水平发生变化，原有的生产函数就会发生变化，从而形成新的生产函数。新的生产函数可能是以相同的生产要素投入量生产出更多或更少的产量，也可能是以变化了的生产要素的投入量进行生产。

以 Q 代表总产量，L、K、N、E 分别代表劳动、资本、土地、企业家才能这四种生产要素，则生产函数的一般形式为：

$$Q = f(L、K、N、E)$$

该生产函数表示在一定时期内，在既定的生产技术水平条件下，生产要素组合（L、K、N、E）所能生产的最大产量为 Q。

在分析生产要素与产量的关系时，为了简化分析，一般认为土地是固定的，企业家才能难以估算。因此，生产函数又可以表示为：

$$Q = f(L、K)$$

这一函数公式表明，在技术水平一定时，生产 Q 的产量，需要一定数量的劳动与资本的组合。同样，生产函数也表明，在劳动与资本的数量及组合为已知时，也就可以推算出最大的产量。

生产函数所表示的生产中投入量和产出量之间的依存关系，普遍地存在于各种生产过程之中。一家工厂必然具有一个生产函数，一家饭店也是如此，甚至一所学校或医院同样会存在着各自的生产函数。估算和研究生产函数，对于经济理论研究和生产实践都具有一定的意义。

（四）技术系数

在不同行业的生产中，各种生产要素的配合比例是不同的。为生产一定数量的某种产品所需要的各种生产要素的配合比例称为技术系数。

如果生产某种产品所需要的各种生产要素的配合比例是不可能改变的，这种技术系数称为固定技术系数。这种固定技术系数的生产函数则称为固定配合比例生产函数。例如，制衣厂中工人和缝纫机的固定配合比例是1∶1，10个工人和10台缝纫机配合才能使工人和机器都得到充分利用，如果将10个工人和15台机器投入生产，其效果和投入10个工人和10台机器没有什么不同。

如果生产某种产品所需要的各种生产要素的配合比例是可以改变的，这种技术系数称为可变技术系数。这种可变技术系数的生产函数称为可变配合比例生产函数。一般而言，技术系数是可变的。例如，在农业中可以多用劳动、少用土地进行集约式经营，也可以少用劳动、多用土地进行粗放式经营。在工业中也有劳动密集型技术与资本密集型技术之分。在生产理论中研究的主要是技术系数可变的情况。

延伸阅读

中国的分配关系

以中国的城乡收入分配为例，城乡收入的差距与生产要素分配有着直接关系。

中国的城乡结构，从区域来讲，城市人口比农村人口少得多，却控制着全民所有制资源；农村人口比城市多，只控制部分土地所有制（因土地出售，绝大部分收入被城市拿走）的少量资源。这种生产要素的分配格局，必然导致城乡收入差距的扩大。首先，城市控制的生产要素多、质量好，居民与生产要素结合的机遇多，占有和使用生产要素的数量就大、质量就优，从而其收入自然就高；其次，城市居民享受着城市化所带来的好处，享受着国家提供的公共产品，而农民在付出巨大代价后，却得不到回报，享受不到城市居民同等待遇，这必然使城市和农村的生活水平差距拉大；最后，城乡最大的差距是知识水平上的差别，农民文化知识相对贫乏，这是农民的致命伤，它剥夺了农民就业和获取高收入的机会。农村占有生产要素的匮乏，就使农民失去了发展权，就不能发家致富，增加收入，这是城乡收入差距扩大的根本原因。这一问题的形成，既不能怪罪于效率优先，更不能用公平分配去解决，只能从生产要素分配入手，在使用生产要素上农民应与城市居民获得同等待遇，才有利于社会公平。

二、边际收益递减规律与一种生产要素的合理投入

在分析投入的生产要素与产量之间的关系时，有必要先从最简单的一种生产要素的投入开始。这里所用的是可变配合比例生产函数。我们所要研究的问题是，在其他生产要素不变的情况下，一种生产要素的增加对产量的影响，以及这种可变的生产要素的投入量以多少为宜。具体来说，我们假定资本量是不变的，只分析投入劳动量的增加对产量的影响，以及劳动量投入多少最为合理。这时的生产函数是：

$$Q = f(\bar{K}, L)$$

其中，$\bar{K}$ 表示资本量不变，此时的产量只取决于劳动量 L，我们研究的是 Q 与 L 的关系，则生产函数也可以表示为：

$$Q = f(L)$$

在研究这一问题时，我们必须首先了解一个重要的经济规律：边际收益递减规律。

1. 边际收益递减规律

边际收益递减规律又称收益递减规律，它的基本内容是：在技术水平不变的情况下，当把一种可变的生产要素投入到其他一种或几种不变的生产要素中时，最初这种生产要素的增加会使边际产量增加，但当它的增加超过一定限度时，边际产量将会递减，最终还会使总产量绝对减少。

在理解边际收益递减规律时，要注意以下几点。

（1）边际收益递减规律发生作用的前提条件是技术水平不变。技术水平不变是指生产中使用的技术没有发生重大变革。现在，技术进步的速度很快，但并不是每时都有重大的技术突破，技术进步总是间歇式进行的，只有经过一定时期的准备以后，才会有重大的进展。无论在农业还是工业中，一种技术一旦形成，总会有一个相对稳定的时期，这一时期就可以称为技术水平不变。因此，在一定时期内，技术水平不变这一前提是可以成立的。

例如，农业生产技术可以分为传统农业与现代农业。传统农业是以人力和简单的工具为基本技术；现代农业则以机械化、电气化、化学化为基本技术。从传统农业变为现代农业，是技术发生了重大变化。在传统农业中，技术也有较小的变化（例如简单生产工具的改进），但在未进入现代农业之前，则可称为技术水平不变。离开了技术水平不变这一前提，边际收益递减规律也不能成立。

(2) 边际收益递减规律研究的目的是把不断增加的一种可变生产要素,增加到其他不变的生产要素上时对产量或收益所发生的影响。这种情况也是普遍存在的。在农业中,当土地等生产要素不变时,增加施肥量;或者在工业中,当厂房、设备等生产要素不变时,增加劳动力等,都属于这种情况。

例如,对于给定的 10 公顷麦田来说,在技术水平和其他投入不变的前提下,考虑使用化肥的效果。如果只使用一千克化肥,那可想而知,这一千克化肥所带来的总产量的增加量即边际产量是很小的,可以说是微不足道的。但随着化肥使用量的增加,其边际产量会逐步提高,直至达到最佳的效果,即最大的边际产量。但必须看到,若超过化肥的最佳使用量后,还继续增加化肥的使用量,就会对小麦的生长造成不利影响,化肥的边际产量就会下降。过多的化肥甚至会烧死庄稼,导致负的边际产量,使总产量绝对减少。

(3) 在其他生产要素不变时,增加一种生产要素所引起的产量或收益的变动可以分为三个阶段。第一阶段是边际产量递增阶段,即这种可变生产要素的增加使边际产量即总产量或收益增加。这是因为,在开始时不变的生产要素没有得到充分利用,这时增加可变的生产要素,可以使不变的生产要素得到充分利用,从而使边际产量递增。第二阶段是边际产量递减阶段,即这种可变生产要素的进一步增加仍可使总产量增加,但增加每一单位生产要素的边际产量是递减的。这是因为,在这一阶段,不变的生产要素已接近于充分利用,可变的生产要素的增加已不能像第一阶段那样使产量迅速增加。第三阶段是产量绝对减少阶段,即这种可变生产要素的继续增加反而会使总产量减少。这是因为,在这一阶段,不变的生产要素已经得到充分利用,若再继续增加可变的生产要素,只会降低生产效率,减少总产量。边际收益递减规律是我们研究一种生产要素合理投入的出发点。

案例分析

制衣厂服装生产

某制衣厂有 100 台缝纫机和 100 个工人,每个工人每天工作 8 小时,生产 8 件衣服。采取工人三班轮休机器不停的办法,若增加 100 个工人,增加一个工人可多生产 8 件衣服,每天可增加生产衣服 800 件。再增加 200 个工人,工人总数 400 人,每个工人每天只能工作 6 小时,生产 6 件衣服,每天可增加生产衣服 1 200 件。若再增加工人,每个工人每天的工作时间和生产数量将会更少,由于工人人数增加,管理成本也将增加,每个工人的工作效率将大大降低,一些人将无事可干,因而造成边际产量的负增长及总产量的绝对减少。

延伸阅读

边际收益递减规律

边际收益递减规律是从科学实验和生产实践中得出来的,在农业中的作用最明显。早在 1771 年,英国农学家杨格就用在若干相同的地块上施以不同量肥料的实验,证明了肥料施用量与产量增加之间存在着这种边际收益递减关系。以后,国内外学者又通过大量事实证明了这一规律。我国 1958 年的"大跃进"中,有些地方在有限的土地上盲目密植,造成减产的事实也证明了这一规律。这一规律同样存在于其他部门。我国俗话所说的"一个和尚担水吃,两个和尚抬水吃,三个和尚没水吃"正是对边际收益递减规律的形象表述。

相关链接 　　　　　　　　**淝水之战与规模收益递减**

公元338年，前秦苻坚统一了中原，降服了鲜卑、匈奴、羌等民族上千个部落，然后他将各民族聚集在一起，南下攻打东晋。东晋派将军谢玄等率军迎战，两军在淝水相遇，隔河对峙，当时苻坚的军队是谢玄军队的5倍，有百万之众，而多是游牧民族，骁勇善战，所以他曾不屑地说："就凭我们这么多人，每人把马鞭子投到淝水里，都可以使淝水断流，难道还打不过东晋的军队吗？"这就是"投鞭断流"的由来。但结果他却惨败，这究竟是什么原因？

原来谢玄利用了苻坚的军队民族众多、语言不通、信息不灵、管理不力等缺陷。他先写了一封书信给苻坚，说两军隔河对峙，总要决战，却没有地方可做战场，请苻坚将军队后撤，东晋军队将渡河决战。苻坚一看非常高兴，因为东晋过河即为背水，背水而战是兵家大忌，所以他一口应允。谢玄派一支小部队偷渡河去，抄到苻坚军队的背后，等到苻坚下令后撤，立刻用各族语言大喊："苻坚战败了！前军溃散了！"苻坚军队规模太大，绵延数十里，后撤的命令传达不下去，后面的军队一听说前面打败了，又见前军的旗帜确实在后退，就以为打败了，于是兵败如山倒，苻坚的撤退一发不可收拾，东晋的军队乘胜追击，大获全胜。

苻坚的失败就是因为军队的规模太大，生产中的道理也是一样，如果企业规模太大，就会出现规模收益递减现象。

规模经济是指在技术水平不变的情况下，当两种生产要素按同样比例增加，即生产规模扩大时，最初这种生产规模的扩大会使产量的增加大于生产规模的扩大。但当规模扩大超过一定限度时，则会使产量的增加小于生产规模的扩大，甚至使产量绝对减少，出现规模不经济。

生产规模的扩大会引起内在经济与内在不经济。内在经济是指一个厂商在生产规模扩大时，由其自身内部所引起的产量增加。但是，生产规模也并不是越大越好。如果一个厂商由于本身生产规模过大而引起了产量或收益的减少，就是内在不经济。

由以上分析来看，单个厂商和行业的生产规模既不能过小，也不能过大，即要实现适度规模。对厂商来说，就是两种生产要素的增加应该适度。适度规模就是指两种生产要素的增加，即生产规模的扩大正好使收益递增达到最大。当收益递增达到最大时，就不再增加生产要素，并使这一生产规模一直维持下去。

2. 总产量、平均产量、边际产量

为了用边际收益递减规律说明一种生产要素的合理投入，就要进一步分析一种生产要素的增加所引起的总产量、平均产量与边际产量变动的关系。

总产量是指一定量的某种可变生产要素所生产出来的全部产量。平均产量是指平均每一单位某种可变生产要素所生产出来的产量。边际产量是指某种可变生产要素每增加一单位所增加的总产量。

以 Q 代表某种生产要素的数量，ΔQ 代表某种生产要素的增加量，TP 代表总产量，AP 代表平均产量，MP 代表边际产量，则这三种产量可以分别表示为：

$$TP = AP \cdot Q$$

$$AP = \frac{TP}{Q}$$

$$MP = \frac{\Delta TP}{\Delta Q}$$

假定生产某种产品时所用的生产要素是资本与劳动,其中资本是固定的,劳动是可变的。根据上述关系可得出如表4-1所示的结果。

表4-1 劳动投入的变化与总产量、平均产量、边际产量的关系

资本量 (K)	劳动量 (L)	劳动增量 (ΔL)	总产量 (TP)	平均产量 (AP)	边际产量 (MP)
10	0	0	0	0	0
10	1	1	6	6	6
10	2	1	13.5	6.75	7.5
10	3	1	21	7	7.5
10	4	1	28	7	7
10	5	1	34	6.8	6
10	6	1	38	6.3	4
10	7	1	38	5.4	0
10	8	1	37	4.6	-1

根据表4-1可作出图4-1。

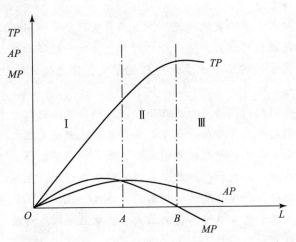

图4-1 总产量、边际产量、平均产量的关系图

在图4-1中,横轴 OL 代表劳动量,纵轴 TP、AP、MP 代表总产量、平均产量与边际产量。TP 为总产量曲线,AP 为平均产量曲线,MP 为边际产量曲线,分别表示随着劳动量的变动,总产量、平均产量与边际产量变动的趋势。根据图4-1,我们可以看出总产量、平均产量和边际产量之间的关系有如下几个特点。

(1) 在资本量不变的情况下,随着劳动量的增加,最初总产量、平均产量和边际产量都是递增的,但各自增加到一定程度之后就会分别递减。所以,总产量曲线、平均产量曲线和边际产量曲线都是先上升而后下降的。这反映了边际收益递减规律。

(2) 边际产量曲线与平均产量曲线相交于平均产量曲线的最高点。在相交前,平均产量是递增的,边际产量大于平均产量($MP > AP$);在相交后,平均产量是递减的,边际产量小于平均产量($MP < AP$);在相交时,平均产量达到最大,边际产量等于平均产量($MP = $

AP)。不论是增加还是减少,边际产量的变动都快于平均产量。

(3) 当边际产量增加时,总产量以递增的速度增加;反之,当边际产量减少时,总产量以递减的速度增加;当边际产量为零时,总产量达到最大。此后,当边际产量为负数时,总产量就会绝对减少。

3. 一种生产要素的合理投入

总产量、平均产量、边际产量之间的关系反映了边际收益递减规律。下面就从这种关系出发来说明一种生产要素的合理投入问题。

在确定一种生产要素的合理投入时,根据总产量、平均产量与边际产量的关系,把图 4-1 分为 3 个区域。Ⅰ区域是劳动量从零增加到 A 的这一阶段。这时平均产量一直在增加,且达到最大值,边际产量上升达到最大值后开始下降,且边际产量始终大于平均产量,总产量始终是增加的。说明在这一阶段,相对于不变的资本量而言,劳动量是不足的,所以劳动量的增加可以使资本得到充分利用,从而使总产量递增。由此来看,劳动量最少要增加到 A 点为止,否则资本无法得到充分利用。Ⅱ区域是劳动量从 A 增加到 B 的这一阶段。这时平均产量开始下降,边际产量递减,平均产量大于边际产量,继续增加劳动量仍可使边际产量增加,但增加的比率是递减的。由于边际产量仍然大于零,总产量仍在增加,所以当劳动量增加到 B 时,总产量可以达到最大。Ⅲ区域是劳动量增加到 B 点以后的阶段,这时平均产量继续下降,边际产量降为负数,总产量绝对减少。由此看来,劳动量的增加超过 B 之后是不利的。

从以上分析可以看出,劳动量的增加应在Ⅱ区域(A—B)为宜。但应在Ⅱ区域的哪一点上呢?这就要考虑到其他因素。首先要考虑厂商的目标,如果厂商的目标是使平均产量达到最大,那么,劳动量增加到 A 点就可以了;如果厂商的目标是使总产量达到最大,那么,劳动量就可以增加到 B 点。其次,如果厂商以利润最大化为目标,那就要考虑成本、产品价格等因素。因为平均产量为最大时,并不一定是利润最大;总产量为最大时,利润也不一定最大。劳动量增加到哪一点所达到的产量能实现利润最大化,还必须结合成本与产品价格进行综合分析。

第二节 生产要素的最佳组合

在技术系数可以变动,即两种生产要素的配合比例可以变动的情况下,这两种生产要素按什么比例配合最好呢?这就是生产要素最佳组合所要研究的问题。

生产要素的最佳组合,与消费者均衡是很相似的。消费者均衡是研究消费者如何把既定的收入分配于两种产品的购买与消费上,以求达到效用的最大化。而生产要素的最佳组合,则是研究生产者如何把既定的成本(即生产资源)分配于两种生产要素的购买与生产上,以达到利润的最大化。因此,研究这两个问题所用的方法也基本相同,即边际分析法与等产量分析法。在本节,主要研究如何利用等产量分析法来解决生产要素的最佳组合问题。

一、等产量线

(一)等产量线的含义

生产理论中的等产量曲线和效用理论中的无差异曲线是很相似的。可以给等产量线下这样一个定义：等产量线是表示在技术水平不变的条件下，生产同一产量的两种生产要素投入量的所有不同组合的轨迹。

假如，用资本与劳动两种生产要素进行生产，它们有 a、b、c、d 四种组合方式，这四种组合方式都可以达到相同的产量。这样，就可得出如表 4-2 所示的结果。

表 4-2　资本和劳动的不同组合

组合方式	资本（K）	劳动（L）
a	6	1
b	3	2
c	2	3
d	1	6

根据表 4-2 可作出图 4-2。如图 4-2 所示，横轴代表劳动量，纵轴代表资本量，Q 为等产量线，该曲线上的任何一点都表示，资本与劳动不同数量的组合均能生产出相等的产量。等产量线与无差异曲线虽然相似，但它所代表的是产量而不是效用水平。

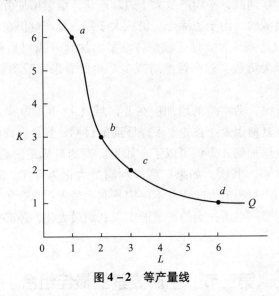

图 4-2　等产量线

（二）等产量线的特征

（1）等产量线是一条向右下方倾斜的线，其斜率为负值。斜率为负值表明，在资源与生产要素的价格为既定的条件下，为了达到相同的产量，厂商在增加一种生产要素的投入时，必须要减少另一种生产要素的投入量。因为两种生产要素的同时增加，是资源既定时无法实现的；而两种生产要素的同时减少，则不能保持相等的产量水平。

（2）在同一坐标平面图上，可以有无数条等产量线。同一条等产量线代表相同的产量水平，不同的等产量线代表不同的产量水平。离原点越远的等产量线，所代表的产量水平越高；而离原点越近的等产量线，所代表的产量水平则越低。可用图 4-3 来说明这一点。

如图 4-3 所示，Q_1、Q_2、Q_3 是三条不同的等产量线，它们分别代表不同的产量水平，其顺序为 $Q_1 < Q_2 < Q_3$。

（3）在同一坐标平面图上，任意两条等产量线不能相交。因为在交点上，两条等产量线代表了相同的产量水平，与第二个特征相矛盾。

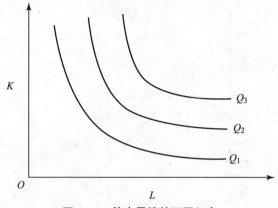

图 4-3 等产量线的不同组合

（4）等产量线是一条凸向原点的线。这是由边际技术替代率递减所决定的。

二、等成本线

在生产要素市场上，厂商对生产要素的购买支付构成了厂商的生产成本。成本问题是追求利润最大化的厂商必须要考虑的一个经济问题。等成本线又称为企业预算线，它表示在成本与生产要素价格为既定的条件下，生产者所能购买到的两种生产要素的各种不同数量组合的轨迹。

等成本线表明了厂商进行生产的限制条件，即它购买生产要素所花的钱不能大于或小于其所拥有的货币成本。大于货币成本是无法实现生产的，小于货币成本又无法实现产量最大化。由此等成本线可以表示为：

$$M = P_L Q_L + P_K Q_K$$

其中，M 为货币成本，P_L、P_K、Q_L、Q_K 分别为劳动与资本的价格与购买量。上式也可以改写为：

$$Q_K = \frac{M}{P_K} - \frac{P_L}{P_K} \cdot Q_L$$

这是一个直线方程式，其斜率为 $-\frac{P_L}{P_K}$。

因为 M、P_L、P_K 为既定的常数，所以，只要给出 Q_L 的值，就可以解出 Q_K。当然，给出 Q_K 的值，也可以解出 Q_L。

如果 $Q_L = 0$，则：

$$Q_K = \frac{M}{P_K}$$

如果 $Q_K = 0$，则：

$$Q_L = \frac{M}{P_L}$$

假设，$M = 600$ 元，$P_L = 2$ 元，$P_K = 1$ 元，则当 $Q_L = 0$，$Q_K = 600$ 元；当 $Q_K = 0$ 时，$Q_L = 300$ 元。这样，就可以作出图 4-4。

在图 4-4 中，如果用全部货币只购买劳动，则可以购买 300 单位（A 点）；反之，如果全部用来购买资本，则可以购买 600 单位（B 点），连接 A 点和 B 点的则为等成本线。该线

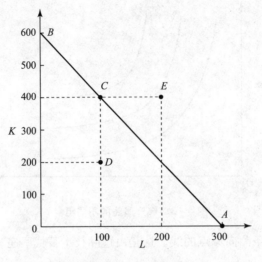

图 4-4　等成本线

上的任何一点都表示，在货币成本与生产要素价格既定的条件下，厂商能购买到的劳动与资本的最大数量的组合。例如在 C 点，购买 100 单位劳动和 400 单位资本，正好用完 600 元（$2 \times 100 + 1 \times 400 = 600$）。而等成本线以内区域中的任何一点，如 D 点，表示既定的全部成本都用来购买该点的劳动和资本的组合以后还有剩余。同样，等成本线以外的区域中的任何一点，如 E 点，表示用既定的全部成本购买该点的劳动和资本的组合是不够的。唯有等成本线上的任何一点，才表示用既定的全部成本能刚好购买到的劳动和资本的最大组合。

如果厂商的货币成本发生变动（或者生产要素的价格同比例变动），则等成本线会平行移动。货币成本增加，等成本线向右上方平行移动；货币成本减少，等成本线向左下方平行移动，如图 4-5 所示。

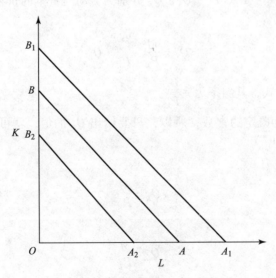

图 4-5　等成本线的移动

在图 4-5 中，AB 是原来的等成本线。当货币成本增加时，等成本线移动至 A_1B_1；而当货币成本减少时，等成本线移动到 A_2B_2。

三、生产要素的最佳组合

在长期看来，所有生产要素的投入数量都是可变动的，任何一个理性的生产者都会选择最优的生产要素组合进行生产，即将等产量曲线和等成本曲线结合在一起。研究生产者如何选择最优的生产要素组合，从而实现既定成本条件下的最大产量，或者实现既定产量条件下的最小成本，就是生产要素的最佳组合的意义。

如果把等产量线与等成本线画在同一个平面坐标图中，那么，等成本线必定与无数条等产量线中的一条相切于一点。在这个切点上，就实现了生产要素的最佳组合。可以用图4-6来说明这一点。

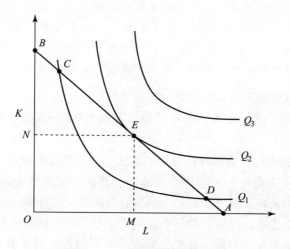

图 4-6　生产要素的最佳组合

在图 4-6 中，Q_1、Q_2、Q_3 为三条等产量线，其产量大小的顺序为：$Q_1<Q_2<Q_3$。AB 为等成本线，AB 线与 Q_2 相切于 E 点，这时厂商实现了生产要素的最佳组合。即在生产者的货币成本与生产要素价格既定的条件下，OM 的劳动与 ON 的资本相结合，便能实现利润最大化，也就是既定产量下成本最小或产量最大。

为什么只有在 E 点时才能实现生产要素的最佳组合呢？从图 4-6 中看，C、E、D 点都是相同的成本，这时 C 和 D 点在 Q_1 上，而 E 点在 Q_2 上，$Q_2>Q_1$，所以 E 点时的产量是既定成本时的最大产量。在 Q_2 曲线上产量是相同的，但除 E 点外，其他任何一种生产要素组合的点都在 AB 线之外，其成本大于 E 点，是现有的货币成本无法实现的，所以 E 点时的成本是既定产量时的最小成本。

第三节　成　本

一、成本

成本又称生产费用，是生产中所使用的各种生产要素的货币支出。然而，在经济学的分析中，仅从这样的角度来理解成本概念是不够的。为此，西方经济学家提出了机会成本以及显性成本和隐性成本的概念。

（一）机会成本

前面章节简单介绍过，机会成本并不是生产活动中的实际货币支出，但对经营与决策是十分重要的。考虑机会成本，能够促使各种生产要素用于最佳途径，做到资源的最优配置。

机会成本是做出一项决策时所放弃的其他可供选择的最好用途。对生产者来说，是指由于使用某一投入要素而必须放弃的该要素其他用途的最高代价；对要素所有者来说，则是这一要素在其他可能的机会中最高的报酬。

案例分析 **大学毕业后的选择**

某人大学毕业，可有两种选择：继续攻读研究生和就业。如果选择就业，他将有3个工作可供选择，年薪分别是5万元、6万元和5.5万元。如果选择攻读研究生，学制三年，则他放弃了年薪分别是5万元、6万元和5.5万元的工作，在这3个工作中，年薪最高的是6万元。所以，某人选择攻读研究生的机会成本就是放弃三年工作可赚取的18万元。

在理解机会成本这一概念时，要注意如下三个问题。

（1）机会成本不同于实际成本，它不是做出某项选择时实际支付的费用或损失，而是一种观念上的成本或损失。

（2）机会成本是做出一种选择时所放弃的其他可能的选择中最好的一种。

（3）机会成本并不全是由个人选择所引起的。其他人的选择会给你带来机会成本，你的选择也会给其他人带来机会成本。例如，当你在夜晚享受"卡拉OK"时，你所放弃的宁静就是这种享受的机会成本。这时，你还会使别人不得宁静，别人放弃的宁静就是你的这种选择给别人带来的机会成本。当然，我们一般在从个人的角度做出某项投资或其他决策时，所考虑的主要是自己的机会成本。一般所说的机会成本也是这种含义。在西方经济学中，企业的生产成本应该从机会成本的角度来理解。

在我们做出任何决策时，都要使收益大于或至少等于机会成本。如果机会成本大于收益，则这项决策从经济的观点看就是不合理的。也就是说，在做出某项决策时，不能只考虑获利的情况，还要考虑机会成本，这样才能使投资最优化。例如，在决定修建一座特大型水电站时，不仅应该考虑这座水电站可以发多少电，带来多少其他收益，还应考虑用同样的资金可以建多少座中小型水电站，这些中小型水电站能发多少电，能带来多少其他收益。后者是前者的机会成本，只有前者的收益大于后者，即修建特大型水电站的机会成本小于收益，这项投资才是有利的。否则，无论这项投资的收益有多大，从经济的角度看都是不合理的。

延伸阅读 **《板道旁边睡大觉》与机会**

美国黑色幽默小说家冯·纳格特在他的名作《囚鸟》中叙述了一篇小小说叫《板道旁边睡大觉》。说的是在天堂门口有几个天使，他们负责接待死后升天的人们。每个人来到天堂的时候，他们都要指出他在人间浪费了多少机会。例如，有一对老夫妇因为无法还债双双自杀，天使们说：其实他们的房子底下就是一个大金矿。又有一个少年因为和别人争夺几元钱而被杀死，天使们说：其实就在他们争吵地方的下水沟里，就躺着一枚被人丢失的钻石戒指。爱因斯坦来到天堂的时候，天使们说：如果他在创立相对论的时候不把钱用在科学研究上，而是买某某公司的股票，他后来就是一位富翁了。在说完之后，天使们总要补上一句：

"看,你又在板道旁边睡大觉了。"意思是说,在机会来临的时候,这些人没有抓住机会。换句话说,这些人因为不知道机会的存在而做出了错误的选择。天使们所说的机会包括人生的各个方面;而对于厂商而言,如果有一笔钱作成本,他们也要把成本放在各种机会中进行选择。

> **案例分析**
>
> ### 王先生的选择
>
> 王先生是某医院的牙医,年薪8万元,另外还享受公费医疗、住房公积金、养老保险等集体福利一年共1.5万元,现在他正在考虑辞职开一家私人诊所,一年收入将达到16万元。为了开办诊所,他必须将一栋每年可以收取6万元租金的房子变成办公室,并且需要20万元购买医疗器材,该资金若存入银行年利息率为3%。你认为他该离开医院开办自己的诊所吗?
>
> 经济学家会算这样一笔账:首先他放弃了8万元的年薪和1.5万元的集体福利;其次,6万元的租金实际上也是开办诊所放弃的收入,应该计入机会成本;第三,买医疗器材等的20万元是自有资金,不用付利息,但损失一年6 000元利息,以上放弃的收入共16.1万元。开诊所的年收入是16万元,而机会成本是16.1万元,亏了1 000元,因此,王先生应该选择继续在医院做牙医。

(二) 显性成本与隐性成本

显性成本是指厂商在生产要素市场上购买或租用他人所拥有的生产要素的实际支出。因为这些成本在账目上一目了然,所以称为显性成本。显性成本包括支付给雇员的工资薪金以及购买原料、材料、燃料、动力等所支付的费用,也包括为借入资金支付的利息。总之,显性成本是所有由厂商支付并记录在账目上的支出。隐性成本是指厂商自己所拥有的且被用于该企业生产过程中的那些生产要素的总价格。

(三) 私人成本和社会成本

私人成本是指私人厂商在生产中按市场价格支付的一切费用;社会成本是指整个社会为某一投入要素付出的成本。例如,某一化工厂在生产过程中排出的废气、废水,会造成环境、空气和水源的污染,社会必须支付一笔费用来治理这些污染,以维护广大群众的身体健康。这笔费用便构成了社会成本。

二、短期成本分析

(一) 短期成本

1. 短期总成本

短期总成本是指短期内厂商为生产一定数量的产品而对全部生产要素所支出的总成本。短期总成本分为固定成本与可变成本。

固定成本是指厂商在短期内必须支付的、不能调整的生产要素的费用。这种成本不随产量的变动而变动,即它是固定不变的。此类成本主要包括厂房和设备的折旧,以及管理人员的工资等。

可变成本是指厂商在短期内必须支付的可以调整的生产要素的费用。这种成本随着产量的变动而变动,因而是可变的。此类成本主要包括原材料、燃料的支出以及生产工人的工资等。

如果以 STC 代表短期总成本,FC 代表固定成本,VC 代表可变成本,则有:

$$STC = FC + VC$$

2. 短期平均成本

短期平均成本是指短期内厂商生产每一单位产品平均所需要的生产要素的支出。短期平均成本分为平均固定成本与平均可变成本。平均固定成本是平均每单位产品所消耗的固定成本;平均可变成本是平均每单位产品所消耗的可变成本。

如果以 Q 代表产量,则有:

$$\frac{STC}{Q} = \frac{FC}{Q} + \frac{VC}{Q}$$

如果以 SAC 代表短期平均成本,AFC 代表平均固定成本,AVC 代表平均可变成本,则可把上式改写为:

$$SAC = AFC + AVC$$

3. 短期边际成本

短期边际成本是指在短期内厂商每增加一单位产量所增加的总成本。如果以 SMC 代表短期边际成本,ΔQ 代表产量的增量,则有:

$$SMC = \frac{\Delta STC}{\Delta Q}$$

这里要注意的是,由于短期中固定成本并不随产量的变动而变动,所以,短期边际成本实际上是相对可变成本而言的。

相关链接　　　　淡季的青岛海滨酒店

青岛是中国著名的旅游城市,但是每年的10月到次年的4月,长达半年多的时间里,海滨的高级饭店和旅游景点生意很清淡,但是他们仍惨淡经营,这是为什么?——既然生意清淡,肯定已经亏本,为什么还不关门?你会说,等到夏季旺季他们又可以赚回来。是的,这是一个支持他们的希望。但是,如果淡季实在难以维系,他们也会关门,关键在于他们还没有到必须关门的程度。

那么,什么时候必须关门呢?这就是进行的成本分析所要得出的结论。

(二) 各种短期成本的相互关系及其变动规律

为了分析各类短期成本的变动规律及其关系,先列出表4-3进行分析。

表4-3　短期成本表　　　　　　　　　　　　　　　　　　元

产量 Q (1)	固定成本 FC (2)	可变成本 VC (3)	总成本 STC (4)=(2)+(3)	边际成本 SMC (5)	平均固定成本 AFC (6)=(2)÷(1)	平均可变成本 AVC (7)=(3)÷(1)	平均总成本 SAC (8)=(6)+(7)
0	1 200	0	1 200	—	∞	0	∞
1	1 200	600	1 800	600	1 200	600	1 800
2	1 200	800	2 000	200	600	400	1 000
3	1 200	900	2 100	100	400	300	700
4	1 200	1 050	2 250	150	300	262.5	562.5
5	1 200	1 400	2 600	350	240	280	520
6	1 200	2 100	3 300	700	200	350	550

1. 固定成本、可变成本与短期总成本

固定成本在短期中是固定不变的,它不随产量的变动而变动,即使产量为零,固定成本也仍然存在。可变成本随着产量的变动而变动，其变动的规律是：最初当产量开始增加时，由于固定生产要素与可变生产要素的效率尚未得到充分发挥，因此，可变成本的增加率大于产量的增长率。以后随着产量的增加，固定生产要素与可变生产要素的效率得以充分发挥，可变成本的增加率就小于产量的增长率。最后，由于边际收益递减规律，可变成本的增加率又大于产量的增长率。总成本是固定成本与可变成本之和，固定成本不会等于零，因此，总成本必然大于零。而且，因为总成本中包括可变成本，故总成本的变动规律与可变成本相同。可用图4-7来说明这三种成本的变动规律与关系。

在图4-7中，横轴代表产量，纵轴代表成本，FC为固定成本曲线，它与横轴平行，表示不随产量的变动而变动。VC为可变成本曲线，它从原点出发，表示产量为零时，可变成本也为零。该曲线向右上方倾斜，随着产量的变动而同方向变动。应该注意的是，可变成本最初比较陡峭，表示此时其增加率大于产量的增长率。然后较为平坦，表示可变成本的增加率小于产量的增长率。最后又比较陡峭，表示可变成本的增加率又大于产量的增长率。STC为短期总成本曲线，它不从原点出发，而是从固定成本出发，表示产量为零时，总成本等于固定成本。STC曲线向右上方倾斜，表明总成本随产量的增加而同方向增加，其形状与VC曲线相同，说明总成本与可变成本的变动规律相同。STC曲线与VC曲线之间的距离为固定成本。

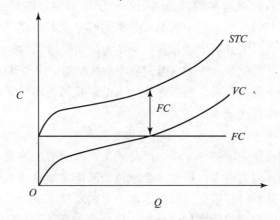

图4-7 短期总成本、固定成本、可变成本曲线的关系

2. 平均固定成本、平均可变成本与短期平均成本

平均固定成本随着产量的增加而减少，这是因为短期内固定成本的总量不变，当产量增加时，分摊到每一单位产量上的固定成本就减少了。平均固定成本变动的规律是：起初随着产量的增加，平均固定成本减少的幅度很大，以后会越来越小。

平均可变成本变动的规律是：起初，随着产量的增加，生产要素的效率逐渐得到发挥，因此，平均可变成本减少；但当产量增加到一定程度以后，平均可变成本由于边际收益递减规律而逐渐增加。

短期平均成本的变动规律是由平均固定成本与平均可变成本决定的。当产量增加时，平均固定成本迅速下降，加之平均可变成本也在下降，因此，短期平均成本迅速下降。以后，随着平均固定成本越来越小，它在平均成本中越来越不重要，这时，平均成本随着平均可变成本的变动而变动，即随着产量的增加而下降，但当产量增加到一定程度以后，又随着产量的增加而增加。

平均固定成本、平均可变成本与短期平均成本的变动规律和关系，可以用图4-8来说明。

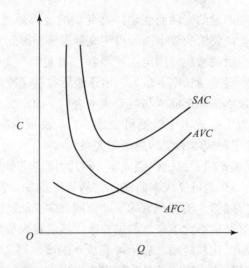

图 4-8 平均固定成本、平均可变成本、短期平均成本曲线之间的关系

在图 4-8 中，AFC 为平均固定成本曲线，它起初比较陡峭，说明在产量开始增加时，它下降的幅度很大；以后越来越平坦，说明当产量增加到一定程度后，随着产量的继续增加，平均固定成本下降的幅度越来越小。AVC 为平均可变成本曲线，它呈"U"字形，表明随着产量的增加先下降而后上升的变动规律。SAC 为短期平均成本曲线，它也是呈先下降而后上升的"U"字形。但它开始时比平均可变成本曲线陡峭，说明其下降的幅度比平均可变成本大。当产量增加到一定数量后，短期平均成本的形状与平均可变成本曲线基本相同，说明其变动规律类似于平均可变成本。

3. 短期边际成本、短期平均成本与短期平均可变成本

短期边际成本是指短期中增加一个单位产品的生产时所增加的成本。短期边际成本的变动取决于短期可变成本，因为短期内增加一个单位产品所增加的成本只是可变成本。短期边际成本的变动规律是：开始时，短期边际成本随产量的增加而减少，而当产量增加到一定程度时，短期边际成本将随着产量的增加而增加。因此，如图 4-9 所示，短期边际成本曲线是一条先下降而后上升的"U"形曲线。

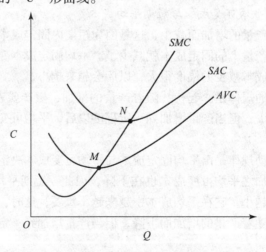

图 4-9 短期边际成本、短期平均成本与短期平均可变成本曲线之间的关系

我们用图 4-9 来说明短期边际成本、短期平均成本与短期平均可变成本之间的关系。

先来看看短期边际成本与平均成本的关系。从图 4-9 中可以看出，短期边际成本曲线 SMC 与短期平均成本曲线 SAC 相交于 SAC 曲线的最低点 N。在 N 点上，$SMC = SAC$，即短期边际成本等于短期平均成本。在 N 点左边，SAC 曲线在 SMC 曲线之上，$SAC > SMC$，即短期边际成本小于短期平均成本。在 N 点右边，SAC 曲线在 SMC 曲线之下，$SAC < SMC$，即短期边际成本大于短期平均成本。

SMC 曲线与 SAC 曲线相交的 N 点称为收支相抵点。这时，价格为短期平均成本，而短期平均成本又等于短期边际成本，即 $P = SMC = SAC$，故生产者的成本（包括正常利润在内）与收益相等。

短期边际成本与短期平均可变成本的关系和它与短期平均成本的关系相同。也就是说，SMC 曲线与 AVC 曲线相交于 AVC 曲线的最低点 M。在 M 点上，$SMC = AVC$，即短期边际成本等于短期平均可变成本。在 M 点的左边，AVC 曲线在 SMC 曲线之上，$AVC > SMC$，即短期边际成本小于短期平均可变成本。在 M 点的右边，AVC 曲线在 SMC 曲线之下，$AVC < SMC$，即短期边际成本大于短期平均可变成本。M 点被称为停止营业点，即在这一点上，价格只能弥补平均可变成本。

相关链接

中国企业成本调查

有位企业家曾说过："我的产品，卖的是小白菜的价，但我操的是卖'白粉'的心！"一语道出当今中国企业面临的尴尬境地——成本越来越高，利润越来越低；操心越来越多，收益越来越薄。中国企业究竟面临着怎样的成本状况？到底还有多大的利润空间？中国企业究竟还能在这条路上前行多远？

成本数字报告

主要调查对象：生产型、商贸型和服务型企业的董事长和总经理。发放问卷 248 份，回收有效问卷 187 份，有效问卷比例为 75.4%。其中生产型企业 65 份，占回收问卷比例的 34.8%；商贸型企业 46 份，占回收问卷比例的 24.6%；服务型企业 76 份，占回收问卷比例的 40.6%。

主要调查数据及分析如下：

原材料：这是本次调查中上涨最明显的成本指标。在接受调查的企业中，从 2008 年开始，92% 的企业出现了原材料不同程度的上涨。

市场推广费用：2009 年，在经受住金融危机考验后，此项支出明显加大，有超过 50% 的受调查企业此项指标的比例加大；在 2010 年，这一势头明显放缓，有超过四成的受调查企业的这一指标在总成本中的比例无明显上升，但仍有 55% 的企业依然认为市场推广费用在上涨。

工资支出：这是本次调查中上涨比例第三大的指标。从 2008 年开始，有超过 75% 的受调查企业的这一指标在总成本中的比例稳步提升。

房租水电物管费用：受土地价格及房价普涨的影响，这一指标在本次调查中排在涨幅榜的第三位，从 2008 年开始，在受调查的企业中有约 81% 的企业此项支出在总成本中的比例不断攀升。

税金：在总成本中的比例基本维持不变，税收制度的改革并没有让企业得到太多的实惠。

社会成本：随着企业承担社会责任意识的不断增强，这一指标占总成本的比例有不同程度的增加。尤其是在2008年和2010年两年，由于自然灾害的影响，企业捐款支出明显增多，但占总成本的比例并不高，尚在企业可以承受的范围。

世界上没有无缘无故蒸发的资产，企业环环相扣，一方的赢利必然构成另一方的成本。

三、长期成本分析

1. 长期总成本

（1）长期总成本的含义。

长期总成本（LTC）是指在长期中，厂商在每一产量水平上通过选择最优的生产规模所能达到的最低总成本。厂商在长期内对全部生产要素投入量的调整意味着对企业生产规模的调整。也就是说，从长期看，厂商总是可以在每一产量水平上选择最优的生产规模进行生产。长期总成本函数可写成以下形式：

$$LTC = LTC(Q)$$

（2）长期总成本的构成。

根据对长期总成本函数的规定，可以由短期总成本曲线出发，来推导长期总成本曲线，如图4-10所示。

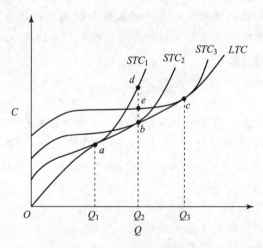

图4-10　最优生产规模的选择和长期总成本曲线

在图4-10中，有三条短期总成本曲线 STC_1、STC_2 和 STC_3，分别代表3种不同的生产规模。由于短期总成本曲线的纵截距表示相应的固定成本 FC 的数量，因此，从三条短期总成本曲线的纵截距可知，STC_1 曲线所表示的固定成本小于 STC_2 曲线，STC_2 曲线所表示的固定成本又小于 STC_3 曲线，而固定成本的多少（如厂房、机器设备等）往往表示生产规模的大小。因此，从三条短期总成本曲线所代表的生产规模看，STC_1 曲线最小，STC_2 曲线居中，STC_3 曲线最大。

假定厂商生产的产量为 Q_2，那么，厂商应该如何调整生产要素的投入量以降低总成本呢？在短期内，厂商可能面临 SAC_1 曲线所代表的过小的生产规模，或 STC_3 曲线所代表的过大的生产规模。由此，厂商只能按较高的总成本来生产产量 Q_2，即在 STC_1 曲线上的 d 点或 STC_3 曲线上的 e 点进行生产。但在长期中，情况就会发生变化。因为厂商在长期中可以变动其全部的要素投入量，选择最优的生产规模，由此，厂商必然会选择 STC_2 曲线所代表的生产规模进行生产，从而将总成本降低到它所能达到的最低水平，即厂商是在 STC_2 曲线上的 b 点进行生产。类似地，在长期内，厂商会选择 STC_1 曲线所代表的生产规模，即在 a 点上生产 Q_1 的产量；选择 STC_3 曲线所代表的生产规模，在 c 点上生产 Q_3 的产量。这样，厂商就在每一个既定的产量水平下，实现了最低的总成本。

虽然在图 4-10 中只有三条短期总成本线，但在理论分析上，可以假定有无数条短期总成本线。这样一来，厂商在任何一个产量水平线上，都能找到一个相应的最优的生产规模，都可以把总成本降到最低水平。也就是说，可以找到无数个类似于 a、b、c 的点，这些点的轨迹就形成了图中长期总成本（LTC）曲线。显然，长期总成本曲线是无数条短期总成本曲线的包络线。在这条包络线上，在连续变化的每一个产量水平上，都存在着 LTC 曲线和一条 STC 曲线的相切点，该 STC 曲线所代表的生产规模就是生产该产量的最优生产规模，该切点所对应的总成本就是生产该产量的最低总成本。所以，长期总成本（LTC）曲线表示在长期内，厂商在每一产量水平上由最优生产规模所带来的最小生产总成本。

（3）长期总成本曲线。

从图 4-10 可以看出，长期总成本（LTC）曲线是从原点出发且向右上方倾斜的。它表示当产量为零时，长期总成本为零。以后随着产量的增加，长期总成本是增加的。而且，长期总成本 LTC 曲线的斜率呈先递减后逐渐递增的趋势。

2. 长期平均成本

长期平均成本（LAC）是厂商在长期中按产量平均计算的最低总成本。长期平均成本函数可写成以下形式：

$$LAC(Q) = LTC(Q)/Q$$

（1）长期平均成本曲线的构成。

在长期中，厂商可以根据短期平均成本来调整长期平均成本。因此，我们就可以由短期平均成本曲线来推导出长期平均成本曲线。可用图 4-11 来说明。

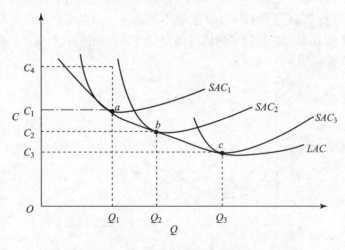

图 4-11 最优生产规模的选择和长期平均成本曲线

假设厂商在短期内有三种不同的生产规模可供选择。这三种规模的短期平均成本曲线分别是图中的 SAC_1、SAC_2 和 SAC_3。

在长期中，厂商要根据产量的大小来决定最优的生产规模，其目标是使平均成本达到最低。当产量为 OQ_1 时，厂商选择 SAC_1 这一规模，因为这时平均成本 OC_1 是最低的，如果选择 SAC_2 这一规模，则平均成本为 OC_4，OC_4 大于 OC_1。以此类推，当产量为 OQ_2 时，则要选用 SAC_2 这一规模，这时平均成本 OC_2 是最低的；当产量为 OQ_3 时，则要选用 SAC_3 这一规模，这时平均成本 OC_3 是最低的，等等。

如果短期中每个平均成本都达到了最低，那么，长期中平均成本也就达到了最低。因此把短期平均成本曲线 SAC_1、SAC_2、SAC_3，…的最低点 a、b、c，…连接起来就得到了长期平均成本曲线。短期平均成本曲线有无数条，长期平均成本曲线则是一条与这无数条短期平均成本曲线相切的曲线，因此，长期平均成本曲线是短期平均成本曲线的包络线，如图 4-11 中的 LAC 所示。

（2）长期平均成本曲线的特征。

从图 4-11 中可以看出，长期平均成本曲线是一条先下降而后上升的"U"形曲线。这说明，长期平均成本变动的规律也是随着产量的增加先减少而后增加。这与短期平均成本相同。

但长期平均成本曲线与短期平均成本曲线也有区别。从图 4-11 中可以看出，长期平均成本曲线无论在下降时还是上升时都比较平坦，这说明在长期中，平均成本无论是减少还是增加都较慢。这是由于在长期中，厂商可以随时调整全部生产要素，从规模收益递增到规模收益递减有一个较长的规模收益不变阶段。而在短期中，规模收益不变的阶段很短，甚至没有。

3. 长期边际成本

长期边际成本是指长期中增加一个单位产量所增加的最低总成本的增量。长期边际成本函数可写成以下形式：

$$LMC(Q) = \Delta LTC(Q) / \Delta Q$$

长期边际成本也是随着产量的增加先减少而后增加的。因此，长期边际成本曲线也是一条先下降而后上升的"U"形曲线，但它比短期边际成本曲线要平坦一些。

长期边际成本与长期平均成本的关系和短期边际成本与短期平均成本的关系相同，即在长期平均成本下降时，长期边际成本小于长期平均成本；而在长期平均成本上升时，长期边际成本大于长期平均成本。在长期平均成本的最低点，长期边际成本等于长期平均成本。这一点可用图 4-12 来说明。

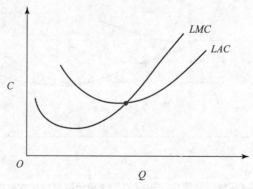

图 4-12　长期边际成本与长期平均成本曲线

在图 4-12 中，*LMC* 为长期边际成本曲线，它与长期平均成本曲线 *LAC* 相交于 *LAC* 曲线的最低点。相交之前，*LAC* 曲线在 *LMC* 曲线之上，说明长期边际成本小于长期平均成本；相交之后，*LAC* 曲线在 *LMC* 曲线之下，说明长期边际成本大于长期平均成本。

案例分析　　　　　　　　　　**大企业的低价**

在现实经济中，有许多大大小小的企业生机勃勃地存活在市场经济的沃土里，而且每一天都有无数小企业像雨后春笋般诞生。但是小企业并不是适合于任何行业和任何门类的，在市场中大企业具有绝对的价格优势。比如，湖南的"老百姓大药房"，开业的时候对外宣称，5 000 多种药品的价格将比原来国家核定的零售价降低 45%，有的降价竟达到了 60% 以上。一般的小药店能这样做吗？同样的，在很多大型超市里，它们的商品价格的确很低，它们出售的商品甚至比其他一些商家的进货价格还要低。

小企业在价格上为什么竞争不过大企业呢？

第四节　收益和利润

厂商进行生产的目的是实现利润最大化。那么厂商实现利润最大化的原则是什么呢？或者说，什么是厂商实现利润最大化的均衡条件？这是本节的重点。

一、总收益、平均收益与边际收益

收益可以分为总收益、平均收益和边际收益。总收益是指厂商销售一定数量的产品所得到的全部收入。平均收益是指厂商销售每一单位产品平均所得到的收入。边际收益是指厂商每增加销售一单位产品所增加的收入。

以 TR 代表总收益，AR 代表平均收益，MR 代表边际收益，Q 代表销售量，ΔQ 代表销售量的增量，则这三者的关系可表示为：

$$TR = AR \cdot Q$$

$$AR = \frac{TR}{Q}$$

$$MR = \frac{\Delta TR}{\Delta Q}$$

以 P 代表价格，则总收益（TR）与总产量（TP）、平均收益（AR）与平均产量（AP）、边际收益（MR）与边际产量（MP）之间的关系应该是：

$$TP \cdot P = TR$$
$$AP \cdot P = AR$$
$$MP \cdot P = MR$$

假设价格 P 不变，即不考虑价格的因素，则有：

$$TP = TR$$
$$AP = AR$$
$$MP = MR$$

由以上公式可以得出，总收益、平均收益、边际收益的变动规律与曲线形状和前面所介绍过的总产量、平均产量、边际产量的变动规律与曲线形状是相同的。

二、利润最大化原则

利润最大化原则：边际收益等于边际成本，即

$$MR = MC$$

为什么在边际收益等于边际成本时能实现利润最大化呢？

如果边际收益大于边际成本，表明厂商每增加生产一个单位产品所增加的收益大于生产这一单位产品所增加的成本。这时，对该厂商来说，还有潜在的利润没有得到，厂商增加生产是有利的。也就是说，厂商没有达到利润最大化。

如果边际收益小于边际成本，则表明厂商每多生产一单位产品所增加的收益小于生产这一单位产品所增加的成本。这对该厂商来说就会造成亏损，更谈不上利润最大化了，因此厂商必然要减少产量。

无论边际收益大于边际成本还是小于边际成本，厂商都要调整其产量，说明在这两种情况下都没有实现利润最大化。只有在边际收益等于边际成本时，厂商才不会调整产量，表明已把该赚的利润都赚到了，即实现了利润最大化。厂商对利润的追求要受到市场条件的限制，不可能实现无限大的利润。这样，利润最大化的条件就是边际收益等于边际成本。厂商要根据这一原则来确定自己的产量。

我们知道，在现实经济中，市场结构是不同的。在不同的市场条件下，收益变动的规律不同，厂商对最大利润的追求就要受到不同市场条件的限制。在下一章中，我们将把成本与收益结合起来，分析在不同的市场上，厂商如何根据成本与收益分析来实现自己的利润最大化。

本章小结

本章主要讲述生产函数的含义；短期分析与长期分析的区别；边际收益递减规律；总产量、平均产量和边际产量之间的关系；生产要素的最佳投入组合等。通过研究生产成本与产量之间的关系，明确厂商各种成本的变动特点与关系，厂商收益变动特点，并结合两个方面研究，分析利润最大化问题。通过学习要能够掌握：从产量变动与成本变动的相互关系中认识各种成本的变动规律及相互关系。

关键概念

生产　边际收益递减规律　等产量线　等成本线　成本　机会成本　固定成本　可变成本　长期总成本

复习思考题

一、名词解释

生产　边际收益递减规律　等产量线　等成本线　扩张线　成本　机会成本　固定成本

可变成本　长期总成本　边际收益　正常利润

二、选择题

1. 经济学分析中所说的短期是指（　　）。
   A. 一年之内　　　　　　　　　　B. 全部生产要素都可随时调整的时期
   C. 只能根据产量调整可变成本的时期　D. 只能根据产量调整固定成本的时期
2. 已知等成本线和等产量曲线既不能相交也不能相切，此时要达到等产量曲线所表示的产出水平，应该（　　）。
   A. 增加投入　　　　　　　　　　B. 保持原有的投入不变
   C. 减少投入　　　　　　　　　　D. 或 A 或 B
3. 等成本线向外平行移动说明（　　）。
   A. 成本增加了　　　　　　　　　B. 生产要素价格上升了
   C. 产量提高了　　　　　　　　　D. 以上都不对
4. 等成本线平行向内移动，则（　　）。
   A. 产量减少　　　　　　　　　　B. 成本增加
   C. 生产要素价格按相同比例提高　D. 生产要素价格按相同比例降低
5. 理性的厂商将让生产过程在（　　）进行。
   A. 第一阶段　　B. 第二阶段　　C. 第三阶段　　D. 无法确定
6. 如果一种投入要素的平均产量高于其边际产量，则（　　）。
   A. 随着投入的增加，边际产量增加　B. 边际产量将向平均产量趋近
   C. 随着投入的增加，平均产量一定增加　D. 平均产量将随着投入的增加而降低
7. 下列行业中，企业规模最大的应该是（　　）。
   A. 食品加工业　B. 采掘业　　C. 电子行业　　D. 服装制造业
8. 下列项目中可称为可变成本的是（　　）。
   A. 管理人员的工资　　　　　　　B. 生产工人的工资
   C. 厂房和机器设备的折旧　　　　D. 原材料、燃料的支出
9. 假定总产量从 100 单位增加到 102 个，总成本从 300 元增加到 330 元，那么边际成本等于（　　）。
   A. 30 元　　　B. 330 元　　C. 300 元　　D. 15 元
10. 等成本曲线和等产量曲线相交，那么要生产等产量曲线所表示的产量水平（　　）。
    A. 应该增加成本支出　　　　　　B. 不能增加成本支出
    C. 应该减少成本支出　　　　　　D. 不能减少成本支出
11. 随着产量的增加，短期固定成本（　　）。
    A. 增加　　　B. 减少　　C. 不变　　D. 先增后减

三、判断题

1. 在农业生产中并不是越密植越好。（　　）
2. 当其他生产要素不变时，一种生产要素投入越多，则产量越高。（　　）
3. 只要边际产量不小于零，总产量就处于上升阶段。（　　）
4. 一年以内的时间是短期，一年以上的时间可视为长期。（　　）
5. 利用等产量线上任意一点所表示的生产要素组合，都可以生产出同一数量的产品。（　　）

6. 无论长期成本还是短期成本都有不变成本和可变成本之分。（　　）
7. 总可变成本不随产量的变化而变化，即使产量为零，总可变成本也仍然存在。（　　）
8. 总固定成本随产量的变动而变动，当产量为零时，总固定成本为零。（　　）
9. 付给工人的加班费是可变成本。（　　）
10. 总成本在长期内可以划分为不变成本和可变成本。（　　）
11. 边际成本曲线一定在平均可变成本曲线的最低点与它相交。（　　）
12. 只要总收益少于总成本，厂商就会停止生产。（　　）

四、问答题

1. 什么是边际收益递减规律？
2. 列图说明总产量曲线、平均产量线和边际产量线之间的关系。
3. 利用图说明厂商在既定成本条件下如何实现最大产量的最优要素的组合。
4. 试述短期总成本、可变成本和固定成本的变动规律及其相互关系。
5. 试述短期平均成本、平均可变成本和边际成本的变动规律及其相互关系。
6. 试述厂商的利润最大化原则。

五、计算题

根据短期总成本、短期固定成本、短期可变成本、短期平均成本、短期平均固定成本、短期平均可变成本、短期边际成本之间的关系，及表 4-4 中已给出的数字进行计算，并填写所有的空格。

表 4-4　各成本之间的关系

产量	固定成本	可变成本	总成本	边际成本	平均固定成本	平均可变成本	平均成本
0	120	0					
1	120		154				
2	120	63					
3	120		210				
4	120	116					
5	120		265				
6	120	180					
7	120		350				
8	120	304					
9	120		540				

第五章

都是垄断惹的祸——市场结构与厂商行为理论

学习目标

掌握完全竞争市场的含义、特点及短期均衡的条件；
了解不完全竞争市场的含义和特点；
理解对完全竞争市场和不完全竞争市场的评价。

学习建议

通过本章学习，应了解市场经济下，不同市场结构是如何划分的、划分的依据是什么，了解完全竞争厂商短期均衡的几种情况及短期曲线和长期均衡的实现。能结合实际对完全竞争市场和不完全竞争市场的经济效率做出评价。延伸阅读部分可供学有余力者学习。建议学习时间为6~8课时。

导入案例

小麦种植分析

对照完全竞争的四个条件，可以说，小麦市场是一个比较接近完全竞争的市场。因为这个市场有众多买者和卖者，并且没有人能够影响小麦的价格。相对于市场规模，每个小麦买者的购买量都很小，以致无法影响价格。也就是说，他不可能因为自己的购买量较大，而以比别人低的价格进行购买，因为对他来说再大的购买量，相对于市场规模仍然微乎其微。对于卖者来说，提供的是几乎同质的小麦产品，而且任何一个卖者所提供的小麦数量，对于市场规模来说都微不足道，因此，每个卖者可以在现行价格水平上卖出他想卖的所有产量，他没有什么理由收取较低价格，当然，如果他收取高价格，买者则会到其他地方购买。因此，在小麦市场上，小麦的价格由众多的买者和卖者的需求和供给共同决定。买者和卖者都是价格的接受者，他们必须接受市场供求所决定的价格，按照市场价格买卖。

与此同时，对于一个种植小麦的农民来说，是决定继续种植小麦呢，还是改种蔬菜、水果甚至挖鱼塘养鱼，主要取决于种植小麦的成本收益比较，及种植小麦与其他种植业和养殖业的净收益比较。如果种植小麦有利可图，那么总有农民愿意继续种植小麦，甚至有更多的农民加入到种植小麦的行列；如果种植小麦是亏损的，或者种植小麦的净收益比其他种植业的净收益要小，长期中，农民就会改种其他作物。在农民决定继续种植小麦还是改种其他作物时，他们的选择基本是自由的，也就是说，农民进入或退出小麦种植的障碍很小。

略微不足的是，小麦市场上无法满足信息完全的假定条件。这是大多数农产品市场化过程中存在的通病。当众多的小生产者与大市场对接时，由于单个的小生产者无法及时准确地把握决策所需要的所有信息，而只能在有限的信息条件下做出决策。如像蛛网模型假定的那样，以上一时期的价格作为本期产量的决策依据。这样决策的结果很可能导致其决策与整体市场的实际运行情况相反，从而遭遇价格波动所带来的市场风险。小麦等农产品市场经常性出现"去年买粮难，今年卖粮难"的现象，就是信息不完全所致。

第一节　完全竞争市场

一、完全竞争市场的含义和特征

（一）完全竞争市场的含义

完全竞争市场又称"纯粹竞争"市场，它是指一种不受任何人为干扰和操纵的市场。在这一市场中，既没有政府的干预，也没有厂商勾结的集体行动对市场机制作用的阻碍，市场的价格完全在自由竞争的状况下自发形成，生产要素也在市场机制的作用下自发流动。

（二）完全竞争市场的特征

作为一个完全竞争的市场必须具备以下几个方面的特征。

（1）市场上有众多的买者和卖者。他们中的任何一个人或买或卖的数量，在市场份额中只占非常小的比例，以致于无法通过自己的买卖行为影响市场价格。他们中的每个人都只能被动接受市场自发形成的价格，而无法决定市场的价格，所以市场中的买者和卖者都是价格的遵从者，而非价格的制定者。

（2）产品是同质的。在这一市场中，所有厂商提供的产品都是同质的、无差别的，即产品在规格型号、内在品质、外观形态、包装、服务等方面都无差别。对于消费者来说，买哪家的产品都一样；对厂商来说，都不能通过自己商品的差异性来吸引消费者。

（3）生产要素可以自由流动。即新厂商可以不受任何阻碍地进入或退出某一行业。各种生产要素可以在不同行业之间自由流动，也可以在不同地区之间自由流动。

（4）市场的买者和卖者都具有完全的信息。双方都能按市场价格来交易，而不存在欺诈行为。需求者不可能受骗，即以高于市场的价格去购买，供给者在市场价格下能够将产品全部卖掉，因而没有必要也不会以低于市场的价格去销售。生产要素的流动都是理性的，而不是盲目的，即要素总是从利润率低的部门流向利润率高的部门。

在现实生活中，真正能满足上述4个条件的市场是很难找到的，只有农产品等少数市场比较接近于完全竞争市场。尽管如此，对完全竞争市场的分析在市场结构理论中仍具有重要意义。因为完全竞争市场作为一种抽象的市场形态，其在运作过程中包含了所有市场运行的一些基本特点。我们对其他各类市场进行的分析，都是在对完全竞争市场分析的基础上展开的。

二、完全竞争市场条件下的需求和收益曲线

在完全竞争市场中，一个行业的需求曲线与单个厂商所面临的需求曲线是不同的，当然两者之间又有着一定的联系，如图 5-1 所示。

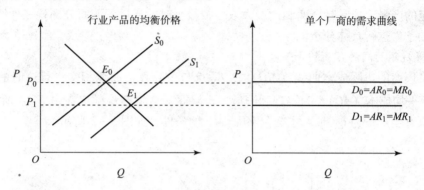

图 5-1　完全竞争市场下的均衡价格和单个厂商的需求曲线

在完全竞争市场中，市场价格仍由整个行业的供求关系所决定，其供给曲线为各个厂商在不同价格水平下所愿意提供的产量的叠加而形成的一条曲线；其需求曲线同样为各个消费者在不同价格水平下所愿购买的数量的叠加而形成的一条曲线。行业的需求曲线和供给曲线在 E_0 上相交，表明整个行业产品的市场均衡价格为 P_0。这一市场价格一旦形成，每个买者和卖者都只能被动地接受。

对于单个厂商来讲，无论出售多大数量的产品，它在整个行业的供给中只占很小一部分，无法影响到整个行业的供给总量，因此只能按照市场价格出售产品。所以单个厂商的需求曲线是一条由整个行业的供给与需求所决定的、平行于横轴的直线。单个厂商面临的需求曲线表明，在既定的价格下，其面临的需求是无限的，即无论生产多少产品都能按既定的市场价格顺利出售。只有当整个行业的供给总量相对于需求总量来说增加时，即当市场均衡价格由 P_0 降至 P_1 时，单个厂商的需求曲线才会由 D_0 移向 D_1，这就迫使厂商按 P_1 的价格出售。

由于厂商只能按市场的既定价格来出售产品，其出售任一单位产品所带来的收益总是等于市场既定的价格，因此，单个厂商的平均收益曲线与其所面临的需求曲线是重合的。同理，在完全竞争市场中，单个厂商产量的变动也无法影响到市场价格，厂商每增加销售一个单位产品所得到的收益也始终等于市场价格，因此，在完全竞争市场中，平均收益始终等于边际收益。总之，在完全竞争市场上，单个厂商所面临的需求曲线和平均收益曲线、边际收益曲线是重合的。

三、完全竞争条件下的厂商均衡

（一）完全竞争条件下厂商的短期均衡

完全竞争市场中，厂商的均衡可以分为短期均衡和长期均衡。厂商的短期均衡是指在短期内厂商为实现利润最大或亏损最小而确定的产量。在短期内，由于时间过短，单个厂商无法变动其所有生产要素的投入来调整生产规模，或退出该行业，而只能通过变动可变要素的投入量来调整产量，以获取最大利润或把亏损降低到最小限度。

然而在调整产量的过程中，成本与收益的变动是呈非线性的。在短期内，由于受边际收

益递减规律的约束,随着产量的增加,厂商的边际成本在达到一个极小值后,会呈现递增的趋势,从而使平均成本也呈从递减到最低点,然后再递增的变化。但是在完全竞争市场中,单个厂商的收益曲线是一条不随产量变动、始终与横轴平行的直线。因此,随着产量的增加,边际成本曲线(MC)往往会与边际收益曲线相交。而边际成本曲线与边际收益曲线相交时所确定的产量,通常是厂商利润最大或亏损最小时的产量。下面分别就三种情况对厂商短期均衡的条件进行具体分析。

1. 获得超额利润的厂商均衡

假设某厂商的边际成本曲线(MC)在 E_1 点与边际收益曲线相交,且这时的平均收益(AR)大于平均成本(AC),为实现利润最大,厂商就会将产量确定在由 E_1 点所决定的 Q_1 上。因为只有当产量为 Q_1 时,才符合 $MR = MC$ 的条件,如图 5-2 所示。

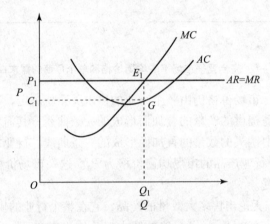

图 5-2 短期内厂商获得超额利润的均衡

从图 5-2 中可以看出,在产量为 Q_1 时,平均成本为 C_1,总成本为 $C_1 \cdot Q_1$;平均收益为 P_1,总收益为 $P_1 \cdot Q_1$,厂商的超额利润为:

$$\pi = P_1 \cdot Q_1 - C_1 \cdot Q_1 = Q_1 (P_1 - C_1)$$

即相当于矩形 $P_1 E_1 G C_1$ 的面积。产量如大于或小于 Q_1,则不能满足 $MR = MC$ 这个实现利润最大化的必要条件。在产量小于 Q_1 时,图 5-2 中显示厂商的边际收益(MR)大于边际成本(MC),这表明产量增加最后一个单位所带来的总收益的增加仍超过总成本的增加,总利润仍将随着产量的增加而增加。在产量大于 Q_1 时,图中显示厂商的边际收益(MR)小于边际成本(MC),这表明产量增加最后一个单位所带来的总收益的增加小于总成本的增加,总利润呈减少的趋势。只有当产量达到 Q_1 时,总利润才能达到最大。因此,实现超额利润时,厂商均衡的必要条件是 $MR = MC$,充分条件则是 $AR > AC$。

2. 亏损最小时的厂商均衡

假设某厂商的边际成本曲线与边际收益曲线虽然在 E 点相交,但是,无论厂商怎样调整产量,其平均成本始终都高于市场价格,即高于厂商的平均收益,显然,这时厂商将出现亏损。那么厂商是否就会停止生产呢?答案是不一定。因为厂商是否停止生产的关键还在于其平均收益是否大于平均可变成本。如果厂商的平均收益(AR)虽小于平均成本(AC),但仍大于平均可变成本(AVC),那么厂商仍将继续生产,并将产量调整到边际收益(MR)曲线与边际成本(MC)曲线的交点 H,这时产量为 Q_1,厂商亏损将达到最小,如图 5-3 所示。

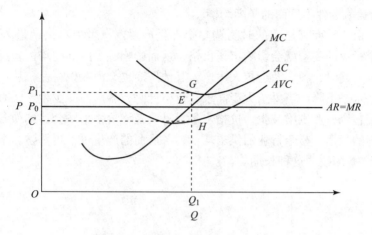

图 5-3 短期内厂商亏损最小的均衡

这是因为在短期内,厂商无法轻易地退出该行业,如果厂商停止生产,固定成本仍需继续支出,厂商的亏损相当于矩形 $CHGP_1$ 的面积。如果厂商将产量调整到 Q_1,由于这时厂商的平均收益(AR)高于平均可变成本,厂商继续生产得到的总收益高于可变要素投入的总成本,这样就能补偿一部分固定成本的支出,使亏损达到最小。从图 5-3 中可以看出,厂商停止生产的亏损为矩形 $CHGP_1$,将产量调整到 Q_1 时的亏损为矩形 P_1GEP_0,可以减少的亏损为矩形 P_0EHC。由于在 Q_1 点上,$MR = MC$,所以总收益减去可变成本的数值达到最大,亏损也就达到最小。由此可见,亏损达到最小时,厂商均衡的必要条件仍为 $MR = MC$,充分条件为 $AVC < AR < AC$。

3. 获得正常利润的均衡

如果厂商所面临的需求曲线正好与它的平均成本曲线的最低点相切,那么厂商就只能获得正常利润。如图 5-4 所示,厂商的平均成本曲线为 AC,边际成本曲线为 MC,需求曲线与平均成本曲线的最低点 A 相切,由于边际成本曲线必然穿过平均成本曲线的最低点,所以该厂商的边际收益曲线 MR 也就必然和边际成本曲线相交于 A 点,A 点决定的产量 Q 便是厂商的最佳产量。这时厂商所获得的总收益为面积 $OPAQ$,总成本也为面积 $OPAQ$,总收益等于总成本,厂商既没有超额利润,也没有亏损,因而只能获得正常利润。可见,只要市场价格即边际收益曲线与平均成本曲线的最低点相切,厂商就能获得正常利润。

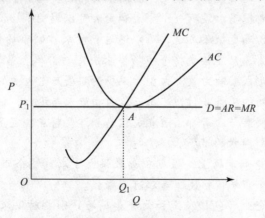

图 5-4 短期内厂商获得正常利润的均衡

(二)完全竞争条件下厂商的长期均衡

在长期内,由于厂商有足够的时间调整全部生产要素,可以自由地进入或退出某一行业。这样,整个行业的变动就会影响市场价格,从而影响各个厂商的均衡。具体来说,当供给小于需求,价格高时,各厂商会扩大生产,其他厂商也会涌入该行业,从而使整个行业的供给增加,价格水平下降。当供给大于需求,价格低时,各厂商减少生产,有些厂商会退出该行业,从而使整个行业供给减少,价格水平上升。最终价格水平会达到使各个厂商既无超额利润也无亏损的状态,整个行业的供求均衡,各厂商的产量也不再调整,于是实现了长期均衡。可用图 5-5 来说明这种长期均衡。

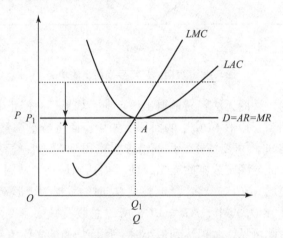

图 5-5 完全竞争条件下厂商的长期均衡

由图 5-5 中可以看出,当实现长期均衡时,长期边际成本曲线(LMC)、长期平均成本曲线(LAC)都相交于 A 点,这就说明,长期均衡的条件是 $MR=AR=MC=AC$。

相关链接   **大型养鸡场为何竞争不过养鸡专业户?**

为了实现"市长保证菜篮子"的诺言,许多大城市都由政府投资修建了大型养鸡场,结果这些大型养鸡场反而竞争不过农民养鸡专业户或老太太,且赔钱者居多。为什么大反而不如小呢?

从经济学的角度看,这首先在于鸡蛋市场的市场结构。鸡蛋市场有三个显著的特点。第一,市场上买者和卖者都很多。没有一个买者和卖者可以影响市场价格。即使是一个大型养鸡场,在市场上所占的份额也微不足道,难以通过产量来控制市场价格。用经济学术语说,每家企业都是价格接受者,只能接受整个市场供求决定的价格。第二,鸡蛋是无差别产品,企业也不能以产品差别形成垄断力量。大型养鸡场的鸡蛋与老太太的鸡蛋没有什么不同,消费者也不会为大型养鸡场的鸡蛋多付钱。第三,自由进入与退出,任何一个农民都可以自由养鸡或不养鸡。第四,买者与卖者都了解相关信息。这些特点决定了鸡蛋市场是一个完全竞争市场,即没有任何垄断因素的市场。

在鸡蛋这样的完全竞争市场上,短期中如果供大于求,整个市场价格低,养鸡可能亏本;如果供小于求,整个市场价格高,养鸡可以赚钱。

但在长期中,养鸡企业(包括农民和大型养鸡场)则要对供求做出反应:决定产量是多少和进入还是退出。假设由于人们受胆固醇不利于健康这种宣传的影响而减少鸡蛋的消费。价格下降，这时养鸡企业就要做出减少产量或退出养鸡业的决策。假设由于发生鸡瘟，供给减少，价格上升，原有养鸡企业就会扩大规模，其他人也会进入该行业。在长期中通过供求的这种调节，鸡蛋市场实现了均衡，市场需求得到满足，生产者也感到满意。这时，各养鸡企业实现成本（包括机会成本在内的经济成本）与收益相等，没有经济利润。

在完全竞争市场上，企业完全受市场支配。由于竞争激烈，成本被压得相当低。生产者要对市场供求变动做出及时的反应。换言之，在企业无法控制的市场上，成本压不下来或调节能力弱，都难以生存下去。大型养鸡场的不利因素正在于压低成本和适应市场的调节能力远远不如农民养鸡者。在北京鸡蛋市场上，大型养鸡场就比不过北京郊区和河北的农民。

四、对完全竞争市场的评价

完全竞争市场是一种竞争形式不受任何干扰、阻碍和限制的市场类型。这种市场完全由"看不见的手"进行调节，政府承担的只是"守夜人"的角色。这种市场类型是一种有配置效率的市场类型，主要表现在以下几个方面。

1. 完全竞争市场可以使微观经济运行保持高效率

完全竞争市场全面排除了任何垄断和限制，完全由市场机制进行调节，因而生产效率低和无生产效率的生产者会在众多生产者的相互竞争中被迫退出市场，生产效率高的生产者则得以继续生存。同时，又有生产效率更高的生产者随时进入市场，参与市场竞争，只有生产效率更高的生产者才能在新一轮竞争中取胜。这样一来，完全竞争市场便促使生产者充分发挥自己的积极性和主动性，进行高效率的生产。

2. 完全竞争市场可以促进生产效率的提高

完全竞争市场可促使生产者以最低成本进行生产，从而推动生产效率不断提高。因为在完全竞争市场条件下，每个生产者都只能是市场价格的接受者，他们要想使自己的利润最大化，就必须以最低的成本进行生产，即必须按照其产品平均成本处于最低点时的产量进行生产。生产者以最低的生产成本生产出最高产量的产品，就提高了资源和生产能力的利用效率，因而这种生产过程就是一种促进生产效率和生产效益不断提高的过程。

3. 完全竞争市场可以增进社会的利益

在完全竞争市场中，竞争在引导生产者追求自己利益的过程中，也有效地促进了社会的利益。这是亚当·斯密的重大发现及著名论断。他认为，市场竞争引导每个生产者都不断地努力追求自己的利益，他们所考虑的并不是社会的利益，但是，由于受到"一只看不见的手"的指导，去尽力达到一个并非他本意想要达到的目的。他追求自己的利益，往往使他能比在真正出于本意的情况下更有效地促进社会的利益。例如，每个生产者都努力使其生产物品的价值达到最高限度，其结果必然会使社会的年收入额增加，从而也促进了社会的公共利益。

4. 完全竞争市场可提高资源的配置效率

在完全竞争市场条件下，资源能不断地、自由地流向最能满足消费者需要的商品生产部门，在不断的流动过程中，资源就实现了在不同用途、不同效益之间和生产过程中的不同组合间的有效选择，能够使资源发挥出更大的效用，从而大大地提高资源的配置效率。

5. 完全竞争市场有利于消费者及其消费需求满足的最大化

在完全竞争市场条件下，价格趋向等于生产成本。因而，可以形成对消费者来讲最低的价格。而且完全竞争市场条件下的利润比其他非完全竞争市场条件下的利润要小。所以，消费者可以从中获得最大好处。同时，完全竞争市场还可以使消费需求的满足趋向最大化。

此外，完全竞争市场也是一种具有许多缺陷的市场形式，主要表现在以下几个方面。

一是它在现实生活中很难出现。只有在具备了严格前提条件的情况下，完全竞争市场才能成立，因而，完全竞争市场的效率也必须在具备了严格的前提条件情况下才会实现。因此，完全竞争市场只能是西方经济学家在研究市场经济理论过程中的一种理论假设，是其进行经济分析的一种手段和方法。这样一来，没有实践意义就成了完全竞争市场的最根本缺陷。

二是它所必需的有大量小企业存在的假设条件既不可能也不适用。在现实经济实践中，即使进入市场非常自由，由于其他各个方面条件的限制和影响，进入市场的企业也不可能无限多。即使市场中已存在大量的企业，这些企业也只能是小企业。在有着大量小企业的情况下，市场的商品价格就可能相对较高。

三是容易造成资源的浪费。在完全竞争市场条件下，自由进入使效率更高、产品更能适合消费者需要的企业不断涌进市场，而那些效率低、产品已不能适应消费者需要的企业又不断地被淘汰，从而退出市场。小企业在外来干扰的冲击下很容易在竞争中失败，成为完全竞争市场条件下正常的和经常的现象。那些因在竞争中失败而退出市场的企业，其整个企业的设备与劳动力在仍然可以发挥作用的情况下被迫停止使用，这样就造成了资源的浪费。

四是完全信息的假设过于严格。一般情况下，无论是生产者还是消费者，都只能具有不完全的信息。生产者对其在现实市场中的地位、将来发展的动向以及影响市场的各种因素的信息等都不可能完全掌握，只能经常在不确定的世界中进行活动。同样，消费者也不可能全面掌握特定市场上全部产品的价格、品质等方面的情况。同时，市场信息也不可能畅通无阻，而且又非常准确。

尽管完全竞争市场在现实经济生活中几乎是不存在的，但是，研究完全竞争市场类型仍具有积极的意义。分析研究完全竞争的市场形式，有利于建立完全竞争市场类型的一般理论。当人们熟悉并掌握完全竞争市场类型的理论及其特征以后，就可以用其指导自己的市场决策。例如，生产者可以在出现类似情况时（如作为价格接受者时等）做出正确的产量和价格决策。更为重要的是，分析研究完全竞争市场类型，可以为分析研究其他市场类型提供借鉴。

第二节 不完全竞争市场

不完全竞争市场包括完全垄断市场、垄断竞争市场和寡头垄断市场。

一、完全垄断市场的含义、特征及形成原因

（一）完全垄断市场的含义

完全垄断市场是与完全竞争市场截然相反的市场类型，是指一个行业提供的某种产品只有一个生产厂商，不存在丝毫的竞争因素的市场结构。

（二）完全垄断市场的特征

作为一个完全垄断市场，它必须具有以下特征：

(1) 单个厂商提供整个行业的全部产品，其供给等于整个行业产品的供给。

(2) 垄断厂商提供的产品不能被其他产品所替代，其产品的需求交叉弹性等于零，因此，厂商不会受到任何竞争者的威胁。

(3) 垄断厂商是产品市场价格的制定者。由于它是产品的唯一供给者，而且面对的又是众多的消费者，它可以通过供给量的调节等手段来决定市场价格，而众多消费者只能是价格的接受者。

(4) 其他厂商很难进入该行业。

(5) 垄断厂商价格的制定是以获取最大超额利润为目标的。

（三）完全垄断市场形成的原因

1. 规模经济

个别厂商为了在竞争中取得优势，必然会走上生产规模扩张的道路。因为扩大生产规模有利于先进生产技术的应用，有利于各种资源的合理利用，有利于成本的降低，有利于品牌的树立。生产规模的扩张，必然会加剧行业内各厂商之间的竞争，竞争的结果就是使得许多中小厂商破产或被吞并，最终可能在一个行业中只剩一家厂商。

2. 特许专利

政府为了公共福利、财政收入或安全等方面的考虑，给予某一厂商在政府监管下独自经营某种产品的权力，例如军工、烟草、药品等行业。随着知识产权保护的加强，拥有某种知识产权的厂商也将在一定时期内，阻止其他厂商的进入，从而形成垄断。

3. 自然垄断

有些产业由于自然因素，需要大量的固定设备和集中的经营管理，并且其成本在很大程度上随着产量的增加而递减。例如，在铁路运输、煤气、自来水、电力等公用事业行业中，一家厂商一旦经营后，在很大程度上便排斥了其他企业的进入。如果在某一地区内，让两家或三家厂商同时来经营这些行业，那么势必会造成资源的浪费。通常，地方政府都会采用相关的措施来阻止其他厂商的进入。

4. 原料和要素的垄断

当某一厂商控制了某一生产要素的供给时，那么就必然阻止了其他厂商的进入，从而形成垄断。例如，某一厂商控制了某种稀有金属的供给，那么其他需要以这种稀有金属为原材料的厂商就无法进入该行业，这个厂商就将在该行业内形成垄断。

与完全竞争市场一样，完全垄断市场在当今的市场经济制度中也几乎是不存在的。因为，各国政府为防止垄断企业牟取暴利，影响技术进步，都相继通过了《反托拉斯法》。现在类似于完全垄断市场的行业，主要集中在公用事业行业和拥有某些特殊资源的行业中。尽管如此，完全垄断市场的理论仍然是分析各种不完全竞争市场理论的重要基础。

（四）完全垄断条件下厂商的需求和收益曲线

在完全垄断市场条件下，一个行业只有一家厂商，该厂商是该行业产品的唯一卖主，他所面对的需求则是由无数消费者组合而成的整个市场的需求。在买卖双方的对峙中，厂商具有价格的制定权。他可以制定高价，也可以实行低价。消费者在买卖双方的对峙中，虽然只能被动地接受价格，但是可以在接受不同的价格时，对其购买量做出积极的反应。如果价格高，消费者购买的数量就会减少；如果价格低，消费者购买的数量就会增加。因此，垄断厂商面对着一条向右下方倾斜的需求曲线。垄断厂商的收益情况和完全竞争厂商不同，它每卖出一个单位的商品给厂商带来的收益就等于商品的单价。

假设垄断厂商规定一个较高的价格,比如把单价定为 10 万元,此时它可以销售一个单位的产品,则总收益为 10 万元,平均收益也为 10 万元。若厂商想扩大销售量,就必须降低价格,当它把单价定为 9 万元时,销售量可达 2 个单位,此时总收益为 18 万元,平均收益为 9 万元,其价格与销售量、总收益、平均收益和边际收益的关系如表 5 – 1 所示。

表 5 – 1 完全垄断条件下的厂商收益　　　　　　　　　　　　　万元

价格	销售量	总收益	平均收益	边际收益
10	1	10	10	
9	2	18	9	8
8	3	24	8	6
7	4	28	7	4
6	5	30	6	2
5	6	30	5	0
4	7	28	4	-2

从表 5 – 1 可以看出,垄断厂商销售一定数量产品所得的平均收益必然等于其销售价格,即其平均收益曲线和需求曲线是重合的,都是一条向右下方倾斜的曲线。垄断厂商的边际收益是随着产量的增加而递减的,并且其数值小于平均收益。

这是因为,边际收益是产量增加一个单位所引起的总收益的增加量,当垄断厂商增加销售量的时候,产品价格下降,从而使前面的那些单位产品的销售收入也下降了,因此,边际收益的增加量要小于单位产品的卖价。换言之,当销售价格下降时,边际收益的下降速度要比平均收益的下降速度快。如图 5 – 6 所示,垄断厂商的边际收益曲线是一条位于平均收益曲线左下方的曲线。

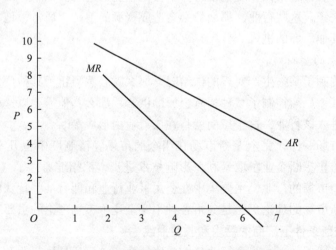

图 5 – 6　完全垄断厂商的平均收益和边际收益

(五)对完全垄断市场的评价

完全垄断市场的形成是有其客观原因的,如规模经济的要求、自然垄断性行业发展的要求等。从完全垄断市场形成的原因中,我们可以看出这种市场类型对社会有利的方面,表现如下。

(1) 具有促进资源效率提高的可能性。规模经济是完全垄断市场形成的重要原因，完全垄断市场具有促进经济效率提高的可能性也集中地表现在规模经济上。要形成完全垄断市场，必须要拥有并投入大量的固定资产和投资。只要充分发挥投入的大量固定资产和投资的效用，企业就可以进行大规模的生产，即一方面提高产品的产量，增加产品的品种，提供全部供给，这时的产量高于完全竞争市场企业的产量，另一方面通过减少资源的消耗，尽可能降低产品的成本。

(2) 具有刺激创新的作用。完全垄断市场与创新之间存在着紧密的联系。专利是形成垄断的一个原因，只要创造出一种新产品、劳务或新的加工技术，获得专利，就会形成对这种产品、劳务或加工技术的垄断；同时，只有对创新进行专利保护，授予创新者以垄断权力，才能促进创新。这是因为，完全垄断市场通过专利形式给予创新者以垄断排他性的权力，使创新者在一定时期内享有其创新所带来的经济利益，从而就会刺激垄断者继续大量地投资于科研开发工作，这样就能促进更大范围和更高层次创新活动的开展，从而推动社会的发展。

当然，完全垄断市场也存在着对社会不利的一面，主要表现如下。

(1) 会造成市场竞争的损失。在这种市场类型中，由于法律和自然方面的限制，完全垄断市场上的物品、劳务或资源都由一个供给者提供，新的企业无法进入市场，因而完全排除了市场竞争。完全垄断市场排除了竞争之后，垄断企业就没有了竞争压力，它无须改进生产技术同样也可以获得高额的垄断利润，这样就造成了社会竞争的一定损失，使社会在一定程度上失去了技术进步的推动力。

(2) 会造成生产效率的损失。在完全垄断市场条件下，垄断企业进行规模生产，可以降低产品成本、提高产品产量，获得最佳的生产效率，这样厂商在获得丰富利润的同时，也促进了社会生产效率的提高。但是，垄断企业在垄断了市场供给之后，由于没有了竞争对手，厂商仅凭通过提高产品价格的手段就可以获取丰厚的利润，而无须通过花费大量资金购买先进的设备和技术以提高生产效率的办法来增加盈利，这样必然会造成社会生产效率的下降。

(3) 会造成社会产量的损失。在完全垄断市场条件下，垄断市场的产量低于完全竞争市场的产量。在完全竞争市场条件下，企业根据平均成本最低点所决定的产量进行生产，其社会产品产量是最优产量。但是在完全垄断市场条件下，垄断企业则是根据利润最大化原则所决定的产量进行生产，而完全垄断市场条件下利润最大化原则决定的产量只能是低产量。因为只有低产量，才能在垄断市场中卖出高价格，从而获得最大利润。所以，垄断市场首先造成了社会生产条件和生产能力的损失，最终造成了社会产量的损失。

(4) 会造成消费者福利的损失。在完全垄断市场条件下，由于垄断企业垄断了市场供给，并凭借其垄断权力控制了价格，消费者只能被迫接受垄断企业制定的高价格，这就必然会造成消费者福利的重大损失。从实质上来看，垄断企业对消费者造成的各种损失，就是垄断企业对消费者福利和权利的掠夺。同时，垄断企业对其损害消费者利益的行为很难有正确的认识，因此，政府必须采取强有力的措施进行干预。完全垄断市场也是一种极端的市场类型，在现实经济实践中也几乎是不可能存在的。

二、垄断竞争市场

（一）垄断竞争市场的含义和特征

自从 20 世纪 30 年代美国经济学家张伯伦和英国经济学家琼·罗宾逊提出垄断竞争、不完全竞争理论以来,在西方经济学界引起了较大的震动,并受到普遍的重视。西方经济学家认为,现实中的大多数市场都属于垄断竞争市场类型,于是垄断竞争条件下的厂商均衡成为市场结构理论的重要组成部分。

垄断竞争市场是指许多厂商生产和销售有差别的同类产品,即垄断和竞争兼而有之的一种混合市场结构。它具有以下几个方面的特征。

(1) 各个厂商提供的产品既存在一定的差别,又有着一定的替代性。这里所说的差别不是指不同产品的差别,而是指同类产品之间存在着某些差别。这些差别可能是产品外观形状、包装、商标等方面的,甚至厂商的地理位置、服务态度的不同也构成了产品差异的一个方面。当然,这些厂商生产的产品同时又是相似的,它们之间有着很大的替代性。西方经济学家认为,产品有差别才会有垄断发生。差别的程度越大,垄断的程度也就越大。由于各个厂商生产的是同类产品,因此,他们的产品之间又具有相当程度的替代性。产品之间的替代性又使得厂商之间存在竞争,产品的替代性越强,竞争就越激烈。

(2) 同一行业中有许多厂商,他们都会对市场价格产生一定的影响,但这种影响又是有限的。厂商们各自独立行动,并不互相勾结以控制市场价格。由于同一市场中有许多厂商,所以单个厂商的行为既不会影响市场,也不会引起其他厂商的对抗。

(3) 厂商进入和退出市场也比较容易。最典型的垄断竞争市场是轻工业产品市场。例如,在电视机行业中,通常存在较多的厂商,各个厂商生产的电视机在外形设计、销售条件等方面都存在一定的差别。每个厂商生产的电视机,在消费者的心目中都占据一定的地位,这些差别都是其他厂商无法替代的,于是就形成了一定程度的垄断,厂商则可以利用这种垄断地位制定价格。但与此同时,各个厂商生产的电视机又具有较强的替代性,他们又将以价格、品质、服务等手段进行竞争,以夺取较大的市场份额。

(二) 对垄断竞争市场的评价

垄断竞争市场是现实生活中普遍存在的一种市场类型。它对社会经济发展的有利影响有如下几点。

(1) 有利于消费者多样性消费需求的满足。消费者消费选择的多样性,在生产同质产品的完全竞争市场中是无法实现的。而垄断竞争市场则会从制度上激发企业连续不断地生产差别产品的积极性,使市场涌现出大量的有差别产品。大量差别产品的不断涌现,就为广大消费者的消费偏好和消费选择的多样化提供了丰富的物质基础,使消费者的各种消费需求不断得到满足。同时,非价格竞争构成的产品差别,能促进企业保持商业信誉,提高产品质量和服务水平,也能使消费者的消费需求得到更好的满足,从而增加消费者的福利。

(2) 效率低于完全竞争市场,但高于完全垄断市场。垄断竞争市场与完全垄断市场相比较,其产量水平相对较高,平均成本和价格水平相对较低,因而资源的利用水平较为充分,经济效率相对较高。而与完全竞争市场相比较,垄断竞争市场的产量水平又相对较低,平均成本和价格水平相对较高,因而对资源的利用不够充分,经济效率则相对较低。这样一来,垄断竞争市场的效率处于完全垄断市场和完全竞争市场之间,即高于完全垄断市场,而低于完全竞争市场。

(3) 有利于企业的竞争。在垄断竞争市场上,企业的数量多且规模较小,同时产品的替代性很强,因而彼此间的竞争很激烈,但是,每个企业生产的又都是差别产品,这又使企业有能力控制其产品的价格和产量,从而拥有一定的垄断能力。垄断竞争市场的这种特征有利于企业不断提高其竞争能力,在竞争中取胜。因此,垄断竞争企业就会在激烈的竞争中通过提高产品的质量和服务水平,生产出更多与其他企业差别更大的产品,来满足消费者的不同需求,以吸引更多的消费者购买自己的产品,扩大自己的市场占有份额。

(4) 有利于鼓励创新。垄断竞争市场条件下,每个企业必须生产出与其他企业有区别的新产品,才能生存和发展。而差别产品的生产本身就是一个创新的过程:一是产品设计创新,设计或引进与其他企业有差别的新产品,如设计或引进质量更高,而且款式、形状、颜色等方面不同的产品;二是服务创新,向消费者提供与其他企业不同的服务;三是技术创新,采用新的生产技术生产出新产品;四是广告宣传创新,只有与众不同的广告宣传,才能引起消费者的关注;等等。总的来看,垄断竞争市场有利于激发企业创新的积极性。

垄断竞争市场对社会经济发展的不利影响主要表现为以下几个方面。

(1) 不能以最佳规模进行生产。在垄断竞争市场条件下,企业生产的产品产量低于平均总成本最低时的产量规模,而平均总成本则高于最低总成本,即企业不能以最佳规模进行生产。

(2) 增加了产品的成本。在垄断竞争市场条件下,企业生产出产品以后,要花费大量的资金和人力,进行广告宣传和推销活动,以引导消费者来消费这些产品。巨额的广告宣传和推销费用,最终要平均摊进每件产品的生产成本中。这样一来,就大大增加了产品的成本,消费者从产品本身获得的收益并没有随广告、推销费用投入的上升而增加。

总之,在垄断竞争市场条件下,一方面,企业不能以平均总成本最低时的产量进行生产,使得产品的直接生产成本高于平均最低生产成本,造成了产品的直接生产费用成本上升;另一方面,厂商需要投入大量的人力和物力进行广告宣传与推销活动,从而在较高成本的基础上又增加了广告和推销费用成本,从而使产品生产的平均成本大大上升。因此,当消费者消费这些产品时,要比在完全竞争市场条件下支付更多的货币。

相关链接

美、日两国自主创新企业制度和市场结构

美国实行的是"自由经营""自由竞争"的自由企业制度。为数不多的垄断企业规模庞大、资本雄厚、市场占有率很高,它们以垄断财团为依托,主宰着美国经济。在市场竞争结构安排上,美国一直鼓励竞争。美国是世界上执行《反垄断法》最坚决的国家,企业间横向合作联合往往为政府《反托拉斯法》所禁止。自1890年以来,美国政府颁布了一系列反垄断法和小企业法规,为小企业的生存和发展提供了法律上的依据,并做了大量务实的工作,如成立各种小企业领导和管理机构,为小企业提供资金援助、贷款担保、市场信息和各种技术与管理知识等。美国小企业的突出特点是在发明创造和技术创新方面具有积极作用,它们往往是技术创新的源头。据统计,自20世纪初至70年代,美国科技发明的一半以上是由小企业完成的;20世纪80年代以后,大约70%的创新来自于小企业。企业间激烈的竞争迫使企业不断进行新产品的开发与试制,以保持自己的领先地位。

日本作为技术引进国,重要的是迅速调动起资源来实现技术上的突破和改进。日本的技术创新基本上是由少数大企业集团所承担,市场结构更接近于垄断竞争的格局。这是因为,大企业集团在突破技术领先者的技术和市场障碍方面有独特的优势。首先,只有大集团才有资金实力进行高强度的投资,以尽量采用先进的技术缩小与领先者的差距。其次,大集团更有可能实现规模经济,从而使降低成本成为可能,以至扩张市场占有率的战略才更有可能成

功。再次，大集团内企业间的交叉补贴可以使企业能够通过长久地维持低利润率来不断提高市场份额。日本70%的企业产权属于法人股东，以三井、三菱、住友等垄断财团为核心横向结合的企业集团基本上控制了日本经济的命脉，而多数中小企业进入这些大财团的系列化生产体系，对这些大企业存在较强的依附性和从属性。尽管近年来日本政府通过了一系列禁止垄断和保护、扶持中小企业的政策、法规，在一定程度上削弱了垄断大企业对中小企业的掠夺，但两者从属关系的本质并未改变。最后，日本战后崛起的一些企业集团，如丰田、松下等，集中在高技术尤其是电子信息业领域内，这些集团仍旧控制着大量的中小企业。

三、寡头垄断市场

（一）寡头垄断市场的含义和特征

寡头垄断市场是指一个行业内产品供给的全部或绝大部分被少数几个大厂商所控制的一种市场。这几家大厂商彼此势均力敌，我们称之为寡头厂商，他们之间既相互依存又存在着激烈的竞争。寡头垄断市场是一些发达资本主义国家中常见的市场类型，它具有以下特征。

（1）行业内厂商数量极少。几家厂商共同供给该行业的绝大部分产品，每家厂商的产量在行业总产量中均占有较大的份额，其产量和价格的变动对整个产品市场具有较大的影响力。根据寡头市场中厂商的数目，可以把寡头市场分为不同的类型：如果市场中的产品供给由两家厂商垄断时，称为双头垄断；同样，如果市场中的产品供给由三家厂商所垄断时，则称为三头垄断，如此等等。

（2）寡头厂商之间相互依存。每个寡头厂商进行决策时，必须考虑竞争对手的反应。因为在寡头垄断市场中，寡头厂商生产的产品具有较大的替代性，而且每个寡头厂商在整个产品市场中占有的份额又较大。当一家寡头厂商试图通过降价来扩大市场份额时，必然会直接影响到竞争对手的利益，从而引起对方的反应，最终使通过降价来扩大自己市场份额的目标难以实现。因此，在寡头垄断市场中，寡头厂商为了避免在竞争中两败俱伤，往往用相互勾结的方式来控制市场。其彼此间的竞争主要集中表现为非价格竞争，例如，改进产品质量、完善产品功能、提供良好的服务等。

（3）厂商不易进出。在寡头垄断市场中，厂商在规模、资金、市场、原料供给、专利方面都具有较大的优势，在市场需求扩大有限的条件下，新厂商的进入是相当困难的。同时，原有厂商由于其生产规模的巨大投入，要想退出也不容易。

（4）产品差别可有可无。根据寡头厂商产品的差别程度，又可以将寡头垄断厂商区分为纯粹寡头和差别寡头两类。纯粹寡头是指寡头厂商生产的产品，其性质是一样的、无差别的。例如，钢铁、水泥、铜、聚乙烯等行业的寡头就属于这一类。但是如果寡头市场产品的性质是一致的，而各寡头厂商所生产的产品存在一定差别，例如汽车、飞机、重型机械、家电等行业，则属于差别寡头这一类。

相关链接 **中国牙膏市场的完全竞争、垄断竞争及寡头垄断时代**

完全竞争时代：20世纪80年代初—90年代初

80年代中期以来，中国日化行业经历了前所未有的繁荣，全国范围内，较有名气的有上海的中华、天津的蓝天六必治、重庆的冷酸灵、广西柳州的两面针、广州的洁银和黑妹、丹东的康齿灵、哈尔滨的三颗针。由于计划经济的原因，几乎每个省都有自己的牙膏厂；大部分牙膏的品质较差、包装粗糙，没有明确的品牌概念，品牌的含金量也谈不上，只是单纯追求销量，并没有市场份额等概念。仿如是群雄逐鹿的春秋年代。

垄断竞争时代：1994 年—90 年代末

1994 年，美国高露洁公司在广州黄埔的工厂破土动工。2000 年，Colgate 就以超过 20%的市场份额，站在了国内牙膏第一位。

1996 年，宝洁公司推出佳洁士牙膏（Crest）。Colgate 和 Crest 的加入，使得中国的高端牙膏市场彻底启动。在 CP、P&G 的大集团营销攻势下，国内的品牌在市场上都溃不成军。曾经声名显赫的中华，不得不嫁给联合利华公司。从此，中国的牙膏市场进入两雄争霸年代；兵败如山倒的是国内的众多国产品牌，几乎全军覆没。但即使如此，由于中国市场实在是太大了，两强在总份额中占的比重也不大。仿如进入战国年代。

寡头垄断年代：2005 年之后

2005 年之后，Crest 新品不断，促销攻势一浪高过一浪；CP 则兵败如山倒，份额很快下滑到 17%，勉强排在第二位。两批黑马是联合利华的中华牙膏（Zhonghua）和好来化工（Hawleyhazel）的黑人牙膏（Darlie）。到 2005 年中期，Crest、Colgate、Darlie、中华四个品牌占据了国内 70%的市场份额，大的战略格局终于形成。国内牙膏市场实际上形成了三大板块：一是外资及合资强势品牌板块，主要由高露洁、佳洁士、黑人、中华组成。二是民族传统品牌板块，包括两面针、冷酸灵、黑妹、蓝天六必治、田七等。三是新兴品牌，如 LG 竹盐、纳爱斯、Lion、舒爽等。虽然理论上是三大板块，但实际上最新的市场份额显示，高露洁、佳洁士、黑人、中华这些排在前四位的品牌合计份额已经超过了 70%。

（二）寡头垄断市场的价格决定

寡头市场中价格的决定，不完全是由市场供求两股力量决定的，而是由同行业的寡头在市场上通过有形或无形的协定、默契等来共同决定的。

1. 寡头之间存在协议的价格模型——卡特尔

寡头垄断市场上存在着各种形式的联合、勾结，卡特尔方式是其中的一种形式。卡特尔是指生产同类产品的若干个大厂商通过对价格、产量和市场等事项达成明确的协议而建立的组织。

卡特尔的主要任务是通过一个卡特尔的管理机构来确定市场的价格和划分各自的市场，以协调各厂商的利益。卡特尔在统一了产品价格以后，为支持这一价格，通常还分配生产限额。

> **延伸阅读**
>
> ## 卡特尔生产限额的两种分配方法
>
> 一种是市场调节的方式。即卡特尔不明文规定各厂商的产量，但规定其销售的最低价格，通过各厂商追逐利润最大化来实现产量最优。
>
> 另一种是规定限额的方法。即根据各卡特尔成员的生产规模、成员数等来规定其各自的生产销售限额。

如果是以瓜分市场为目的建立的卡特尔，则按地区或国家来分配各厂商的市场范围，各方不得跨越所在地域来销售。

2. 寡头厂商无协议的价格决定模式——价格领导

卡特尔方式的公开勾结在某些国家中被认为是非法的，这就促使寡头垄断去寻求一种非公开的、暗中默契的方式。暗中默契的主要方式是价格领导，即由行业中一个最有支配力的大厂商制定和变动价格，其他厂商随之而制定和变动价格。

价格领导的厂商一般根据自己的实力和产销价格的均衡点，并参考其他厂商可能接受的价格来确定产品市场价格。其他厂商之所以愿意跟着定价和变动价格，主要是因为：首先，如果不跟着降价，就会失去顾客；如果不跟着涨价，就等于实际减价，这势必引起其他厂商的报复，从而引起价格大战。其次，某些厂商实力不济，领导能力较差，独自定价和变动价格可能有一定的市场风险。为此，一些竞争能力相对较弱的厂商，为了自身的利润，会自觉或不自觉地接受价格领导厂商的定价和变动价格。

延伸阅读

价格领导的形式

1. 支配型厂商价格领导。一个生产规模和市场占有份额都较大，而且地位又比较稳固，且具有支配力的厂商，通常会充当价格领导的厂商。这种厂商之所以愿意以一种非垄断的方式——价格领导来控制市场，主要是受《反托拉斯法》的限制，它很难凭借其实力消灭其他厂商，故只能利用自己所拥有的市场支配力，采用价格领导的方式来实现控制的目的。由于充当了价格领导，它就可以将自身企业实现利润最大化时的价格作为市场价格，以确保本企业获得最大限度的利润。其他厂商则以价格领导厂商的定价和变动价格为基础确定自己产品的价格。

2. 调整型厂商价格领导。当若干个寡头厂商的实力势均力敌，市场份额不相上下，没有一个厂商能处于价格领导地位时，常常会出现下列情况，即由某一个厂商首先根据整个产品市场的行情提出一个市场价格，然后各个厂商对其提出的价格做出一定的反应，或稍高于这一价格，或稍低于这一价格，最后各厂商对各种定价做出一定的修正，就形成了一个统一的市场价格。

在寡头垄断市场中，一般很少发生价格上的竞争，即使偶然发生了价格战，也很快就会平息。寡头垄断的竞争更多的是发生在非价格竞争的领域，如广告、产品的品质、服务等方面。

（三）对寡头垄断市场的评价

寡头垄断市场是由于规模经济、进入障碍、竞争压力等因素的共同作用而形成的。它对社会经济发展的积极影响主要表现在以下几个方面。

（1）有利于降低生产成本、提高经济效益。在寡头垄断市场中，起支配作用的是寡头垄断企业。一般来说，他们实力雄厚，生产规模都较大，具备规模经济的基本条件，可以实现规模经济。随着规模经济的实现，生产成本不断下降，从而使寡头垄断企业和社会的经济效益得以不断提高。

（2）有利于先进技术的开发利用。寡头垄断市场可以从两个方面促进先进技术的开发利用：一方面，寡头垄断者具有的技术创新动机有利于先进技术的开发利用。为了在市场竞争中取胜，寡头们必须进行技术创新，以便能开发新产品、提高产品质量，因而技术创新的动力必然促进寡头垄断者进行先进技术的开发利用。另一方面，寡头垄断者有经济实力进行技术创新活动，他们可以在先进技术的开发和利用方面投入大量的资金和人力，从而促使技术发展得更快。寡头垄断企业可以从这两个方面着手开发利用先进的生产技术，使自己在技术方面保持垄断地位，以便获得并维持高额的垄断利润。

（3）有利于提高消费者的福利。寡头垄断市场中的非价格竞争有利于从多方面提高消费者的福利。比如，产品质量和产品差别方面的竞争，可以为消费者提供更好、更大的选择余地和更新、更好的产品；广告竞争为消费者提供了更全面、更周到的信息服务；便捷周到的服务竞争，使消费者各种不同的需求能得到更好的满足等，这些都大大提高了消费者的福利。

寡头垄断市场对社会经济的发展，也有其不利的影响。例如，寡头们往往会抬高市场价格。在寡头垄断市场中，少数寡头垄断企业具有的支配作用及其彼此之间常常出现的各种形式的勾结，往往会抬高产品价格，使其维持在较高的水平上且不易变动，而这就会损害消费者的利益和社会福利。再如，产品差异的存在及其竞争，往往会导致大批设备提前被更新、淘汰，以及大量的物质资源、人力资源被白白地浪费。另外，大量的广告常常提供无用的和不真实的信息来欺骗消费者；还有那些不计成本、不讲效果的、费用昂贵的大量广告宣传和推销活动，以及为转嫁企业失误的损失给消费者设下了许多美丽的陷阱，等等。这些都增加了产品的成本，抬高了市场价格，从而使消费者的利益和社会的经济效益都受到严重的损害。

延伸阅读　　　　　　　　　**博弈论初探**

寡头厂商要想达到垄断的结果，往往需要彼此间的合作，但这种合作是难以维持的。由于寡头市场上企业的数量很少，每家企业都必须按战略行事。每个寡头企业都知道，它的利润不仅仅取决于自己的力量，而且还取决于其他企业产量的多少。在做出生产决策时，寡头市场上的每个企业都必须考虑到它的决策会如何影响所有其他寡头的生产决策。经济学家用博弈论来研究相互依存的厂商的决策行为。

在寡头市场上，厂商之间的行为是相互影响的，每个厂商都要首先推测或了解其他厂商可能对自己所要采取的某一个行动的反应，然后，在考虑到其他厂商这些反应方式的前提下，再采取最有利于自己的行动。由于寡头市场上的每一个厂商都是这样思考和行动的，因此厂商之间的行为的相互影响和相互作用的关系就如同博弈（即下棋）一样。

博弈论是描述和研究行为者之间策略相互依存和相互作用的一种决策理论。博弈论与传统微观经济学的对策理论有很大区别。在传统理论中，经济主体做出决策时并不考虑自己的选择对别人产生的影响，也不会考虑别人的决策对自己产生的影响。博弈论研究的情况则不同，下面用博弈论中的纳什均衡来说明这一点。

纳什均衡是美国数学家纳什于1951年总结出来的一种均衡理论。这种均衡是指参与博弈的每个人在给定其他人战略的条件下选择自己的最优战略所构成的一个战略组合。一个重要的"纳什均衡"被称为"囚犯的困境"。这个博弈说明了维持合作的困难性，即使在合作会使所有人状况变好时，人们在生活中也往往无法相互合作。下面我们通过一个例子来说明这个问题。

"囚犯的困境"是一个关于两名被警察捉住的犯罪分子的故事。我们把这两个犯人称为汤姆和杰克。警察有足够的证据证明汤姆和杰克犯有非法携带枪支的轻罪，因此每人都要在狱中度过1年。警察还怀疑这两名罪犯曾合伙抢劫银行，但他们缺乏有力的证据证明他们犯有严重罪行。警察在分开的屋子里审问了汤姆，"现在我们可以关你1年。但是，如果你承认银行抢劫案，并供出合伙者，就免除你的监禁，你可以得到自由，你的同伙将在狱中度过20年。但如果你们两人都承认罪行，我们就不需要你的供词，而且我们可以节省一些监禁成本，因此你只需要服8年监禁。"

		汤姆的决策	
		坦白	抵赖
杰克的决策	坦白	每人8年	杰克自由 汤姆20年
	抵赖	杰克20年 汤姆自由	每人1年

图5-7 囚徒的困境

图5-7表明了他们的选择。每个囚犯都有两种战略：坦白与抵赖。他们每个人的刑期取决于自己所选择的战略以及他的犯罪同伙选择的战略。首先考虑汤姆的决策，他的推理如下："我并不知道杰克将会怎么做。如果他抵赖，我最好的战略是交代，因为我将获得自由而不是在狱中待1年。如果他坦白，我最好的战略仍然是坦白，因为这样我将在狱中待8年而非20年。因此，无论杰克怎么做，我选择坦白会更好些。"

可以看出，无论另一个参与者采用什么战略，这是一个参与者所遵循的最好的战略。这种战略被称为优势战略。在这个例子中，坦白是汤姆的优势战略。无论杰克坦白还是抵赖，如果汤姆坦白了，他在狱中待的时间最短。我们再来考虑杰克的决策。他面临着和汤姆同样的选择，而且，他的推理也与汤姆相似，即无论汤姆怎么做，杰克可都以通过坦白减少他待在狱中的时间。换句话说，坦白也是杰克的优势战略。最后，汤姆和杰克都坦白了，两人都要在狱中待8年。但从他们自身的角度来看，这是一个糟糕的结果。因为如果他们都抵赖，两人的状况都会更好些，即只会由于持有枪支而在狱中待1年。由于追求自己的利益，两个囚犯共同达到了使每个人的状况变得更坏的结果。为了说明维持合作的困难性，设想在警察逮捕汤姆和杰克之前，两个罪犯做出了不坦白的承诺。显然，如果两人坚持这种协议，就会使他们的状况变好，因为每人只需在狱中待1年。然而，这两个罪犯实际上没有选择抵赖，仅仅是由于他们之间没有协议吗？要知道一旦他们被分别审问，利己的逻辑就会发生作用，并迫使他们坦白。所以两个囚犯之间的合作是难以维持的，因为从个人角度看，合作是非理性的。事实上，寡头在力图达到垄断结果时的博弈也类似于两个处于两难困境的囚犯的博弈。

博弈论被应用于政治、外交、军事、经济等研究领域。近20年来，博弈论在经济学中得到了更广泛的运用，对寡头理论、信息经济学等方面的发展做出了重要的贡献。博弈论的应用是微观经济学的重要发展。

本章小结

本章的内容构成了市场理论。市场理论的中心问题是分析不同类型市场中商品的均衡价格和均衡产量的决定。通过本章的学习，学生应该掌握完全竞争市场条件下厂商的均衡条件；能够通过对不完全竞争条件下厂商的供给行为进行分析，对不同市场运行的效率做出评价。

关键概念

完全竞争　完全垄断　垄断竞争　寡头垄断　价格领导　成本加成

复习思考题

一、选择题

1. 完全竞争的企业不能控制（　　）。
   A. 产量　　　　　B. 成本　　　　　C. 价格　　　　　D. 投入品的使用
2. 如果在厂商的短期均衡产量上，AR 小于 SAC，但大于 AVC，则厂商（　　）。
   A. 亏损，立即停产　　　　　　　　B. 亏损，但继续生产
   C. 亏损，生产与否都可　　　　　　D. 获利，继续生产
3. 在完全竞争市场上，厂商短期均衡条件是（　　）。
   A. $P = AR$　　　B. $P = MR$　　　C. $P = MC$　　　D. $P = AC$
4. 根据完全竞争市场的条件，下列（　　）行业最接近完全竞争行业。
   A. 自行车行业　　B. 玉米行业　　　C. 糖果行业　　　D. 服装行业
5. 在垄断厂商的短期均衡时，垄断厂商可以（　　）。
   A. 亏损　　　　　　　　　　　　　B. 利润为零
   C. 获得利润　　　　　　　　　　　D. 以上任何一种情况都可能出现
6. 一个市场上，只有一个企业，生产一种没有替代品的产品，这样的市场结构被称为（　　）。
   A. 垄断竞争　　　B. 垄断　　　　　C. 寡头　　　　　D. 不完全竞争
7. 对一个垄断企业而言，它的边际收益（　　）。
   A. 大于价格　　　B. 等于价格　　　C. 小于价格　　　D. 曲线是水平的
8. 在垄断竞争中（　　）。
   A. 只有为数很少几个厂商生产有差异的产品
   B. 有许多厂商生产同质产品
   C. 只有为数很少几个厂商生产同质产品
   D. 有许多厂商生产有差异的产品
9. 下列是垄断竞争行业的特征的是（　　）。
   A. 企业规模相同，数量较少　　　　B. 不存在产品差异
   C. 企业规模较大，数量很少　　　　D. 进出该行业容易
10. 完全竞争与垄断竞争的一个重要区别是（　　）。
    A. 产品是否有差别　　　　　　　　B. 参与竞争的厂商数目多少

C. 长期中厂商能获得的利润大小　　　D. 资源转移的灵活程度

11. 寡头垄断厂商的产品（　　）。

　　A. 同质的

　　B. 有差异的

　　C. 既可以是同质的，也可以是有差异的

　　D. 以上都不对

二、判断题

1. 在完全竞争市场上，任何一个厂商都可以成为价格的制定者。　　　　（　　）
2. 在完全竞争市场上，整个行业的需求曲线是一条与横轴平行的线。　　（　　）
3. 在完全垄断市场上，一家厂商就是一个行业。　　　　　　　　　　　（　　）
4. 在完全垄断市场上，边际收益一定大于平均收益。　　　　　　　　　（　　）
5. 完全垄断厂商拥有控制市场的权利，这意味着对于它的商品，可以任意制定一个价格。　　　　　　　　　　　　　　　　　　　　　　　　　　　　　　　　（　　）
6. 有差别的产品之间并不存在竞争。　　　　　　　　　　　　　　　　（　　）
7. 有差别存在就会有垄断。　　　　　　　　　　　　　　　　　　　　（　　）
8. 引起垄断竞争的基本条件是产品无差别。　　　　　　　　　　　　　（　　）
9. 垄断竞争行业的基本特点是它只存在价格战争。　　　　　　　　　　（　　）
10. 由于寡头之间可以进行勾结，所以，它们之间不存在竞争。　　　　（　　）
11. 寡头垄断厂商之间的产品都是有差异的。　　　　　　　　　　　　（　　）
12. 垄断厂商不必像垄断竞争厂商那样采用广告策略，因为前者没有竞争对手。
　　　　　　　　　　　　　　　　　　　　　　　　　　　　　　　　　（　　）

三、问答题

1. 为什么完全竞争厂商不愿意在产品广告上花费任何金钱？
2. 列图说明完全竞争厂商的短期均衡的形成及其条件。
3. 列图分析为什么垄断厂商的需求曲线是向右下方倾斜的，并解释相应的 TR 曲线、AR 曲线和 MR 曲线的相互关系。
4. 垄断厂商一定会获得超额利润吗？如果亏损，它在短期内会继续生产吗？长期内又会发生什么状况？
5. 按西方经济学家的看法，能否说"产品差别越大，则产品价格差别的可能性也越大"？
6. 什么是垄断竞争市场？该市场形成的条件是什么？
7. 寡头垄断市场的产量和价格是如何决定的？
8. 寡头垄断市场上各厂商之间的关系和其他三个市场有什么不同？

四、思考题

某一彩电制造商认为他所在的行业是完全竞争行业，他觉得同其他彩电制造商之间存在激烈的竞争，其他彩电制造商一旦大做广告，采取降价措施或提高服务质量时，他也及时做出反应。请用所学的有关市场知识分析判断彩电制造商所在行业是否是完全竞争市场。

五、案例分析

典型的垄断竞争型市场——美食世界

餐饮业有着典型的垄断竞争市场结构的特征,从以下北京三家餐馆的宣传广告中,可以看出他们是怎样致力于打造自己产品的特色的。

四川名菜"周鲶鱼"

在四川提起"周鲶鱼",基本上人人都爱吃,现进京落户于西四环,名为"鲶鱼山庄",正宗"周鲶鱼"的秘方只有总店的老板知道,鲶鱼山庄以长江上游所产鲶鱼为主打特色,每月从四川空运烹饪原料。它还特意邀请四川周鲶鱼的厨师长亲自打理。

居德林素菜叫座

人均收入水平的提高使得人们的膳食结构也发生了变化,吃清淡爽口又有营养的素菜逐渐成为时尚,居德林适应了这个趋势,丰富了素菜近百种。居德林素菜厅于20世纪80年代引进上海功德林的素菜并结合北京人的口味进行了创新,开发了红白两大类上百种素菜系列,其用料讲究,制造精细。

龙溪镇螃蟹火锅

东三环北路上海大都会院内的龙溪镇螃蟹火锅日渐红火,除了麻辣系列的螃蟹和小龙虾,乌江鱼和烧鸡火锅也成为抢手的川味。这里的蟹肉和红花蟹由从重庆请来的师傅用独家秘方烹制,保证了正宗的重庆麻辣味道,用纯正的川料炒的螃蟹,放入麻辣汤底中再焖,突出螃蟹的鲜嫩。这里的重庆老火锅也是一大特色。

思考:在垄断竞争条件下,企业行为的主要特色是什么?

第六章

市场不是万能的——市场失灵

学习目标

了解市场失灵及导致市场失灵的主要原因，并分析如何导致市场失灵；
理解外部性、公共产品、信息不对称等基本概念；
掌握解决外部性的办法；
熟悉科斯定理及产权的重要性；
能够解释运用怎样的措施解决市场失灵。

学习建议

本章主要分析市场失灵的产生及导致市场失灵的原因——外部性、公共产品、信息不对称等，以及如何校正市场失灵以使经济接近理想状态。延伸阅读部分可供学有余力者学习。建议学习时间为6~8课时。

导入案例

市场失灵

20世纪初的一天，列车在绿草如茵的英格兰大地上飞驰。车上坐着英国经济学家庇古。他一边欣赏风光，一边对同伴说："列车在田间经过，机车喷出的火花（当时是蒸汽机）飞到麦穗上，给农民造成了损失，但铁路公司并不用向农民赔偿。"这正是市场经济的无能为力之处，称为"市场失灵"。

将近70年后的1971年，美国经济学家乔治·斯蒂格勒和阿尔钦同游日本。他们在高速列车（这时已是电气机车）上见到窗外的禾苗，想起了庇古当年的感慨，就问列车员，铁路附近的农田是否受到列车的损害而减产。列车员说，恰恰相反，飞速奔驰的列车把吃稻谷的飞鸟吓走了，农民反而受益。当然，铁路公司也不能向农民收"赶鸟费"。这同样是市场经济所无能为力的，也称为"市场失灵"。

同一件事情在不同的时代与地点的结果截然不同。两代经济学家的感慨也不同。但从经济学的角度看，火车通过农田无论结果如何，其实都说明了同一件事：不管外部经济或不经济，从社会的角度看都会导致资源配置错误，即造成"市场失灵"。

（资料来源：http://koalabear.blogbus.com/logs/34739482.html。）

在前面的研究中，微观经济学的主旨在于论证完全竞争市场经济在一系列理想化假设条件下，价格这只"看不见的手"对经济的调节作用，可以使资源配置达到帕累托最优状态，导致整个经济达到一般均衡。但在现实经济中，就某些配置问题而言，市场机制并不能自发地实现资源的有效配置，帕累托最优状态通常不能实现，从而出现"市场失灵"现象。本章将分别论述存在非对称信息、垄断、外部影响、公共物品情况时，如何导致市场失灵，以及如何矫正市场失灵。

第一节　市场失灵

传统自由经济学者认为，在一个自由选择的体制中，社会的各类人群在不断追求自身利益最大化的过程中，可以使整个社会的经济资源得到最合理的配置。市场机制（价格）像一只"看不见的手"，推动着人们从自利的动机出发，在各种竞争与合作关系中实现互利的经济效果，进而主导市场内部经济活动，使市场有效地配置资源，实现消费者效用最大化和生产者利润最大化，达到所谓的"帕累托效率"状态，即没有任何人的效用受损，资源分配获得最佳效率。虽然，在经济学家看来，市场机制是迄今为止最有效的资源配置方式，但是，由于各种原因，在实际生活中，由于市场本身不完备，有时"看不见的手"也会不起作用，市场机制在很多场合并不能导致资源的有效配置，反而出现了市场失灵。

一、市场失灵的含义

虽然市场经济"功高无量"，这是几百年人类文明史和当代市场经济发展已经充分证明的事实。然而，市场并不是万能的，不能单纯凭借"看不见的手"左右经济生活，市场失灵问题还是会经常出现。

延伸阅读　　　　　　　"看不见的手"原理

"看不见的手"原理最早是由亚当·斯密在《国富论》中提出来的。这一命题的含义是：社会中的每个人都在力图追求个人满足，一般说来，他并不企图增进公共福利，也不知道他所增进的公共福利为多少，但在这样做时，有一只"看不见的手"引导他去促进社会利益，并且其效果要比他真正想促进社会利益时所获得的效果更大。

这只"看不见的手"实际上就是人们按照市场机制的作用自发地调节着自己的行为，并实现消费效用最大化和利润最大化。这一原理，在一般均衡理论中得到了充分的描述。具体来讲，主要有以下五点：

（1）在既定收入约束下，消费者效用最大化取决于任意两种商品的边际替代率相等。

（2）在完全竞争市场上，厂商利润最大化，取决于产品价格＝边际成本＝边际收益。

（3）为实现利润最大化，厂商按生产要素的最优组合来决定生产要素投入量，使得任意两种生产要素的边际技术替代率＝相应的要素价格之比。

（4）在生产要素市场上，厂商按照要素的边际产品价值支付给要素所有者，并取得要素报酬收入，根据自身的效用最大化，决定相应的要素供给量。

（5）市场调节供求双方。市场机制的自发作用使得整个社会经济处在一般均衡状态（帕累托最优）。在这种情况下，消费者从消费产品中获得最大限度的满足，厂商获得最大利润，生产要素按各自在生产中的贡献取得报酬收入。

"看不见的手"原理强调的是在完全竞争市场中，市场机制可以有效率地实现资源的合理、有效的配置，并最终导致社会不可能在不影响他人的情况下而使得某些人的境况得到改善。

市场失灵（Market Failure）也称"市场失效""市场障碍"，是指在市场机制充分运作下，由于垄断、外部性、公共物品、信息不对称等原因，导致资源配置不能到达最优，即资源配置处于低效率或无效率的状态。市场失灵的实质是价格机制对某些问题无能为力，表现出一定的局限性。由此可知，市场失灵是以能否实现经济效率为标准的，并不直接涉及经济公平。

延伸阅读　　　　　市场失灵含义的理解

目前经济学家对市场失灵还没有一个非常统一的定义。最早由美国经济学家弗朗西斯·M·巴托于1958年在《市场失灵的剖析》一文中提出"市场失灵"概念。市场失灵，又称市场障碍、市场失效、市场失败等。市场失灵有狭义和广义之分，狭义的市场失灵是指完全竞争市场所假定的条件得不到满足而导致的市场配置资源的能力不足，从而缺乏效率的表现。广义的市场失灵则还包括市场机制在配置资源过程中所出现的经济波动以及按市场分配原则而导致的收入分配不公平现象。

在经济理论界，对市场失灵含义的理解有多种观点，具体如下。

1. 市场竞争使资源配置达不到帕累托最优状态，即市场竞争机制不能实现资源的合理配置和有效配置。在实际市场经济运行中，虽然价格能够调节商品或生产要素的供求，但有时会出现商品价格不等于边际成本的状况；或是在市场产量低于完全竞争市场条件下的均衡产量，垄断市场就是典型的一例。

2. 市场价格既不等于该商品的边际社会收益，又不等于该商品的社会边际成本，市场远偏离帕累托最优状态。例如，由于外部因素的影响而导致环境污染就是典型的一例。

3. 由于市场机制的功能和作用的局限性，市场对某些经济活动无能为力，不能有效调节某种产品的供求或价格。例如，搭便车行为、公共物品。

4. 由于市场本身的不完善性而导致市场机制在运行中出现障碍。例如，由于市场本身功能和体系不健全、市场经济不发达导致市场不能有效发挥作用，许多发展中国家在这方面表现尤为突出。

5. 由于市场具有不完全性或局限性，使其作用范围有限，无法也无力调节现实市场经济运行。例如，周期性经济危机。

二、市场失灵的原因

导致市场失灵的原因有很多，我们在此主要分析以下四个方面的原因。

（一）不完全竞争

经济学家们主张实行竞争，主要是因为竞争可以提高资源配置的效率。在理想的条件下，即当一个经济中所有市场都处于完全竞争的条件下时，在市场力量的作用下，达到资源最优配置的三个帕累托最优条件均可得到满足。

延伸阅读 　　　　　　　　　　　　**帕累托最优**

帕累托最优也称为帕累托效率或帕累托最适，是经济学中的重要概念，由意大利经济学家维弗雷多·帕累托（Vil-fredo Pareto）提出来的一种经济状态，是指具有以下性质的资源配置状态：即任何形式的资源重新配置，都不可能使至少有一人受益而又不使其他任何人受到损害。帕累托最优是以帕累托的名字命名的，帕累托在他关于经济效率和收入分配的研究中使用了这个概念。帕累托最优是资源分配的一种理想状态，与其密切相关的另一个概念是帕累托改善。人们通常把能使至少一人的境况变好而其他人的境况不变坏的资源重新配置称为帕累托改善。所以，帕累托最优状态也就是已不再存在帕累托改进的资源配置状态。换句话说，不可能再改善某些人的境况，而不使任何其他人受损。

如果一个经济制度不是帕累托最优，则存在一些人可以在不使其他人的境况变坏的情况下使自己的境况变好的情形。普遍认为这样低效的产出的情况是需要避免的，因此，帕累托最优是评价一个经济制度和政治方针的非常重要的标准，并且在博弈论、工程学和社会科学中有着广泛的应用。

一般来说，达到帕累托最优时，必须同时满足以下三个条件。

1. 交换最优条件：即使再交易，个人也不能从中得到更大的利益。此时对任意两个消费者，任意两种商品的边际替代率是相同的，且两个消费者的效用同时得到最大化。

2. 生产最优条件：这个经济体必须在自己的生产可能性边界上。此时对任意两个生产不同产品的生产者，需要投入的两种生产要素的边际技术替代率是相同的，且两个生产者的产量同时得到最大化。

3. 产品混合最优条件：经济体产出产品的组合必须反映消费者的偏好。此时任意两种商品之间的边际替代率必须与任何生产者在这两种商品之间的边际产品转换率相同。

但是，在现实经济运行中，市场很少能够达到完全竞争市场理论模型中的严格限定，也就是市场往往达不到完全竞争状态，而是存在不完全竞争。例如，垄断市场的某个或者某些企业，为了追逐利益的最大化，就将其产品价格提高到边际成本以上，而消费者对这种产品的购买就会比完全竞争市场条件下少，满意程度也会随之下降。市场失灵问题，不仅存在于完全垄断情况下，在寡头垄断和垄断竞争市场，也同样存在市场失灵。事实上，只要市场是非完全竞争的，只要厂商面临的是一条向右下方倾斜的需求曲线，则厂商按照边际收益等于边际成本的原则确定产量时，价格就不等于边际成本，而是高于边际成本，此时就会出现低效率的资源配置状态。在垄断条件下，无论具体程度如何，都会对市场机制形成扭曲，不能有效调节供给和需求，达不到资源合理配置的目的。

垄断有时是无奈之举，一个小镇有必要有两个自来水厂和两个供电公司吗？肯定没必要，因为要是有两个就得建两套电网和供水设施，会造成资源的浪费，于是只有一个供电公司和自来水厂，这就是垄断。这种垄断是由市场造成的，即市场失灵造成的后果，这时候就需要政府出面约束。

> **相关链接**　　　　　　**垄断的公共管制和反托拉斯法**

垄断常常导致资源配置的低效率，垄断利润通常也被看成是不公平的，这就有必要对垄断进行政府干预。对政府来说，解决垄断条件下的价格高于竞争价格的问题，方法之一是对垄断厂商可能索取的价格进行管制，制定最高限价或最低保护价。如果一个垄断厂商在正常情况下索取15美元的价格，那么，政府可以实施一个12美元的最高限价，以便降低消费者使用该产品的成本。一般而言，在一个竞争市场上实行最高限价会导致产量减少，从而造成在控制价格下的短缺和非价格配给。但是，在一定条件下，对垄断价格的强制限制，可能会导致垄断产量的提高。因为，垄断厂商限制产量的目的是为了索取较高价格，实施最高限价意味着限制产量不能得到较高价格，所以，最高限价将消除垄断厂商限制产量的理由。

价格管制还用于自然垄断行业，如公用事业公司。需要指出的是，自然垄断厂商的平均成本曲线一直是下降的，从而边际成本总是在平均成本之下。若不加以管制，厂商也将按照利润最大化原则在较高价格上提供较少的产量。所以，可行的最佳选择是价格确定在平均成本与平均收益相等的水平上，厂商既没有垄断利润，也利于产量尽可能大到正好不至于使厂商退出经营。

对垄断实施管制的第二个措施是出台反垄断法——反托拉斯法。这也是政府对垄断的更加强烈的反应。西方很多国家都先后不同程度地制定了类似的法律规定，对犯法者由法院提出警告、罚款、改组公司直至判刑，或者强行进行行业重组。例如，将微软公司强行一分为二；将中国邮电强行分解为中国电信、中国联通、中国移动通信公司等。其中最为突出的是美国，从1890年到1950年，美国国会通过一系列法案，反对垄断，具体包括谢尔曼法、克莱顿法、联邦贸易委员会法等，统称反托拉斯法。

虽然理论上对垄断给予低效率评价，且各国政府也制定了很多反垄断法，但对垄断的"动态效率"的影响，有的经济学家提出不同看法。如美国经济学家约瑟夫·熊彼特认为，垄断厂商会把垄断利润用于研究与开发，推动创新和技术进步，从而降低成本。社会从这种垄断厂商的创新中获得的收益可能要比由于垄断造成的损失大得多。当然，并不是所有的人都能接受这种观点，甚至政府也有不同态度，在"微软案件"与"麦道案件"上的不同做法就说明了这一点。

（二）不完全信息

前面的分析讨论都基于一个假定，即消费者和生产者拥有完全的信息，他们掌握了面临的各种经济变量的完全信息，并在此基础上做出消费决策和生产决策。然而，完全信息的假定并不符合现实。

> **相关链接**　　　　　　**不完全信息的原因**

一方面，在现实生活中，生产者和消费者无法掌握完全的信息。比如，一个生产者根本无法准确了解并预测市场上各种产品需求和要素供给变动的情况；消费者也不可能完全了解所有商品市场上待售商品的质量和价格等情况。在劳动市场上，雇主们只能靠工人的自我介绍或工作经历等来了解某个工人的状况，而无法做到对每个工人的技术和能力等都有充分的了解。

另一方面，由于信息的获取和分析本身是有成本的，这就使得即使假设可以通过耗费一定资源来获取完全的信息，理性的个体也不会试图去获取全部信息。

在有些情况下，信息的不完全表现为信息的不对称。所谓信息不对称是指在经济事件的参与者中，一部分人掌握着比其他人更多的信息，这部分人能够利用信息上的优势获得经济上的更大利益。我们可以观察到生活中一些信息不对称的例子，如在商品市场上消费者对产品的质量、功能等情况往往不如企业和销售人员清楚；在要素市场中工人们对自己的技术、能力和工作表现等情况了解得比雇主更加真实；与卖主相比，二手车市场上的买者显然掌握着更少的关于车况的信息；在保险市场上，投保人可能比保险公司更了解自己的健康状况。

市场经济不能保证信息的完全性，也不能保证对信息进行有效的配置。信息不对称的情况既可以是卖者比买者具有信息优势，也可以是买者比卖者具有信息优势。一旦出现信息不对称情形时，所导致的均衡状况对社会来说，可能就是一种低效率或无效率的状况。信息的经济价值在于能够减少决策过程中的不确定性，从而减少决策者的决策风险。

（三）外部影响

外部影响，又称外部性，指的是某一经济主体的活动对于其他经济主体所产生的一种未能由价格体系来反映的影响。换句话说，就是当经济中任一行为人的活动对其他行为人的利益产生了影响，而这种影响未能通过市场价格机制来调节的相互关系和影响。这种关系或影响是经济主体在谋求自身利益最大化的过程中不知不觉产生的。由于它对局外人造成了影响，并且这种影响又是外在于价格体系，即不能由价格来计量、调解，故称之为"外部性"。外部性有正外部性（对他人产生正面影响）和负外部性（对他人产生负面影响）之分。

外部性的存在将会影响市场机制对资源的最优配置，从而使实际经济效率偏离帕累托最优状态。之所以会如此，主要是因为在有外部性存在的场合，单个经济主体在从事一项经济活动时其私人成本（或收益）与社会成本（或收益）并不一致，从而导致经济效率偏离最优状态。

（四）公共物品

一般说来，根据物品在排他性和竞争性这两个方面表现的不同，可以把物品分为三大类：一是私人物品。这类物品既具有排他性，又具有竞争性。比如服装，如果你没有付费，你就不能消费（穿）；而一旦你已经消费（穿）了，则其他人就不能再消费了。二是公共物品。这类物品与私人物品正好相反，它们既不具有排他性，也不具有竞争性，国防便是其中的典型代表。三是共有资源。它们没有排他性，但却具有竞争性。绝大多数不具备私有产权的自然资源都属于这类物品，如公共牧场、公海里的鱼类资源等。

相关链接 **物品的排他性与竞争性**

排他性：如果某人在使用某种物品时，其他人就不能再使用它，那么这种物品就具有排他性。

竞争性：如果一个人对某种物品的使用减少了其他人对该种物品享用的数量或程度，那么这种物品就具有竞争性。

物品的这两个特性都与它的外部性程度有关，具有完全排他性和完全竞争性的物品就没有外部性，而随着物品的排他性和竞争性的逐渐减弱，它的外部性则会逐渐增强。

在这三类物品中，私人物品的外部性较小，而公共物品的外部性最大。从前面的分析已知，市场机制在配置具有外部性的物品方面是失灵的，即不存在可以交易这类物品的完全市场，原因在于存在所谓的"搭便车"行为。

延伸阅读 "搭便车"理论

"搭便车"，也称"免费搭车"，首先由美国经济学家曼瑟尔·奥尔森在 1965 年发表的《集体行动的逻辑：公共利益和团体理论》一书中提出。其基本含义是不付成本而坐享他人之利。"搭便车"现象广泛存在于现实生活中，在经济学、管理学、社会学中也广受学者们的讨论。在财政学上，"免费搭车"是指不承担任何成本而消费或使用公共物品的行为，有这种行为的人或具有让别人付钱而自己享受公共物品收益动机的人被称为"免费搭车者"。

公共物品消费的非排他性和非竞争性使得公共物品的消费和生产具有自己的特点，同时给市场机制带来一个严重的问题——"搭便车"问题。"搭便车"问题往往导致市场失灵，使市场无法达到一定的效率，从而导致公共物品供应不足。

在日常生活中也常可找到"搭便车"的例子，例如，许多轮船公司不肯兴建灯塔，他们可以获得同样的服务，此种"搭便车"问题会影响公共政策的顺利制定及有效执行。

第二节 外部性及其治理

完全竞争可以有效配置资源的结论，是以经济活动中不存在外部性为前提的。但在现实经济活动中，单个经济行为者的经济活动常常会对社会上其他成员的福利造成有利的或有害的影响（外部性存在），而在这种场合，资源配置往往达不到帕累托最优状态。

一、外部性的含义及其分类

外部性也称外部影响，是指一个经济主体的行为对另一个经济主体的福利所产生的影响，而这种影响并没有通过货币或市场交易反映出来。按照实际影响所造成的后果，通常可以将外部性划分为两大类：消极的或负的外部性和积极的或正的外部性。

负的外部性指的是某一经济主体的经济活动给社会上其他经济主体造成了负面经济影响，即对这些主体的利益与福利造成了损害，但他自己却并不为此承担足够抵偿这种损害的成本。此时，这个人为其活动所付出的私人成本就小于该项活动所造成的社会成本，这种性质的外部影响也被称为"外部不经济"。在存在负外部性的情况下，社会为该主体的经济活动支付了部分成本。比如，某化工厂在生产化工产品时，向外排放大量的未经处理的工业废水，导致下游养殖场的鱼苗大量死亡。如果两者分属不同的实体，且没有相应的补偿，则化工厂生产产品的全部社会成本（包括造成的养殖场的损失）要大于化工厂本身生产的私人成本。

正的外部性是指某一经济主体的经济活动对社会上其他经济主体产生了正面的经济影响，即增进了这些主体的利益与福利，但他自己却不能由此得到补偿。此时，这个人从其活动中得到的私人利益就小于该活动所带来的社会利益，这种性质的外部影响也被称为"外部经济"。显然，在有正的外部性存在的场合，其他主体从经济活动中免费得到了部分收益。例如，修缮一个鸟语花香的花园，可以直接让邻居心旷神怡。再如，养蜂场与苹果园并存的情况，二者相互提供外部经济效益：一方面养蜂场的蜜蜂为苹果园的苹果树传播花粉，提高苹果产量；另一方面苹果树的花为养蜂场提供了蜜源，可增加蜂蜜产量。

相关链接 　　　　　　　　　　**生产的外部影响和消费的外部影响**

根据经济行为主体的生产与消费性质的不同，外部影响分为生产的外部影响和消费的外部影响。

生产的外部影响包括生产的外部经济和生产的外部不经济。当一个生产者采取的经济行为对他人产生了有利的或积极的影响，即给他人带来了福利，自己却不能从中得到报酬，便产生了生产的外部经济。例如，你家养蜜蜂，隔壁家种了花当然对你有利，但是你并不会为你的收益而付钱给邻居，那么邻居家养的花就有正的外部性。如果一个生产者采取的经济行为给他人造成福利的损失而又未给他人以补偿时，便产生了生产的外部不经济。企业造成的环境污染是典型的生产的外部不经济。当河流上游的造纸厂向河中排放废水时，河中的鱼会减少，下游的渔民收入会随之降低；化工厂附近居民的健康，会因有毒气体的影响而恶化等，但厂商不会为自己的排污埋单。从厂商来看多排当然是最优的，而从全社会的角度来看后果很严重，但此时市场是解决不了的，市场也就失灵了。

消费的外部影响包括消费的外部经济和消费的外部不经济。当一个消费者进行一项消费活动给他人带来了效用，增加了他人的福利，就产生了消费的外部经济。如一家房主在自家花园里种植许多美丽的花，愉悦了邻居和往来行人的心情。如果一个消费者进行一项消费活动时使别人受到损害却未给予补偿，便产生了消费的外部不经济。消费者也可能造成污染而损害他人，吸烟就是一个极为典型的例子。吸烟者的行为危害了被动吸烟者的身体健康；此外，在公共场所随意丢弃果皮、瓜壳等废弃物品；广场舞的扰民行为等，也增大了社会成本。

外部性是普遍存在的现象，市场交易中的买方和卖方并不关注他们行为的外部影响，所以，存在外部性时，市场均衡并不是有效率的。在这种情况下，从社会的角度关注市场结果必然要超出交易双方的福利之外。

二、外部性与资源配置不当

消费活动和生产活动都会产生外部性，我们在这里主要分析生产者产生的外部性。具有正外部性的商品生产可能不足，而有外部负效应的商品可能生产过多，这必然破坏市场经济中资源的有效配量。无论何种类型的外部性，都将造成同一后果：资源配置偏离帕累托最优状态。

（一）外部不经济情况下的资源配置的非优情况

在存在外部不经济时，单个经济行为者从事某活动的私人成本小于社会成本。在市场经济中，个人经济活动的决策基于私人成本与私人利益的比较，只要这个经济行为者从事该项活动所得到的私人利益大于私人成本而小于社会成本，他就会采取其经济活动，尽管此时从社会的观点看，该项活动应减少或停止。一般而言，在存在外部不经济的情况下，私人活动的水平常常要高于社会所要求的最优水平。

（二）外部经济时资源配置非优的情况

在存在外部经济时，单个经济行为者从事某活动的私人利益小于社会利益，按照利益最大化原则，只要个人从事某一经济活动所支付的私人成本大于私人利益而小于社会利益，则个人就不会采取这项活动，尽管从社会的角度看，继续进行该项活动是有利的。显然在这种情况下，没有实现帕累托最优状态。由于个人受到的损失小于社会上其他人所得到的好处，因而，可以从社会上其他人所得到的好处中拿出一部分来补偿行动者的损失，其结果会使社会上的某些人的状况变好而没有使其他人的状况变坏。由此可见，在存在外部经济的情况下，私人活动水平常常低于社会资源最优配置所要求的最优水平。

（三）市场调节无法改进外部性的非优状态

为什么在存在外部性的条件下，潜在的帕累托改进无法实现呢？主要的原因仍在于交易双方难以达成一致。以污染为例，如果污染面较小，污染者只对少数人的福利造成影响，此时这些少数受害者与污染者在如何分配"重新安排生产计划"所能得到的好处问题上不能达成协议。若污染面较大，受害者众多，则双方要达成协议就会更加困难；即使污染者与受害者双方有可能达成协议，但由于通常都是一个污染者面对众多受害者，污染者在改变污染水平上的行为就像一个垄断者，因而在这种情况下，由外部性产生的垄断行为也会破坏资源的最优配置。

三、治理外部性的政策

外部性在现实经济活动中普遍存在，导致了完全竞争市场资源配置非优化。因此，降低或消除外部性所带来的效率损失，成为社会及经济学家所关心的问题。

主张政府干预的经济学者认为，在存在外部性的条件下，市场不再是理想机制，政府应予以干预。而推崇自由市场的经济学者则主张，市场机制本身有能力解决一些外部性所产生的问题，政府不必干预市场运作，而只要创造有利于市场交易的必要条件，如明确界定财产权。

延伸阅读　　　　　　　　　　钱德勒与"看得见的手"理论

在经济学领域里，作为古典经济学理论体系的创立者，亚当·斯密的理论为自由市场经济奠定了思想基础。一句"看不见的手"，把自由市场的充分竞争原理概括得淋漓尽致。此后的经济学家，在相当长的一段时间内一直围绕"看不见的手"建立合乎逻辑的学说体系，现代经济学的基础也由此产生，而斯密及其理论也仿佛成为经济学界无法逾越的高峰。但是，钱德勒却对这座"高峰"发起了冲击和超越。

艾尔弗雷德·D·钱德勒，伟大的企业史学家、战略管理领域的奠基者之一。钱德勒出生于美国特拉华州，哈佛大学本科毕业后，1952年在哈佛大学历史系获博士学位，随后任教于麻省理工学院和霍普金斯大学。1971年被哈佛商学院聘为企业史教授后，一直在此工作至退休。钱德勒在哈佛求学期间，曾经直接受到经济学家熊彼特的影响。

钱德勒在1977年出版了《看得见的手——美国企业的管理革命》。在该著作中，钱德勒明确表示，这本书所讨论的主题就是"现代工商企业在协调经济活动和分配资源方面已取代了亚当·斯密的所谓市场力量的无形的手。市场依旧是对商品和服务的需求的创造者，然而现代工商企业已接管了协调流经现有生产和分配过程的产品流量的功能，以及为未来的生产和分配分派资金和人员的功能。由于获得了原先为市场所执行的功能，现代工商企业已成为美国经济中最强大的机构，经理人员则已成为最有影响力的经济决策者集团"。

在该著作中，钱德勒明确提出了和"看不见的手"截然相反的"看得见的手"的论点，指明了为什么管理协调这只"看得见的手"已经在企业中取代了市场机制"看不见的手"的八个论点。在钱德勒看来，管理协调这只"看得见的手"，相比市场协调这只"看不见的手"而言，能够带来巨大的生产力和丰厚的利润，能够提高资本的竞争力，由此，管理的变革会引发生产和消费的显著提高。这也就是钱德勒所谓的"企业的管理革命"。

《看得见的手——美国企业的管理革命》为钱德勒赢得了巨大的声誉，在出版当年就获得美国历史学会的纽康门学术奖和哥伦比亚大学班克罗夫美国历史研究奖，后来还获得美国新闻图书最高奖——普利策奖。钱德勒也因此获得了1993年诺贝尔经济学奖的提名。令人遗憾的是，据说由于瑞典皇家学院"很难确切定位钱德勒的地位"，使得他与诺贝尔奖失之交臂。但是钱德勒所提出的理论，在经济学界和管理学界影响深远。

"看得见的手"最早出自英国另一位经济学家凯恩斯的《就业、利息和货币通论》一书，指的是国家对经济生活的干预。在现代市场经济的发展中，市场是"看不见的手"，而"看得见的手"一般是指政府宏观经济调控或管理（政府的引导），也称"有形之手"，是"看不见的手"的对称提法。

但是政府也具有两面性：一方面政府可以弥补市场调节的不足，解决市场失灵问题；另一方面，如果政府权力得不到有效制约，也会产生以权谋私的寻租行为，产生"政府失灵"，给经济带来不利作用。曾经的郑州"馒头办"就是后一种情况的例子。在市场经济中，政府的定位十分重要，政府应该做自己该做的事情，不做自己不该做的事情。为了克服"市场失灵"和"政府失灵"，人们普遍寄希望于"两只手"的配合运用，以实现在社会主义市场经济条件下的政府职能的转变，要做到这一点，就必须对政府的权力有所制约。

（资料来源：钱德勒，http：//wiki.mbalib.com/wiki。）

（一）税收与补贴

外部性的存在使得生产者或消费者的个人成本与社会成本、个人利益与社会利益不相一致，但通过税收或补贴利于把个人成本或利益与社会成本或利益拉平，实现资源有效率的配置。

对造成外部不经济的企业，国家应该征税，使得该企业的私人成本增加，当其成本达到社会边际成本水平时，企业决策生产的产量将会等于社会最适量。如政府向制造污染的企业收税，其税额要等于治理污染所需要的费用，即实行"污染者付费原则"，这是国际公认和倡导实行的原则。显然，用税收解决外部不经济的最大弱点在于政府很难确定企业的污染成本，因而无法设定污染税率。但是只要税率不是太高而超过污染成本，就会使企业的产量接近社会最优产量，从而对改善市场效率产生积极意义。征收污染税是目前各国政府普遍采用的一种控制污染的方法，但也有人指责这是一种"花钱买污染权利"的原则。

对于产生外部经济的经济活动，政府可以给予补贴，使得企业的私人边际成本下降，从而个人利益与社会利益达到一致，以鼓励其生产者和消费者，教育便是一例。受教育者从教育中得到私人利益：能得到较理想的工作、较丰厚的报酬，能较好享受文化生活等。此外，教育还产生许多积极的社会影响：良好社会风气与社会秩序、民主氛围、经济技术进步等。教育不能单靠市场机制，政府有必要对教育进行不同程度、不同方式的干预，采取各种补贴措施降低求学者与办学者的边际成本，有助于将教育水平提高到社会所要求的最优水平。

（二）制定污染标准

环境污染是产生负外部性的一种主要形式，控制污染就成了治理外部性的一个主要方面。控制污染的另一项政策是设定污染标准。政府通过调查研究，确定社会所能忍受或承受的环境污染程度，然后规定各企业所允许的排污量。凡排污量超过规定限度的，则给予经济或法律惩罚。排污标准制度的好处在于，排污标准一经制定，只要严格执行，人们对该政策下形成的污染程度有比较确切的估计。但政府在规定各企业的排污限量时，面临着这样的问题：一刀切还是区别对待？由于不同企业降低同样排污量的成本是不同的，显然对不同企业规定不同的排污量标准比一刀切效率要高。但是政府要有效率地实行区别对待，就必须知道各企业降低、消除污染的边际成本，而政府一般并未掌握这一类信息。如果实行相同排污标准，那些减污边际成本较高的企业，不得不忍受较高的成本以达到排放标准。因此，制定排污标准有可能导致排污成本很高。那么有没有较好的机制呢？

经济学家建议引进市场机制，建立排污许可证市场。每张许可证都规定了许可排放污染物的数量，超过规定数量将会被处以巨额罚款。许可证的数量事先确定，以使排放总量达到有效水平。许可证在厂商之间分配，并且允许买卖。如果有足够多的厂商和许可证，就可以形成一个竞争性的许可证市场，那些减污成本较高的厂商会从减污成本较低的厂商那里购买许可证。在均衡水平时，所有厂商减污的边际成本都相等，都等于许可证的价格，这就意味着整个行业把污染降至规定的理想数量时成本最低。这样，可交易的排污许可证制度，既能够有效控制排放水平，又可以使减污成本尽可能的低，是一种具有很大吸引力的制度。

（三）外部影响内部化——合并

在有外部性的条件下，市场经济之所以达不到最优效率配置，是因为市场机制的独立、分散决策不能把外部性考虑进去。如果能通过某种方式使市场决策者本身承担或享受外部性，他们就会纠正决策，改善配置。例如，处于上游的造纸厂给下游的渔场造成外部不经济，导致渔场不应有的经济损失，如果造纸厂和渔场属于同一公司或业主，那么造纸给养鱼所增加的成本就仍是该公司的内部成本。合并使得外部影响内部化，即原来两个厂商各自独立时产生的外部成本和外部收益，现在都变成了内部成本和内部收益。这时，企业为了最大化总利润，必须考虑已经内部化了的成本与收益的关系，协调造纸和养鱼两项业务的决策，这种协调会带来帕累托改善。再如，养蜂人与果园主合并为一个经济单位，合并后决定选择果树和蜜蜂的最适量。

（四）政府管制

政府还可以通过制定规章制度和具体的科学指标或标准对行业或行业产品进行限制，或者直接禁止某些行为来解决外部性问题。例如，规定彩电的最高辐射标准、禁止海洛因交易、禁止把有毒化学物倒入河流、规定把有害物品倒入供水塔为犯罪等。但是，在大多数污染的情况下，事情比较复杂。例如，交通运输会产生废气和噪声，政府不可能禁止交通运输，而要消除污染又必须比较或评价成本与收益，以便决定允许哪种污染与允许污染多少。

（五）规定财产权

上述形式不同的政府管制并不是唯一应对外部性的方法，更不是在任何情况下都可行或最佳的方法。在某些情况下，由外部性所涉及的各方通过私下讨价还价，或通过法律诉讼来消除外部性带来的无效率，成本可能更低，效果可能更好。私人的经济行为通常以产权为基础。

产权是一种界定财产的所有者以及他们可以利用这些财产的法律规则。清晰的产权是私人讨价还价的前提。如果外部性涉及的相关者很少，财产权是完全确定的并得到充分保障，当产权界定成本较低时，则有些外部性就可能不会发生，或者可以用最小成本解决外部性问题。也就是说，此时可以在没有政府的干预下实现资源的有效配置。例如，如果给予下游用水者以使用一定水质资源的财产权，则上游的污染者将因把下游水质降到特定质量之下而受罚。在这种情况下，上游污染者便会同下游用水者协商，将这种权利买过来，然后再让河流受到一定程度的污染。同时遭到损害的下游用水者也会使用他出售污染权而得到的收入来治理河水。实际上外部性之所以导致资源配置失当，正是由于财产权不明确。科斯定理说明的就是这一点。

四、科斯定理

美国经济学家科斯很早就注意到私人市场解决外部影响是否有效的问题。科斯认为，在存在负外部效应的情况下，可以通过产权界定的方式把外部效应内在化，从而实现资源的有效配置。

延伸阅读　　　　　　　　　　　**科斯与科斯定理**

罗纳德·哈里·科斯，新制度经济学的鼻祖，交易成本理论的提出者，1991年诺贝尔经济学奖获得者（"他的文献对经济史的研究增加了新推动力，一门新的科学——法律经济学，在经济学与法学的交叉地带应运而生。"——瑞典皇家科学委员会）。科斯的杰出贡献是发现并阐明了交换成本和产权在经济组织和制度结构中的重要性及其在经济活动中的作用。

1910年12月29日，科斯出生于伦敦的威尔斯登。1929年进入伦敦经济学院，1934—1935年在利物浦大学作为助理讲师任教；1935年以后，在伦敦经济学院教书。1951年，科斯获得伦敦大学理学博士学位，同年移居美国。1959年，加入弗吉尼亚大学经济学系；1964年以后，一直担任芝加哥大学教授和《法学与经济学》杂志主编。1979年，被授予"美国经济学会杰出会员"称号。2013年9月2日，科斯逝世，享年103岁。

科斯定理这个术语是乔治·斯蒂格勒（1982年诺贝尔经济学奖得主）1966年首次使用的。科斯于1937年和1960年分别发表了《企业的性质》和《社会成本问题》两篇著名的具有代表性的论文，其中的论点被后人命名为著名的"科斯定理"，成为产权经济学研究的基础，其核心内容是关于交易费用的论断。

《企业的性质》独辟蹊径地讨论了产业企业存在的原因及其扩展规模的界限问题，科斯创造了"交易成本"这一重要的范畴来予以解释。所谓交易成本，即"利用价格机制的费用"或"利用市场的交换手段进行交易的费用"，包括提供价格的费用、讨价还价的费用、订立和执行合同的费用等。《社会成本问题》重新研究了交易成本为零时合约行为的特征，批评了庇古关于"外部性"问题的补偿原则（政府干预），并论证了在产权明确的前提下，市场交易即使在出现社会成本（即外部性）的场合也同样有效。科斯发现，一旦假定交易成本为零，而且对产权（指财产使用权，即运行和操作中的财产权利）界定是清晰的，那么法律范围并不影响合约行为的结果，即最优化结果保持不变。换言之，只要交易成本为零，那么无论产权归谁，都可以通过市场自由交易达到资源的最佳配置。斯蒂格勒将科斯的这一思想概括为"在完全竞争条件下，私人成本等于社会成本"，并命名为"科斯定理"。

（资料来源：罗纳德·哈里·科斯，http://wiki.mbalib.com/wiki。）

科斯在其《社会成本问题》一文中提出的解决外部影响问题的方案是：在交易费用为零时，只要财产权初始界定是清晰的，并允许当事人进行自由谈判交易，则无论在开始时将财产权赋予谁，市场均衡的最终结果都会达到资源的有效配置。科斯的这个方案后来被斯蒂格勒命名为"科斯定理"。

从上述表述可以看出，科斯提出的解决外部影响问题的方案包括三个要素：第一，交易费用为零；第二，产权或权利界定清晰；第三，允许产权或权利在当事人之间自由交易。其中第一点是假设条件，第二、三点是导致资源有效配置的途径和手段。产权界定是产权交易的前提和基础，没有产权的初始界定，就无法进行协商谈判，就不存在权利转让和重新组合的市场交易。

以上游造纸厂和下游渔场为例，假设造纸厂排放的污水给渔场造成的利润损失为6万元，造纸厂若停产自身将损失7万元利润。而对造纸厂排放的污水有两种处理办法，一是在造纸厂安装一个过滤设备，需2万元；二是渔场建立一个污水处理厂，需5万元。只要产权界定清晰，无论产权初始界定如何，若交易成本为零，最终经双方协商谈判和交易，定会获得有效率的结果。

设产权初始界定方式一：造纸厂有权排放污水，渔场只能拥有遭受污染损害的产权。那么渔场为了减少所受损失，就会与造纸厂协商，花费2万元为造纸厂安装过滤设备，因为这笔费用既低于自己建立污水处理厂的费用5万元，也低于由于污染所造成的利润损失6万元。

设产权初始界定方式二：造纸厂无权排放污水，渔场有权享用清洁的水资源。如果造纸厂排放了污水将受到10万元以上的重罚，此时造纸厂为了减少自己的经济损失，一定花费2万元自己安装过滤设备，绝不会花费5万元去为渔场建污水处理厂，更不会停产而减少7万元利润。

案例分析

牛场和农场的产权界定

一个牛场和一个农场相邻，牛场的牛跑到农场里吃农作物，会给农场带来负的外部效应。假定交易费用为零，能够明确界定产权，那么，双方如何利用市场机制制定协议，以实现损失的最小化？

假定界定牛场的牛无权利吃农场的农作物，而解决纠纷的方式可以是养牛人给予农场主3 000元赔偿（农场主的损失），也可以是养牛人花3 500元修筑栅栅，那么养牛人将选择赔偿3 000元。但如果修筑栅栅的费用不是3 500元，而是2 500元，那么养牛人将选择修筑栅栅。

相反，假定界定牛有权利吃农作物，而解决纠纷的方式或是农场主忍受3 000元的损失，或者是农场主花费3 500元修筑栅栅，那么农场主将愿意忍受3 000元的损失。但如果修筑栅栅的费用不是3 500元，而是2 500元，农场主将愿意花费2 500元修筑栅栅。

从上述分析可以看出，只要能够明确界定产权，外部效应可以内在化，成为牛场或农场的成本。另外，从中还可以看出，在完全竞争条件下，只要能够明确界定产权，而且讨价还价的成本为零，即交易费用为零，能增加的产品价值超过所花费的交易费用，市场调节就可以有效地发挥作用。但是，如果交易费用很高，将难以达成协议，从而不能产生有效的效果。

可见，只要满足科斯定理中提出的条件，市场机制总会找到最有效率的办法，达到一个帕累托最优状态。

延伸阅读

"科斯第二定理"

科斯定理的结论只有在交易成本为零或很小的情况下才能得到。事实上私人市场常常不能解决外部影响问题，这是因为达成和实施协议往往会发生很大成本，甚至通过私人交易解决外部影响对于当事人可能是不划算的。例如，在交易中需请律师、需支出交通费用、谈判本身花费时间、购物及安装也要花费时间等。一旦交易费用高于解决外部影响的最大费用，帕累托最优状态也就无从实现。一般而言，在交易关系较简单、交易物的价值较容易测定的条件下，交易谈判成本较低；如果外部影响的波及面较广，外部影响带来的价值或损害就比较难确定，那么，即使产权关系明确，有关多方也很难达成协议。比如，上游有许多工厂向河流里排放污水，而下游又有许多工厂和居民受害于污水，若要把所有有关方面召集在一起，就每一方所遭受的损害和应得的赔偿讨价还价并达成协议，恐怕极其困难。正因交易是有成本的，所以产权的明确界定并不能保证达到帕累托最优状态，有时本来可以两全其美的交易，却因谈判成本太高而无法成交。

因此，由交易费用为零得出的解决外部影响问题的科斯定理后来被称为"科斯第一定理"。显然交易费用为零的假设在现实中是不存在的，于是，由交易费用大于零又得出了"科斯第二定理"：一旦考虑到进行市场交易的成本，合法权利的初始界定会对经济制度运行的效率产生影响。

由于存在正数的交易费用，产权的调整和重组是有代价的，所以在存在外部影响时，产权交易能否发生，主要取决于产权的一种安排是否比其他安排产生更多的产值。或者说，产权调整和重组后的产值增加量是否大于产权交易过程所产生的成本。否则，产权最优配置以及由此导致的资源最优配置就不会实现。

由科斯第二定理得出的结论是：要降低交易费用，提高资源的配置效率，产权初始界定的合法性就很重要。合法权利的初始界定会避免在契约的谈判、签订和执行过程中的许多扯皮、纠纷、摩擦，甚至毁约或无法达成协议。而最优的产权配置应该是交易费用最低的产权安排。

因此，如果说"科斯第一定理"说的是完全竞争市场机制可以自动导致资源的有效率配置的话，那么，"科斯第二定理"则是说，不同的产权制度和法律制度安排会导致不同的资源配置效率，产权制度是决定经济效率的内生变量。在造纸厂对渔场造成的外在损害的例子里，污染权界定给造纸厂还是界定给渔场，这样界定是否合法、恰当，界区是否清晰，会有不同的效率结果。

第三节 公共物品与市场失灵

在前面所讨论的市场交易中的商品通常是指私人物品，对于私人物品，由于具有排他性和竞争性，由市场来配置其生产和消费，一般是有效率的。但是在现实中还存在许多不具备以上特性的物品，市场无法有效率地调节它们的生产和消费，或者说不可能由私人有效地提供。

在经济中存在的既无竞争性又无排他性的物品通常被称为公共物品。公共物品的生产和消费会出现市场失灵。比如说你晚上回家需要路灯，但成本很高，你自己安装肯定不划算，而且你安装了别人也能不付费就享用，这样就不会有人安装路灯了，但是路灯需不需要呢？肯定是需要的，这时候就不能让私人来提供了，这就是所谓的"市场失灵"。

一、公共物品的特性和分类

（一）公共物品的特性

公共物品的第一个特性是非排他性，即无法排除一些人"不付费便可消费"，或者这种排他是不可能的，或者排他的成本过于昂贵而无法排他。国防就是一个典型的例子，一旦建立起国防体系，所有国民都能从中受益，不能因为某人没有对国防建设支付费用（如从不纳税），而将他排斥在国防力量保卫之外。疾病预防计划也是如此，只要计划得以实施，社区内没有人会被排除在受益范围之外。

公共物品的第二个特性是非竞争性。非竞争性意味着在给定生产水平下，增加一个或多个消费者，并不影响他人从消费中得到的福利。非竞争性商品是指在不需要增加该商品的提供成本的条件下，可以增加对它的消费的商品。如路灯照明，多一个行路者，既不会增加安装路灯的成本，也不会减少他人在夜间行路时从路灯照明中得到的效用。只要有空位，电影院里多一位观众既不会增加电影制作和电影放映的成本，也不影响其他观众的观赏。

（二）物品的分类

物品的竞争性、非竞争性、排他性、非排他性特征，使得物品由于四种可能的组合而形成四个种类。

1. 私人物品

既有排他性又有竞争性的物品称为私人物品。一个苹果，首先具有排他性，你购买、消费，就很容易排除其他人的消费；同时，也具有竞争性，如果一个人吃了这个苹果，另一人就不能吃同一个苹果。

2. 公共资源

只具有竞争性，但无排他性的物品称为公共资源。例如，公共湖泊里的鱼，不具有排他性，因为不可能对任何从湖泊中捕到的鱼都收费；但一部分人从湖泊中捕到的鱼多了，其他人捕到的鱼就少了，这就是竞争性。

3. 纯公共物品

同时具有非排他性和非竞争性的物品称为公共物品，这类公共物品也被称为纯公共物品，如国防、外交、公安、交通安全、基础科学研究等。但是在现实中，纯公共物品毕竟是极端的例子。

4. 准公共物品

如果某些物品在一定范围内无竞争性或可以有效地做到排他，通常称之为准公共物品。例如公园、电影院或俱乐部等。不具有竞争性并不是绝对的，只是在一定范围内，即在未达到饱和状态之前具有排他性而不具有竞争性，比如电影院在所有位置坐满之前，增加若干观众并不影响其他观众的观赏，也无须增加电影院的成本，但消费量达到一定程度后，消费则具有竞争性了。另外也有一些物品，如电视信号，原来具有非竞争性和非排他性，多一台电视机接收电视节目并不会降低其他电视机的接收质量，也不会增加电视节目制作的成本；后来在技术上通过加密变成排他的，不付费的人是无法接收有线电视节目，由此成了可以收费的准公共物品。

二、公共物品与市场失灵

由于公共物品具有极强的外部性，市场就会失灵。公共物品的特殊性质给由市场机制调节其最优生产量带来了麻烦。由于公共物品具有非排他性，一旦有人购买了公共物品，其他人即使不付费，也可以同样享用同一公共物品，也就是在享用公共物品时都想当"免费搭车者"。例如，有人在公寓的楼梯上安装了一盏灯，其他上上下下的人都可以从中得到好处，并不会因不付钱而有丝毫减少。如果每个人都想搭别人的便车，期待他人购买公共物品，结果便会没有公共物品。

另外，由于公共物品具有非竞争性，公共物品一旦供应了，所有的人都能够而且必须享用同一数量，多一人享用该物品丝毫不影响其他人的享用，即多一人享用的边际成本为零。这里，市场供应公共物品遇到了难题：从效率的角度出发，公共物品应该免费供应，但是如果消费者不付费，那又如何来支付公共物品的生产成本呢？显然，分散决策的市场机制对公共物品的配置无能为力。事实上，许多公共物品的供应都是由公共部门来决定的。国防由中央政府提供，其成本则通过税收筹集；街灯、地方治安由地方政府安排，其费用也是靠税收来支付。当然也有一些居民大楼的路灯、楼梯灯等由居民委员会或其他管理机构统一安装维护，费用由各家各户分摊。

相关链接 **政府提供的物品**

实际上许多政府提供的物品在消费中既可以是竞争性的，也可以是排他性的。例如，教育作为一种服务，既有竞争性，又有排他性，政府提供公共教育是因为教育具有外部经济，并不仅仅因为它是公共物品。再如，政府提供的国家公园，入园费的确定把一部分公众排除在外，因为不买票就不能进去消费；同时公园的使用也具有竞争性，在拥挤的情况下，继续进入会减少其他人的效用。可见公共部门（政府）提供的物品与公共物品不是完全相同的。

三、公共物品的供给

对于谁应该供给公共物品这个基本理论问题，传统的观点实际是一种"公共物品供给的政府观"，认为由于公共物品的非竞争性和非排他性，会导致外部性存在，从而出现市场失灵，所以，公共物品只能由政府来供给。但从历史的角度来看，公共物品经历了一个公共性程度逐渐降低的深化过程。近几十年来，在发达国家以及一些发展中国家，从交通到通信、电力、公共服务等方面，私有化的程度都在不断提高。由此可见，随着私人对公共物品生产与提供的参与，当代公共物品有了政府供给、市场供给、自愿供给、社区供给等几种基本供给方式。

（一）政府供给

政府供给是公共物品供给中最常见的一种形式，即政府提供生产公共物品所需的全部资金，并做出所有公共物品的生产计划，交由政府企业或非政府企业来生产，再由政府无偿地向消费者提供，以满足社会的公共消费需要。对于消费者来说，他可以无条件地消费这些公共物品，而不需要付出任何代价或者报酬。属于政府供给的公共物品，主要是一些纯公共物品,如国家安全、气象、基础科学研究、农业技术的研究和推广、大型水利设施、社会科学研究等。

从公共物品受益原则以及供给效率角度分析,全国性公共物品、地方性公共物品等应该分别由中央政府、地方政府等不同级别的政府来提供,因为容易克服公共物品供给与需求不相匹配的矛盾,提高财政资源配置的效率。

相关链接 **政府供给公共物品的两种模式**

1. 政府直接生产公共物品,采取国有国营模式

(1) 体现国家意志的公共物品,如军队、警察、法庭、监狱、法律法规等,由政府依靠公共财政支出,直接投资并组织公共物品生产,然后无偿向社会供给。

(2) 与社会公平分配目标有关的公共物品,如卫生保健、基础教育、社会保障等,一般由政府组织公共物品生产,并通过收费方式向社会公众提供,不过这种收费不是以盈利为目的,而仅仅是对成本进行补偿。

(3) 与社会发展有关的公共物品,如环保、科研等。

(4) 自然垄断类公共物品,如铁路、自来水等,一般由公共企业生产,按盈利原则定价,并向使用人收费。

2. 政府利用市场间接供给公共物品

目前,不少发达国家和发展中国家为了避免国家在供给公共物品时出现低效率,一般采用这种模式。对于同一种公共物品,既由政府供给,也由私人供给,但政府会对供给公共物品的私人予以经济上的补偿。如在美国,1997年,有一半多的私人医院得到政府财政支持,而私立高等学校也不同程度地得到政府资助。政府还可以通过政府采购方式获得市场生产的产品的所有权,然后再作为公共物品无偿向社会提供。

市场在公共物品上的失灵为政府介入提供了依据,但并不意味着政府应该生产全部公共物品,更不等于政府可以完全取代市场提供公共物品,特别是准公共物品。因为:其一,政府部门缺乏足够的利润动机,由政府来生产往往会造成投入—产出效率低下;其二,政府生产、经营具有垄断性,这将导致政府经营的企业缺乏提高效率的压力;其三,根据有关研究,政府部门有追求各自预算最大化倾向,如果政府来生产公共物品,在预算最大化激励下,有可能导致公共物品过度供给。

(二) 市场供给

市场供给是指根据市场需求,主要由市场提供生产公共物品的经费,以盈利为目的,运用收费方式补偿支出的一种模式。在现实中,市场供给的公共物品主要是准公共物品。一般来讲,在市场供给下,生产公共物品所需资金并非完全由私人来提供,政府也会提供部分资金,公共物品的供给者自负盈亏,实行企业化经营,通过收费收回成本,并有一定的利润。公共物品的市场供给可以按竞争的方式进行,但总体是在政府管制下的市场供给,即在政府相关的法规、行业政策和规划的指导和监督下,由私人部门投资和组织生产,并由其自行向社会提供。在当今世界中,私人提供公共物品已有种种成功的范例,如美国的能源、银行、电信、教育等公共物品的供给已全部面向私人开放。

在理论上,只要公共物品存在生产的可分割性,通过一定的价格机制,使生产能够在边际效益等于边际成本($MR = MC$)的资源配置的最优条件下,完成市场交易,公共物品的市

场供给就是可能的。同时,在一定的技术条件下,如果通过市场定价的方式,能够将"免费搭车者"排除在公共物品的消费之外,公共物品由市场供给也是可能和必然的(当然还需要考虑市场交易成本和排他成本)。

相关链接　　　政府与市场供给公共物品的方式

现实中可以采取一些折中办法来协调政府与市场的两难选择。可以采用政府与市场相结合的办法,发挥二者优势,提供公共物品。一般来说,对于准公共物品,政府通常安排给私人生产,采取的方式主要有:授权经营——将现有的公共设施委托给私人公司经营;政府通过优惠贷款、无偿赠款、减免税收、财政补助等,对从事某些经营的私人给予一定资助;在一些大型公共设施建设上政府通过股权收购、国有企业经营权转让、公共参与基金等形式进行参股、政府与企业签订合同提供公共物品等。

(三) 社区供给

对于一个社区来说,不能完全指望政府干预市场和弥补市场失灵,政府功能辐射对社区作用比较有限,需要由社区自己弥补市场失灵和政府失灵。对局限于社区居民消费的产品,出资者应该主要是该社区的消费者,社区是这类公共物品的提供主体,是不同于政府和市场的公共物品供给主体。社区供给公共物品的特点在于它是基于生活聚居区的居民实际需要,由居民根据协商原则集资完成,因此,社区提供公共物品能够很好地弱化"搭便车"问题。社区作为一个自组织在这方面能够在规划布局、出资修路、铺设水电工程、兴办学校等方面发挥作用,满足社区居民对这些公共物品的需求。

延伸阅读　　　　　　　社　　区

社区是社会学的概念,源于拉丁语,本意是共同的东西或亲密的伙伴关系。社区研究起源于西欧,1871年,英国学者H·S·梅因出版的《东西方村落社区》一书中,首先使用了"社区"这个名称。德国学者滕尼斯于1887年在《社区与社会》一书中,首先将"社区"的概念用于社会学研究,将"社区"表述为由具有共同价值取向的、同质的人口组成的关系密切、富有人情味的社会关系或社会团体。由此,社区是指聚居在一定地域范围内的人口所组成的社会生活共同体。社区占有一定的环境和自然资源,有一定数量的人口,有某种共同的行为规范、生活方式和社区意识,有紧密的社会交往,形成地域性群体,并有一定的正式和非正式组织。社区是国家的一个重要层级,其稳定和发展是国家和社会稳定和发展的基础。

(四) 自愿供给

公共物品自愿供给是公民个人或组织,以自愿为基础,以社会捐赠或公益彩票等形式无偿或部分无偿地筹集资金,直接或间接用于教育、体育、济贫等公益用途,并接受公众监督的一种模式。经济学中一般认为,由于存在"搭便车"行为,所以追求利益最大化目标的个人或厂商一般不会主动提供公共物品。然而,在社会现实中,仍然有一些知名企业家、社会名流甚至普通老百姓自愿供给某些公共物品。据调查,美国家庭平均每年捐赠650美元,约占家庭收入的2%~3%,全世界每年都有数千亿美元被捐赠给慈善机构等。人们的利他主义情结、社会道德、集体成员间的相互影响等因素都促使了公共物品的自愿供给。中国历史上的宗族公益组织、宗教寺院的公益组织以及当前国内外普遍存在的志愿者行动，都可视为公共物品自愿供给范畴。

> **相关链接** **公共物品自愿供给的特点**
>
> 一是自愿性。公共物品自愿供给完全是当事人的某种自愿行为，甚至可以理解为一种自发行为，所有的强制都与之无关。
>
> 二是偶然性。自愿供给的发生往往不需要经过某些固定程序（如政府供给中的预算和社区供给中的投票），一般也不会被制度化（以法规的方式固定下来）。因此，自愿供给具有很强的偶然性，一般不知道自愿供给何时、何地发生，更不可能把它制度化、程序化。

此外，公共物品还可以多元化供给或混合提供，即提供公共物品时不局限于某一种方式，而是各种方式的有机结合。多元化供给的公共物品主要有教育、医疗、体育、广播、文化等，政府一般会通过补贴方式参与供给。

四、公共资源的过度使用与保护

（一）公共资源过度使用的后果

公共资源没有明确的所有者，无排他性，人人都可以免费使用，如海洋、湖泊、草场等资源。但它具有竞争性，即一个人对公共资源的使用，会减少其他人对它的使用。然而，在市场机制下，公共资源由于产权不清，每个人在做出自己的使用决策时，往往只追求个人利益最大化，并不考虑自己行为对他人甚至对自己长远利益的影响，在一定条件下，会导致资源的过度使用。著名的寓言"公地的悲剧"就说明了这个问题。

> **延伸阅读** **公地的悲剧**
>
> 公地悲剧，也译为公共地悲剧、共同悲剧。1968年英国的加勒特·哈丁教授在《科学》杂志上发表了《公地的悲剧》一文，首先提出"公地悲剧"理论模型。
>
> 寓言说的是中世纪的一个小镇，许多家庭都有自己的羊群，并靠出卖羊毛来养家糊口。由于镇里的所有草地为全镇居民公共所有，因此，每一个家庭的羊都可以自由地在共有的草地上吃草。开始时，居民在草地上免费放羊没有引起什么问题。但随着时光流逝，追求利益的动机使得每个家庭都尽可能多的养羊。随着羊群数量无节制地增加，公地牧场最终因"超载"而成为不毛之地，牧民的羊最终全部饿死。该镇繁荣的羊毛业也消失了，许多家庭也因此失去了生活的来源。
>
> 是什么原因引起了"公地的悲剧"？为什么大家让羊繁殖得如此之多，以至于毁坏了该镇的共有草地呢？实际上，"公地悲剧"的产生原因在于外部性。当某一家庭增加一只羊到草地上吃草时，就会对草地造成损失，这就是养这只羊的成本。但由于草地是共有的，养这只羊的这种损失（成本）由全镇所有养羊户共同承担，这只羊的所有者只是分担了其中的一小部分成本。这就是说，在共有草地上养羊产生了负外部性，某个家庭增加一只羊给其他家庭带来的损失就是这只羊的外部成本。每一个家庭在决定自己养多少羊时并不考虑其外部成本，而只考虑自己分担的那部分成本，因此，养羊家庭的私人成本低于社会成本，这导致羊的数量过多。全镇所有养羊家庭都这样做，羊群数量不断增加，直至超出草地的承受

能力。

"公地的悲剧"说明,当一个人使用公共资源时,就减少了其他人对这种资源的享用。由于这种负外部性,公共资源往往被过度使用。解决这个问题的最简单方法就是将公共资源的产权进行重新构造,使之明确界定,即将公共资源变为私人物品。在上例中,该镇可以把土地分给各个家庭,每个家庭都可以把自己的一块草地用栅栏圈起来。这样,每个家庭就承担了羊吃草的全部成本,从而可以避免过度放牧。如果公共资源无法界定产权,则必须通过政府干预来解决。如采用政府管制、征收资源使用费等办法来减少公共资源的使用。

现实中,有许多公共资源,如共有草原、清洁的空气和水、石油等矿藏资源、大海中的鱼类、许多野生动植物等,都面临与"公地悲剧"一样的问题。

案例分析　　　　　**海洋鱼类资源的枯竭**

设想在沿海地区,多数家庭都有自己的渔船,以打鱼为生。渔民都在附近的海里捕鱼,海洋归国家所有,每一家能捕多少鱼就可以捕多少鱼。随着时光流逝,捕鱼的人在增加,对海洋产品的需求也在增加,导致对鱼类的捕捞越来越超出海洋的承受能力,海洋资源开始减少且日益枯竭,变得无鱼可捞。最终许多家庭将失去生活来源。为什么会发生这样的悲剧呢?

分析:假定鱼类产品市场是完全竞争的,对渔民而言,鱼的价格可以看作是外部给定的。随着捕捞数量的增加,海洋具有了竞争性,从而捕鱼也就有了外部性,此时捕鱼的边际社会成本等于边际私人成本,加上它所造成的海洋鱼类资源减少给其他渔民带来的损失。按照社会资源使用的最优原则,每一家的有效捕捞量应该由捕捞的边际社会成本等于边际收益来决定。但是,在海洋共有这样一种产权安排下,每一个家庭做决策时,并不考虑对他个人捕捞所带来的外部成本,只考虑自己的私人成本,按照个人利益最大化原则确定捕捞量,每家选择的捕鱼量将是大于社会要求的最优捕捞量。正是由于海洋资源具有的非排他性和竞争性,最终导致了海洋资源的枯竭。

另外,道路既可以是公共物品,也可以是公共资源。如果道路不拥挤,一个人使用道路就不会影响其他任何人。在这种情况下,使用道路就没有竞争性,道路是公共物品。但是如果道路是拥挤的,当一个人在路上开车时,道路就变得更加拥挤,其他人必然开得更慢,使用道路有了竞争性,道路就成为公共资源。

(二) 公共资源保护措施

上述分析提出了有效保护公共资源的重要性。解决这一问题有许多可供选择的办法。政府通常通过管制其行为或者实行收费,以减轻过度使用。

针对草场过度放牧问题,可以通过征税把外部影响内部化;或者拍卖有限数量的许可证;也可强制实施一定期限的休牧;还可实行产权改革的办法,即将草场使用权分给每个家庭,每个家庭用栅栏圈起自己的草地,以防止过度放牧等。

对已经明确产权的共有江河湖泊、近海水域的捕捞问题,也同样可以采取征税、拍卖有限数量许可证、强制休渔等办法解决,但公海捕捞是较难解决的问题。

针对矿藏开采问题,在所有者产权明确的情况下,所有者之间可以就如何开采和如何分配利润达成协议;但有许多所有者时,私人解决是较为困难的,此时政府管制可以保证有效地开采。

为解决道路拥挤问题，实行的办法是收取道路通行费（也可以是交通高峰定时收费）和汽油税，不过这些办法并不能完全解决道路拥挤问题。

五、公共物品与公共选择

公共物品的特性使人想到一般的公共决策如政策、法律、宪法等。这些公共决策一旦被制定，它们对所有受管辖的公民产生同样的效力，正如一条街上的居民享用同一盏路灯一样。对公共物品的研究引起了经济学对公共选择的兴趣。

公共选择可以看作在一系列可行的社会状态之间的选择。公共选择的一个重要方式是投票表决。投票表决是指社会成员用投票方式决定公共物品的生产，这种决策机制是非市场集体决策，即公众通过投票把个人关于公共物品的需求偏好反映出来，并取得协调，然后政府根据投票结果进行决策，作为社会对公共物品的选择加以贯彻执行。投票的过程实际上可以理解为显示社会偏好的过程。

例如，原来人们过河需要买船票乘渡船，现在政府决定建一座桥，需要每人如实报告这座桥对各人的价值，包括所有通过桥梁的车辆、人员使用渡船的费用，也包括其他如桥梁昼夜发挥作用、通过能力比渡船大、而且更安全、迅速等。结果是想要建桥的人夸大桥梁的价值，投了赞成票，反对建桥的人竭力贬低桥梁的作用，投了反对票。

借助投票方式决定公共物品的生产，一般要遵循一定的投票规则，依据非市场集体决策机制的特点，投票规则主要分为一致同意规则、多数规则、加权规则、否决规则，这几种规则各有利弊。由于表达个人对公共物品偏好的机制本身不是帕累托最优的，所以，表决并不能根本解决公共物品最优生产效率配置的问题，它只是一种以民主方式解决公共决策的权宜之计。

延伸阅读　　　　　　　　　　　投票规则

1. 一致同意规则。一致同意规则是指一项集体行动方案要在全体投票人都认可的情况下才能实施。这里的"认可"意味着明确赞成或者至少不反对，或者说，在一致同意规则下，每一个参加投票者都对将要达成的集体决策拥有否决权，如果有一个反对，则相关议案即被否决。显然，这一方案不仅可以避免发生"免费搭便车"行为，而且充分保证了每一个参加者的利益，满足了全体投票人的偏好。但是缺陷是决策成本太高，甚至在很多情况下根本无法达成协议。

2. 多数规则。多数规则是指一项集体行动方案须得到所有参加者中的多数认可才能实施，分为简单多数与比例多数规则。简单多数规则规定，赞成票超过总数的一半，方案就算通过；比例多数规则要求赞成票要占总数的三分之二以上，才算有效。与一致同意规则相比，多数规则虽然协商成本较低，也容易达成协议，且能增进多数人的福利，但是总的来看，多数规则使少数人的福利受损失，甚至可能出现"收买选票"的现象。

3. 加权规则。加权规则是指按照重要性不同，给参加者的意愿"加权"，即分配选举的票数。所谓加权原则，就是按实际得到的赞成票数而不是人数的多少来决定集体行动方案。一项集体行动方案对不同的参加者会有不同的重要性，相对重要的，拥有的票数就较多，相对不重要的，拥有的票数就较少。

4. 否决规则。否决规则是指每个参加对集体行动方案投票的成员首先提出自己认可的方案,汇总之后,再让每个成员从中否决掉自己所反对的那些方案。这样,最后剩下的没有被否决掉的方案就是所有成员都可以接受的选择结果了。如果有多个方案留了下来,就再借助于其他投票规则进一步进行选择。

第四节　信息不对称与市场失灵

信息对人们的预期和选择有很大的影响,但是,在信息不完全或信息不对称的情况下,市场体系就不会有效率地运作。要完成交易,只能靠买卖双方并不十分可靠的信赖,市场的作用受到了很大的限制,由此产生一种与信息相关的市场失灵。

一、信息不完全与信息不对称

(一) 信息不完全

因为信息是一种有价值的资源,并且分布通常是分散的,获取信息往往需要付出一定的成本,有时甚至是根本不可能获取到某信息,或者说获取该信息的成本无穷大。因此,理性的信息消费者通常总是按照边际原则来搜寻信息,这意味着人们在许多情况下并不具备完全信息。同时,信息又不同于一般商品,人们在购买普通商品时,先要了解它的价值,看看是否值得去购买。但是,购买信息商品却无法做到这一点。人们之所以愿意出钱购买信息,是因为还不了解它,一旦了解了它,就没有人愿意再为此进行支付。

所以,在现实经济中,信息常常是不完全的,甚至是很不完全的。信息不完全不仅是指信息在绝对意义上的不完全,即由于知识能力的限制,人们不可能知道在任何时候、任何地方发生和将要发生的任何情况,而且还指信息在相对意义上的不完全,即市场经济本身不能生产出足够的信息并有效地配置它们。

(二) 信息不对称

对于不同的交易参与者,获取信息的成本是不同的,因而获取到的信息量也就不同。例如,一个经过训练的汽车修理工比一位经济学教授更清楚二手车的质量;一位企业经理几乎无须花费任何成本就知道自己的努力水平,而企业所有者即使花费巨大成本却难知其详。为什么一些人愿意花重资上名牌大学?为什么有那么多人明知没有什么实际意义还要去获取一个文凭甚至伪造文凭?原因是教育具有信号传递的作用,名牌大学和高学历都可以作为将来找工作时向雇主传递高能力的信号。这表明个人拥有的信息水平是有差异的,即不同经济主体拥有的信息量不相等或不平衡,这就是所谓的信息不对称。俗话说"从南京到北京,买的不如卖的精"这其中的道理就是信息不对称。

二、非对称信息导致的"逆向选择"和道德风险

(一) 逆向选择

在市场运行中,经常看到存在一些与通常规律不相一致的现象。如在市场经济中对一般商品的需求规律是,如果某种商品价格降低,对该商品的需求量就会增加,即需求曲线向右下方倾斜;而对一般商品的供给规律是,如果某种商品价格上升,对该商品的供给量就会增加,即供给曲线向右上方倾斜。但是当消费者掌握的市场信息不完全时,商品的需求量就会

随着价格的下降而减少；当生产者掌握的信息不完全时，商品的供给量也会随着价格的上升而减少，出现了所谓的"逆向选择"问题。"逆向选择"的存在，意味着市场的低效率，意味着市场的失灵。

简单地讲，"逆向选择"就是指在信息不对称的情况下，由于交易的一方无法观察到另一方重要的外生特征，使交易市场上出现"劣币驱逐良币"或劣质品驱逐优质品的现象。

现实生活中有很多逆向选择的例子，比如婚恋市场的逆向选择。我们经常看到一对男女，男的不如女的漂亮，为什么呢？这也是由于信息不对称造成的逆向选择的结果。假设，某优秀的男生甲和另一男生乙共同追求美丽的女生。男生乙自知在相貌、品学和经济实力等诸方面均不如男生甲，所以追求攻势格外猛烈；而优秀男生甲虽然也喜欢该女生，但碍于面子，也由于自恃实力雄厚，追求时内敛含蓄不温不火。该女生实际上喜欢甲要胜过乙，但女孩子的自尊心，再加上信息不对称——不知道甲是不是喜欢她，所以会显得很矜持。最后的结果是不如甲的乙追到了美丽的女生。这种由于信息不对称而造成的"逆向选择"的结果，在我们的生活中屡见不鲜。

相关链接

劣币驱逐良币

"劣币驱逐良币"是经济学中的一个著名定律。该定律是这样一种历史现象的归纳：

在铸币时代，当那些低于法定重量或者成色的铸币——"劣币"进入流通领域之后，人们就倾向于将那些足值货币——"良币"收藏起来。最后，良币将被驱逐，市场上流通的就只剩下劣币了。然而，"劣币驱逐良币"的困境并不是无法摆脱的，只要使信息流动充分，优劣区分明确，这个问题就能解决。

应该说，劣币与良币是可以共存的，不同品质或等级的物品和行为共存都是很正常的。乡镇企业生产的几十元钱一双的运动鞋并不会驱逐几百甚至上千元一双的耐克运动鞋，反之亦然。关键是运动鞋市场上有一个信息对称的竞争环境和市场定价机制，使得不同的鞋有不同的市场价格，消费者各取所需。然而，如果乡镇企业的运动鞋可以私自挂上耐克商标而不受到追究，所有的企业就都会去仿造生产这种成本低、利润高的运动鞋了。这时，"劣币驱逐良币"原则就发挥作用了。

可以看出，充分的竞争环境和完整的信息是市场正常运行的保障。

次品市场是一个具有代表性的信息不对称的例子。假如你最近刚刚买了一辆新车，但由于突发事件急需用钱，于是决定把这辆车卖掉。结果你会发现，尽管你的车还非常新，但却不得不以大大低于其实际价值的价格出售它。为什么会出现这种情况呢？原因就在于买卖双方存在着产品质量信息上的不对称性。通常，卖者对旧车质量的信息多于买者。对于一辆质量很好的车，买者也可能怀疑其质量有问题；而对于一辆有问题的车而言，卖者也可能为了把这种"次品"推销出去而不告诉买者实情。从而，质量高低不同的车出现在同一市场上，可能按相同的价格出售，买者只会按一个平均质量支付价格。这样一来，高质量的旧车就不愿意低价出售，低质量的旧车充斥在市场上，导致买者进一步压低价格。最终实际成交的高质量车所占比重更少，直至低质量的车全部售完。这就是低质量产品将高质量产品驱逐出市场的"逆向选择"现象。

尽管上述结果是在只有两种质量产品的条件下得到的，而高质量的产品被完全驱逐出市场的情形也是一种极端。但可以肯定的是，在达到均衡时，消费者购买到的高质量轿车占比重要比事先确切知道它们的质量时要低。低质量产品把高质量产品逐出市场本身就意味着市场运行失效。

案例分析　　　　　二手车市场的"逆向选择"

在二手车市场上无论所卖的车质量如何，卖家总比买家精。

假如你去买二手车，市场上正好有两辆你要想买的汽车，外观差不多但价位不同，一辆10万元，另一辆车7万元，那现在问你，你愿意付多少钱买这辆车？你可能说8.5万元，因为平均价值是8.5万元，10万元的车主因为自己的车质量高不会8.5万元卖给你，而7万元的车主愿意卖给你。这就是次品充斥市场、质量好的商品被驱除出市场的"逆向选择"。

讨论题：在什么情况下会出现"逆向选择"？用什么办法可以解决逆向选择？

案例简析：由于信息不对称出现了逆向选择。解决问题的办法有很多，比如可以告诉买者卖的是好车，如果买者不信，卖方可以负担全部或者大部分费用找专家检验汽车；或者与买者达成一份具有法律效力的合同，规定如果是质量差的车则包赔一切损失等。这实际上是在做信号传递的工作。另外，政府管理部门要进行行政干预，建立二手车交易的管理部门、设立权威的鉴定部门等。

旧车市场只是信息不对称造成市场失灵的一个标准化例子，事实上这种情况在许多市场上都会出现。在消费者信息不完全的条件下，降低商品价格不一定能刺激对该商品的需求；同样，在生产者信息不完全的情况下，提高该商品的价格也不一定能够刺激该商品的供给。

（二）道德风险

逆向选择是属于事前非对称信息下的情况，即信息的不对称发生在市场交易双方签约之前，比如就业市场上当工资为平均值时，在招聘实际完成之前就已经发生了逆向选择（能力低的工人留在招聘市场而能力高的人却不得不离开）。

在现实的经济活动中，不仅在交易合同签订之前，会出现由于信息不对称导致的逆向选择问题，在交易合同签订之后，还会存在另一类信息不对称。交易的一方具有另一方难以监督的行为或难以获得的信息，在这种情况下，具有私人信息的一方，在签订合同后，有可能采取有悖于合同规定的行为，以最大化自己的利益，同时损害另一交易方的利益，这就是所谓的"道德风险"。道德风险问题是属于事后非对称信息下的情况。

所谓道德风险是指当信息不对称时，交易的一方无法观察到另一方所采取的行动，由此所发生的具有私人信息或信息优势的一方故意不采取谨慎行动，而导致另一方利益受损的情况。典型领域就是保险市场，个人在获得保险公司的保险后，对于投保人来说，随着预防不测事件费用的增加，不测事件发生的可能性会降低；但是，在信息不对称的条件下，如果保险费用既定，且保险赔偿额较高，那么，投保人倾向于减少防止不测事件发生的费用支出，会降低防范意识而采取更冒险的行为，如驾车不守规则、不注重身体健康、不防范意外风险等，使发生风险的概率增大，由此就会加重保险公司的赔偿。

相关链接　　　　　保险市场上非对称信息导致的后果

在保险市场中，买方拥有更多的信息，保险购买者非常清楚自己的情况，但卖方即保险公司对投保人的情况难以全面了解。例如，在保险市场中，年龄超过某一临界水平的人，通常难以买到医疗保险。这是因为他们患疾病尤其是严重疾病的可能性太高吗?事实并非如此,原因在于信息不对称。虽然保险公司可以通过医疗检查来了解保险购买者的健康情况,但保险购买人对自己的健康状况仍然比保险公司更清楚。那些比较健康的人,由于知道自己的风险低,通常购买保险的心情不如不健康的投保人那么迫切,也不愿意为保险支付较高的价格;而那些不健康的人,更有可能选择购买保险,也愿意支付较高的费用。

这就产生一个重要结果:迫使保险公司提高保险价格。但是价格的提高减少人们对保险的需求,而在减少的保险需求中,主要的却是那些相对"好"(健康)的投保人对保险的需求,他们不愿意为保险支付过高的价格;在留下来的投保人中,主要的则是那些相对"坏"(不健康)的投保人,由于他们具有的风险较大,宁愿为得到保险支付更高的费用。

随着保险价格的上升,投保人的结构就会发生变化:不健康的投保人所占比例越来越大,健康的投保人所占比例越来越小,由此保险公司对每一投保人的平均赔偿也将增加,这也表明保险公司的平均损失将随着保险价格的提高而提高。若保险公司为弥补损失而继续提高价格,会进一步将那些比较健康的人逐出市场,投保人结构会急剧恶化。

由此,又产生了在旧车市场所看到的"逆向选择"问题,可能出现的一个极端是:所有想购买保险的人都是不健康的人。这样,对于保险公司而言,出售保险已无利可图,保险市场也就不会产生了。

三、非对称信息下市场失灵的校正

(一)政府介入

市场机制不能解决或者不能有效解决非对称信息导致的市场失灵,这为政府在市场发挥作用提供了依据。如在保险市场,政府为一定年龄以上的老年人提供保险,就有助于消除"逆向选择"问题。政府也可通过相关的规定与措施尽可能保证消费者和生产者能够得到充分和正确的市场信息,即增加市场的"透明度"。

(二)其他机制

政府介入并不是消除非对称信息问题的唯一途径,声誉、标准化、市场信号机制等也有助于解决这类问题。高质量产品的销售者往往在销售过程中建立声誉来向购买者传达有关其产品的信息,并以适当激励让购买者相信其产品是高质量的。在日常生活中,很多消费者常常根据企业的声誉来做出决策。

案例分析 **信息不对称——西瓜的故事**

西瓜是一种具有信息不对称特征的物品。卖西瓜的摊主一般都有丰富的选瓜经验,而一般消费者则是门外汉。消费者如何能吃上好西瓜呢?

如果某瓜摊的摊主与众不同,总是说:"如果回去切开后不沙不甜,尽管拿回来换;别因为瓜不好以后就不到我这来了。"当消费者真的换过瓜,就会总到他那里买瓜,结果吃的都是好西瓜;而他也因为拥有忠实的顾客,生意做得很好。

人们常说,"吃亏上当就一回"。这并不是说,这次喝了假"茅台",下次就一定能够辨别茅台酒的真假;而是说,人们总会记得,他们是从哪里、从谁那里买的伪劣产品,下次不会再到那里去买了。具有"信息不对称"性质的商品的真假优劣不好辨认,卖这些商品的人却好辨认。

所以，信息不对称也有其另外一面：它虽然会在短期内给一些钻营取巧之徒带来欺骗消费者的便利，但长期看，也会给一些正直、聪明的企业家创造脱颖而出的机会。通过主动消除因信息不对称而给消费者带来的疑虑的方法，就会吸引大量顾客。例如，某一生产鸭绒制品的公司在商场开设透明车间，当场为顾客填充鸭绒被，就消除了生产者和消费者之间的信息不对称。

（资料来源：经济学阶梯教室，http：//www.gjmy.com/alxx。）

价格信号是能够缓解逆向选择问题的另一个机制，是指产品卖方通过信号向买方传达有关产品质量的信息。如在劳动市场，待雇者（卖方）把受教育程度作为一个高生产率信号，向厂商传递关于自己生产率的信息，以利于获得与自己生产率相匹配的工资。在产品市场，那些想卖出较高价格的生产高质量产品的厂商，可以通过签订内容广泛的保证书来向消费者传递质量信号，因为签订这样的保证书给生产高质量产品的厂商带来的成本较低；而对于生产低质量产品的厂商，签订这样的合同成本较高，所以他们一般不愿意签订这样的合同。因此，保证书就成为一个显示质量的信号。

本章小结

市场经济机制并不总是能够达到资源有效配置的目标，经济生活中经常出现市场失灵的现象。本章主要介绍市场失灵的四种情况，即外部性、公共物品、垄断（本章未详细讲述）和非对称信息以及解决相关问题的策略及措施。通过学习，学生可以掌握市场失灵的概念、原因以及外部性、公共物品及非对称信息的理论知识等，熟悉市场失灵的治理措施，能够利用所学知识对微观经济领域的市场失灵问题进行分析。

关键概念

市场失灵　外部性　公共物品　非对称信息　逆向选择　道德风险　科斯定理

复习思考题

一、名词解释

市场失灵　外部性　公共物品　非对称信息　正外部性　准公共物品

二、选择题

1. 市场失灵是指（　　）。
   A. 私人部门和公共部门之间资源配置不均
   B. 不能产生任何有用成果的市场过程
   C. 以市场为基础的对资源的低效率配置
   D. 收入分配不平等
2. 当人们无偿地享有了额外的收益时，称作（　　）。
   A. 公共物品　　　B. 外部不经济　　　C. 交易成本　　　D. 外部经济
3. 某一经济活动存在负外部性是指该活动的（　　）。

  A. 私人成本大于社会成本   B. 私人成本小于社会成本
  C. 私人利益大于社会利益   D. 私人利益小于社会利益

4. 周围人吸烟会给你带来危害属于（　　）。
  A. 生产正外部性 B. 消费正外部性 C. 生产负外部性 D. 消费负外部性

5. 上游工厂污染了下游居民的饮水，按照科斯第一定理，（　　）问题就可以解决。
  A. 不管产权是否明确，只要交易成本为零
  B. 只要产权明确，且交易成本为零
  C. 只要产权明确，不管交易成本有多大
  D. 不论产权是否明确，交易成本是否为零

6. 当某项生产活动存在负外部性时，其产量（　　）帕累托最优产量。
  A. 大于   B. 小于
  C. 等于   D. 以上三种情况均有可能

7. 市场不能提供纯粹的公共物品，是因为（　　）。
  A. 公共物品不具有排他性   B. 公共物品不具有竞争性
  C. 消费者可以"免费搭便车"   D. 以上三种情况都是

8. 政府提供的物品（　　）公共物品。
  A. 一定是 B. 不都是 C. 大部分是 D. 少部分是

9. 为了提高资源配置效率，政府对竞争性行业厂商的垄断行为（　　）。
  A. 是限制的   B. 是提倡的
  C. 不管的   D. 是有条件地加以支持的

10. 交易双方信息不对称，会导致（　　）的产生。
  A. 逆向选择 B. 道德风险 C. 市场失灵 D. 以上三种情况

三、问答题

1. 如何理解市场失灵？分析市场失灵产生的原因。
2. 简述外部性的矫正措施。
3. 试列举我们身边的"外部性"现象。
4. 简述公共物品的特征及供给。
5. 分析劳动力市场的信息不对称现象。

四、案例分析

  在一条河的上游和下游各有一个企业，上游企业排除的工业废水经过下游企业，造成下游企业的河水污染，为此两个企业经常争吵，上游企业与下游企业各自都强调自己的理由。
  思考：那么，怎样使上游企业可以排污，下游企业河水又不被污染呢？

第七章

"蛋糕"该怎样分——分配理论

学习目标

掌握工资、利息、地租和利润理论；
掌握洛伦斯曲线与基尼系数；
能够运用工资、利息、地租和利润理论解释收入差距的原因；
能够运用平等和效率的关系分析我国现行的收入分配政策。

学习建议

本章的中心是用价格理论来解决"为谁生产"的问题，即解决收入分配问题。延伸阅读部分可供学有余力者学习。建议学习时间为 6~8 课时。

导入案例

NBA 停摆谁之过？

2011 年冬天，姚明离开了 NBA 球场，坐进了上海交大的课堂。电视荧幕中不断重复的那些校园画面，仿佛让人忘却了一个事实——NBA 停摆了。那些曾与姚明并肩战斗的球员，如今坐上了谈判桌，为自己的工资待遇争得面红耳赤。对于篮球迷来说，这可是个难以理解的坏消息，一群年薪动辄百万千万美元的富翁，却因为一点工资放弃球迷的热望，是不是也太过分了？

瘪了赛季　鼓了钱包

别为千万富翁们的罢工表示惊奇，这早已不是 NBA 第一次劳资纠纷。或者还不如说，为了薪资闹一闹，早就成了 NBA 的例行节目。每过几年，球迷们都可以欣赏一次。最著名的一次劳资纠纷，要数 20 世纪 90 年代的著名事件"缩水赛季"。

事件还要追溯至 1998 年，彼时 NBA97—98 赛季刚刚过去，NBA 的老板们正在为联盟发展不平衡所困扰。由于球队收入两极分化过于严重，试图限制球员收入的提案开始抬头。这样的提案自然得不到球员的支持，代表球员利益的球员工会，立即开始了谈判工作。谈判的一方想通过缩减员工工资的方法减少成本，另一方却想保住并提高自己的工资，从老板手中再争一点"肉汤"，这样的谈判能够得到什么样的结局，实在是难以预料。最终，劳资双方的利益诉求差距过大，导致劳资谈判趋向破裂，球员开始罢工。直到1999年1月，NBA的老板们做出妥协，NBA才得以恢复。此时NBA已停摆了半个赛季，每支球队草草进行了50场比赛就匆匆结束了。缩水的比赛，球迷们自然看得也索然无味，NBA最终收获了一个"悲催"的赛季。

"悲催"的赛季，却保住了球员们的饭碗，正可谓"瘪"了赛季，鼓了钱包（当然，是球员们的钱包）。

替人讨钱的美国工会

一个个年薪以千万美元计的球员，为何会与老板撕破脸皮？这其中少不了球员工会的推波助澜，也正是美国独特的工会组织，引发了一次又一次著名的罢工事件。

美国工会并非统一组织，按照行业组织，美国工会种类众多、规模不一，不光有篮球球员工会、汽车工人工会，甚至在一个行业中，都会有多家工会互相竞争。

同一个行业中的工会，还有什么可竞争的呢？当然是工会的实力，一个合格的工会，能代表会员出面和资方协商劳动合同，正所谓"团结力量大"，有了工会的力量，员工的劳动条件、工资福利就能够得到保障。谈判实力越高的工会，自然就能吸引更多的会员，收到更多的年费。

竞争的结果是，美国许多行业中都有了规模超大的工会团体，NBA的球员工会正是其中之一。如今NBA球员们令人艳羡的待遇，便是数十年来球员工会交涉和谈判的结果。

（资料来源：吴楠，北京晚报。）

19世纪法国经济学家萨伊曾提出了一个"三位一体"的公式。这就是：劳动—工资，资本—利息，土地—地租。以后英国经济学家马歇尔又在此基础上增加了企业家才能—利润，而成为"四位一体"公式。这个公式概括了经济学分配理论的中心，即在生产中，工人提供了劳动，获得了工资，资本家提供了资本，获得了利息，地主提供了土地，获得了地租，企业家提供了企业家才能，获得了利润。简言之，各种生产要素都根据自己在生产中所做出的贡献而获得相应的报酬。

第一节　工资、利息、地租和利润

一、工资理论

（一）完全竞争市场上工资的决定

这里所说的完全竞争是指在劳动市场上的完全竞争状况，无论劳动力的买方或卖方都不存在对劳动的垄断。在这种情况下，工资完全由劳动的供求关系决定。

1. 劳动的需求

厂商对劳动的需求取决于劳动的边际生产力。劳动的边际生产力是指在其他条件不变的情况下，增加一单位劳动所增加的产量。劳动的边际生产力是递减的。厂商在购买劳动时要使劳动的边际成本（即工资）等于劳动的边际产品。如果劳动的边际产品大于工资，劳动的需求就会增加；相反，如果劳动的边际产品小于工资，劳动的需求就会减少。因此劳动的需求曲线是一条向右下方倾斜的曲线，表明劳动的需求量与工资呈反方向变动，可用图7-1来说明这一点。

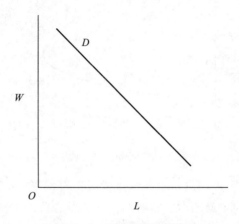

图7-1 劳动的需求曲线

在图7-1中，横轴代表劳动的需求量，纵轴代表工资水平，D为劳动的需求曲线。

2. 劳动的供给

劳动的供给主要取决于劳动的成本。劳动的成本包括两类：一类是实际成本，即维持劳动者及其家庭生活必需的生活资料费用，以及培养、教育劳动者的费用；另一类是心理成本，劳动是以牺牲闲暇享受为代价的，劳动会给劳动者心理上带来负效用，补偿劳动者这种心理上负效用的费用就是劳动的心理成本。

劳动的供给取决于多种因素，如劳动工资率、人口增长率、劳动力的流动性、移民的规模等。同时它也有自己的特殊规律。撇开其他因素不说，只说劳动工资率和供给量的关系，一般来说，工资率上升时，劳动供给量会增加。因为一方面原来的就业者可能愿意多干一些活；另一方面，本来不想工作的人在工资率上升时可能也想干活了。这样，劳动的供给曲线会呈向右上方倾斜的形状。

但是当工资率水平上升到一定程度时，劳动供给量不但不会增加，反而会减少，此时劳动的供给曲线会向后弯曲。这是因为，工资收入增加到一定程度后，货币的边际效用递减，不足以抵消劳动的负效用，从而劳动就会减少，可用表7-1和根据表7-1作出的图7-2来说明这一点。

表7-1 劳动的供给

工资/（元·小时$^{-1}$）	劳动供给量/小时
3	1 500
4	2 000
5	2 500
7	2 500
9	2 100
12	1 500

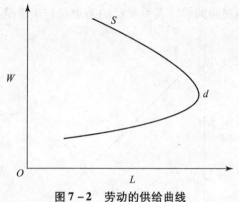

图 7-2 劳动的供给曲线

在图 7-2 中，横轴代表劳动供给量，纵轴代表工资水平，S 为劳动的供给曲线。在拐点 d 之前，劳动的供给量随工资的增加而增加；在 d 点之后，工资增加而劳动供给量减少，这时的供给曲线被称为"向后弯曲的供给曲线"。

3. 工资的决定

劳动的需求和供给共同决定了完全竞争市场上的工资水平，可用图 7-3 来说明这一点。

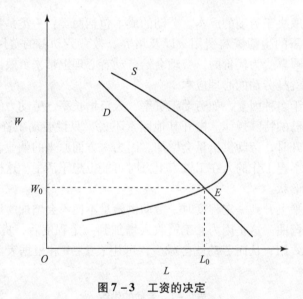

图 7-3 工资的决定

在图 7-3 中，劳动的需求曲线 D 与劳动的供给曲线 S 相交于 E，这就决定了工资水平为 W_0，这一工资水平等于劳动的边际生产力，这时劳动的需求量与供给量都是 L_0。30 年代前的西方经济学家一般认为，当劳动的需求大于供给时，工资会上升，从而增加劳动的供给，减少劳动的需求；当劳动的需求小于供给时，工资会下降，从而减少劳动的供给，增加劳动的需求。正如价格的调节使物品市场实现供求相等一样，工资的调节也使劳动市场实现供求相等，并保证充分就业。

（二）不完全竞争市场上工资的决定

1. 不完全竞争劳动市场

不完全竞争是指劳动市场上存在着不同程度的垄断。这种垄断有两种情况：一种是劳动者对劳动的垄断，即劳动者组成工会，垄断了劳动的供给；另一种是厂商对劳动购买的垄断。当然,这两种情况的结合就是双边垄断,即卖方与买方都有一定程度的垄断。在不完全竞争的市场上,工资可能高于或低于劳动的边际生产力。这里我们主要分析工会的存在(即劳动市场上卖方垄断)对工资的影响。

延伸阅读

工 会

在西方国家中,工会是工人自己的组织,是在与资方进行各种形式经济斗争,争取更好的工作条件与工资水平的斗争中成立发展起来的。工会一般是按行业组织的,例如,美国的篮球球员工会,也有的是跨行业的组织,例如,美国的劳联—产联。工会不受政府或政党操纵,完全是独立的,它也不是像政党那样的政治组织,而只是维护工人权益的经济组织。

在社会中,工会、政府、企业被认为是三个并列的组织。在工资决定中,工资水平一般是由工会与企业协商确定的,政府在其间起一种协调作用。因为工会控制了入会的工人,而且工会的力量相当强大,所以,在经济学中被作为劳动供给的垄断者,并以这种垄断来影响工资的决定。

2. 工会影响工资的方式

第一,增加劳动的需求。在劳动供给不变的条件下,通过增加对劳动需求的方法来提高工资,不但会使工资增加,而且可以增加就业。这种方法对工资与就业的影响可用图7-4来说明。

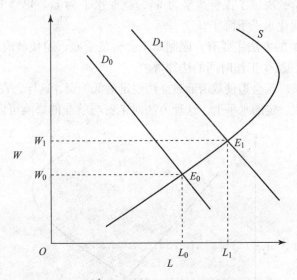

图7-4 增加劳动的需求对工资的影响

在图7-4中,劳动的需求曲线原来为D_0,这时,D_0与S相交于E_0,决定了工资水平为W_0,就业水平为L_0。劳动的需求增加后,劳动的需求曲线由D_0移动到D_1,这时D_1与S相交于E_1,决定了工资水平为W_1,就业水平为L_1。$W_1 > W_0$,说明工资上升了;$L_1 > L_0$,说明就业水平提高了。

工会增加厂商对劳动需求的方法最主要的是增加市场对产品的需求,因为劳动需求是由产品需求派生而来的。增加对产品的需求就是要通过议会或其他活动来增加出口,限制进口,实行保护贸易政策。在增加对产品需求这一点上,工会与企业是共同的。

第二,减少劳动的供给。在劳动需求不变的条件下,通过减少劳动的供给同样也可以提高工资,但这种情况会使就业减少。这种方法对工资与就业的影响可以用图7-5来说明。

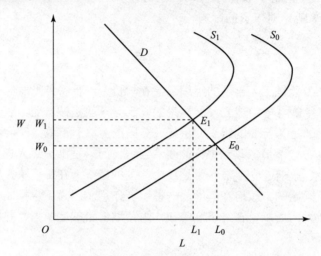

图7-5 减少劳动供给对工资的影响

在图7-5中,劳动的供给曲线原来为S_0,这时S_0与劳动的需求曲线D相交于E_0,决定了工资水平为W_0,就业水平为L_0。劳动的供给减少后,劳动的供给曲线由S_0移动到S_1,这时S_1与D相交于E_1,决定了工资水平为W_1,就业水平为L_1。$W_1 > W_0$,说明工资水平上升了;$L_1 < L_0$,说明就业水平下降了。

工会减少劳动供给的方法主要有:限制非工会会员受雇,迫使政府通过强制退休、禁止使用童工、限制移民、减少工作时间的法律等。

第三,最低工资法。工会迫使政府通过立法规定最低工资,这样,在劳动的供给大于需求时也可以使工资维持在一定的水平上。这种方法对工资与就业的影响可以用图7-6来说明。

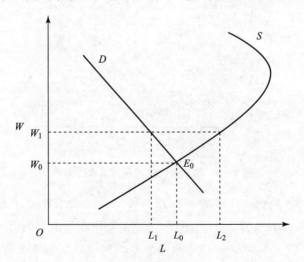

图7-6 最低工资法对工资的影响

在图7-6中,劳动的需求曲线D与供给曲线S相交于E_0,决定了工资水平为W_0,就业水平为L_0。最低工资法规定的最低工资为W_1,$W_1 > W_0$。这样能使工资维持在较高的水平。但在这种工资水平时,劳动的需求量为 L_1,劳动的供给量为 L_2,有可能出现失业现象。

应该说,尽管劳动市场上的垄断因素对工资决定有相当大的影响,但从长期来看,还是劳动的供求状况在起决定性作用。劳动的供求是决定工资的关键因素。

相关链接

工资指导价格

梁晓声在《中国社会各阶层分析》一书中痛斥了"新富"的种种行为。他绘声绘色地讲到,有一家生产出口花被的私人企业,每条花被出口价150元人民币。而小老板付给工人的工资每月仅有150元。小老板所在的地方,农村有大量剩余劳动力,农村收入也远远低于每月150元的水平,因此会有大量农村少女来此找份工作,而做花被是一种极为简单的工作,是任何普通人都能从事的劳动。当农村存在大量剩余劳动力时,想从事这种简单劳动的人是很多的,这就是说,劳动力的供给是很大的。在这种情况下,企业主为了获取丰厚的利润,尽量压低工人的工资,以降低成本。这样就造成了工人工资极为低下,生活贫困,以及社会两极分化,贫富悬殊,甚至社会动荡。为了禁止企业主压低工人工资的现象,一些地方先后出台了一些工资指导价格,以对劳动工资进行宏观调控,保证社会稳定。

二、利息理论

(一) 利息及利息率的含义

1. 利息

利息是资本这种生产要素的价格。资本家提供了资本,得到了利息。资本是由经济制度本身生产出来的,并作为一种投入要素以便进一步生产更多的商品和劳务的物品。从实物形态来看资本,表现为机器、厂房等物质物品;从货币形式来看,则表现为股票、债券等金融物品。

2. 利息率

利息不是用货币的绝对量来表示,而是用利息率来表示,利息率是利息在每一单位时间内在货币资本中所占的比率。例如,货币资本为1 000元,利息为一年30元,则利息率为3%,或称年息3%。这3%就是货币资本在一年内提供生产性服务的报酬,即这一定量货币资本的价格。

(二) 利息率的决定

利息率的大小取决于对资本这一生产要素的需求与供给。资本的需求主要是企业投资的需求,因此,可以用投资来代表资本的需求。资本的供给主要是储蓄,因此,可以用储蓄来代表资本的供给。这样就可以用投资与储蓄来说明利息率的决定。

企业借入资本进行投资,是为了实现利润最大化,这样投资就取决于利润率与利息率之间的差额。利润率与利息率的差额越大,即利润率越是高于利息率,纯利润就越大,企业也就越愿意投资。反之,利润率与利息率的差额越小,即利润率越接近于利息率,纯利润就越小,企业也就越不愿意投资。这样,在利润率既定时,利息率就与投资呈反方向变动,从而资本的需求曲线是一条向右下方倾斜的曲线。

人们进行储蓄,放弃现期消费是为了获得利息。利息率越高,人们越愿意增加储蓄;利息率就越低,人们就越要减少储蓄。这样,利息率与储蓄呈同方向变动,从而资本的供给曲线是一条向右上方倾斜的曲线。所以,利息率是由资本的需求与供给双方共同决定的,可用图7-7来说明。

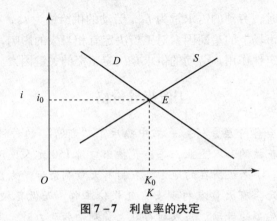

图7-7 利息率的决定

在图7-7中,横轴代表资本量,纵轴代表利息率,D为资本的需求曲线,S为资本的供给曲线,这两条曲线相交于点E,决定了利息率水平为i_0,资本量为K_0。

在经济中,通过利息率的调节作用,资本市场实现了均衡。这也是价格调节经济的作用之一。因为利息率是资本的价格,它所调节的是资本市场。这种调节作用就在于当资本的需求大于供给时,利息率会上升,从而减少资本的需求,增加资本的供给。当资本的需求小于供给时,利息率会下降,从而增加资本的需求,减少资本的供给。所以,利息率的调节会使资本市场处于均衡状态。

三、地租理论

(一)地租含义

1. 土地

土地泛指一切自然资源,包括土壤、森林、河流、湖泊、大气和太空中的可用资源、地下的各种矿藏资源以及海洋中能够利用的各种资源。

2. 地租

地租是土地这种生产要素的价格,地主提供了土地,得到了地租。地租的产生首先在于土地本身具有生产力。也就是说,地租是利用"土壤原始的、不可摧毁的力量"的报酬。其次,土地作为一种自然资源具有数量有限、位置不变,以及不可再生的特点。

(二)地租的决定

地租由土地的需求与供给决定。土地的需求取决于土地的边际生产力,土地的边际生产力是递减的。所以,土地的需求曲线是一条向右下方倾斜的曲线。但土地的供给是固定的,因为在每个地区,可以利用的土地总有一定的限度,这样,土地的供给曲线就是一条与横轴垂直的直线。地租的决定可以用图7-8来说明。

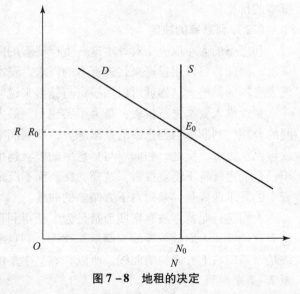

图7-8 地租的决定

在图 7-8 中，横轴代表土地量，纵轴代表地租，垂线 S 为土地的供给曲线，土地的供给量固定为 N_0，D 为土地的需求曲线，D 与 S 相交于点 E_0，决定了地租为 R_0。

随着经济的发展，对土地的需求不断增加，而土地的供给却不能增加，这样，地租就有不断上升的趋势。这一点可用图 7-9 来说明。

在图 7-9 中，土地的需求曲线由 D_0 移动到 D_1 就表明土地的需求增加了，但土地的供给仍为 S，S 与 D_1 相交于 E_1，决定了地租为 R_1。R_1 高于原来的地租 R_0，说明由于土地需求的增加，地租上升了。

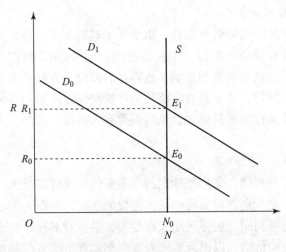

图 7-9 地租的变动

四、利润理论

根据利润的性质和来源，西方经济学一般把利润分为正常利润与超额利润。

（一）正常利润

正常利润是企业家才能的价格，也是企业家才能这种生产要素所得到的收入。它包括在成本之中，其性质与工资类似，也是由企业家才能的需求与供给所决定的。

企业家才能的需求是很大的，因为企业家才能是生产好坏的关键。使劳动、资本和土地结合在一起生产出更多产品的决定性因素是企业家才能。而企业家才能的供给又是很小的，并不是每个人都具有企业家的天赋，只有那些有胆识、有能力又受过良好教育的人，才具有企业家才能。所以，培养企业家才能所耗费的成本也是比较高的。企业家才能的需求与供给的特点决定了企业家才能的收入——正常利润，必然是很高的。可以说，正常利润是一种特殊的工资，其特殊性就在于其数额远远高于一般劳动所得到的工资。

因为正常利润包括在成本之中，而且往往是作为一种隐含的成本，所以，收支相抵就是获得了正常利润。在完全竞争条件下，利润最大化实际上就是获得正常利润。超过正常利润以后的那一部分利润在完全竞争之下并不存在。

（二）超额利润

超额利润是指超过正常利润的那部分利润。在完全竞争的条件下，在静态社会里不会有这种利润产生。只有在动态的社会里和不完全竞争条件下，才会产生这种利润。动态的社会涉及创新和风险，不完全竞争就是存在垄断。因此，我们可以从三个角度来分析超额利润的产生与性质。

1. 创新与超额利润

创新是指企业家对生产要素实行新的组合。它包括五种情况：第一，引入一种新产品；第二，采用一种新的生产方法；第三，开辟一个新的市场；第四，获得一种原料的新来源；第五，采用一种新的企业组织形式。这五种形式的创新都可以产生超额利润。

创新是社会进步的动力，因此，由创新所获得的超额利润是合理的，是社会进步必须付出的代价，也是社会对创新者的奖励。

2. 承担风险的超额利润

风险是从事某项事业时失败的可能性。由于未来具有不确定性，人们对未来的预测有可能发生错误，风险的存在就是普遍的。在生产中，由于供求关系难以预料的变动，由于自然灾害、政治运动以及其他偶然事件的影响，也存在着风险，而且并不是所有的风险都可以用保险的方法加以弥补。这样，从事具有风险的生产就应该以超额利润的形式得到补偿。许多具有风险的生产和事业是社会所需要的，风险需要有人承担，因此，由承担风险而产生的超额利润也是合理的。

3. 垄断的超额利润

由垄断而产生的超额利润，又称垄断利润。垄断的形式可以分为两种：卖方垄断和买方垄断。卖方垄断也称专卖，是指对某种产品出售权的垄断，垄断者可以抬高销售价格以损害消费者的利益而获得超额利润。买方垄断又称专买，是指对某种产品或生产要素购买权的垄断，垄断者可以压低收购价格，以损害生产者或生产要素供给者的利益而获得超额利润。

垄断所引起的超额利润是垄断者对消费者、生产者或生产要素供给者的剥削，是不合理的，这种超额利润也是市场竞争不完全的结果。

第二节　社会收入分配与分配政策

社会收入分配主要是研究收入分配是否平等的问题。每个人在经济社会中所拥有的资本、土地资源都不一样，每个人的天赋和从小所受的教育也有所不同，勤劳程度也不同，因而在经济社会中人们所能得到的收入存在很大的差别，这就是收入分配的不平等问题。一个经济社会如果收入分配过于不平等，国民收入的大部分落到了少数人手里，而大多数人一贫如洗，这样的社会必然是一个不稳定的社会。反之，如果一个经济社会收入分配过于平均化，人们无论工作的勤劳程度如何、工作业绩如何，都得到同样的收入，这个社会一定是一个缺乏效率的社会。正因为如此，建立一个能够衡量一个国家收入分配平等程度的标准或指标就显得至关重要。

一、洛伦斯曲线与基尼系数

（一）洛伦斯曲线

洛伦斯曲线是由美国统计学家洛伦斯于 1905 年提出来的，是用来衡量社会收入分配（或财产分配）平均程度的曲线。具体做法是：首先，按照经济中人们的收入由低到高的顺序排队；其次，统计经济中收入最低的 20% 的人群的总收入在整个经济总收入中所占的比例；最后，统计经济中收入次低的 20% 的人群的总收入在整个经济总收入中所占的比例，以此类推。洛伦斯统计的人口百分比和收入百分比在统计时都是累计百分比。

如果把社会上的人口分为五个等级，各占人口总数的20%，按他们在国民收入中所占份额的大小可以作出表7-2。

表7-2 社会上的人口五个等级份额

级别	占人口的百分比	合计	占收入的百分比	合计
1	20	20	6	6
2	20	40	12	18
3	20	60	17	35
4	20	80	24	59
5	20	100	41	100

根据表7-2可以作出图7-10。

在图7-10中，横轴代表人口百分比，纵轴代表收入百分比。OY为45°线，在这条线上，每20%的人口得到20%的收入，表明收入分配绝对平等，所以这条线被称为绝对平等线。OPY表示收入绝对不平等，是绝对不平等线。根据上表所作的反映实际收入分配状况的洛伦斯曲线介于这两条线之间。洛伦斯曲线与OY越接近，收入分配越平等；洛伦斯曲线与OPY越接近，收入分配越不平等。

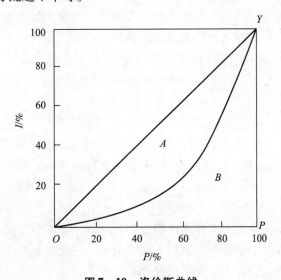

图7-10 洛伦斯曲线

80/20法则

延伸阅读

80/20法则，又称帕累托效应、80/20原理等，是按事情的重要程度编排行事优先次序的准则，是建立在"关键的少数与次要的多数"原理的基础上。它的大意是：在任何特定群体中，重要的因子通常只占少数，而不重要的因子则占多数，因此，只要能控制具有重要性的少数因子即能控制全局。

80/20法则，是由意大利经济学家和社会学家帕累托发现的，最初只限定于经济学领域，后来这一法则也被推广到社会生活的各个领域，且深为人们所认同。帕累托法则是指在任何大系统中，约80%的结果是由该系统中约20%的变量产生的。例如，在企业中，通常80%的利润来自于20%的项目或重要客户；经济学家认为，20%的人掌握着80%的财富；心理学家认为，20%的人身上集中了80%的智慧等。具体到时间管理领域是指大约20%的重要项目能带来整个工作成果的80%，并且在很多情况下，工作的最初20%时间会带来所有效益的80%。帕累托法则对我们的启示是：大智有所不虑，大巧有所不为。工作中应避免将时间花在琐碎的多数问题上，因为就算你花了80%的时间，你也只能取得20%的成效，出色地完成无关紧要的工作是最浪费时间的。你应该将时间花于重要的少数问题上，因为掌握了这些重要的少数问题，你只花20%的时间，即可取得80%的成效。工作中我们要学会"不钓小鱼钓鲸鱼"，如果你抓了100条小鱼，你所拥有的不过是满满一桶鱼，但如果你抓住了一条鲸鱼，你就不枉此行了。

80/20法则主要应用领域如下：

1. 企业管理

运用二八法则管理企业，就必须先弄清楚公司在哪些方面是赢利的，哪些方面是亏损的。理出赢利的部分，从而制定出一套有利于公司成长的策略。其次，要搞清楚什么部门业绩平平，什么部门创造了较高利润，什么部门带来严重赤字，通过比较分析就会发现起主要作用的因素。获利的项目是少数，要给予更多关注。

2. 人力资源管理

二八法则同样适用于人力资源管理。一个组织的生产效率和未来发展往往取决于少数关键性的人物，这些人可以帮助企业获取大部分的利润。多数人为企业的发展做出了贡献，他们看起来非常忙碌，但并没有为公司的发展创造什么价值。找到关键性的少数人，要建立有效的收益分配机制，防止关键人员流失。要理清20%的骨干力量、20%的重点产品、20%的重点客户、20%的重点信息以及20%的重点项目到底是哪些，然后将精力集中到这20%上，采取有效跟进措施。

3. 人际关系处理

在认识的人当中，有一多半是泛泛之交。一小部分的人际关系等于大部分的情感价值，数量少但程度深厚的人际关系好过广泛而肤浅的交际。所以，要把80%左右的时间花在20%的重要人物的人际关系处理上。

4. 人生规划

人的专长可能很多，但真正发挥作用的很少。所以，要善于掌握自己的优势，寻找那些自己非常喜欢、非常擅长、竞争不太激烈的事情去做，一定会有所收获。找到人生最关键的事情，才有可能获得成功的人生。在安排自己的时间上，有所不为才能有所为。要集中自己的时间精力，抓关键的人、关键的环节、关键的岗位和关键的项目。

（二）基尼系数

根据洛伦斯曲线可以计算出反映收入分配平等程度的指标，这一指标称为基尼系数。基尼系数用G表示。

如果把图7-10中的实际收入线与绝对平等线之间的面积用A来表示，把实际收入线与绝对不平等线之间的面积用B来表示，则计算基尼系数的公式为：

$$G = A/A + B$$

当$A=0$时，$G=0$，这时收入绝对平等。

当 $B=0$ 时，$G=1$，这是收入绝对不平等。

实际基尼系数总是大于 0，而小于 1。基尼系数越小，收入分配越平等；基尼系数越大，收入分配越不平等。

国际上存在利用基尼系数判断社会收入分配平等与否的通用标准。基尼系数小于 0.2，表示绝对平均；0.2~0.3，表示比较平均；0.3~0.4，表示基本合理；0.4~0.5，表示差距较大；0.5 以上表示收入差距悬殊。

国际上通常把 0.4 作为收入分配差距的"警戒线"。2014 年，我国的基尼系数达到了 0.469，已超过了 0.4 的警戒线。表 7-3 为国家统计局公布的我国 2003—2014 年的基尼系数。

表 7-3 中国近 12 年的基尼系数

年度	基尼系数
2003	0.479
2004	0.473
2005	0.485
2006	0.487
2007	0.484
2008	0.491
2009	0.490
2010	0.481
2011	0.477
2012	0.474
2013	0.473
2014	0.469

资料来源：国家统计局。

二、平等与效率

（一）收入分配标准

经济学家认为，收入分配有以下三个标准。

第一个是贡献标准，即按照社会成员的贡献分配国民收入，也就是按照生产要素的价格进行分配。这种分配标准能保证经济效率，但由于各社会成员能力、机遇的差别，又会引起收入分配的不平等。

第二个是需要标准，即按照社会成员对生活必需品的需要分配国民收入。

第三个是平等标准，即按照公平的准则来分配国民收入。

后两个标准有利于收入分配的平等化，但不利于经济效率的提高。有利于经济效率则不利于平等，有利于平等则有损于经济效率，这就是经济学中所说的平等与效率的矛盾。收入分配要有利于经济效率的提高，则要按照贡献标准来分配，这样，有利于鼓励每个社会成员充分发挥自己的能力，在竞争中取胜。经济效率的高低则体现在经济增长的速度上。

（二）收入分配的平等标准

收入分配的平等可以用以下三个标准来衡量。

一是劳动分配率，即劳动收入在国民收入中所占的比例。

二是洛伦斯曲线与基尼系数。

三是工资差异率。

收入分配的平等体现为劳动收入在国民收入中比例较大，洛伦斯曲线更接近于收入绝对平等线和基尼系数小，以及工资差异率低。

相关链接

分粥的故事

故事说，有7个人住在一起，每天共食一锅粥，因人多粥少，争先恐后，秩序混乱，还互相埋怨，心存芥蒂。于是，他们想办法解决每天的吃饭问题——怎样公平合理地分食一锅粥。

他们试验了不同的方法：

第一种方法，指定一个人分粥，很快大家就发现，这个人为自己分的粥最多，于是又换了一个人，结果总是主持分粥的人碗里的粥最多最好。

第二种方法，大家轮流主持分粥，每人一天，虽然看起来平等了，但是几乎每周下来，他们只有一天是饱的，就是自己分粥的那一天。

第三种方法，推选出一个人来分粥，开始这位品德尚属上乘的人还能公平分粥，但没多久，他开始为自己和溜须拍马的人多分，搞得整个小团体乌烟瘴气。

第四种方法，选举一个分粥委员会和一个监督委员会，形成监督和制约机制，公平基本上做到，可是等互相扯皮下来，粥吃到嘴里全是凉的，大家也很不满意。

第五种方法，轮流分粥，而分粥的人要等到其他人都挑完后，才能取剩下的最后一碗。令人惊奇的是，采用此办法后，七只碗里的粥每次都几乎一样多，即便偶有不均，各人也认了，大家快快乐乐，和和气气，日子越过越好。

三、收入分配政策

为了实现收入分配的平等化，西方各国都制定了一些政策。

（一）税收政策

1. 个人所得税

个人所得税是税收的一项重要内容，它通过累进所得税制度来调节社会成员收入分配的不平等状况。累进所得税制就是根据收入的高低来确定不同的税率，对高收入者按高税率征税，对低收入者按低税率征税。它有利于纠正社会成员之间分配不平等的状况，从而有助于实现收入的平等化。但它不利于有能力的人充分发挥自己的才干，对社会来说也是一种损失。

此外，在个人所得税方面，还区分了劳动收入税和非劳动收入税。对劳动收入按低税率征收，而对非劳动收入（股息、利息等收入）按高税率征收。

延伸阅读

个人所得税

个人所得税是国家对本国公民、居住在本国境内的个人的所得和境外个人来源于本国的所得征收的一种所得税。2011年9月1日起，中国内地个税免征额调至3 500元（见表7-4）。

计算方法：应纳个人所得税税额 = 应纳税所得额 × 适用税率 - 速算扣除数

表7-4　2011年9月1日起调整后的7级超额累进税率

全月应纳税所得额	税率/%	速算扣除数/元
全月应纳税所得额不超过1 500元	3	0
全月应纳税所得额超过1 500元至4 500元	10	105
全月应纳税所得额超过4 500元至9 000元	20	555
全月应纳税所得额超过9 000元至35 000元	25	1 005
全月应纳税所得额超过35 000元至55 000元	30	2 755
全月应纳税所得额超过55 000元至80 000元	35	5 505
全月应纳税所得额超过80 000元	45	13 505

例如，月薪5 000元的个人每月应缴（5 000 - 3 500）× 3% = 45（元）的个人所得税，月薪在8 000元的个人每月应缴（8 000 - 3 500）× 10% - 105 = 345（元）的个人所得税。

2. 遗产税和赠予税

除个人所得税以外，还有遗产税和赠予税，即对财产的转移征税。开征遗产税和赠予税，主要是为了纠正财产分配的不平等。

3. 财产税和消费税

所谓财产税，就是对不动产（如土地、房产等）征收的税赋；消费税则是对某些商品和劳务的消费征收的税赋。开征财产税，也是为了纠正财产分配的不平等。征收消费税，尤其是对奢侈性商品和劳务征收较高的税，也是通过税收实现收入分配平等化的一种方法。

（二）社会福利政策

1. 社会福利政策概述

如果说税收政策是要通过对富人征收重税来实现收入分配平等化的话，那么社会福利政策则是要通过给穷人补助来实现收入分配的平等化。因此，社会福利政策是收入分配平等化的一项重要内容。

社会福利政策的历史很悠久。早在18世纪的英国，就有了"济贫法"。但它作为一项重要的经济政策，是在20世纪30年代形成的。第二次世界大战后，社会福利政策有了迅速的发展，许多国家，尤其是北欧与西欧的一些国家，实行了从"摇篮到坟墓"的社会保险福利制度。

相关链接　　　　　　　五险一金

我国用人单位给予劳动者的保障性待遇的合称为"五险一金"。"五险"指的是五种保险，包括：养老保险、医疗保险、失业保险、工伤保险和生育保险；"一金"指的是住房公积金。这里要注意的是，"五险"是法定的，而"一金"不是法定的。其中，养老保险、医疗保险、失业保险和住房公积金是由企业和个人共同承担缴纳，工伤保险和生育保险由企业承担，个人不需要缴纳。

2. 社会福利政策的内容

从当前西方各国的情况看，社会福利政策主要包括以下几个方面的内容。

（1）各种形式的社会保障与社会保险。包括：失业救济金制度，是指对失业工人按一定的标准发放能使其维持生活的补助金；老年人年金制度，是对退休人员按一定的标准发放年金；残疾人保障制度，是对失去工作能力的人按一定标准发放补助金；对未成年子女家庭的补助；对收入低于一定标准（即贫困线）的家庭与个人的补助。这些补助金主要是货币形式，当然也有发放食品券等实物形式的。其资金来源或是个人或企业交纳的保险金，或是政府的税收。

（2）向贫困者提供就业机会与培训。收入不平等的根源在于贡献的大小，而贡献的大小与个人的机遇和能力有关。首先，政府可以通过改善穷人的能力与条件，来实现收入分配的均等化。在这方面，主要是实现机会均等，尤其是保证所有人具有平等的就业机会，并按同工同酬的原则支付报酬。其次，是使穷人具有就业的能力，包括进行职业培训，实行文化教育计划（如扫盲运动），建立供青年交流工作经验的青年之家，实行半工半读计划，使穷人有条件读书，等等。这些都有助于提高穷人的文化技术水平，使他们能够从事收入较高的工作。

（3）医疗保险与医疗援助。医疗保险包括住院费用保险、医疗费用保险以及出院后部分护理费用的保险，这些保险主要用保险金支付。医疗援助则是指政府出钱资助医疗卫生事业，以使每个人都能得到良好的医疗服务。

（4）对教育事业的资助。包括兴办国立学校，设立奖学金和大学生贷款，帮助学校改善教学条件，资助学校的科研，等等。从社会福利的角度来看，对教育事业的资助有助于提高公众的文化水平与素质，也有利于收入分配的公平化。

（5）各种保护劳动者的立法，包括最低工资法和最高工时法，以及环境保护法、食品和医疗卫生法等。这些都有利于增进劳动者的收入，改善他们的工作与生活条件，从而减少收入分配不平等的程度。

（6）改善住房条件。包括以低房租向穷人出租国家兴建的住宅；对私人出租的房屋实行房租限制；资助无房者建房，如提供低利息率的长期贷款，或低价出售国家建造的住宅；实行住房房租的补贴；等等。这种政策可以改善穷人的住房条件，也有利于实现收入分配的平等化。

3. 社会福利政策的评价

以上这些福利政策对改善穷人的地位和生活条件，提高他们的实际收入水平，确实起到了相当大的作用，同时对于社会的安定和经济发展也是有利的。但是，这些政策有两个严重的后果：一是降低了社会生产效率。各种各样的社会保障使人们有可能不劳而获，这样，生产的积极性会下降，社会生产效率也会降低。二是增加了政府的负担。

延伸阅读

漏桶理论

在西方经济学界，庇古最早打破了古典经济学在分配问题上无为而治的传统，面对着庞大的社会财富和大众严重贫困的对比，他第一次比较系统地表达了对经济平等的关注，1920年他出版的名著《福利经济学》，把平等和效率同时纳入了经济分析的视野。在庇古看来，争取效率就是要合理配置资源，增加国民收入；而争取平等则是将富人的一部分收入转移给穷人，实现收入的均等化；只有二者兼顾，才能增进整个社会的福利。庇古描述的这种富足而又和谐的社会无疑令人向往，但问题在于，平等和效率在现实中往往是互相矛盾的，对于这个问题，奥肯曾作过非常精辟的论述，这就是著名的"漏桶原理"。

假定有这样一个社会，富人和穷人分灶吃饭，富人那里人少粥多，许多粥吃不完，白白地浪费掉；而穷人那里人多粥少，根本吃不饱，已经有不少的人得了水肿。于是政府决定，从富人的锅里打一桶粥，送给穷人吃，以减少不平等现象。奥肯认为，政府的这种愿望是好的，但不幸的是，它使用的那个桶，下面有个洞，是个漏桶。这样，等它把粥送到穷人那里，路上就漏掉了不少。意思是说，政府如果用税收的办法，从富人那里转移一部分收入给穷人，穷人实际得到的，比富人失去的要少一些，比如富人的收入减少了1 000元，穷人可能只得到了600元，其余的400元就不翼而飞了。为什么会有这种现象呢？因为追求平等损害了效率，从而减少了国民收入。奥肯有一句名言："当我们拿起刀来，试图将国民收入这块蛋糕在穷人和富人之间做平均分配时，整个蛋糕却忽然变小了。"

这里所说的蛋糕变小，实际上就是效率的损失，产生这种结果的原因主要有两个：一是税收削弱了富人投资的积极性。奥肯在他那本著名的《平等与效率——重大的抉择》一书中，曾这样写道："如果税收对于储蓄和投资具有重大的和有支配的影响，那么在总量数字方面的证据将是引人注目的而且是明显的。1929年，尽管美国经济处于萧条时期，但由于当时的税率很低，投资还是占了国民收入的16%；在此之后，联邦税的税率上升了好几个百分点，到了1983年，尽管当时的经济处于复苏时期，但投资率仍没有超过14%。"二是税收影响了劳动的积极性。不仅影响富人，而且影响穷人。比如一个失业工人，由于得到了一份月薪并不算高的工作，而失去了政府所有的补贴，他自然也就对找工作不热心了。这样，由于在收入分配的过程中，可供分配的国民收入总量减少了，结果就必然与政府的桶发生了"泄漏"一样，使得富人失去的多，而穷人得到的少。

漏桶原理意味着，平等和效率是"鱼和熊掌不可兼得"。那么，在这种情况下，二者相比，孰轻孰重呢？经济学家、伦理学家，乃至哲学家就此开始了他们旷日持久的争论。有人认为，人们之所以在平等和效率的抉择问题上争论不休，原因就在于，现实世界是不平等的。富人害怕失去既得的利益，因而鼓吹效率，反对平等；穷人想不劳而获，因此支持平等，批评效率。人们都戴着"有色眼镜"进行讨论，很难得出一个符合人性本来面目的结论。于是，美国哲学家劳尔斯便在他的《正义理论》一书中作了这样一个假想的试验：将一群人带到一个远离现代文明的荒岛上，让他们在"原始状态"下开始新的生活。每个人对自己的未来一无所知，不知道自己将来是穷还是富，是成功还是命运不佳。现在，让他们在一起进行协商，去建立一个他们心目中"公正"的社会。那么协商的结果是什么？肯定是追求经济平等，而不是允许贫富分化。因为每个人都不知道自己将来的收入，会处于金字塔的什么位置，如果支持效率，他们就得承受忍饥挨饿的风险。劳尔斯就此得出结论说，在平等和效率之间，应该让平等优先。

然而，很多人对这个假想试验在现实中是否具有意义提出了怀疑，他们认为，劳尔斯极端平等的立场，不一定是这个试验的必然结果。在现实生活中，如果有些人天赋很高，他们却被迫获得与白痴一样的收入，那么这种收入的平等，恰恰是不平等的表现。密尔顿·弗里德曼则担心，追求平等会损害神圣的自由。他说："以'公平'来取得'自由'这一现代倾向，反映了我们已经多么远地偏离了合众国的缔造者们的初衷。"由于公平缺乏一个客观的标准,他完全取决于仲裁者的主观看法,因此,"当'公平'取代了'自由'的时候,我们所有的自由的权利就都处于危险之中了"。

在劳尔斯和弗里德曼之间,奥肯采取比较折中的立场。在他看来,效率诚可贵,平等价也高,因此,二者谁都不能偏废,只能寻找一种折中,既促进平等,又尽量减少对效率的损害。比如缩小补贴范围、降低补贴标准,就可以控制收入分配对穷人的劳动积极性的影响;调低所得税税率、提高消费税税率,就可以减小收入转移对富人的损害,等等。奥肯特别指出,贫穷的根源是缺乏教育和训练,而要打破这种贫穷—不良教育—贫穷的恶性循环,最有效的办法就是,向贫穷的人口敞开教育的大门。"在走向平等的道路上,没有比提供免费的公共教育更为伟大的步骤了。"

本章小结

本章的中心是用价格理论来解决"为谁生产"的问题,即解决收入分配问题。在社会上,每个人都是生产要素的所有者,他们的收入由其拥有的生产要素在生产中做出的贡献决定,这种贡献的大小表现为生产要素的价格,所以,分配理论就是生产要素的价格决定理论。

关键概念

边际生产力　工资　洛伦斯曲线　基尼系数

复习思考题

一、名词解释

边际生产力　工资　洛伦斯曲线　基尼系数

二、选择题

1. 在其他条件不变的情况下,随着工资水平的提高(　　)。
   A. 劳动的供给量会先增加,但当工资水平提高到一定程度后,劳动的供给量不仅不会增加,反而随着工资水平的提高而减少
   B. 劳动的供给量会一直增加
   C. 劳动的供给量增加到一定程度后就不会再增加,也不会再减少
   D. 劳动的供给量会一直减少,直至减少为零

2. 在以下方式中,工会为了提高工资,所采用的方式是(　　)。
   A. 要求政府增加进口产品　　　　B. 要求政府限制女工和童工的使用
   C. 要求政府鼓励移民入境　　　　D. 迫使政府通过立法规定最高工资

3. 使地租不断上升的原因是(　　)。
   A. 土地的供给和需求共同增加　　B. 土地的供给不断减少,而需求不变
   C. 土地的需求日益增加,而供给不变　D. 土地的供给和需求共同减少

4. 如果某个国家居民收入是绝对平均分配的,则该国实际的洛伦斯曲线(　　)。

A. 与横轴重合　　　　　　　B. 与纵轴重合
C. 与45°线重合　　　　　　D. 无法确定

5. 根据基尼系数的大小，比较下列国家中分配最为平均的是（　　）。

A. 甲国的基尼系数为0.1　　　B. 乙国的基尼系数为0.2
C. 丙国的基尼系数为0.3　　　D. 丁国的基尼系数为0.4

三、问答题

1. 土地的供给曲线为什么是垂直的？地租上升的原因是什么？
2. 国家实施最低工资标准的目的是什么？有什么负面影响？
3. 劳动供给曲线为什么会向后弯曲？
4. 收入分配有哪几种标准？收入分配的平等程度可用什么标准来衡量？

四、阅读材料

阅读材料一

2014年不同岗位平均工资水平，中层及以上管理人员最高

2014年5月27日国家统计局发布调查数据，全部调查单位就业人员年平均工资为49 969元。其中，中层及以上管理人员平均工资最高，是全部就业人员平均水平的2.20倍。

2014年，国家统计局通过一套表联网直报平台继续对不同岗位工资情况进行调查，涉及16个行业门类的91万多家企业法人单位。调查单位就业人员按工作岗位分为中层及以上管理人员，专业技术人员，办事人员和有关人员，商业、服务业人员，生产、运输设备操作人员及有关人员5类。

调查数据显示，中层及以上管理人员109 760元，专业技术人员66 074元，办事人员和有关人员47 483元，商业、服务业人员40 669元，生产、运输设备操作人员及有关人员42 914元。商业、服务业人员平均工资最低，是全部就业人员平均水平的81%。岗位平均工资最高与最低之比为2.70。

分四大区域看，东部地区岗位间平均工资差距最大，岗位平均工资最高与最低之比为2.83；中部地区岗位工资差距最小，最高与最低之比为2.37。分行业门类看，租赁和商务服务业岗位工资差距最大，岗位平均工资最高与最低之比为5.04；建筑业岗位工资差距最小，最高与最低之比为2.22。分登记注册类型看，外商投资企业岗位工资差距最大，岗位平均工资最高与最低之比为4.25；其次是港澳台商投资企业，最高与最低之比为3.31；再次是国有单位，最高与最低之比是2.99。私营单位和集体单位岗位工资差距最小，最高与最低之比分别为2.30和2.38。

数据显示，全国城镇非私营单位就业人员年平均工资56 339元，同比名义增长9.4%，扣除物价因素，实际增长7.1%；全国城镇私营单位就业人员年平均工资36 390元，同比名义增长11.3%，扣除物价因素，实际增长9.0%。

国家统计局人口和就业统计司司长冯乃林说，2014年，中国国民经济在新常态下保持平稳运行，当年全国有19个地区上调最低工资标准，平均增幅为14.1%；23个地区制定了工资指导线，工资增长基准线普遍在12.4%左右，这些政策措施也为工资水平继续增长奠定了基础。

阅读材料二

深化收入分配改革，跨越"中等收入陷阱"

收入分配改革历来是"两会"关注的问题，而"中等收入陷阱"概念首次进入《2015年政府工作报告》。李克强总理指出，跨越"中等收入陷阱"，实现现代化，必须要靠发展。

简单来讲，一个国家的人均收入达到中等水平后即陷入长期经济停滞状态的这种现象被称为"中等收入陷阱"。巴西、阿根廷、智利、墨西哥等拉美国家早在20世纪70年代，马来西亚（1978年前后）和泰国（1995年前后）等亚洲国家也已进入中等收入国家行列，但却一直未迈进高收入国家行列，反而陷入了"中等收入陷阱"。纵观日本、韩国、新加坡等一些亚洲国家和地区，在成为中等收入经济体后，用了十几年时间便成功迈进高收入国家或地区行列。

总结这些国家和地区的经验和教训，关键在于要认清不同经济发展阶段应有不同的发展战略和发展方式。在低收入阶段向中等收入阶段转变中，注重的是投资拉动、效率优先、快速增长的经济发展战略，由此形成了粗放经营、低成本扩张、收入差距较大的经济发展格局；在中等收入阶段向高收入阶段转变中，就不能再走传统老路，而要创新发展战略目标，形成与前一阶段不同的经济增长模式：由投资拉动经济转变为以消费为主刺激经济；由效率优先转变为更加重视公平，构建庞大稳定的中等收入群体，进而抑制和缩小日益扩大的收入差距；由高耗能、高污染的粗放经营转变为节能环保、高效率的集约经营；由经济的高速增长态势转变为经济合理增长的新常态；由低成本价格配置人力资源转变为以提升人力资本价值为主的人力资源优化配置。

在收入分配改革方面，日本和巴西就是典型例子。日本在20世纪70年代以后逐步从中等收入国家向高收入国家迈进，也就是在这个阶段以后，投资率不断下降，消费率逐步攀升。1973年投资率约为40%，消费率为60%左右。到2006年，前者已降到20%左右，后者则上升至70%~80%。日本政府在这一时期成功地实行了收入倍增计划，社会群体收入差距明显缩小，城乡收入差距得到有效控制，形成了"两头小、中间大"的收入阶层，中产阶级的兴起有利地促进了社会的和谐与稳定。而巴西则相反，忽视收入分配改革在经济发展中的作用，导致贫富差距悬殊。1995年巴西基尼系数已高达0.6，而企业实行高福利的做法又加大了产品成本，使其竞争力丧失殆尽。

按照世界银行的划分，我国已成为中等收入国家，如何借鉴和吸取上述国家和地区的经验教训，顺利迈进高收入国家行列，是摆在我们面前的一项重要而艰巨的任务。

当前，我国收入分配改革已经进入了攻坚期。我国也遇到了中等收入国家在发展进程中所面临的收入分配诸多棘手的问题，特别是收入差距较大的问题比较突出。我们只能在产业结构优化调整、生产经营方式转变、国有企业混合所有制改革的宏观经济背景下着力推进和深化收入分配改革，才能避免落入"中等收入陷阱"，从而顺利迈进高收入国家行列。

2015年是"十二五"时期的最后一年。中国政府确立了"翻番目标""两同步""提高两个比重"的收入分配总体规划。并提出，"十二五"期间我国最低工资标准年均增长13%以上，绝大多数地区最低工资标准达到当地城镇从业人员平均工资的40%以上。企业劳动合同签订率达到90%，集体合同签订率达到80%。中国政府运用法律手段，建立了针对企业工资拖欠的监督检查常态化制度，并将着重进行工资支付保障立法、工资集体协商立法建设；运用指导性手段，构建企业人工成本宏观监测系统，为企业避免人工成本上升风险和薪酬合理定价提供信息指导服务。这些长远目标和政策措施，将我国收入分配改革整体推向更新更高的阶段，对我国从中等收入国家迈进高收入国家发挥着积极的作用。

（作者系人社部劳动工资研究所室主任、研究员，佚名。）

第八章

什么是宏观经济——国民收入核算理论

学习目标

掌握国民收入核算的基本原理与方法；
掌握国民生产总值（GNP）和国内生产总值的基本含义；
理解国民生产总值（GNP）的计算方法（收入法、支出法、部门法）；
理解国民收入核算中的基本指标；
能够运用国民收入核算方法进行简单计算。

学习建议

本章是学习宏观经济学的基础，宏观经济学是通过分析和研究以国民收入为核心的总量指标，来揭示国民经济总体运行规律的。延伸阅读部分可供学有余力者学习。本章建议学习时间为4~6课时。

导入案例

经济指标与裙子长短

谈到经济形势如何，人们都知道利用GDP、人均GDP、通货膨胀率、失业率这些指标。

但我对这些冷冰冰的数字总是既敬畏又疑惑。

说到敬畏是因为这些数字都是用科学方法算出来的，可以精确到小数点后面若干位。听经济学家或官员们如数家珍、唾沫星子乱飞地列举这些数字，你不能不被震撼。在对他们那超凡的记忆力和煽情式的演说感到敬佩的同时，也不得不接受他们的观点，与他们同乐同愁。

我对数字的疑惑还不完全来自造假，更重要的是，即使统计数字完全真实，就能准确地反映经济状况吗？谁都知道GDP等数字在统计上是有缺陷的。一个常为经济学家引用的例子是，B女士作为管家为A男士提供家务劳动，每月获得1 000美元，这当然统计在GDP之中。如果B女士和A男士结婚，B女士仍提供与原来一样的家务劳动，但1 000美元工资没有了，每月的GDP就减少了1 000美元。这种减少在统计方法上说一点不错，但这种劳动并没有反映出经济活动不变的真相。这也许是一个笑话，但类似这样的问题在GDP统计中还真有不少。

对于统计数字中的种种问题，经济学家并不否认。但是，如果不用GDP之类的统计数字又用什么呢？所以，统计数字是一种没有更好替代的经济衡量指标。GDP之类的数字用还是要用的。无非是不要过分迷信，加一点更具体的分析就可以了。

英国的《经济学家》曾经提出过观测英国经济复苏的六项"民间指标"：一，新车销售量大大增加；二，司机需求量大增；三，出现置业人潮（房地产热）；四，赴海外度假者大增；五，纯种狗和纯种狗主人数量同时增加；六，女性做隆胸手术者与女性胸围尺码俱增。这些指标都反映了消费的状况，而且颇为人性化。试想，如果经济没有复苏，有多少人有心去买车、雇司机、买房、买纯种狗或隆胸呢？经济变好了，人们有能力了，也有时间了，才有心去做这些可以说是"奢侈"的事。这些指标远远不像GDP那样准确，但反映的经济状况不是比那些干巴巴的统计数字更具体、更鲜活吗？

还有经济学家提出了一个垃圾指标，就是用垃圾量的变动来衡量经济状况。这就是说，当经济繁荣时人们扔东西多了——过时的家具、衣服等被扔掉，同时人们购买的大件商品多了，这些商品的包装都成为垃圾。当经济衰退时，人们无力购买新东西，新的不来，旧的不去，不买大件东西，没有什么包装箱子，垃圾当然少了。美国经济学家约翰·凯尔曼用这个指标进行了检验。在芝加哥20世纪90年代繁荣时期，每年垃圾增加2%~10%，但在1999—2000年衰退时，大件垃圾（旧家具、电器和包装箱）只增加了1%，而总垃圾量减少了6%。经济好了，什么都成了垃圾；经济不好，没什么可扔的，垃圾自然也就少了。垃圾指标，多么具体、生动而有说服力啊！对老百姓来说，这不比什么GDP更令人可信吗？

股市也是经济的晴雨表之一。衡量股市状况的有道-琼斯、标准普尔等指数，也有成交量等指数。但还有一个更具体的指标也许你没有听说过——女人裙子的长短。在20世纪四五十年代，有人注意到，当股市牛气冲天时，女人的裙子短；而当股市熊气时，女人的裙子长。这还被称为股市的裙摆理论，有道理吗？据说当时丝袜价格昂贵，是女性的时尚物品。当股市牛气，经济好时，男人有钱给女人买丝袜，女人以穿丝袜为时尚，就要穿短裙子显示自己的丝袜。反过来，当股市熊气，经济不好时，没钱买丝袜，也没有显示自己秀腿的心情，穿长裙的人就多了。你觉得这个指标是不是更人性化？我想，这个指标和英国《经济学家》杂志六指标中的女人隆胸和胸围这一条有异曲同工之妙。尽管现在丝袜已不是时尚了，但女性的打扮时尚的确与经济状况密不可分。用时尚变动来衡量经济的确是一种创意。

我们所说的这些非数字标准，体现了人性化的东西。经济状况的好坏反映在人们的生活态度和方式上,也许这些变化比 GDP 等数字更有说服力,也更鲜活。

(资料来源:梁小民.经济指标与裙子的长短《发现》2003 年第 10 期。)

宏观经济学把总体经济活动作为研究对象,它所研究的是经济中的总量。在各种总量中,衡量一个经济活动的基本总量是国民生产总值。因此,阐明国民生产总值及其有关总量衡量的规定与技术的国民收入核算理论与方法是宏观经济学的前提。

第一节 国民收入核算的总量指标体系

联合国统计司分别组织东西方经济学家,根据各国使用的国民收入核算体系制定了两种不同的国民收入核算体系。一种是适用于市场经济各国的国民经济核算体系(英文缩写为 SNA),另一种是适用于中央计划经济各国的物质产品平衡体系(英文缩写为 MPS)。这两种体系先后于 1968 年和 1971 年公布。现在随着计划经济各国向市场经济转变,这些国家也逐渐采用了国民经济核算体系。我们介绍的也是这种国民经济核算体系。

一、国民生产总值

(一)国民生产总值的含义

国民生产总值,英文缩写为 GNP,是指一个国家在一定时期内(通常为一年)所生产的全部最终产品(包括产品与劳务)的市场价值总和,是衡量一国经济最重要的指标。在理解这一含义时,要注意以下几个问题。

(1)国民生产总值是一个市场价值概念。各种最终产品的市场价值就是用这些最终产品的单位价格乘以相应的产量然后加总而成的。这样,国民生产总值不仅受最终产品数量变动的影响,而且还受价格水平变动的影响。

(2)国民生产总值指的是最终产品而不是中间产品的价值总和,因此,在计算时不应包括中间产品价值,以避免重复计算。

最终产品是最后供人们使用的产品,中间产品是在以后的生产阶段作为投入的产品。一种产品属于最终产品还是中间产品,不是取决于这种产品本身的性质,而是取决于谁购买了它,以及购买目的。例如,当小麦被消费者购买用于消费的时候,这时的小麦就是最终产品,但当小麦被面粉商用来生产面粉时就成了中间产品。可见,计入中间产品的价值会造成国民生产总值的虚增,难以真实地反映出该国的经济运行情况。在现实经济生活中,由于多数产品既可以作为最终产品,又可以作为中间产品,准确地将其加以区分是非常困难的。为了解决这一问题,在具体计算时采用了增值法,即只计算在生产各阶段上所增加的价值。可以用一个例子来说明增值法,如表 8 - 1 所示。

表 8 - 1 增值法计算   元

生产阶段	产品价值	中间产品价值	增加值
棉花	8	—	8
棉纱	11	8	3
棉布	20	11	9
服装	30	20	10
合计	69	39	30

在此例中,服装为最终产品,其价值为 30 元,而用增加值法计算也是 30 元,如不区分最终产品和中间产品,则会有 39 元重复计算。只要用增值法,无论把哪种产品作为最终产品,都不会造成重复计算。

(3) 国民生产总值指的仅仅是社会在一个时期内生产的最终产品的价值,而不是一定时期内所出售的最终产品的价值。若某企业每年生产 100 万美元的产品,只卖掉了 80 万美元产品,所剩的 20 万美元产品可看作是企业自己买下来的存货投资,同样应计入 GNP。相反,虽然生产了 100 万美元产品,然而却卖掉了 120 万美元,则计入 GNP 的仍是 100 万美元,只是库存存货减少了 20 万美元而已。

(4) 国民生产总值仅指一定时期内生产的最终产品的价值,因而属于流量而不是存量的概念。流量是一定时期内发生的变量,存量是一定时点上存在的变量。若某人花了 400 万美元买了一栋别墅,这 400 万美元不能计入 GNP,因为它在生产年份已被计算过了,但买卖这套住房的经纪人的费用要计入 GNP,因为这部分费用是经纪人买卖旧房过程中提供的劳务报酬。

(5) 国民生产总值仅仅是指为市场而生产的物品和劳务的价值,非市场活动不包括在内。例如农民生产的用于自己消费的粮食的价值,就不计入 GNP 中。

(二) **名义国民生产总值和实际国民生产总值**

(1) 名义国民生产总值是按当年价格所计算的国民生产总值。名义国民生产总值的变动可以有两种原因:一种是实际产量的变动;另一种是价格的变动。也就是说,名义国民生产总值的变动,既反映了实际产量的变动情况,又反映了价格的变动情况。

(2) 实际国民生产总值是指按不变价格所计算的国民生产总值。不变价格是指统计时确定的某一年(称为基年)的价格。实际国民生产总值仅仅反映产量变动的情况。

(3) 名义国民生产总值和实际国民生产总值的计算。由于核算国民生产总值时所使用的价格水平不一样,所以名义国民生产总值与实际国民生产总值是有差异的。为了准确地反映一国实际经济水平的变化,也即产量的变化,应把各年的国民生产总值换算成实际的国民生产总值。在进行换算时,首先要把某一年确定为基年,以该年的价格为不变价格,然后用这一不变价格来计算其他各年份的国民生产总值。

如果以 P_0 为不变价格,P_t 为某年的当年价格,q_t 为某年的最终产品数量,则有:

$$某年的名义国民生产总值 = \sum p_t q_t$$

$$某年的实际国民生产总值 = \sum p_0 q_t$$

(4) 国民生产总值折算指数。名义国民生产总值与实际国民生产总值之比即为国民生产总值折算指数,国民生产总值折算指数又称作国民生产总值价格指数,用公式表示为:

$$国民生产总值价格指数 = \frac{名义国民生产总值}{实际国民生产总值} = \frac{\sum p_t q_t}{\sum p_0 q_t} \times 100\%$$

国民生产总值价格指数反映了社会通货膨胀的程度,是重要的物价指数之一。可以用下面的方法来推算通货膨胀率。

假设 2010 年的国民生产总值价格指数为 1.48,2009 年的国民生产总值价格指数为 1(即以 2009 年为基年),则从 2009 年到 2010 年的通货膨胀率为:

$$2010 年的通货膨胀率 = \frac{2010 年国民生产总值价格指数 - 2009 年国民生产总值价格指数}{2009 年国民生产总值价格指数}$$

$$=\frac{1.48-1}{1}=0.48$$

也就是说，2009年至2010年间的通货膨胀率为48%。

（三）国民生产总值与人均国民生产总值

国民生产总值，有助于了解一个国家的经济实力与市场规模，而人均国民生产总值则有助于了解一国的富裕程度和生活水平。世界银行一般根据人均国民生产总值来衡量一国的经济发达程度。用同一年的国民生产总值，除以该年的人口数量，就可以得出当年的人均国民生产总值，即：

$$某年人均国民生产总值=\frac{某年国民生产总值}{某年人口数量}$$

公式中所用的人口数量是指当年年初与年末人口数的平均值，或者是年中（当年7月1日0时）的人口数。

二、国内生产总值

（一）国内生产总值

国内生产总值（GDP）是指一年内在本国领土上所生产的最终产品（包括产品与劳务）的价值总和。

（二）国内生产总值与国民生产总值的区别

国内生产总值（GDP）与国民生产总值（GNP）都是描述总体经济活动的指标，其主要区别在于：GDP是一个地域概念，GNP则是一个国民概念。也就是说，国民生产总值是按"国民原则"计算的，它以"常住居民"为统计依据，即凡是本国居民生产的，不论生产在哪里进行，都计入国民生产总值。常住居民包括居住在本国的本国居民、暂住外国的本国居民和常驻外国但未加入外国国籍的居民。国民生产总值应该包括以上三类居民在国内外所生产的最终商品和劳务的价值总和。而国内生产总值则是以地理上的国境为统计标准。因此，一个外籍公民在中国境内获得的利息和工资收入，应该计入中国的国内生产总值；同样地，一个中国公民在国外获得的利息或工资收入，应计入中国的国民生产总值，但不能计入中国的国内生产总值。因此，若某国的GNP超过GDP，说明该国公民从外国获得的收入超过了外国公民从该国获得的收入；而当GDP超过GNP时，情况则正好相反。

国民生产总值与国内生产总值之差是一国居民从国外投资所获得的净收益。这两者之间的关系为：

国民生产总值＝国内生产总值＋（本国居民在国外投资的收益－国外居民在本国投资的收益）
　　　　　　＝国内生产总值＋本国居民在国外投资的净收益

一般来说，国民生产总值和国内生产总值差别并不大。经济学家一般把这两个概念作为同一含义使用。但在国民收入统计中要注意区别这两个概念，这对于了解一个国家的开放程度，以及分析开放经济中的各种经济现象很有必要。

相关链接　　一国的GDP与其公民的生活水平密切相关

确定GDP有用性的一个方法是把GDP作为经济福利的衡量指标来考察国际数据。富国与穷国人均GDP水平差异巨大。如果高的GDP导致了高的生活水平，那么，我们就应该看出GDP与生活质量的衡量是密切相关的。而且,事实上我们也是这样做的。在美国、日本和德国这样一些发达国家,人们预期可以活到70多岁,而且,几乎所有的人都识字。而在一些发展中国家,人们一般只能活到50多岁,而且,只有一半人识字。尽管生活质量其他方面的数据还不完全,但这些数字也说明了类似的情况。人均GDP低的国家往往婴儿出生时体重轻,婴儿死亡率高,母亲生孩子时死亡率高,儿童营养不良的比率高,而且,不能普遍得到安全的饮用水。在人均GDP低的国家,学龄儿童实际在校上学的人少,而且上学的儿童也只有靠很少教师来学习。这些国家往往拥有的收音机少、电视少、电话少、铺设的道路少,而且,有电器的家庭也少。国际数据无疑表明,一国的GDP与其公民的生活水平密切相关。

三、国民生产净值

国民生产净值(NNP)是指一个国家在一定时期内(通常为一年)所生产的最终产品按市场价格计算的净值,即国民生产总值中扣除了折旧费用以后的剩余部分。用公式可表示为:

国民生产净值 = 国民生产总值 – 折旧

这是因为,国民生产总值中包括了投资品的价值,投资品中又有一部分是厂商在本期使用从前几期中提留的折旧基金购买设备的投资,而实际上,这笔折旧基金已分别作为前几期产品的成本,被分别计入了前几期的国民生产总值中。因此,若本期再将其计入国民生产总值,显然,这笔折旧基金就重复计算了一次,其结果就是夸大了当年的GNP。所以,从每一期的国民生产总值中减去折旧更新的支出,就得到了一个不包含重复计算因素,因而能更准确地反映当年新创造价值的产值指标,即国民生产净值。但国民生产总值和国民生产净值在数据上相差不大,而且更便于统计,所以在实际中,更多情况下采用的是国民生产总值。

四、国民收入

国民收入(NI)是指狭义的国民收入(广义的国民收入一般指GNP或GDP),是一国生产要素在一定时期内提供服务所获得的报酬总和,即工资、净利息、租金和利润的总和。

(1) 工资是一定时期内所有生产要素的使用者,即政府、企业、家庭等,为其雇员、工人支付的工资和薪金的总和,是缴纳个人所得税之前的工资和薪金。它包括了社会保险税和个人所得税,以及在货币工资之外人们获得的各种实物补贴。

(2) 净利息是与产品和劳务的生产相关,即用于生产目的的资本报酬。由于政府发行债务所得利息用于非生产活动,消费信贷所得利息显然也是用于非生产活动,所以从总利息中扣除上述两项,才是净利息。在开放型经济中,由于资本的流动跨越了国界,所以,净利息中还要加上本国在国外得到的利息,并且减去本国向国外支付的利息。

(3) 租金主要是指一国国民出租个人土地、房产等所得的收入,也包括专利使用费、版权收入等。

(4) 利润包括公司利润和非公司利润。公司利润指所有以公司形式经营的企业的税前利润总和,包括公司所得税、股息、红利、未分配利润等。非公司利润指所有非公司形式的企业,如独资企业、合伙企业的利润。

国民收入等于国民生产净值减去间接税的余额。间接税是指向政府交纳的营业税、货物税等不是直接与生产要素使用权收入相关的税金,它是消费者支付的产品价格与企业所得的收入之间的差额。间接税不构成企业的收入,因此,不包括在国民收入内。国民收入虽然不包括间接税,但包括直接税,即直接与生产要素报酬相关的税金,如个人所得税、公司所得税等。用公式可表示为:

$$国民收入 = 国民生产净值 - 间接税$$
$$= 工资 + 净利息 + 租金 + 利润$$

五、个人收入

个人收入(PI)是指一个国家在一定时期内(通常为一年),个人从各种来源所得到的收入总和。国民收入不等于个人收入。国民收入中有三个主要项目不会成为个人收入,分别是公司未分配利润、公司所得税和社会保险税。国民收入的计算只包括净利息,而个人收入中的利息可以包括提供消费信贷和购买政府债券所得利息。用公式可表示为:

$$个人收入 = 国民收入 - (公司未分配利润 + 公司所得税 + 公司和个人缴纳的社会保险费) + (政府对个人支付的利息 + 政府对个人的转移支付 + 企业对个人的转移支付)$$

六、个人可支配收入

个人可支配收入(PDI)是指一个国家在一定时期内(如一年)可以由个人实际使用的全部收入,即个人消费支出和储蓄的总和。

个人的所有收入并不是都可以任意支配的。人们必须交纳各种个人税和非税支付,剩下的收入才能归个人自由支配。个人税包括个人所得税、财产税、房地产税等,非税支付包括教育费和医疗费、罚款等。

个人可支配收入可以真实地反映一个社会的消费水平和储蓄能力,尤其是平均个人可支配收入指标可以反映出一个国家或地区的生活水平,所以,它是宏观经济学家非常关注的一个重要经济指标。用公式可表示为:

$$个人可支配收入 = 个人收入 - (个人税 + 非税支付)$$
$$= 个人消费 + 个人储蓄$$

相关链接

2014年世界各国GDP及人均GDP排名

国际货币基金组织于2015年4月14日公布了2014年世界各国GDP排名,数据显示,2014年全球GDP总量77.3万亿美元,较上年增加3.3万亿美元,美国2014年GDP为17.149万亿美元,位居第一;中国GDP为10.380万亿美元,位居第二;日本GDP为4.416万亿美元,位居第三,排名第四到第十的国家分别为:德国、英国、法国、巴西、意大利、印度和俄罗斯。

2014中国台湾GDP为5 295.50亿美元,可排在第26位,2014中国香港GDP为2 896.28亿美元,可排在第37位。加上澳门GDP的568亿美元,2014年中国GDP达到11.26万亿美元,与美国的差距进一步缩小。

而2014年人均GDP,中国为7 589美元,排名仅在80位,比2013年的85位(6 959美元)提前了5名,此排名远远落后于发达国家,甚至落后于一些发展中国家(见表8-2和表8-3)。

表 8−2　2014 年世界各经济体 GDP 排名　　　　百万美元

排名	经济体	GDP	排名	经济体	GDP	排名	经济体	GDP
	世界	77 301 958	31	哥伦比亚	384 901	63	厄瓜多尔	100 755
	欧盟	18 495 349	32	泰国	373 804	64	斯洛伐克	99 971
1	美国	17 418 925	33	南非	350 082	65	阿曼	77 755
2	中国	10 380 380	34	丹麦	340 806	66	白俄罗斯	76 139
3	日本	4 616 335	35	马来西亚	326 933	67	斯里兰卡	74 588
4	德国	3 859 547	36	新加坡	308 051	68	阿塞拜疆	74 145
5	英国	2 945 146	37	以色列	303 771	69	苏丹	73 816
6	法国	2 846 889	38	中国香港	289 628	70	多米尼加	64 077
7	巴西	2 353 025	39	埃及	286 435	71	缅甸	62 802
8	意大利	2 147 952	40	菲律宾	284 927	72	乌兹别克斯坦	62 619
9	印度	2 049 501	41	芬兰	271 165	73	卢森堡	62 395
10	俄罗斯	1 857 461	42	智利	257 968	74	肯尼亚	60 770
11	加拿大	1 788 717	43	巴基斯坦	250 136	75	危地马拉	60 422
12	澳大利亚	1 444 189	44	爱尔兰	246 438	76	叙利亚	60 043
13	韩国	1 416 949	45	希腊	238 023	77	克罗地亚	57 159
14	西班牙	1 406 855	46	葡萄牙	230 012	78	保加利亚	55 837
15	墨西哥	1 282 725	47	伊拉克	221 130	79	乌拉圭	55 143
16	印度尼西亚	888 648	48	阿尔及利亚	214 080	80	埃塞俄比亚	52 335
17	荷兰	866 354	49	哈萨克斯坦	212 260	81	黎巴嫩	49 919
18	土耳其	806 108	50	卡塔尔	210 002	82	斯洛文尼亚	49 506
19	沙特阿拉伯	752 459	51	委内瑞拉	205 787	83	突尼斯	48 553
20	瑞士	712 050	52	捷克	205 658	84	立陶宛	48 232
21	尼日利亚	573 652	53	秘鲁	202 948	85	哥斯达黎加	48 144
22	瑞典	570 137	54	罗马尼亚	199 950	86	坦桑尼亚	47 932
23	波兰	546 644	55	新西兰	198 118	87	土库曼斯坦	47 932
24	阿根廷	540 164	56	越南	186 049	88	塞尔维亚	43 866
25	比利时	534 672	57	孟加拉国	185 415	89	巴拿马	43 784
26	中国台湾	529 550	58	科威特	172 350	90	也门	43 229
27	挪威	500 244	59	匈牙利	137 104	91	利比亚	41 148
28	奥地利	437 123	60	乌克兰	130 660	92	加纳	38 648
29	伊朗	404 132	61	安哥拉	128 564	93	约旦	35 765
30	阿联酋	401 647	62	摩洛哥	109 201	94	刚果民主共和国	34 677

续表

排名	经济体	GDP	排名	经济体	GDP	排名	经济体	GDP
95	玻利维亚	34 425	127	毛里求斯	13 240	159	布隆迪	3 094
96	科特迪瓦	33 956	128	南苏丹	12 833	160	圭亚那	2 997
97	巴林	33 862	129	布基纳法索	12 503	161	马尔代夫	2 854
98	拉脱维亚	31 970	130	蒙古国	11 981	162	莱索托	2 159
99	喀麦隆	31 669	131	马里	11 915	163	不丹	2 092
100	巴拉圭	29 704	132	尼加拉瓜	11 707	164	利比里亚	2 028
101	特立尼达和多巴哥	28 788	133	老挝	11 676	165	佛得角	1 899
102	乌干达	27 616	134	马其顿	11 342	166	中非共和国	1 786
103	赞比亚	26 758	135	马达加斯加	10 595	167	圣马力诺	1 786
104	爱沙尼亚	25 953	136	马耳他	10 582	168	伯利兹	1 693
105	萨尔瓦多	25 329	137	亚美尼亚	10 279	169	吉布提	1 589
106	塞浦路斯	23 269	138	塔吉克斯坦	9 242	170	塞舌尔	1 420
107	阿富汗	20 312	139	海地	8 711	171	圣卢西亚	1 356
108	尼泊尔	19 637	140	贝宁	8 701	172	安提瓜和巴布达	1 242
109	洪都拉斯	19 511	141	巴哈马	8 657	173	所罗门群岛	1 155
110	波斯尼亚	17 977	142	尼日尔	8 025	174	几内亚比绍	1 024
111	加蓬	17 182	143	卢旺达	8 012	175	格林纳达	862
112	冰岛	16 693	144	摩尔多瓦	7 944	176	圣基茨和尼维斯	841
113	莫桑比克	16 684	145	吉尔吉斯斯坦	7 402	177	萨摩亚	826
114	柬埔寨	16 551	146	科索沃	7 318	178	冈比亚	825
115	格鲁吉亚	16 535	147	几内亚	6 529	179	瓦努阿图	812
116	巴布亚新几内亚	16 060	148	苏里南	5 297	180	圣文森特和格林纳丁斯	736
117	博茨瓦纳	15 789	149	毛里塔尼亚	5 079	181	科摩罗	717
118	塞内加尔	15 584	150	塞拉利昂	5 033	182	多米尼克	526
119	文莱	15 102	151	多哥	4 604	183	汤加	454
120	赤道几内亚	14 308	152	东帝汶	4 478	184	圣多美和普林西比	341
121	乍得	13 947	153	黑山	4 462	185	密克罗尼西亚联邦	315
122	牙买加	13 787	154	巴巴多斯	4 348	186	帕劳	269
123	津巴布韦	13 672	155	马拉维	4 263	187	马绍尔群岛	193
124	刚果共和国	13 502	156	斐济	4 212	188	基里巴斯	181
125	纳米比亚	13 353	157	厄立特里亚	3 858	189	图瓦卢	38
126	阿尔巴尼亚	13 262	158	斯威士兰	3 676			

资料来源：IMF 世界经济展望 2015 年 4 月版。

表 8-3　IMF2013—2014 年世界各经济体人均 GDP 排名

经济体	2013 年人均 GDP		经济体	2014 年人均 GDP	
	排名	美元		排名	美元
卢森堡	1	110 307	卢森堡	1	111 716
挪威	2	102 496	挪威	2	97 013
卡塔尔	3	99 370	卡塔尔	3	93 965
瑞士	4	85 318	瑞士	4	87 475
澳大利亚	5	64 429	澳大利亚	5	61 219
瑞典	6	60 086	丹麦	6	60 564
丹麦	7	59 950	瑞典	7	58 491
圣马力诺	8	57 315	圣马力诺	8	56 820
新加坡	9	55 980	新加坡	9	56 319
美国	10	52 939	美国	10	54 597
加拿大	11	52 393	爱尔兰	11	53 462
荷兰	12	50 810	荷兰	12	51 373
爱尔兰	13	50 543	奥地利	13	51 307
奥地利	14	50 500	冰岛	14	51 262
芬兰	15	49 214	加拿大	15	50 398
冰岛	16	47 630	芬兰	16	49 497
比利时	17	47 033	比利时	17	47 722
德国	18	46 200	德国	18	47 590
科威特	19	45 189	英国	19	45 653
阿拉伯联合酋长国	20	44 552	法国	20	44 538
法国	21	44 104	新西兰	21	43 837
英国	22	41 820	阿拉伯联合酋长国	22	43 180
新西兰	23	41 490	科威特	23	43 103
文莱达鲁萨兰国	24	39 659	中国香港	24	39 871
日本	25	38 633	以色列	25	36 991
中国香港	26	38 060	文莱达鲁萨兰国	26	36 607
以色列	27	36 066	日本	27	36 332
意大利	28	35 815	意大利	28	35 823
西班牙	29	29 907	西班牙	29	30 278
巴林	30	27 917	巴林	30	28 272
塞浦路斯	31	27 300	韩国	31	28 101

续表

经济体	2013 年人均 GDP		经济体	2014 年人均 GDP	
	排名	美元		排名	美元
韩国	32	25 975	塞浦路斯	32	26 115
沙特阿拉伯	33	24 816	马耳他	33	24 876
马耳他	34	23 865	沙特阿拉伯	34	24 454
巴哈马群岛	35	23 639	巴哈马群岛	35	24 034
斯洛文尼亚	36	23 317	斯洛文尼亚	36	24 019
希腊	37	21 903	中国台湾	37	22 598
中国台湾	38	21 874	葡萄牙	38	22 130
葡萄牙	39	21 514	希腊	39	21 653
阿曼	40	21 417	特立尼达和多巴哥	40	21 311
赤道几内亚	41	20 581	爱沙尼亚	41	19 671
特立尼达和多巴哥	42	20 279	捷克共和国	42	19 563
捷克共和国	43	19 855	阿曼	43	19 002
爱沙尼亚	44	18 852	斯洛伐克共和国	44	18 454
斯洛伐克共和国	45	18 064	赤道几内亚	45	18 389
乌拉圭	46	16 421	立陶宛	46	16 386
立陶宛	47	15 697	乌拉圭	47	16 199
智利	48	15 687	拉脱维亚	48	15 729
巴巴多斯	49	15 374	巴巴多斯	49	15 579
塞舌尔	50	15 187	帕劳	50	15 210
拉脱维亚	51	15 126	塞舌尔	51	15 115
阿根廷	52	14 992	智利	52	14 477
俄罗斯	53	14 469	波兰	53	14 379
帕劳	54	14 022	圣基茨和尼维斯	54	14 102
波兰	55	13 820	安提瓜岛和巴布达	55	14 061
安提瓜岛和巴布达	56	13 734	匈牙利	56	13 881
克罗地亚	57	13 592	克罗地亚	57	13 494
哈萨克斯坦	58	13 509	俄罗斯	58	12 926
匈牙利	59	134 65	阿根廷	59	12 873
圣基茨和尼维斯	60	13 239	哈萨克斯坦	60	12 184
巴西	61	11 894	巴西	61	11 604
加蓬	62	10 966	巴拿马	62	11 147

续表

经济体	2013 年人均 GDP		经济体	2014 年人均 GDP	
	排名	美元		排名	美元
土耳其	63	10 807	黎巴嫩	63	11 068
利比亚	64	10 702	加蓬	64	10 836
墨西哥	65	10 661	马来西亚	65	10 804
黎巴嫩	66	10 655	墨西哥	66	10 715
巴拿马	67	10 490	毛里求斯	67	10 517
马来西亚	68	10 457	土耳其	68	10 482
哥斯达黎加	69	10 447	哥斯达黎加	69	10 083
毛里求斯	70	9 484	罗马尼亚	70	10 035
苏里南	71	9 206	苏里南	71	9 584
罗马尼亚	72	9 001	马尔代夫	72	8 342
哥伦比亚	73	8 031	土库曼斯坦	73	8 271
马尔代夫	74	8 023	格林纳达	74	8 125
圣卢西亚	75	7 949	哥伦比亚	75	8 076
格林纳达	76	7 904	白俄罗斯	76	8 042
阿塞拜疆	77	7 900	圣卢西亚	77	7 978
白俄罗斯	78	7 577	阿塞拜疆	78	7 902
保加利亚	79	7 532	保加利亚	79	7 753
多米尼加	80	7 305	中国	80	7 589
委内瑞拉	81	7 285	博茨瓦纳	81	7 505
土库曼斯坦	82	7 190	多米尼加	82	7 436
博茨瓦纳	83	7 118	黑山共和国	83	7 149
黑山共和国	84	7 093	委内瑞拉	84	6 757
中国	85	6 959	圣文森特和格林纳丁斯	85	6 694
南非	86	6 890	利比亚	86	6 623
伊拉克	87	6 686	南非	87	6 483
秘鲁	88	6 540	秘鲁	88	6 458
圣文森特和格林纳丁斯	89	6 462	厄瓜多尔	89	6 286
塞尔维亚	90	6 354	伊拉克	90	6 165
纳米比亚	91	6 039	塞尔维亚	91	6 123
厄瓜多尔	92	5 989	纳米比亚	92	6 095
多米尼加共和国	93	5 885	多米尼加共和国	93	6 044

续表

经济体	2013 年人均 GDP		经济体	2014 年人均 GDP	
	排名	美元		排名	美元
泰国	94	5 670	阿尔及利亚	94	5 532
阿尔及利亚	95	5 508	马其顿	95	5 481
安哥拉	96	5 245	泰国	96	5 445
马其顿	97	5 215	约旦	97	5 358
约旦	98	5 152	安哥拉	98	5 273
牙买加	99	5 100	伊朗伊斯兰共和国	99	5 183
伊朗伊斯兰共和国	100	4 941	牙买加	100	4 926

资料来源：IMF 世界经济展望 2015 年 4 月版。

第二节　国民收入核算的基本方法

在国民经济核算体系中有不同的计算国民生产总值的方法，其中主要有支出法、收入法和部门法。下面就简单介绍这三种计算国民生产总值的方法。

一、支出法

支出法是从最终产品的使用出发，把一年内购买各项产品和劳务的支出加总，计算出该年内生产出的最终产品和劳务的市场价值，即把购买各种最终产品和劳务所支出的货币加在一起，得到社会最终产品和劳务的货币价值总和。

如果用 Q_1，Q_2，$\cdots$，Q_n 代表各种最终产品和劳务的数量，用 P_1，P_2，$\cdots$，P_n 代表各种最终产品和劳务的价格，则支出法的公式可表示为：

$$GNP = Q_1 \times P_1 + Q_2 \times P_2 + \cdots + Q_n \times P_n$$

采用上述公式是无法精确计算 GNP 的。

实际中，在采用支出法计算国民生产总值时，各个国家的具体统计项目存在一定的差异。一般包括以下四大项：个人消费支出（C），私人投资支出（I），政府购买支出（G）和净出口（$X-M$）。

（一）个人消费支出（C）

个人消费支出是指居民个人从满足自身需要出发，购买所有消费物品和劳务的支出，又称为消费支出。此类支出在总支出中占了最大份额，具体可分为以下三类。

（1）耐用消费品支出，如购买彩电、空调、汽车等的支出。

（2）非耐用消费品支出，即相对于耐用消费品来说，只可满足短期消费的物品，如购买衣物、食品、日常用品的支出。

（3）劳务支出。劳务和其他商品一样，也是人们不可缺少的消费项目，如家政服务、医疗服务、诉讼服务等。这部分支出在发达国家占很大的比例，有时甚至超过了有形物品的消费支出。

（二）私人投资支出（I）

私人投资支出是指私人部门（即企业与家庭）在一定时期内不用于本期消费的最终产

品上的一切投资支出。这种投资包括企业及个人所进行的一切投资支出，但不包括政府的公共投资支出。

（三）政府购买支出（G）

政府购买支出是指中央政府和地方各级政府购买当年生产出来的产品和服务的支出，如支付政府雇员的一切薪金开支、购买办公用品的支出、教育拨款和国防开支、修筑公路桥梁等基础设施的投资等。政府购买支出在GNP中占有相当大的比例，它是政府调节经济的重要杠杆之一。

需要注意的是，由于政府提供的许多公共物品价值是无法用市场价值来估算的，所以计算政府支出时，应按成本而非市场价格来计算。还应注意的是，政府购买支出并不等同于政府的全部支出，只是政府支出中的一部分。除此之外，政府的全部支出还包括转移支付，即政府无偿地转移给企业或居民的资金和资源等。

（四）净出口（$X-M$）

净出口是指一国在一定时期内出口总额和进口总额之差，也称贸易差额。净出口大于零，意味着出口超过了进口，即经济实现了贸易顺差；净出口小于零，则说明出口小于进口，为贸易逆差。净出口表示外国人对本国产品的购买支出。

从支出方面看，以上四部分构成了国民生产总值。因此，实际中使用支出法核算国民收入，其公式可表示为：

$$GNP = C + I + G + (X - M)$$

可以看出，支出法是从需求的角度来衡量国民生产总值的。换言之，就是总需求包括消费、投资、政府购买和外国对本国产品的净需求。

二、收入法

收入法是从收入的角度出发，把生产要素在生产中所得到的各种收入相加，即把劳动所得到的工资、土地所得到的地租、资本所得到的利息以及企业家才能所得到的利润相加，计算国民生产总值。

在利用收入法核算国民生产总值时，首先要计算国民收入，即生产要素的报酬之和。根据前面的内容，狭义国民收入（NI）可用公式表示为：

$$国民收入 = 工资 + 净利息 + 租金 + 利润$$

国民收入加上间接税等于国民生产净值（NNP），可用公式表示为：

$$NNP = NI + 间接税$$

国民生产净值加上折旧等于国民生产总值，可用公式表示为：

$$GNP = NNP + 折旧 = NI + 间接税 + 折旧$$
$$= 工资 + 净利息 + 租金 + 利润 + 间接税 + 折旧$$

三、部门法

部门法是从国民生产总值的来源出发，按照提供物质产品和劳务的各个部门的产值来计算国民生产总值。

在使用部门法计算国民生产总值时，各物质生产部门要把所使用的中间产品的产值扣除，仅计算本部门的增值。商业、服务等部门也按增值法计算。卫生、教育、行政等无法计算增值的部门则按该部门职工的工资收入来计算，以工资代表他们所提供劳务的价值。世界各国对部门的分类法不同，按照一般的标准，一个国家的部门可划分为：①农、林、渔业；②采掘业；③建筑业；④制造业；⑤交通运输业和公用事业；⑥商业；⑦金融、保险、不动产业；⑧服务业；⑨教育、卫生、体育、文化和社会福利事业；⑩政府服务和政府企业。

采用部门法计算国民生产总值时，各部门应扣除使用的中间产品价值，只计算本部门的增加值，这样可避免部门之间的重复计算。

按照以上三种方法计算得出的结果，从理论上说应该是一致的，因为它们是从不同的角度来计算同一国民生产总值。但在实际中，这三种方法得出的结果往往并不一致。国民经济核算体系以支出法为基本方法，即以支出法所计算出的国民生产总值为标准。如果按照收入法和部门法计算出的结果与此不一致，就要通过误差调整项来进行调整，使之达到一致。

延伸阅读

国民幸福指数

国民幸福指数（NHI）是衡量一个国家或地区生态环境、政府管理、经济发展、社会进步、居民生活与幸福水平的指标工具。

国民幸福指数最早是在20世纪70年代由南亚的不丹王国的国王提出的，他认为"政策应该关注幸福，并应以实现幸福为目标"，人生"基本的问题是如何在物质生活（包括科学技术的种种好处）和精神生活之间保持平衡"。在这种执政理念的指导下，不丹创造性地提出了由政府善治、经济增长、文化发展和环境保护四级组成的"国民幸福总值"指标。

如果说"生产总值"体现的是物质为本、生产为本的话，"幸福总值"体现的就是以人为本。世界银行主管南亚地区的副总裁、日本的西水美惠子对不丹的这一创举给予了高度评价。她说，完全受经济增长左右的政策往往使人陷入物欲的陷阱，难以自拔。几乎所有的国家都存在相同的问题，但是我们绝不能悲观。因为"世界上存在着唯一一个以物质和精神的富有作为国家经济发展政策之源，并取得成功的国家，这就是不丹王国。该国所讴歌的'国民幸福总值'远远比国民生产总值重要得多。不丹在40年以前还处于没有货币的物物交换的经济状态之下。但是，它一直保持较高的经济增长率，现在已经超过印度等其他国家，在南亚各国中是国民平均收入最多的国家。在世界银行的排行榜中也大大超过了其他发展中国家成为第一位。尽管如此，去不丹旅游过的人都会异口同声地说，仿佛回到了自己心灵的故乡。不丹给我们地球人展示了许多高深莫测的东西"。

说到旅游，不丹不是"来者不拒，多多益善"，而是采取了一种限制规模的旅游发展模式，从来不在国际上搞大型的促销宣传。不丹限制入境旅游者的总数，实行"高质量、高价格、全包价"的做法。政府为旅游经营者制定了工作手册，对旅游者有行为规范。虽然不丹每年从旅游业获得的收入仅300万美元，但足以保持旅游业稳定发展，而对社会自然的影响则很小。

国民幸福指数的计算方法

公式一：

$$国民幸福指数 = 收入的递增/基尼系数 \times 失业率 \times 通货膨胀$$

这个公式中的基尼系数是反映收入分配公平性、测量社会收入分配不平等的指标。

公式二：

国民幸福指数 = 生产总值指数 × $a\%$ + 社会健康指数 × $b\%$ + 社会福利指数 × $c\%$ + 社会文明指数 × $d\%$ + 生态环境指数 × $e\%$

其中 a、b、c、d、e 分别表示生产总值指数、社会健康指数、社会福利指数、社会文明指数和生态环境指数所占的权数，具体权重大小取决于各政府所要实现的经济和社会目标。

相关链接　　　　　　　　　**十大另类经济指标**

通过查看国内生产总值或者月度失业率数字，你可以了解当前美国经济的运行情况。同样，你也可以根据男士内衣或者香槟的销售情况，洞察美国经济。经济学家坚信：消费行为反映经济运行状况。这看似奇特，但他们确实可以通过观察消费者往购物车里扔了哪些东西来准确预测未来经济能否健康发展。或许真的可以把它们作为经济指标。不是所有的这些指标都具有同等的参考价值。有些比较稳定可靠，有些则受多方面因素的影响。包括股市著名的"口红效应"在内，我们收集了10个值得关注，但也很另类的经济衡量指标。

1. 口红效应

"口红指数"指出当经济环境恶化时口红销量就会增加，然而事实并非一定如此。

2001年美国经济衰退，化妆品公司雅诗兰黛的口红销量却激增。前总裁李奥纳多·兰黛称之为"口红效应"，并将其原因归结为：当经济状况吃紧时，女性便开始寻求相对廉价的"奢侈品"。事实证明兰黛的说法只对了一半。经济衰退时期女性的确更倾向于购买价廉一些的商品，但时尚流行是导致这一现象的另一个重要因素。在经济萧条时期，如2008年，口红销量随着市场整体情况一路下跌，但当时美甲产品却冲破纪录，2008—2011年销量增加65%。经济衰退周期越长，经济总体的下滑趋势和销量突破性增长个例之间的相关性越不强。2013年经济情况继续停滞不前，香水和美甲产品都是销量平平，当人们开始进一步减少不必要的开支时，甚至还出现了下滑。

2. 可乐经济学

可乐销售情况的好坏直接反映政局是否稳定。可口可乐是非洲最大的私营经济雇主。旗下的含糖软饮料售价低廉，且销售渠道遍布乡野，一年可卖出360多亿瓶。该公司发现其在非洲各国的销量与这个国家的时局是否稳定直接相关。2008年，肯尼亚大选后发生暴乱，可口可乐的销量一度下跌。直到政局恢复稳定，通往乡村和城市贫民区的物流畅通后，销量才回升。像索马里和厄立特里亚等国，连年动乱，连灌装厂都无法建立，交通线路又被海盗和军阀所占据，销量更是随着时局上下剧烈波动。如果可乐指标真实可靠，那么非洲、亚洲和东欧的时局应该看稳。2012年这些地区的销量较2011年上涨了5个百分点。在北美和西欧，可乐指标就不那么灵验了，消费者口味变化和较高的价格可能是影响销量的主要因素。

3. 汉堡经济学

根据"汉堡指数"，巨无霸汉堡的售价可以用于货币估值。早在1986年，《经济学人》的作家们就想到了一个十分"美味"的测算购买力平价指数（PPP）的方法——对比各国麦当劳巨无霸汉堡的售价。这一方法也许并不完全准确，但却可以快速便捷地测算出各国货币相对美元汇率的大概情况。且看这一理论的工作原理。2011年巨无霸汉堡在中国的售价仅为2.27美元，对应美国国内为4.07美元，根据汉堡指数，这意味着人民币对美元的汇率被低估了44%。另一方面，在巴西巨无霸汉堡的售价比美国高51%（美国为6.16美元），说明美元作为国际货币被高估了。按照这一理论，随着时间的推移，各国汇率应该趋于一致或向购买力平价靠拢。这对从事电子商务或外汇市场交易的人来说是非常重要的信息。《经济学人》很快也指出，巨无霸汉堡价格还受很多其他因素的影响，最显著的如工资和生活水平，这在各发展中国家的差异非常大。

4. 裙摆效应

当今流行的裙摆长短不一，是否暗示经济环境复杂多变？

有些说法甚是滑稽，几乎可以一笑而过。在美国20世纪"疯狂的20年代"，经济学家乔治·泰勒提出的"裙摆理论"就是最好的例证。时为沃顿商学院教授的泰勒注意到，1929年股票市场崩盘前的牛市时期，时尚女性裙摆高度一路上升。根据泰勒的理论，经济景气时，大众消费能力增强，女性裙摆上升，是为炫耀其购买的昂贵丝袜。经济不景气时，消费不起了，裙摆高度自然下降。难道裙摆高度真的可以准确预测股市走向？恐怕很难。荷兰一组经济研究人员曾将1921年至2009年间流行的裙摆长度和经济指标进行了对比，结果发现裙摆长度变化相对市场情况滞后了3~4年。也就是说，裙摆在经济下滑3年后才开始变长。一些品牌服饰的消费者指出，时尚潮流和经济情况并不相关。尽管当对经济前景信心充足时，女性更倾向于购买品牌服饰——不论款式长短。经济状况不佳时，则更愿购买打折商品。

5. 跨境汇款

西联汇款营收情况可以体现劳务人员的流动趋势。对于遍布世界各地的海外务工者，通过西联汇款可以最快捷、方便、可靠地把钱汇给家乡的亲戚和朋友。该公司成立于1851年，开创电报行业先河，是业界领先的跨境特快汇款公司，其业务发展情况可以准确反映劳务人员的流动趋势。以2003年为例，西联汇款半数收入来自美国跨境劳务人员的汇款业务。这些人主要来自墨西哥、萨尔瓦多等国，他们向其母国汇款把收入带回老家。2003年后，该公司源自美国的收入只占30%。来自新兴经济体国家如巴西、智利、马来西亚的业务增幅明显。由于多数劳务人员为非法移民，西联汇款公司业务流向可以客观真实地反映劳务人员的流动情况。

6. 内裤理论

艾伦·格林斯潘的理论认为内裤销量的细微变化意味着可支配收入的明显波动。这一理论正是来自美联储前主席艾伦·格林斯潘，因其具备准确把握美国经济脉搏的能力而被称为"掌握真理的人"。据媒体报道，格林斯潘自有一套预测经济走向的指数，其中包括干洗指数（说明经济好转，消费能力上升）和奇特的内裤指数。查看过去数十年的男士内裤销量图表，我们只能看到平平的一条直线。男士内裤销量不受时尚潮流影响，只受单一指标市场需求的影响。因此格林斯潘的理论认为内裤销量的微量变化意味着可支配收入的明显波动。

7. 华夫之家

飓风季节里，华夫之家黄黑相间的招牌堪称暴风雨中的灯塔信标。发生自然灾害时，其他餐馆和商店都会关门歇业，华夫之家仍然开门营业，继续售卖其"香香甜甜"的土豆煎饼或者至少还有烧烤。华夫之家这种不惧风雨的作风，使得联邦应急管理局（FEMA）可以根据其菜谱情况来预测灾害损失的严重程度。这不是开玩笑，FEMA局长Craig Fugate用一个叫"华夫指标"的颜色告警机制来指示受灾区域的损失情况。如果当地的华夫之家提供菜单上所有食物，"华夫指标"为绿色。如果停电却仍然开门营业，但只供应菜单上的烧烤食物时，指标为黄色。红色指示说明店铺已经关门，这是一个"非常糟糕"的信号。

8. 纸板销量

大部分商品主要采用纸质包装，纸板畅销说明消费市场全面看好。

纸板消费是带动商业货运行业发展的主力。你想象的到的所有商品——鞋子、罐装食品、网球、灯泡——按业内说法，都是装箱发货的。这也是为什么说纸板生产和销售是经济运行状况晴雨表的原因了。以袜子为例说明其原理：消费者手上有钱花了，于是袜子就会销量增加。商店发现袜子即将脱销，于是向工厂下更多的订单。工厂订单数量增加，就得采购更多的包装盒来封装生产好的袜子。纸板消费不仅仅反映了袜子或其他某个行业的情况，它更是反映各行各业的消费市场情形。

9. 破窗理论

1969 年，斯坦福大学著名的心理学家菲利普·津巴多做了一个实验，在两个社区分别放一辆坏了的汽车：一个在城市贫民区，另一个在富裕的郊区。市里的这个贫民区到处是破窗户和涂鸦，很快车子被洗劫一空。在郊区，车子一直无人理睬，直到研究人员亲自将其车窗打破，之后劫掠者才开始入场。两位为大西洋月刊撰文的犯罪学家用"破窗理论"揭示了一个降低犯罪率的方法：严厉打击小的违法行为可以震慑抢劫、谋杀等严重犯罪。很多城市采用了这一方法，著名的有鲁道夫·朱利亚尼主政时期的纽约市。纽约的犯罪率确实下降了，但社会学家们却无法解释两者之间微妙的关系是如何产生的。2008 年，荷兰一个更细致的研究可能揭示了两者之间的关联。研究人员在一个自行车停放处的墙壁上贴了一张"严禁涂鸦"的警示牌，并在自行车上放置广告传单。首先，他们将这面墙刷成统一的颜色，并统计地上丢弃的传单数量。次日，他们在墙上涂鸦后再统计地上的传单数量。结果，墙上涂鸦后乱丢垃圾的人数增加了一倍。

10. 香槟销量

昂贵的香槟是生活富裕的象征。正因如此，香槟销量可精确反映家庭收入情况。如果你去年开了不少瓶香槟酒，说明你可能是老板给你加薪了（或者你只是个接了很多场婚礼业务的酒保）。美国国家公共电台（NPR）环球经济小组的研究表明：在美国，香槟消费量可用来估算前一年美国的平均家庭收入情况，并有 90% 的准确率。研究人员追踪了 1996 年至 2011 年香槟销售和平均家庭收入情况，发现两者趋势惊人相似。经过通胀系数调整之后的家庭收入和香槟消费量曲线相当吻合。丝毫不奇怪，1999 年互联网泡沫和 2007 年房地产泡沫前夕，是香槟消费的两个高峰期。

作者注：在写这类文章的调研过程中，我经常在个人的主观想法和现实的统计数字之间来回碰撞。我时常认为自己是一个思想独立和追求独特的人。但当我站在宏观的角度观察自己的行为时——特别是购物方面的——发现自己总是逃不脱"普通美国中产阶级白人"的圈子。我甚至还专门为之取个名字："宜家综合征"。每次在宜家购物，我总认为自己的消费观念反映了本人对生活标新立异却符合情理的见解。然而一周后，我发现朋友家购买了同样的抱枕和窗帘。通过此事，反映出个人观点其实很大程度上受大众品位和时代潮流的影响。因此我的新年愿望是——不做一个走大众路线的人。

（译者：朱利雄，原文作者：Dave Roos，原文来源：money.howstuffworks.com。）

本章小结

宏观经济学是通过分析和研究以国民收入为核心的总量指标,来揭示国民经济总体运行规律的。因此,如何衡量国民收入,即国民收入核算,就成为宏观经济学最基本和最基础的问题。本章的中心是理解国民生产总值这个概念及它的核算方法。

关键概念

国民生产总值　国内生产总值　个人可支配收入　支出法

复习思考题

一、名词解释

国民生产总值　国内生产总值　个人可支配收入　支出法

二、选择题

1. 一国的国内生产总值小于国民生产总值,说明该国公民从国外取得的收入（　　）外国公民从该国取得的收入。

  A. 大于   B. 小于

  C. 等于   D. 可能大于也可能小于

2. "面粉是中间产品"这一命题（　　）。

  A. 一定是对的   B. 一定是不对的

  C. 可能是对的,也可能是不对的   D. 以上说法全对

3. 所谓净出口是（　　）。

  A. 出口减进口   B. 进口减出口   C. 出口加进口   D. 以上均不正确

4. 国民生产净值与国民收入的差别是（　　）。

  A. 间接税   B. 直接税   C. 公司未分配利润   D. 折旧

5. 国民生产总值中的最终产品是指（　　）。

  A. 有形的产品

  B. 无形的产品

  C. 既包括有形的产品,也包括无形的产品

  D. 以上都不正确

三、问答题

1. 什么是最终产品和中间产品?

2. 用支出法、收入法、部门法所计算出的国民生产总值一致吗?如果不一致,应该怎么办?

3. 比较实际国民生产总值与名义国民生产总值,国民生产总值与人均国民生产总值。

4. 如果甲、乙两国合并成一个国家,对国民生产总值会有什么影响(假定两国产出不变)?

四、阅读材料

阅读材料一

各有特色的市场经济

在人类经济发展的进程中，虽然各个国家的政治、经济、文化等背景不同，其社会制度也不同。但是，综观世界各国经济，可以发现它们还是有许多共性，其中，市场经济就是迄今为止世界大多数国家所采用的经济机制，不同的是，市场经济在不同制度背景下的国家却显现出不同的特征。

1. "野生植物"——美国自由市场经济模式

私人资本主义、私人企业，一直被视作美国市场经济的一个象征。美国的私人资本主义几乎涉及美国所有的经济和非经济的领域。在产值占国民收入 3% 的农业部门、30% 左右的制造业部门与 60% 左右的服务业部门，活跃着约一千万家的私营企业，这些企业构成了美国经济的基本版图。

美国经济政府干预的力度很小也是这一市场经济的特征。虽然从历史上看，政府在国民收入和国民财富中总体上还一直在提高。格雷戈里和斯图尔特说："美国的经验可能表明，政府职能的缩小，是与现代的工业化资本主义相适应的。"分析美国政府在经济活动中的作用是认识美国市场制度的一个重要的环节。

美国的市场经济制度又是一种垄断程度很高的市场制度，垄断与市场竞争并存是这个经济制度的特点。

2. "人工培育的植物"——德国社会市场经济模式

社会市场经济从 20 世纪 50 年代以来被德国经济学家和政治家当作社会保障网与自由竞争相辅相成的经济制度。按照艾哈德的说法，这是一条"中间道路"，他具体讲道：我在事实上不过实践了发展西方各国的现代经济学原理，把无限制的自由与残酷无情的政府管制两者之间长期存在着的矛盾加以解决，从而在绝对自由与极权之间寻求一条健全的中间道路。社会市场经济理论在联邦德国得到了实现，并使德国经济获得了稳定与发展。

兰珀·吕鲁普曾对德国实行社会市场经济的历史背景作过描述：一是第二次世界大战之间的德国，正像其他西方工业化国家一样，开始出现不协调的国家干预主义。二是随后德国还出现了国家社会主义的极权经济，其最终于 1936 年以普遍冻结物价的方式大规模废除了市场经济。三是第二次世界大战后，这种体制很快为一种经济官僚（或许可这样称谓之）——弊脚行政当局所替代。

因此，战后德国新政府面临的第一个问题是究竟采取一种什么形式的经济体制才有利于经济的恢复，并就此进行了广泛的讨论。新自由主义学派认为社会经济应当是一个市场和市场机制充分发挥作用的经济体制，国家的干预是必不可少的，但必须加以限制，提出应把建立在市场竞争基础上的自由进取的创造精神同社会效果结合起来考虑，建立受社会控制和调节的市场制度。这一观点被当时的经济部长路德维希·艾哈德所接受和支持，并成为政府制定经济政策的主要依据。

第二次世界大战后，联邦德国几乎变成了一片废墟，经济处于瘫痪的状态，由于社会市场经济的实行，德国的经济很快就开始复苏，20 世纪 50 年代就起飞了，60—70 年代取得了令人们瞩目的成就。国民生产总值由 1950 年的 233 亿美元，增长到 1980 年的 8 223 亿美元，

30年中平均年递增率约5%，居西欧之首。当然，德国经济奇迹的原因很多，但社会市场经济制度作为一个极其重要的因素是不可否认的。兰珀·吕鲁普曾对此作过分析，他说："实行社会市场经济的结果即人们所说的'德国社会经济奇迹'。"

3. "政府主导型"——日本市场经济模式

日本的市场经济模式与欧美发达国家相比，政府干预的力度和作用的范围都很大，并且与法国的经济模式有许多相似之处，即都是靠中央计划和市场机制共同协调经济。因此，一些研究日本经济的西方学者将日本的经济归结为"政府主导型"的市场经济模式。

第二次世界大战结束后，日本作为一个战败国无论在精神上还是经济上都濒临崩溃，当时同盟国驻日本总司令部的成员阿克曼曾预言：如果日本今后30年的人口继续增加到一亿人以上，那么，它只可能有以下两种结局之一：或者无限地依赖外援，生活水平将和1930—1934年时相当；或者走"自立"之路，但会面临无法克服的政治经济和社会困难，国民生活将逐渐接近于仅能维持的水平。然而，情况恰恰相反，日本经过30年的努力之后，经济却取得了奇迹般的飞跃。1949—1973年，日本经济年平均增长率高达9.3%，高于美、英、原西德和法国经济的年平均增长率。1986年以后，西方经济陷入了滞胀，日本经济的年平均增长率有所下降，但仍高达3.8%，并仍高于上述国家。日本在战后能够跻身于世界强国之林，与日本所采用的经济模式直接相关。保罗·格雷戈里认为，日本政府在经济发展过程中起到了重要的多方面的作用，即日本政府为经济增长和发展趋势提供了方向。国家有选择地进行干预，在保证不仅有高的投资效率，而且大投资适当地分配到能导致增长的部门方面，已成为一个重要的促进因素。

4. "从摇篮到墓地"——福利市场经济模式

福利市场经济模式是以福利为国家制度特征的市场经济国家采用的模式，主要存在于欧洲一些社会民主党或社会党执政的国家，如挪威、瑞典等，尤以瑞典模式最为典型。它是指以改良的社会民主主义理论为指导，以充分就业和社会平等为目标，在工人运动的推动下由社会民主党与工会共同奉行的一种市场经济发展模式。瑞典的市场经济是在基本实现了"从摇篮到墓地"的全面社会福利制度中实现。这一模式使得整个社会的生活质量都获得了极大的提高。据统计瑞典的人均国民生产总值居世界前列。20世纪60年代时，在实行经济计划的英国、瑞典、挪威、荷兰、法国、日本六个国家里，日本的人均国民生产总值的年增长速度是最高的，但是到1970年时，它却只有瑞典人均产量的52%。1971年瑞典人均收入5 100美元，比西欧国家的人均收入高3 600美元。1974年瑞典的人均国民生产总值为6 720美元，为美国人均国民生产总值的101%，1987年瑞典的人均收入高达14 200美元，在发达国家中也名列前茅。

"瑞典市场经济模式"也经历了一个由兴起到鼎盛最终衰落的过程。许多西方经济学家对于瑞典经济的停滞状况从不同的视角做出了不同的分析，但是，不论他们的理论根据是什么，有一点是比较一致的，即瑞典市场经济模式的"过度福利"是这一模式衰落的根本原因。

5. "市场社会主义"——中国社会主义市场经济模式

市场社会主义作为一个术语，曾被用来指称某些经济学家（如兰格）为探讨社会主义制度下市场问题而提出的理论模式或形容原东欧等地区的社会主义国家（如南斯拉夫和匈牙利，甚至包括中国）所进行的以市场化为导向的经济体制改革。但是，有些经济学家认为社会主义不能实现与市场的有效结合。中国经历了14年的探索，建立了社会主义市场经济体制，把社会主义制度的优越性和市场经济的优势结合起来。表现为在市场经济所有制结构上，建立和完善了以公有制为主体的多种所有制并存结构。国家鼓励个体、私营和其他非公有制成分发展，把它们作为市场经济的重要组成部分和初级社会主义社会基本经济制度的有机组成部分，但公有资产在社会总资产和经营性资产中要占大多数或优势，并体现对整个国民经济发展的主导作用上。在分配结构上，建立和完善了劳动分配为主体的多要素分配并存结构。这种分配结构既强调资本、土地、技术、信息等生产要素凭借所有权参与分配，又强调市场型按劳分配的机制和原则，同时政府又通过工资、奖金、税收、公共福利、社会保障等手段和机制，防止分配不公，调节个人收入的过分悬殊，以促进效率与公平的统一。在经济运行机制上，建立和完善了国家主导型的市场经济运行机制。在充分发挥市场在资源配置中基础作用的同时，加强国家宏观调控，建立强市场和强政府的"双强"格局，使国家的经济职能充分有效地行使。同时正确处理好中央与地方，政府和企业、目前利益与长远利益之间的关系，形成充满生机和活力的运行机制。在对外开放上，建立和完善自力主导型的对外开放形态。中国积极扩大和深化对外开放，已形成了多层次、多领域、多方位的对外开放格局。但是，在积极利用外国资金、技术、管理经验的同时，又强调独立自主和自力更生的原则，从而使中国的对外开放保持了独立的形态。

阅读材料二

2014年GDP世界排名——中国GDP首超10万亿美元排第二

2015年1月20日中国政府公布了初步核算的2014年宏观经济数据，GDP比上年增长7.4%，首次突破10万亿美元，成为继美国之后的第二个跻身超10万亿美元经济体俱乐部。

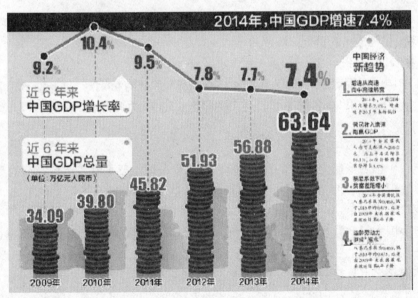

中国国家统计局局长马建堂称，中国国民经济在新常态下保持平稳运行，呈现出增长平稳、结构优化、质量提升、民生改善的良好态势。

7.4%的经济增速虽然创下中国24年来的新低，但是完成了国务院年初确定的"7.55%

左右"的预期目标。在 2014 年全球大型经济体中，7.4%的增速依然名列前茅，由此产生的 8 000 亿美元中国经济增量相当于再造了一个中等经济体。

7.4%的增速也符合"新常态"下经济发展增速换挡的客观规律。从 2012 年开始，中国经济从两位数或接近两位数的超高速增长阶段进入 7%~8%的中高速增长阶段，这是中国经济在转型升级进程中平衡"必要"与"可能"的结果。已经延续了 30 多年的中国经济奇迹目前跨入了提质增效的"第二季"。

国务院发展研究中心研究员张立群说，当前，中国经济已经步入"新常态"，经济增长由超高速、高速转入中高速，经济发展方式正从规模速度型粗放增长转向质量效率型集约增长。

阅读材料三

看看中国到底有多少个世界第一？

用中国在经济发展方面有多少个世界第一，来描述中国今天的强盛程度，也许是相当贴切的。因为无论对任何好的和有意义的事情，取得第一的成绩都表明在这样一个特定的领域、特定的场合和特定的时点上，都是最棒的。

2010 年，中国就超过了美国，成为全球制造业第一大国。目前，在世界 500 种主要工业品中，中国有 220 种产品产量位居全球第一位。

1. 生铁排名世界第一

2013 年中国的生铁产量为 6.58 亿吨，排名世界第一，占全球总产量的 59%；与 1978 年中国生铁产量 3 479 万吨相比，增长了 17.9 倍，翻了将近 9 番。

2. 煤炭排名世界第一

2013 年中国煤炭产量为 36.6 亿吨，为全球最大产煤国，产量占到全球总产量的一半，为 1978 年 6.1 亿吨的 6.6 倍。

3. 粗钢排名世界第一

2013 年中国的粗钢产量为 7.17 亿吨，占全球 15.5 亿吨粗钢产量的 46.3%，排名世界第一，超过第 2 名至第 20 名的总和，与 1978 年的 3 178 万吨相比，增长了 21.6 倍，翻了 10 番半。

4. 造船排名世界第一

2013 年，中国的造船完工量 6 021 万吨，虽然受全球主要是欧美市场萎缩的影响比上年下降 21.4%，但仍位居世界第一位，占到世界总造船量的 41%。

5. 水泥排名世界第一

2013 年中国水泥产量为 21.84 亿吨，排名世界第一，产量占世界总产量的 60%以上，是 1978 年 6 524 万吨的 33.5 倍。

6. 电解铝排名世界第一

中国的电解铝产量为 1 988.3 万吨，排名世界第一，占世界总产量的 65%以上。

7. 化肥排名世界第一

2013 年中国化肥产量为 6 840 万吨，是世界最大化肥生产国，占世界总产量的 35%，是 1978 年 869.3 万吨的 7.9 倍。

8. 贸易总额世界第一

2013年中国进出口贸易总额为3.87万亿美元，超过了美国的3.82万亿美元，首次成为世界第一大进出口贸易国，与1978年的167.6亿美元相比，增长了惊人的230倍。

9. 科技人力资源世界第一

截至2009年，中国科研院所有3 775个，中国科技人力资源有5 100万人，位居世界第一。

10. 互联网用户世界第一

中国宽带及移动互联网用户居世界第一位。其中宽带互联网用户为1.72亿户，移动互联网用户为7.51亿户，互联网普及率达到42.1%。

11. 中国发电量世界第一

2011年，中国发电量全面压倒美国，跃居世界第一，达到47 217亿度。中国人均发电3 504.4度，是朝鲜的4倍，印度的4.6倍。

第九章

一国财富的衡量——国民收入决定理论

学习目标

掌握简单的国民收入决定模型、消费函数、储蓄函数等概念及理论;
熟悉乘数理论的含义与计算;
掌握产品市场均衡的条件,明确 IS 曲线的含义、推导过程及其斜率和其移动的特征;
掌握货币市场均衡的条件,弄清 LM 曲线的含义、推导过程及其斜率和其移动的特征;
了解均衡变动对利息率与国民收入的影响;
掌握 IS – LM 模型。

学习建议

国民收入决定理论是宏观经济学的中心理论,主要介绍简单的国民收入决定模型、IS – LM 模型、总需求—总供给模型。延伸阅读部分可供学有余力者学习。本章内容对学习宏观经济学的内容非常重要,建议学习时间为 6~8 课时。

导入案例

"蜜蜂的寓言"启示

20 世纪 30 年代,资本主义世界爆发了一场空前的大危机。经济的大萧条使三分之一的工厂停产,产品积压,3 000 多万人失业,生活困难,金融秩序一片混乱,整个经济倒退到第一次世界大战以前的水平,绝大多数人感到前途悲观。持续的经济衰退和普遍失业,使传统的经济学遇到了严峻的挑战。一直关注美国罗斯福新政的英国经济学者——约翰·梅纳特·凯恩斯,从一则古老的寓言中得到了启示。

18 世纪初,一个名叫孟迪维尔的英国医生写了一首题为"蜜蜂的寓言"的讽喻诗,描述了一群蜜蜂的兴衰史。最初,有一群蜜蜂过着挥霍、奢华的生活,浪费成性,但是,整个蜂群却兴旺发达,百业昌盛。后来,它们改变了原有的生活习惯,崇尚节俭朴素,结果导致社会凋敝,经济衰落,最终被另一蜂群所消灭。

第九章 一国财富的衡量——国民收入决定理论

在凯恩斯之前，经济学家相信"供给决定需求"。但凯恩斯从这则寓言中悟出了需求的重要性，并建立了以需求为中心的国民收入决定理论。在此基础上引发了经济学上著名的"凯恩斯革命"，结果就是建立了现代宏观经济学。

总需求包括消费、投资、政府购买支出和净出口（出口－进口）。因此，增加消费，哪怕是浪费性消费也可以刺激经济繁荣。我们知道，居民的收入分为两部分，即消费与储蓄，消费增加则储蓄减少。根据消费与储蓄对国内生产总值的不同影响，凯恩斯得出一个与传统的道德观相矛盾的推论：按照传统的道德观，增加储蓄是好的，减少储蓄是恶的。但按上述储蓄变动引起国内生产总值反方向变动的理论，增加储蓄会减少国内生产总值，使经济衰退；而减少储蓄则会使经济繁荣。但是，这与传统的"节约光荣"正好相反。于是就出现了一个悖论：节约是个人的美德，却使社会萧条；浪费是个人的恶行，却使社会繁荣。人们把这种似乎矛盾的结论称为"节约的悖论"。"蜜蜂的寓言"讲的就是这个道理。

过去有一句老话："新三年，旧三年，缝缝补补还三年"。如果真是如此节约，我们的纺织行业将会出现纺织品卖不掉、工人下岗、收入降低的状况，进而会影响整个社会的消费。因此，节俭对个人来说是一种美德，有时还要提倡，但对整个社会来说就不一定是美德，而是一种退步。因为大家都节俭，储蓄增加，如果这部分储蓄不能及时转化为投资，形成新的消费力量，那就会减少社会需求，对国民经济活动造成一种紧缩的压力，导致经济萧条。国民收入也因此下降，就业减少。尤其是在经济萧条时期，这种节俭更会加剧萧条，形成恶性循环。

被称为"当代宏观经济学之父"的凯恩斯在 1936 年发表的《就业、利息和货币通论》一书，创立了现代宏观经济学的理论体系，实现了经济学演进中的第三次革命，在西方的经济学史上是具有划时代意义的事件。在该书中他创造性地提出了国民收入决定理论，使之成为宏观经济学的中心理论，而该理论的中心内容是有效需求原理。国民收入决定理论的产生具有重大的现实意义，它为政策制定者提供了刺激经济的工具。同时，它也为分析各种宏观经济问题提供了一种重要的分析工具，指明宏观经济学中的失业、通货膨胀、经济周期和经济增长等问题均可以运用国民收入决定理论进行分析。

第一节 简单的国民收入决定模型

在宏观经济学中，国民收入指的是均衡国民收入，即在其他条件不变的情况下将保持稳定不变的国民收入。国民收入决定理论主要研究，在一定的条件下，一个经济社会相对稳定的均衡国民收入由哪些因素决定，这些影响因素和均衡国民收入之间存在何种变动关系和变动规律。

简单的国民收入决定模型实际是凯恩斯本人关于国民收入的相关理论。凯恩斯认为，在生产经常性过剩的市场经济中，供给不是问题，总供给和总需求的常态是总供给大于总需求，因此，决定均衡国民收入的关键在于经济社会的总需求水平，总需求增加，国民收入增加；总需求减少，国民收入减少；总需求不足正是引起供给过剩和失业的根本原因。这就是宏观经济学中简单的国民收入决定模型，或称凯恩斯国民收入决定模型，该模型就是说明总需求与总供给是如何决定均衡的国民收入水平，以及均衡国民收入水平是如何变动的。

一、潜在的国民收入与均衡的国民收入

在分析国民收入的决定之前，有必要先区分潜在的国民收入与均衡的国民收入。所谓潜在的国民收入，是指经济实现了充分就业时所能达到的国民收入水平，又称为充分就业的国民收入。而均衡国民收入则是指总需求与总供给达到平衡时的国民收入，此时，国民收入可表示为：

$$Y = AD = C + I + G + X = AS = C + S + T + M$$

式中　Y——国民收入；

　　　AD——总需求；

　　　C——消费需求；

　　　I——投资需求；

　　　G——政府需求（政府支出）；

　　　X——国外部门的需求（出口）；

　　　AS——总供给；

　　　C——消费；

　　　S——储蓄；

　　　T——政府税收；

　　　M——进口。

延伸阅读　　　　　**凯恩斯的"有效需求理论"**

1. 理论假定

（1）假定潜在的国民收入水平不变。

（2）假定各种资源没有得到充分利用。

（3）假定价格水平不变，价格是刚性的。

2. 有效需求

就是有支付能力的社会总需求，即总供给与总需求达到均衡时的总需求。它包括消费和投资需求两部分，即

$$Y = AD = C + I$$

凯恩斯否定"供给自行创造需求"的萨伊定律，认为在自由放任的条件下，有效需求通常都是不足的，所以市场不能自动实现充分就业的均衡。

3. 有效需求不足的原因

根源在于三个"心理规律"：

（1）边际消费倾向递减，消费需求不足。

（2）资本边际效率递减，投资需求不足。

（3）流动偏好，总要把一定量货币保持在手里。利率不能太低，否则容易进入流动偏好陷阱；但如果利率过高，会导致投资需求不足。

4. 基本观点

（1）供给未必创造自身的需求。

（2）在市场机制的自发调节作用下，总需求往往小于总供给，因此，生产过剩的经济

危机成为经常现象。

（3）国家必须以总需求为目标，对宏观经济进行干预和调控。

5. 政策含义

凯恩斯否定了传统的国家不干预政策，力主扩大政府机能，通过政府干预来弥补有效需求的不足，实现充分就业。这种干预被称为"需求管理"。凯恩斯所特别强调的是运用财政政策，而且是赤字财政政策来干预经济。

二、总需求的构成

总需求是指在其他条件不变的情况下，在某一给定的价格水平上人们所愿意购买的产出总量，也即整个社会对产品与劳务需求的总和。因此，总需求反映的是经济中不同经济实体的总支出。按照需求主体的不同，总需求可分为居民的需求（消费需求 C）、厂商的需求（投资需求）、政府的需求（政府支出）、国外部门的需求（出口），总需求就是这些需求的总和。

消费需求是指本国居民用于物品和劳务上的开支，主要包括耐用消费品支出、非耐用消费品支出、住房租金以及对其他劳务的支出等，是一个国家总需求中最主要的部分。消费需求主要取决于可支配收入，即个人收入减去税收后的部分。

投资需求是指企业的投资支出，主要包括企业固定投资和存货投资两大类。投资在经济中波动相当大，决定投资的因素是产出水平、资本成本以及对未来的预期。

政府支出是指政府对各种产品与劳务的需求，即政府在商品与服务上的开支。例如，政府购买坦克和筑路设备这样的商品以及对公立学校教师支付的费用。与消费需求和企业投资需求不同，这一部分是直接由政府的支出政策所决定的。随着国家对经济生活干预的加强，总需求中政府支出的比例也一直在提高。

出口，在分析国民收入的决定时是指净出口，即出口与进口之差。出口以 X 表示，进口以 M 表示，则净出口 $NX = X - M$，其中出口指的是外国对本国物品或劳务的购买，进口指的是本国对外国的物品或劳务的购买。当一个国家的出口大于进口时，净出口为正；当出口小于进口时，净出口为负。净出口代表了外国购买本国生产的最终物品或劳务的净支出。

最终得出：$AD = C + I + G + X$。通过表 9-1 及图 9-1 可以看出我国的 GDP 情况。

表 9-1　1978—2014 年我国支出法国内生产总值　　　　　　　　　亿元

年份	GDP	居民消费（C）	资本形成总额（I）	政府消费（G）	贸易差额（$X-M$）
1978	3 605.6	1 759.1	1 377.9	480.0	-11.4
1979	4 092.6	2 011.5	1 478.9	622.2	-20.0
1980	4 592.9	2 331.2	1 599.7	676.7	-14.7
1981	5 008.8	2 627.9	1 630.2	733.6	17.1
1982	5 590.0	2 902.9	1 784.2	811.9	91.0
1983	6 216.2	3 231.1	2 039.0	895.3	50.8
1984	7 362.7	3 742.0	2 515.1	1 104.3	1.3

续表

年份	GDP	居民消费（C）	资本形成总额（I）	政府消费（G）	贸易差额（X−M）
1985	9 076.7	4 687.4	3 457.5	1 298.9	−367.1
1986	10 508.5	5 302.1	3 941.9	1 519.7	−255.2
1987	12 277.4	6 126.1	4 462.0	1 678.5	10.8
1988	15 388.6	7 868.1	5 700.2	1 971.4	−151.1
1989	17 311.3	8 812.6	6 332.7	2 351.6	−185.6
1990	19 347.8	9 450.9	6 747.0	2 639.6	510.3
1991	22 577.4	10 730.6	7 868.0	3 361.3	617.5
1992	27 565.2	13 000.1	10 086.3	4 203.2	275.6
1993	36 938.1	16 412.1	15 717.7	5 487.8	−679.5
1994	50 217.4	21 844.2	20 341.1	7 398.0	634.1
1995	63 216.9	28 369.7	25 470.1	8 378.5	998.6
1996	74 163.6	33 955.9	28 784.9	9 963.6	1 459.2
1997	81 658.5	36 921.5	29 968.0	11 219.1	3 549.9
1998	86 531.6	39 229.3	31 314.2	12 358.9	3 629.2
1999	91 125.0	41 920.4	32 951.5	13 716.5	2 536.6
2000	98 749.0	45 854.6	34 842.8	15 661.4	2 390.2
2001	109 028.0	49 435.9	39 769.4	17 498.0	2 324.7
2002	120 475.6	53 056.6	45 565.0	18 759.9	3 094.1
2003	136 613.4	57 649.8	55 963.0	20 035.7	2 964.9
2004	160 956.6	65 218.5	69 168.4	22 334.1	4 235.6
2005	187 423.4	72 958.7	77 856.8	26 398.8	10 209.1
2006	222 712.5	82 575.5	92 954.1	30 528.4	16 654.6
2007	266 599.2	96 332.5	110 943.2	35 900.4	23 423.1
2008	315 974.6	111 670.4	138 325.3	41 752.1	24 226.8
2009	348 775.1	123 584.6	164 463.2	45 690.2	15 037.0
2010	402 816.5	140 758.6	193 603.9	53 356.3	15 097.6
2011	472 619.1	168 956.6	228 344.3	63 154.9	12 163.3
2012	529 238.4	190 423.8	252 773.2	71 409.0	14 632.4
2013	586 673	212 187.5	280 356.1	79 978.1	14 151.3
2014	636 463				

资料来源：《中国统计年鉴》，http：//www.stats.gov.cn/tjsj/ndsj/2013/indexch.htm。根据周期性地修正GDP数据，经整理得出。

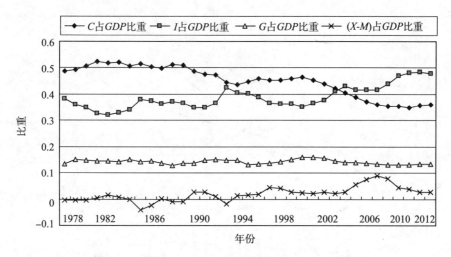

图 9-1　1978—2012 年我国 GDP 构成中各项的比重

三、消费函数与储蓄函数

消费和储蓄是个人可支配收入的两个方面。消费是指个人或家庭购买商品和劳务的支出；储蓄则是个人可支配收入中未用于消费的那部分收入。在简单的国民收入决定理论中，我们假定总需求中的其他部分不变，仅考虑总需求中消费的变动对总需求的影响。这样就要先了解消费函数以及相关的储蓄函数。

（一）消费函数

消费函数是指消费支出与决定消费的各种因素之间的依存关系。影响消费的因素很多，如商品价格、消费者偏好、收入水平、预期收入、消费环境、家庭成员构成及相关商品价格等。但就宏观经济而言，居民消费数量主要由经济总收入即国民收入水平决定，所以，消费函数表示的是消费与收入之间的关系。一般来说，在其他条件不变的情况下，消费随收入变动而同方向变动。消费函数的公式可表示为：

$$C = f(Y)$$

式中　C——消费；

Y——收入。

如图 9-2 所示，横轴代表收入，纵轴代表消费，45°线是收支相抵线，直线上任意一点都表示 $C = Y$。消费曲线 C 向右上方倾斜，表示随着收入增加，消费也增加。C 与 45°线相交于 E 点，E 点是收支相抵点。在 E 点之左，消费大于收入，有负储蓄；在 E 点之右，消费小于收入，有正储蓄。当收入等于零时，消费为 a，a 表示不依存于收入的消费，称为自发性消费。因此，消费函数可以表示为：

$$C = a + bY$$

式中　a——自发性消费；

b——边际消费倾向；

bY——引致消费，指随收入的变动而变化的那部分消费。

消费与收入的关系还可以用平均消费倾向与边际消费倾向来说明。

平均消费倾向是指消费在收入中所占比重。用公式可表示为：

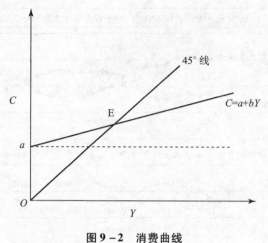

图 9-2 消费曲线

$$APC = \frac{C}{Y}$$

式中　APC——平均消费倾向。

边际消费倾向是指消费增量在收入增量中所占的比例。如果以 ΔC 表示消费增量，以 ΔY 表示收入增量，则边际消费倾向用公式可表示为：

$$MPC = \frac{\Delta C}{\Delta Y}$$

式中　MPC——边际消费倾向。

案例分析　　**中美边际消费倾向对比**

据估算，美国的边际消费倾向现在约为 0.68，中国的边际消费倾向约为 0.48。也许这种估算不一定十分准确，但是一个不争的事实是，中国的边际消费倾向低于美国。为什么中美边际消费倾向有这种差别呢？

案例点评：首先，来看收入。美国是一个成熟的市场经济国家，经济总体上是稳定的，经济的稳定决定了收入的稳定性。当收入稳定时，人们就敢于消费，甚至敢于借贷消费了。中国尽管经济增长速度快，但每个人都有失业的危险，收入并不稳定。这样，人们就不得不节制消费，以预防可能出现的失业及其他风险。其次，来看制度。人们敢不敢花钱，还取决于社会保障制度的完善性。美国的社会保障体系较为完善，覆盖面广而且水平较高。失业有失业津贴，老年人有养老金，低于贫困线有帮助，上大学又可以得到贷款等。这样完善的社会保障体系使美国人无后顾之忧，敢于消费。但中国的社会保障体系还没有完全建立起来，而且受财政实力的限制也难以在短期内有根本性的改变，人们要为未来生病、养老、孩子上学等必需的支出进行储蓄，消费自然减少。最后，边际消费倾向还与收入分配状况相关。在总收入为既定时，收入分配越平等，社会的边际消费倾向越高，收入分配越不平等，社会的边际消费倾向越低。这是因为富人的边际消费倾向低而穷人的边际消费倾向高。中国目前的收入不平等比美国严重，因此，边际消费倾向低也是正常的。

（资料来源：http://blog.sina.com.cn/s/blog_44ed82fd0100kede.html。）

边际消费倾向是消费曲线的斜率，它的数值通常是大于 0 而小于 1 的正数，这表明，消费是随收入增加而相应增加的,但消费增加的幅度低于收入增加的幅度,即边际消费倾向是随着收入的增加而递减的。

相关链接　　　　　　　　**边际消费倾向的特殊情况**

边际消费倾向并不一定介于 0 到 1 之间。当消费者对产品的消费额与消费者的收入同时增加或减少时,边际消费倾向为正。当消费者对产品的消费额与消费者的收入变化方向相反时,边际消费倾向值为负。当消费者对某产品的消费额不发生变化时,无论收入改变多少,边际消费倾向都不改变。

边际消费倾向有递减的规律,即人们的消费随收入的增加而增加,但在所增加的收入中用于增加消费的部分越来越少。凯恩斯认为边际消费倾向递减规律是由人类的天性所决定的,由于这一规律的作用,就会出现消费不足。

延伸阅读　　　　　**凯恩斯对边际消费倾向规律的宏观经济学见解**

边际消费倾向规律由英国经济学家凯恩斯在 1936 年出版的《就业、利息和货币通论》中提出,他对边际消费倾向规律的宏观经济学见解如下:

(1)在人们收入增加的时候,消费也随之增加,但消费增加的比例不如收入增加的比例大。在收入减少的时候,消费也随之减少,但也不如收入减少得那么厉害。富人的边际消费倾向通常低于穷人的边际消费倾向。这是因为穷人的消费是最基本的消费,穷人之所以穷,是因为在穷人的收入中基本生活资料占了相当大的比重;而富人之所以富,在于富人早已超越了基本需求层次,基本生活资料在其收入中所占比例不大。

(2)边际消费倾向取决于收入的性质。消费者很大程度上都着眼于长期收入前景来选择他们的消费水平。长期前景被称为永久性收入或生命周期收入,它指的是个人在好的或坏的年景下平均得到的收入水平。如果收入的变动是暂时的,那么,收入增加的相当部分就会被储藏起来。收入不稳定的个人通常具有较低的边际消费倾向。

(3)人们对未来收入的预期对边际消费倾向影响甚大。边际消费倾向的降低,使得萧条更为萧条。

(二) 储蓄函数

储蓄函数是储蓄与决定储蓄的各种因素之间的依存关系。影响储蓄的因素很多,如收入、利率等。与消费函数一样,我们认为收入是储蓄的很重要的影响因素。一般地,储蓄与收入同方向变动。储蓄函数的公式为:

$$S = f(Y)$$

式中　S——储蓄;

Y——收入。

储蓄与收入的关系可以用平均储蓄倾向与边际储蓄倾向来说明。

平均储蓄倾向指储蓄在收入中所占的比例。用公式可表示为:

$$APS = \frac{S}{Y}$$

式中　APS——平均储蓄倾向。

边际储蓄倾向是指储蓄增量在收入增量中所占的比例。用公式可表示为：

$$MPS = \frac{\Delta S}{\Delta Y}$$

式中　MPS——边际储蓄倾向。

与边际消费倾向递减相对应，边际储蓄倾向是递增的。可以用储蓄曲线来说明储蓄与收入的关系。如图9-3所示，横轴代表收入，纵轴代表储蓄，储蓄曲线S向右上方倾斜，表示储蓄与收入同方向变动。S与横轴相交于E，此时储蓄为零，E点为收支相抵点。在E点左边储蓄为负，在E点右边储蓄为正。

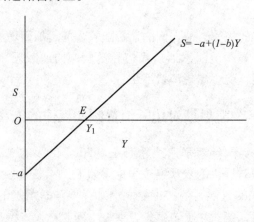

图9-3　储蓄曲线

边际储蓄倾向一般为正数值，但小于1，即$0<MPS<1$，不过，随着收入增加，边际储蓄倾向呈递增的趋势。

例如，有一个家庭的收入增长了1 000元，并且他们打算把其中的400元存到银行，那么，其边际储蓄倾向就是：$MPS = 400/1\ 000 = 0.4$，即40%。

（三）消费函数和储蓄函数的关系

从上面的分析我们知道，消费与储蓄之和永远等于收入，即

$$Y = C + S$$

所以，

$$S = Y - C$$

将消费函数$C = a + bY$代入上式，得到储蓄函数方程式为$S = -a + (1-b)Y$

消费函数与储蓄函数的互补关系决定了消费倾向与储蓄倾向之间对应关系：

平均消费倾向与平均储蓄倾向之和为1，即$APC + APS = 1$

边际消费倾向与边际储蓄倾向之和为1，即$MPC + MPS = 1$

相关链接

未来我国居民消费十大趋势

随着经济的快速发展和居民收入水平的不断提高，我国居民的消费不断升级换代，消费热点不断涌现。未来居民消费结构变化的总体趋势是：

1. 住房仍然是消费结构升级的重点。从国际经验看，小康阶段初期，住房消费将保持较长时期的增长。从购买力来看，高收入阶层的购买力最强，收入最高；城市中的中产阶层

成为不可忽视的社会主流消费群体;平民阶层对住房的需求也是巨大的。

2. 汽车消费增长空间较大。随着汽车价格的下降,降低了消费者购买汽车的收入标准。同时,国家不断出台的鼓励轿车进入家庭的利好政策,使得私人购车正日益成为轿车总需求的主要部分。

3. 教育消费成为长期的消费热点。根据新增长理论,经济长期增长的关键因素是人力资本增长。随着科技的进步和社会生产力的发展,人们对知识需求日益增强,居民越来越重视教育的投入,不断提高个人文化素质,除了对子女的教育消费支出不断增长以外,成人的教育费用也不断提高。

4. 绿色消费将成为21世纪的消费主题。绿色消费是随着环保运动的发展而兴起的一种更为理性的高层次的消费。随着居民收入水平和消费水平的不断提高以及世界绿色消费大潮的影响,居民的绿色消费意识日益增强,"绿色食品""绿色家电"甚至"绿色汽车""绿色住房"等纷纷出现并受到消费者的青睐。

5. 信息消费成为新的消费热点。信息消费典型体现了需求上升规律和经济全球化的要求。家庭信息化是信息消费的重要方面。在信息化社会中,人们可以坐在家里处理办公室内的经济合同或其他公务,使过分集中的企业、机构分散化。

6. 旅游消费将成为主要休闲消费方式。按照国际经验,人均国内生产总值达到800～1 000美元时,表明已进入旅游发展的排浪式消费阶段,目前这种消费已开始在中国显现出来。近年来兴起的生态旅游已成为旅游业中增长最快的部分。

7. 服务消费支出将有较大增长空间。未来社会,以人为本的生活观念日益突出。居民能够享受到的社会公共服务和公共设施越来越多,这一范畴的消费也随之增加,其典型表现是服务性消费的快速发展。随着经济的发展,社会分工越来越细,家政服务、家庭医生、家庭病房等开始走进千家万户。

8. 大量流动人口的存在扩大了租赁消费空间。大城市的积聚效应和规模效应吸引了越来越多的外来人口,将加速与流动性消费相适应的租赁业和二手市场的发展。

9. 银色消费市场广阔。由于计划生育政策和人口预期寿命延长的双重作用,目前中国已经进入老龄化阶段,将会对整个社会的消费结构产生影响。例如,对医疗保健、社区养老服务等需求旺盛。

10. 个性化消费趋势日益凸显。随着消费由必需品为主转变为非必需品为主,消费方式转变为享受型消费,其根本特点是个性多元化。越来越多的消费者要求每件商品都要根据他们的需要而定做,每项服务都要根据其要求而单独提供。

(资料来源:《经济学》网站,http://www.douban.com/group/topic/2126558/。)

四、总需求与均衡国民收入决定

均衡的国民收入就是总需求与总供给相等时的国民收入。当不考虑总供给这一因素时,均衡的国民收入就是由总需求决定的。

在开放经济中,总需求由消费支出、投资支出、政府购买和净出口构成。其中的任何一种增加,都会引起总需求的增加,从而导致均衡的国民收入增加;反之,则相反。例如,储蓄越多,说明消费越少,总需求就越小,这样供过于求,国民收入就减少;同样,在投资和政府支出不变的前提下,税收越多,个人收入就越少,从而消费就减少,总需求就越小,国民收入也会减少。由此可以看出，储蓄和税收都是引起总需求减少的因素，可以用图9-4来说明这个问题。

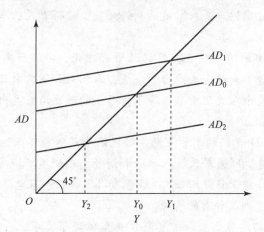

图9-4　总需求对国民收入的决定

在图9-4中，横轴代表国民收入，纵轴代表总需求，45°线表示总需求等于总供给。当总需求为AD_0时，决定了均衡的国民收入为Y_0。如果由于消费增加或者政府支出增加，则总需求移至AD_1，这时的国民收入增加到Y_1；相反，如果总需求减少，总需求曲线移至AD_2，均衡国民收入就会减少至Y_2。

由此可以看出，如果要增加国民收入，就要减少储蓄、政府税收与进口，增加投资支出、政府购买与出口。

五、乘数原理

乘数原理也称为倍数原理。简单地说，所谓乘数，就是指自发总需求（包括消费、投资和政府支出）的增加所引起的国民收入增加的倍数，或者说是国民收入增加量与引起这种增加量的自发总需求增加量之间的比率。假设一个国家增加一笔投资，以ΔI来表示，由此引起的国民收入的增加量以ΔY来表示，则$\Delta Y = K\Delta I$，即当增加一笔投资时，由此所引起的国民收入的增加量并不仅限于该投资的增加量，而是原来这笔投资的若干倍，其中K是大于1的正数，这就是乘数原理。

相关链接　　　　　　　　　　旅游乘数

用经济学中的乘数理论来解释旅游的发展对于接待地区经济的推动作用，便有了旅游乘数的概念。旅游乘数具体而言就是用以测定单位旅游消费对旅游接待地区各种经济现象的影响程度的系数。单从直接效应来看，旅游花费首先进入为旅游者提供服务和产品的直接旅游企业，这些收入又被获得收入的企业再花费掉，一部分收入由于企业的进口而直接流出当地的经济循环，剩余的收入将用来购买当地的产品和服务，支付劳动报酬和企业管理费用，支付政府的税收、许可费用和其他费用。一般认为，旅游业的乘数效应是1∶5。事实上，旅游乘数类型不同，乘数效应值是不同的；计算方法不同得出的结果差距也很大，并且不同地区以及同一地区在不同时间旅游乘数值也是不同的。

现假设某社会的消费函数为 $C = 50 + 0.6Y$，投资为 150 万元，当国民经济达到均衡状态时，均衡的国民收入为 500 万元。现假设某公司决定新建一个工厂，从而使投资由原来的 150 万元增加到现在的 250 万元，即投资增量 $\Delta I = 100$ 万元，当国民经济达到均衡状态时，国民收入将由原来的 500 万元达到现在的 750 万元，即 $\Delta Y = 250$ 万元。可见由该笔投资增加所引起的国民收入的增加量是投资增加量的 2.5 倍。为什么当投资增加时，国民收入的增加量会是投资增加量的若干倍呢？下面来分析一下这个过程。

首先，当投资增加 100 万元时，增加的这些投资用来购买生产资料或劳动力等生产要素。那么这 100 万元就以工资、利息、利润和租金的形式流入到生产要素所有者手中，即居民的手中，这样居民收入就增加了 100 万元，也就是说国民收入增加了 100 万元，记为 $\Delta Y_1 = 100$ 万元。

第二时期，由消费函数可知，边际消费倾向为 0.6。当居民手中收入增加 100 万元后，其中的 60 万元（即 100 万元×0.6）用于消费。此时，这 60 万元也以工资、利息、利润和租金的形式流入到拥有消费品的生产者手中，即居民的手中，这样居民收入就又增加了 60 万元，也就是说国民收入增加了 60 万元，记为 $\Delta Y_2 = 60$ 万元。

同样，这些消费品的生产者会把这 60 万元中的 36 万元（即 60 万元×0.6）用于消费，则国民收入又增加了 36 万元，记为 $\Delta Y_3 = 36$ 万元。

这个过程不断地循环下去，最后使国民收入增加了 250 万元。其过程是
$100 + 100 \times 60\% + 100 \times 60\% \times 60\% + \cdots = 100 \times (1 + 60\% + 60\% \times 60\% + \cdots) = 100 \times [1/(1-60\%)] = 250$（万元）

这一公式表明，当投资增加 100 万元时，收入增加了 250 万元，即乘数 $K = \Delta Y/\Delta I = 2.5$。上面的例子也说明，乘数 = $1/(1 - $ 边际消费倾向$)$，即 $K = 1/(1 - MPC)$，由于 $MPS = 1 - MPC$，因此：

$$K = \frac{1}{1 - MPC} = \frac{1}{MPS}$$

可见，乘数大小和边际消费倾向有关，边际消费倾向越大，或边际储蓄倾向越小，则乘数就越大；边际消费倾向越低，乘数就越小。

案例分析

乘数——一把"双刃剑"

乘数反映了国民经济各部门之间存在着密切的联系。比如建筑业增加投资 100 万元，不仅会使本部门收入增加，而且会在其他部门引起连锁反应，从而使这些部门的支出与收入也增加，当边际消费倾向为 80% 时，在乘数的作用下最终使国民收入增加 5 倍，达到 500 万元。为什么会有这种倍数关系？举例如下：

例如，你花 50 元去买 10 斤苹果，这样卖水果的小贩收到 50 元后，留下 20%，即 $50 \times 20\% = 10$ 元去储蓄，拿其余的 80%，即 $50 \times 80\% = 40$ 元去购买蔬菜，这又使菜农收益增加了 40 元。菜农再留下 20% 即 $40 \times 20\% = 8$ 元去储蓄，其余 $40 \times 80\% = 32$ 元去买大米，这样，卖大米的农户又会增加 32 元的收益。如此连续循环下去，社会最后的收益上升到 250 元，其计算过程是：

$50 + 50 \times 80\% + 50 \times 80\% \times 80\% + 50 \times 80\% \times 80\% \times 80\% \cdots\cdots$
$= 50 \times (1 + 80\% + 80\% \times 80\% \cdots\cdots 80\% + 80\% \times 80\% = 50 \times [1/(1-80\%)] = 250$

(元)。250元是最初需求增加量50元的5倍，这就是乘数效应的结果。

但乘数的作用是双重的，如果上述例子的相反会使国民收入减少250元。即当自发总需求增加时，所引起的国民收入的增加要大于最初自发总需求的增加；当自发总需求减少时，所引起的国民收入的减少也要大于最初自发总需求的减少。所以，经济学家形象地把乘数称为一把"双刃剑"。

（资料来源：http://blog.sina.com.cn/s/blog_44ed82fd0100kede.html。）

第二节 IS–LM 模型

前面的理论中，我们只考察了产品市场的投资与储蓄的均衡，而没有考虑到货币市场的流动偏好与货币供给的均衡。如果同时考虑到产品市场与货币市场的均衡，就要引入 IS–LM 模型（I 指投资，S 指储蓄，L 指流动偏好即货币的需求，M 是货币供给）。IS–LM 模型同时分析产品市场和货币市场的均衡，说明在实现两种市场同时均衡时，利息率与国民收入的相互配合关系。

一、产品市场的均衡：IS 曲线

（一）IS 曲线的定义

IS 曲线是描述产品市场均衡时，即 $I=S$ 时，国民收入与利率之间存在着反向变动关系的曲线。或者说，IS 曲线是使产品市场达到均衡时，利率和国民收入组合点的轨迹。如图 9–5 所示，纵轴代表利率，横轴代表国民收入，这条曲线上任何一点都代表投资和储蓄都是相等的，即 $I=S$，说明产品市场是均衡的。因此，这条曲线被称为 IS 曲线。

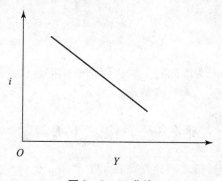

图 9–5 IS 曲线

在产品市场上利率与国民收入呈反方向变动是因为利率和投资呈反方向变动。即利率下降时，投资增加，国民收入也相应增加；利率上升时，投资减少，国民收入也就相应地减少。

（二）IS 曲线的位置移动

IS 曲线的位置移动情况如图 9–6 所示。导致 IS 曲线位置移动的因素主要有以下几个方面。

第一，投资需求的变化。在其他条件不变时，如果投资边际效率提高，或出现了技术革新，或投资者对投资前景预期乐观，在每一利率水平上投资量都会增加，从而使 IS 曲线向右上方移动；反之，IS 曲线将向左下方移动。

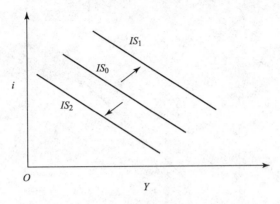

图 9-6　IS 曲线的移动

第二，储蓄或消费函数的变化。在其他条件不变时，人们的储蓄意愿提高了，储蓄曲线将向上平行移动，使每一储蓄水平所对应的国民收入下降，IS 曲线将向左下方移动。如果是消费意愿提高了，情况则相反。

第三，政府开支或税收的变化。如果其他条件不变，在政府采取扩张性财政政策，增加政府开支或减免税收时，与每一利率水平相对应的国民收入水平也会提高，IS 曲线将向右上方移动。如果政府实行紧缩性财政政策，就会使 IS 曲线向左下方移动。

相关链接 我国继续实施积极的财政政策，重点做好三个方面工作

2014 年 3 月 7 日（周五）下午，财政部办公厅主任、新闻发言人戴柏华接受中国政府网专访，解读 2014 年财政预算报告。党中央、国务院决定 2014 年继续实施积极的财政政策。为贯彻落实好有关要求，改善和加强财政宏观调控，将重点做好以下三个方面的工作。

第一，优化财政支出结构。严控"三公"经费等一般性支出，据实安排重点支出。增加一般性转移支付规模和比例，清理、整合、规范专项转移支付，严格控制新增项目和资金规模，建立健全定期评估和退出机制。盘活财政存量资金，腾出资金重点用于民生保障等领域的支出。第二，完善有利于结构调整的税收政策。进一步扩展小型微利企业税收优惠政策。完善促进养老、健康、信息、文化等服务消费发展和企业创新的财税政策。第三，切实防控财政风险。建立以政府债券为主体的地方政府举债融资机制，对地方政府性债务实行分类管理和限额控制。进一步加强地方融资平台公司举债管理，规范融资平台公司融资行为，建立债务风险预警及化解机制。

（资料来源：中国政府网，中央政府门户网站，www.gov.cn，2014-03-07。）

二、货币市场的均衡：LM 曲线

（一）LM 曲线的定义

货币市场的均衡取决于货币的需求和供给，货币的供给量由货币当局决定，是一个不变的常数，当货币市场达到均衡时，货币的需求和供给相等，即 $L = M$。LM 曲线表示货币市场达到均衡时，国民收入和利率之间存在着同方向变动关系的曲线。也就是说，LM 曲线是使货币需求等于货币供给的国民收入和利率的组合点的轨迹。LM 曲线向右上方倾斜，说明国民收入越多，为使得货币总需求恰好等于既定的货币供给的利息率越高，两者同方向变化。

LM 曲线如图 9-7 所示。

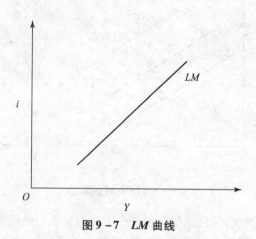

图 9-7 LM 曲线

延伸阅读 凯恩斯主义的货币理论

在货币市场上，利息率与国民收入呈同方向变动可以用凯恩斯主义的货币理论来解释。根据该理论，货币的需求又称"流动性偏好"，是指人们宁肯以牺牲利息收入而储存不生息的货币来保持财富的愿望或动机。按照凯恩斯的观点，人们储存货币是出于三种动机：交易动机、谨慎动机和投机动机。

交易动机是指人们为了应付日常支出的需要而持有一部分货币的动机。交易动机主要取决于收入，收入越高，交易数量越大，为应付日常支出所需要的货币量就越多。因此，出于交易动机所需的货币量是收入的函数。

谨慎动机或预防性动机是指为了预防意外支出而持有一部分货币的动机。谨慎动机产生于人们对未来收入和支出的不确定性，这一部分所需的货币主要取决于人们对意外事件的看法，从整个社会来看，谨慎动机所需的货币量大致也是收入的函数。

投机动机是指人们为了抓住购买生利资产，例如债券等有价证券的有利机会而持有一部分货币的动机。人们持有货币可以随时抓住有利的投机机会，但是会损失利息。当利率较低时，持有货币所损失的利息就较少，人们对货币的投机需求量就大；反之，则相反。因此，出于投机动机对货币的需求量与利率呈反方向变动关系。

如果用 L 表示交易动机和预防动机所引起的全部货币需求量，用 Y 表示收入，这种货币的交易需求和预防需求与收入的函数关系可以表示为：

$$L_1 = L_1(Y)$$

用 L_2 表示投机动机引起的货币需求量，用 i 表示利率，则货币的投机需求 L_2 与 i 的函数关系表示为：

$$L_2 = L_2(i)$$

在货币市场上，对货币的总需求是三种动机形成的总需求量。把 L_1 和 L_2 加在一起，便可以得到全部的货币需求量。即

$$L = L_1(Y) + L_2(i)$$

货币的供给（M）是指实际货币供给量，由中央银行的名义货币供给量有价格水平决定。因此，货币市场均衡的条件就是：

$$M = L = L_1(Y) + L_2(i)$$

从上式中可以看出，当国民收入 Y 增加时，L_1 增加，为了保持货币市场均衡，L_2 减少；因为 L_2 是关于利率的减函数，所以利率 i 上升。因此，当 Y 增加时，利率 i 上升。反之，如果国民收入 Y 减少，L_1 减少，则 L_2 增加；而 L_2 是利率的减函数，则利率 i 下降。因此，当 Y 减少时，利率 i 下降。因此，在货币市场上实现了均衡时，国民收入与利息率之间必然是同方向变动的关系。

（二）LM 曲线的位置移动

由于 LM 曲线是由货币的供给和需求共同形成的，所以，LM 曲线位置的移动也取决于货币供给与需求的变化，如图 9-8 所示。

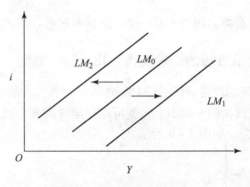

图 9-8　LM 曲线的移动

首先，货币供给量的变化直接影响 LM 曲线位置的移动，从而就会使国民收入与利率变动。在其他条件不变的情况下，如果政府采取扩张性货币政策，增加货币供给量，LM 曲线会向右下方移动；如果货币供给量减少，则 LM 曲线会向左上方移动。这将导致国民收入和利率发生相应的变动。

其次，由交易动机决定的货币需求和由投机动机决定的货币需求发生变化，也会影响 LM 曲线位置的移动。如果在相同的利率水平上，货币的投机需求增加，或者在相同的国民收入水平上，货币的交易需求增加，就会出现货币需求大于货币供给的情况，这实际上就相当于货币供给量的下降，所以，LM 曲线会向左上方移动。如果情况相反，LM 曲线则向右下方移动。

相关链接　　　　　　稳健的货币政策

中央经济工作会议 2014 年 12 月 9 日至 11 日在北京举行。会议提出，明年要保持宏观政策连续性和稳定性，继续实施积极的财政政策和稳健的货币政策。这将是自 2011 年以来，中国连续第五年实施积极的财政政策和稳健的货币政策。此前，12 月 5 日召开的中共中央政治局会议强调，要保持稳增长和调结构平衡，坚持宏观政策要稳、微观政策要活、社会政策要托底的总体思路，保持宏观政策连续性和稳定性，继续实施积极的财政政策和稳健的货币政策。

什么是"稳健的货币政策"？

从字面简单的理解来看，"稳健的货币政策"就是指货币政策随着经济环境的变化而变化，连续性高，波动不大，其主要目的在于维护经济发展的稳定，减少经济运行中的各种不确定性。具有中国特色的稳健的货币政策是 1998 年以后逐渐形成的。所谓稳健的货币政策，其含义是指：以币值稳定为目标，正确处理防范金融风险与支持经济增长的关系，在提高贷款质量的前提下，保持货币供应量适度增长，支持国民经济持续快速健康发展。

稳健的货币政策是具有中国特色的一种提法，它讲的是制定货币政策的指导思想和方针，它不同于经济学教科书关于货币政策操作层面的提法（如"宽松的""中性的"或"紧缩的"货币政策）。稳健的货币政策与稳定币值目标相联系，它包含既防止通货紧缩又防止通货膨胀两方面的要求，它不妨碍根据经济形势需要对货币政策实行或扩张，或紧缩的操作。

另外，"稳健的货币政策"也可以从货币政策的目标上去解读。以往，货币政策有四个目标，分别是充分就业、稳定物价、经济增长和国际收支平衡。现在，本届政府又给货币政策加了一个调结构的目标，例如，对涉及"三农"和"小微"业务的金融机构，可以更大幅度地"降准"。

（资料来源：经济观察报，2015-02-15；中国新闻网，2014-12-11，经整理。）

三、产品市场与货币市场的一般均衡：IS-LM 模型

（一）国民收入与利率的决定：IS-LM 模型

把 IS 曲线与 LM 曲线放在同一幅图上，就可以得出说明两个市场同时均衡时，国民收入与利率决定的 IS-LM 模型，如图 9-9 所示。

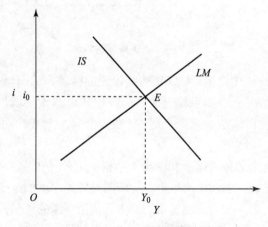

图 9-9　IS-LM 模型

在图中，IS 曲线上的每一点都表示产品市场均衡时收入与利率的组合，LM 曲线上的每一点都表示货币市场均衡时收入与利率的组合。IS 曲线与 LM 曲线相交于 E 点，E 点就表示产品市场与货币市场同时达到了均衡，这时就决定了均衡的利率水平为 i_0，均衡的国民收入水平为 Y_0。

> **延伸阅读**　**IS-LM 模型的产生**
>
> IS-LM 模型是由约翰·希克斯和阿尔文·汉森于 1937 年提出用于解释凯恩斯的宏观经济学理论思想的一个模型。IS-LM 模型是宏观经济分析的一个重要工具，是描述产品市场和货币之间相互联系的理论结构。
>
> 凯恩斯理论的核心是有效需求原理，认为国民收入决定于有效需求，而有效需求原理的

支柱又是边际消费倾向递减、资本边际效率递减以及心理上的流动偏好这三个心理规律的作用。这三个心理规律涉及四个变量：边际消费倾向、资本边际效率、货币需求和货币供给。在这里，凯恩斯通过利率把货币经济和实物经济联系起来，打破了新古典学派把实物经济和货币经济分开的两分法，认为货币不是中性的，货币市场上的均衡利率要影响投资和收入，而产品市场上的均衡收入又会影响货币需求和利率，这就是产品市场和货币市场的相互联系和作用。但凯恩斯本人并没有用一种模型把上述四个变量联系在一起。汉森、希克斯这两位经济学家则用 IS – LM 模型把这四个变量放在一起，构成一个产品市场和货币市场之间相互作用，共同决定国民收入与利率的理论框架，从而使凯恩斯的有效需求理论得到较为完善的表述。不仅如此，凯恩斯主义的经济政策即财政政策和货币政策的分析，也是围绕 IS – LM 模型而展开的。因此可以说，IS – LM 模型是凯恩斯主义宏观经济学的核心。

（二）产品市场和货币市场均衡的变动

1. IS 曲线的移动

投资增加、政府扩张性财政政策的推行和消费意愿的普遍提高会导致 IS 曲线右移；反之，会使 IS 曲线左移，如图 9 – 10 所示。在 LM 曲线不变的情况下，IS 曲线向右移动和 LM 曲线相交于 E_1，E_1 表示一个较高收入和较高利率的均衡组合；向左移动的 IS 曲线和 LM 曲线相交于 E_2，E_2 表示一个较低收入和较低利率的均衡组合。这里的分析也可以用来说明财政政策对国民收入和利率的影响。

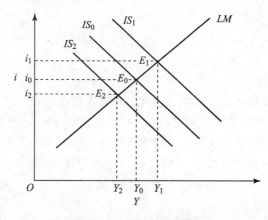

图 9 – 10 IS 曲线的移动

2. LM 曲线的移动

货币供给增加，会使 LM 曲线向右移动；货币供给减少，会使 LM 曲线向左移动，如图 9 – 11 所示。在 IS 曲线不变的情况下，向右移动的 LM 曲线和 IS 曲线相交于 E_1，E_1 表示一个较高国民收入和较低利率的均衡组合；向左移动的 LM 曲线和 IS 曲线相交于 E_2，E_2 表示一个较低国民收入和较高利率的均衡组合。这里的分析可以用来说明货币政策对国民收入和利率的影响。

还可以同时分析 IS 曲线和 LM 曲线变动对国民收入与利率的影响，从而说明财政政策与货币政策的共同作用与配合。这里就不详细说明这一问题了。

总之，IS – LM 模型分析了储蓄、投资、货币需求与货币供给如何影响国民收入和利率。这一模型既精练地概括了总需求分析，也可以用来分析财政政策和货币政策，因此，被称为宏观经济学的核心。

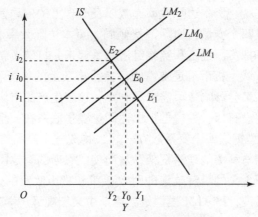

图9-11　LM曲线的移动

第三节　AD-AS模型

在前面的总需求分析中，我们假设总供给可以适应总需求的增加而增加，以及价格水平不变。但在现实经济中，总供给总是有限的，价格水平也是变动的。在总需求—总供给模型（AD-AS模型）中，就要把总需求分析与总供给分析结合起来，说明总需求与总供给如何决定国民收入水平与价格水平。

一、总需求曲线

（一）总需求曲线的含义

影响总需求的因素有很多，例如价格水平、人们的收入、对未来的预期、财政政策与货币政策等。总需求主要受价格水平影响，因此，总需求曲线是表示产品市场与货币市场同时达到均衡时，对各种产品的需求总量和对应的价格水平之间关系的曲线。如图9-12所示，横轴表示国民收入，纵轴代表价格水平，总需求曲线 AD 是一条斜率为负值、向右下方倾斜的曲线。这说明总需求与价格水平呈反方向变动，即在其他因素不变的条件下，价格水平上升，总需求减少；反之，价格水平下降，总需求增加。

（二）总需求曲线的移动

总需求曲线向右下方倾斜表明物价水平下降增加了物品与劳务的需求总量。但是，许多其他因素也影响物价水平既定时的物品与劳务的需求量。当这些因素中的一种变动时，总需求曲线也会发生移动，如图9-13所示。

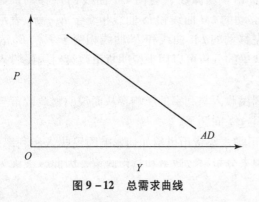

图9-12　总需求曲线　　　　　　图9-13　总需求曲线的移动

1. 消费引起的移动

假设人们突然因某种原因而减少了其现期消费,由于总需求曲线在物价水平既定时,物品与劳务的需求量减少了,所以总需求曲线向左平行移动。相反,由于某种原因使人们更富有,并不太关心储蓄,从而引起消费支出增加,就意味着在物价水平既定时物品与劳务的需求量增大了,因此,总需求曲线向右平行移动。

2. 投资引起的移动

企业在物价水平既定时由于某种原因而改变投资量会使总需求曲线发生移动。由于在物价水平既定时物品与劳务的需求量增多了,总需求曲线将向右平行移动。相反,如果企业对未来经济状况持悲观态度,就会减少支出,这样就会使总需求曲线向左平行移动。

3. 政府购买引起的移动

政府购买是决策者移动需求曲线最直接的方法。由于在既定物价水平下物品与劳务的需求减少了,总需求曲线将向左平行移动。相反,如果政府开始建设更多的公共基础设施,致使在物价水平既定时物品与劳务的需求量增多,总需求曲线就向右平行移动。

4. 净出口引起的移动

在物价水平既定时改变净出口也会使总需求曲线移动。例如,当其他国家经济衰退而减少了对本国物品的购买时,就减少了本国的净出口,使本国的总需求曲线向左平行移动。当其他国家的经济复苏增加了对本国物品的购买时,就增加了本国的净出口,使得本国的总需求曲线向右平行移动。

案例分析 **奥运给我国经济带来什么?**

1984 年,美国商界奇才尤伯罗斯创造性地将奥运和商业紧密结合起来,使当年的洛杉矶奥运会成为"第一次赚钱的奥运会"。此后,"奥运经济"这个概念出现了。一个广泛被接受的说法认为,奥运经济就是与奥运会有关的经济,其内涵包括奥运营销、奥运商业推广、赞助商活动、广告、场馆建设、门票收入、转播权收入等。奥运经济,在我们的社会生活中已经变得无处不在。

一份权威报告表明,1984 年洛杉矶奥运会为南加利福尼亚地区带来了 32.9 亿美元的收益;1988 年举办奥运会的韩国,举办前包括 1988 年经济增长都保持在 10% 以上的增速;1992 年巴塞罗那奥运会给这个地区带来了 260.48 亿美元的经济效益;1996 年亚特兰大奥运会为佐治亚州带来了 51 亿美元的总效益;2000 年悉尼奥运会给澳大利亚和新南威尔士州带来了 63 亿美元的收益。

2008 年,第 29 届奥运会在北京成功举行。参赛国家及地区 204 个,参赛运动员 11 438 人,共有 60 000 多名运动员、教练员和官员参加北京奥运会。据北京奥运经济研究会的专家匡算,北京奥运经济内涵意义上的总收入大约为 20 亿美元,外延则涉及奥运与经济相联系的各个方面。

那么,奥运到底给中国经济带来什么?

分析:有一点是肯定的,就是奥运给我们送来了巨大的经济蛋糕。2008 年奥运会对经济的有形影响主要表现在拉动投资需求、消费需求和扩大就业三个方面。从投资看,有关部门估计 2008 年北京奥运会的奥运设施建设投资达到 2 800 亿元,而整个社会的相关投资总额达到 15 000 亿元。

数据说明，奥运经济对北京经济增长贡献明显。国家统计局北京调查总队、北京市统计局国民经济核算处提供的报告显示，在2005—2008年的"奥运投入期"内，北京市GDP的年均增长速度达到11.8%，较"十五"期间提高了0.8个百分点，其中2007年受奥运影响GDP的拉动幅度增长最大，达到1.14%，2008年则为0.85%。2004—2008年，奥运因素共拉动北京GDP增加1 055亿元。从消费需求看，大量的新增投资主要用于购买北京地区的产品和服务，这种大规模的集团购买对北京地区很多行业的中间产品和最终产品的消费形成刺激，其中对建筑、交通、邮电、通信、旅游、餐饮等行业的拉动作用会更大。从扩大就业看，汉城奥运会增加就业岗位近30万个；悉尼奥运会到1999年就已经增加了15万个就业岗位。专家分析，北京由于劳动生产率、资本和技术密集程度以及劳动力价格都低于发达国家的奥运会主办城市，因此，奥运会在增加就业机会方面要超过其他举办城市。如果按北京承办奥运会新增投资1 000亿元，且每10万元投资能新增1个就业机会计算，则这届奥运会将产生100万个就业机会。

对全国经济来说，奥运经济作用十分深远。根据北京体育大学体育经济与产业教研室主任林显鹏的研究成果，奥运产生的间接经济影响大约2 500亿元，再加上直接经济影响3 467亿元，奥运总体经济影响大约为6 000亿元。国务院发展研究中心专家陈小洪认为，奥运给中国经济送来的蛋糕实际上会突破这个规模。

（资料来源：http://2008.qq.com/a/20080729/000103.htm，经整理得出。）

二、总供给曲线

（一）总供给曲线的含义

总供给是表明产品市场与货币市场同时达到均衡时，总供给与价格水平之间关系的曲线。影响总供给的因素有生产资源（主要是劳动力和资本）的数量以及生产资源的利用效率，即社会的技术水平。在不同的资源利用情况下，总供给曲线是不同的，如图9-14所示。从图中可以看出，总供给曲线可以分为以下三个区间：

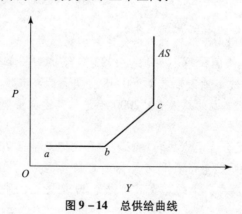

图9-14　总供给曲线

第一区间：a—b，这时总供给曲线大体上是一条水平线，表明这时社会上资源还没有得到充分利用，因此，在价格水平不变情况下，总供给数量也会随总需求的增加而增加，即可以在不提高价格的情况下，增加总供给。这种情况是由凯恩斯提出来的，所以，水平状的总供给曲线又称为"凯恩斯主义总供给曲线"。

第二区间：b—c，这时总供给曲线向右上方倾斜，表明总供给与价格水平同方向变动。这时社会上已经不存在闲置资源，产量增加会使生产要素价格上升，从而成本增加，价格水平上升。这种情况在短期中存在，所以，向右上方倾斜的总供给曲线被称为"短期总供给曲线"。

第三区间：c 以上，这时总供给曲线基本上是一条垂直线，表明无论价格水平如何上升，总供给也不会增加。这是因为资源已经得到了充分利用，即经济中实现了充分就业，总供给已经趋近于潜在的总供给，无法再增加。在长期中总是会实现充分就业的，因此，这种垂直的总供给曲线被称为"长期总供给曲线"。

（二）总供给曲线的移动

由于在资源条件既定，即潜在的国民收入水平既定条件下，凯恩斯主义总供给曲线和长期总供给曲线是不变的。但经济中任何改变产品和劳务产出水平的因素如劳动、资本、自然资源和技术知识的变动，都会引起短期总供给曲线的移动，如图 9–15 所示。

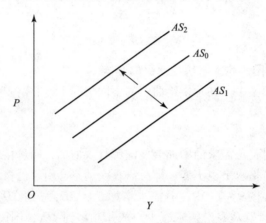

图 9–15 （短期）总供给曲线的移动

1. 劳动引起的移动

设想一个国家由于移民大量增加，工人数量增加，供给的物品和劳务数量也增加，就会使得总供给曲线向右移动。相反，工人减少，则总供给曲线向左移动。

2. 资本引起的移动

如果经济中资本存量的增加提高了生产的效率，从而增加了物品与劳务的供给量，使总供给曲线向右移动。相反，如果经济中资本存量的减少降低了生产率，减少了物品与劳务的供给量，就会使总供给曲线向左移动。

3. 自然资源引起的移动

经济的生产取决于自然资源，包括土地、矿藏和天气。例如，新矿藏的发现使得总供给曲线向右移动，使农业减产的气候变化使得总供给曲线向左移动。

4. 技术知识引起的移动

技术知识的进步在很大程度上能够影响总供给水平。例如，电脑的发明和一些新技术的出现可以使我们用既定的劳动、资本和自然资源生产出更多的物品和劳务，进而使总供给曲线向右移动。

三、总需求—总供给的均衡

（一）总需求—总供给模型：AD–AS 模型

这一模型是把总需求曲线与总供给曲线结合在一起，说明国民收入与价格水平的决定，如图9-16所示。当总需求曲线 AD 与总供给曲线 AS 相交于 E 时，经济处于均衡状态。这时决定的均衡的国民收入是 Y_0，均衡的价格水平是 P_0。

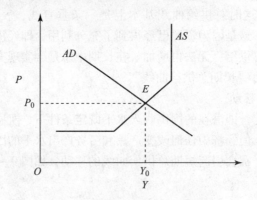

图9-16 总需求—总供给模型

（二）总需求变动对国民收入与价格水平的影响

在总需求—总供给模型中，在总供给曲线的不同情况下，总需求变动对国民收入与价格的影响也不同。

1. 凯恩斯主义总供给曲线

在这种总供给曲线时，总需求的增加会使国民收入增加，而价格水平不变；总需求减少会使国民收入减少，而价格水平也不变，即总需求变动不会引起价格水平的变动，只会引起国民收入同方向变动。在图9-17中，总需求增加，从 AD_1 移到 AD_2，国民收入从 Y_1 增加到 Y_2，但价格水平不变，为 P_0；总需求减少，从 AD_2 移到 AD_1，国民收入从 Y_2 移到 Y_1，价格水平也不变，为 P_0。

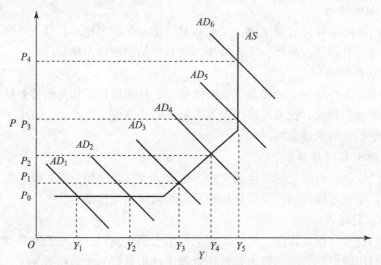

图9-17 总需求变动对国民收入与价格水平的影响

2. 短期总供给曲线

当总供给不变时，若影响总需求的因素发生变化使总需求曲线发生移动，则均衡的物价水平和产出水平都会发生变化，即总需求的变动会引起国民收入与价格水平的同方向变动。在图9-17短期总供给曲线中，在总供给不变的情况下，当总需求增加，使总需求曲线向右平行移动,即由 AD_3 移动到 AD_4。此时,均衡的物价水平由 P_1 上升到 P_2,产出水平由 Y_3 增加为 Y_4。同理,当总需求曲线减少时,均衡的物价水平下降,均衡的产出水平也下降。

3. 长期总供给曲线

在长期总供给曲线中,由于资源已经得到充分利用,所以,总需求的变动只会引起价格水平同方向的变动,而不会引起国民收入的变动。在图 9-17 垂直的长期总供给曲线中,总需求从 AD_5 增加到 AD_6,价格水平从 P_3 上升到 P_4;反之,价格水平从 P_4 降到 P_3,国民收入则不会发生变化,一直为 Y_5。

(三)总供给变动对国民收入与价格水平的影响

短期总供给是会发生变动的,这种变动同样会影响国民收入与价格水平。当总需求不变时,总供给增加,即产量的增加会使国民收入增加,价格水平下降;而总供给减少,即产量的减少会使国民收入减少,价格水平上升。如图 9-18 所示,在总需求 AD 不变的情况下,当总供给增加使总供给曲线从 AS_1 移到 AS_2 时,价格水平由 P_1 下降到 P_2,国民收入由 Y_1 增加为 Y_2。同理,当总供给减少时,价格水平上升,国民收入下降。

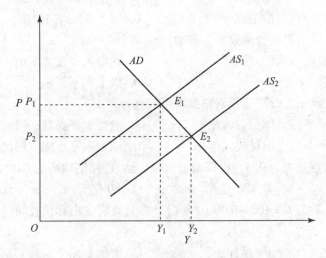

图 9-18 总供给变动对国民收入与价格水平的影响

总需求—总供给模型是分析宏观经济情况与政策的一种非常有用的工具,将来还可以用这一模型来分析不同的对付通货膨胀的政策所产生的不同效果。

本章小结

国民收入决定理论是宏观经济学的核心,它为分析各种宏观经济问题提供了一种重要工具。本章主要围绕着总供给=总需求这一基本原则,讲授总需求与国民收入决定及其变动相关的消费函数、储蓄函数等概念;介绍了乘数理论的含义与计算、IS-LM 模型等问题。最终说明总需求=总供给均衡状况下国民收入决定的理论。

关键概念

消费函数 储蓄函数 平均消费倾向 边际消费倾向 平均储蓄倾向 边际储蓄倾向

乘数原理　IS 曲线　LM 曲线　总需求—总供给模型

复习思考题

一、名词解释

消费函数　储蓄函数　平均消费倾向　边际消费倾向　平均储蓄倾向　边际储蓄倾向　乘数原理　IS 曲线　LM 曲线　总供给曲线　总需求曲线

二、选择题

1. 消费函数的斜率取决于（　　）。
   A. APC　　　　　　　　　　　　B. 与可支配收入无关的消费的总量
   C. MPC　　　　　　　　　　　　D. 由于收入变化而引起的投资的总量
2. 如果 MPC 为常数，那么消费函数将是（　　）。
   A. 一条不通过原点的直线　　　　B. 一条相对于横轴向上凸的曲线
   C. 一条通过原点与横轴成 45°的直线　　D. 以上说法均不准确
3. （　　）可以引起消费函数向上移动。
   A. 现期可支配收入的增加　　　　B. 预期未来收入增加
   C. 利率上升　　　　　　　　　　D. 以上均不正确
4. 假定其他条件不变，厂商投资增加将引起（　　）。
   A. 消费水平下降，国民收入增加　B. 消费水平提高，国民收入增加
   C. 消费水平不变，国民收入增加　D. 储蓄水平下降，国民收入增加
5. 假设边际储蓄倾向为 0.3，投资增加 60 亿元，可预期均衡的 GDP 增加（　　）。
   A. 20 亿元　　　B. 120 亿元　　　C. 180 亿元　　　D. 200 亿元
6. 如果消费函数为 $C = 100 + 0.8(Y - T)$，并且政府支出和税收同时增加 1 元，则均衡的收入水平将（　　）。
   A. 保持不变　　　B. 增加 3 元　　　C. 增加 1 元　　　D. 下降 4 元
7. 假定总供给曲线为水平，MPS 为 0.25，那么自主性支出增加 10 亿元将使均衡国民收入水平上升（　　）。
   A. 2.5 亿元　　　B. 10 亿元　　　C. 250 亿元　　　D. 40 亿元
8. IS 曲线上的每一点都表示（　　）。
   A. 产品市场上投资等于储蓄时收入与利率的组合
   B. 使投资等于储蓄的均衡货币额
   C. 货币市场的货币需求等于货币供给时均衡的货币额
   D. 产品市场和货币市场都均衡时的收入与利率的组合
9. 货币供给的增加（　　）。
   A. 使 LM 曲线左移　　　　　　　B. 使 LM 曲线右移
   C. 使 IS 曲线右移　　　　　　　D. 使 IS 曲线左移
10. 若中央银行在增税的同时减少货币供给，则（　　）。
    A. 利率上升　　　　　　　　　　B. 利率下降
    C. 均衡的收入水平上升　　　　　D. 均衡的收入水平下降

三、计算题

1. 社会原始收入 1 000 亿元，消费 800 亿元，当收入增加至 1 200 亿元时，消费增至 900 亿元，计算：
（1）APC、APS、MPC、MPS。
（2）当自发总需求增加 50 亿元时，国民收入会增加多少？
（3）如果自发总需求增加 80 亿元，国民收入增加 200 亿元，此时的乘数、MPS、MPC 是多少？

2. 根据已给收入与消费的数据计算表格中储蓄、MPC、APC、MPS、APS。

亿元

年份	收入	消费	储蓄	MPC	APC	MPS	APS
1	9 000	9 110					
2	10 000	10 000					
3	11 000	10 850					
4	12 000	11 600					
5	13 000	12 240					
6	14 000	12 830					
7	15 000	13 360					

四、问答题

1. 按照凯恩斯观点，增加储蓄对均衡收入有何影响？什么是"节俭的悖论"？试解释。
2. 简述货币市场和产品市场同时均衡的过程。
3. 试分析 AD – AS 模型。

五、阅读思考题

老百姓为什么喜爱储蓄？

高储蓄率往往是高 GDP 增长的后果。道理很简单，普通老百姓收入增长后，会小心地"奖励"一下自己，但不愿大量花钱。日本在 20 世纪 70 年代 GDP 增长很快，在那个时期的储蓄存款率也是很高的。到了 90 年代，日本经济增长变缓，储蓄存款率也随着下降了。中国目前还是处在较高 GDP 增长期间，较高的储蓄存款率其实是正常的。缺少有吸引力的投资渠道是高储蓄率的一个重要原因。不光老百姓缺少投资渠道，近来很多企业也因缺少投资欲望而把资金存入银行。在中国，企业存款增加后，广义货币 M_2（定活期存款为主）就会随着增长。

2013 年年底，我国居民储蓄余额已超过 43 万亿元。目前，我国已成为全球储蓄金额最多的国家，同时也是人均储蓄最多的国家，我国人均居民储蓄已经超过 3 万元。相应的，我国也是目前全球储蓄率最高的国家，居民储蓄率已超过 50%，远远超过世界平均水平。专家指出，投资渠道狭窄、物价房价的攀升、社会保障制度的不健全以及居民对未来预期不乐观等因素，是目前我国居民储蓄规模持续扩张的重要原因。

中国人民大学经济学院副院长王晋斌认为，除了收入的正常增加外，居民储蓄之所以出现如此快速的增长，主要是由于百姓对未来不确定性的增加；最近十年来，我国居民在购房、教育、医疗等家庭大额支付领域的需求增多，也促发居民预防性储蓄行为的增加。在这种情况下，人们有钱不敢花就不难解了。消费低并不是"节约的习惯"，而是未来要花钱的地方实在太多。此外，没有更合适的投资渠道，也助推了居民储蓄的快速增长。央行近年发布的系列储户问卷调查也显示，储蓄始终是排在股票投资、债券投资、房产投资之前的居民首选投资项目。

　　美国的经历也证明了这一点。20 世纪 70 年代，美国经济不景气，美国人储蓄较多。随着经济改善和各种社会保险机制的建立，大多数美国人对未来的担忧没有了。2005 年，美国人的储蓄率是负数，说明他们不仅不存钱，而且开始花过去的存款。储蓄是个复杂的现象，需要把居民存款余额放到更大的图像里去看。美国的老百姓只想花费，不愿储蓄，而中国的情况稍稍不同，老百姓感到银行里有储蓄，心里才能获得一些安全感。

　　(资料来源：http：//www.xcar.com.cn/bbs/viewthread.php? tid=19449728，经整理。)

　　思考：中国老百姓偏爱储蓄的根本原因是什么？

第十章

按下葫芦浮起瓢——失业与通货膨胀理论

学习目标

理解失业和通货膨胀的基本概念；
掌握失业的类型及产生的原因、失业和通货膨胀的关系；
掌握菲利普斯曲线；
能够运用所学理论分析我国目前的失业和通货膨胀的经济现象。

学习建议

自世界经济发生第一次大萧条以来，失业和通货膨胀一直是困扰经济发展的痼疾，也是经济学界经久不衰的重大研究课题，本章重点讲述失业和通货膨胀的基本理论。延伸阅读部分可供学有余力者学习。建议学习时间6~8课时。

导入案例

占领华尔街

2011年9月17日，上千名示威者聚集在美国纽约曼哈顿，试图占领华尔街，有人甚至带了帐篷，扬言要长期坚持下去。他们通过互联网组织起来，要把华尔街变成埃及的解放广场。示威组织者称，他们的意图是要反对美国政治的权钱交易、两党政争以及社会不公正。2011年10月8日，"占领华尔街"抗议活动呈现升级趋势，千余名示威者在首都华盛顿游行，并逐渐成为席卷全美的群众性社会运动。纽约警方11月15日凌晨发起行动，对占领华尔街抗议者在祖科蒂公园搭建的营地实施强制清场。

失业率居高不下是触发示威的最主要导火索之一。根据美国劳工部公布的最新就业数据，8月份全美30州的就业人数下降，其中纽约州就业人数下降最多，当月纽约州雇主裁员2.2万人，凸显纽约州经济和就业形势不容乐观。据观察，各种左翼组织在示威活动现场颇为活跃，有工人运动组织成员在争取劳工权利，也有社会主义运动组织呼吁"终结资本主义制度"，很多传单上印着拉美革命领导人切·格瓦拉的头像。

失业与通货膨胀是当代经济中存在的主要问题。无论是发达国家,还是发展中国家,都不同程度地存在着失业与通货膨胀问题。因此,失业与通货膨胀就成为宏观经济学研究的主要问题。失业与通货膨胀理论是运用国民收入决定理论,分析失业和通货膨胀的成因及相互关系,从而为解决这些问题以及制定有关政策提供的一个理论基础。

第一节 失业理论

一、失业与充分就业

(一) 失业的含义

1. 失业

失业是指凡在一定年龄范围内愿意工作而没有工作,并正在积极寻找工作的一种经济现象。失业的基本条件有:

(1) 在一定年龄范围内。世界各国对工作年龄有不同的规定,联合国规定的开始工作年龄为15岁以上,我国开始工作的年龄规定为18周岁以上。

(2) 愿意工作。

(3) 为寻找工作付出过一定努力,即有求职活动。

(4) 目前没有工作。

总之,有工作的人是就业者,没有工作的人不一定是失业者。

2. 失业率

衡量一个经济中失业状况的最基本的指标是失业率。失业率是失业人数占劳动力总数的百分比,用公式表示为:

$$失业率 = \frac{失业人数}{劳动力总数} \times 100\%$$

失业人数指属于上述失业范围,并到有关部门登记注册的失业者人数。劳动力总数是指失业人数与就业人数之和。世界上基本上采用两种方法获得失业率的有关统计数据,一种是抽样调查法,如美国是通过对 55 000 户进行抽样调查来估算出失业率,并在每月第一个星期五发表上月的失业率估计数字。另一种是以政府登记为基础的行政登记法,目前我国以城镇登记失业率指标代替失业率。

这两种方法得到的数据不一定能够准确反映失业的严重程度,但它仍是一个重要的宏观经济指标。因为失业率不仅在一定程度上反映了失业的严重程度,而且可以反映出失业的特点,从而有利于政府更准确地把握国家的就业状态。

(二) 充分就业

充分就业并非人人都有工作。失业可以分为由于需求不足而造成的周期性失业和由于经济中某些难以克服的原因而造成的自然失业两种,消灭了周期性失业时的就业状态就是充分就业。充分就业与自然失业的存在并不矛盾,实现了充分就业时的失业率称为自然失业率。

充分就业时仍然有一定的失业。这是因为,经济中有些造成失业的原因(如劳动力的流动等)是难以克服的,劳动力市场总不是十分完善的。这种失业的存在不仅是必然的,而且还是必要的。因为这种失业的存在,能作为劳动后备军随时满足经济发展对劳动的需求,能作为一种对就业者的"威胁",而迫使就业者提高生产效率。此外,各种福利支出

（失业补助、贫困补助等）的存在，也使得这一定失业水平的存在不会成为影响社会安定的因素，是社会可以接受的。

自然失业率的高低取决于劳动力市场的完善程度、经济状况等各种因素。自然失业率由各国政府根据实际情况确定，各国在各个时期所确定的自然失业率都不同。从战后的情况看，自然失业率有不断上升的趋势。以美国为例，20世纪50—60年代的自然失业率为3.5%~4.5%，即如果有95.5%~96.5%的人就业就是实现了充分就业。而80年代的自然失业率为5.5%~6.5%，即若有93.5%~94.5%的人就业，就是实现了充分就业。

二、自然失业

自然失业是指由于经济中某些难以避免的原因所引起的失业，在任何动态市场经济中，这种失业都是必然存在的。新古典经济学派和凯恩斯都把这类失业归为摩擦性失业和自愿失业。现代经济学家按引起失业的具体原因，把自然失业分成以下几种类型。

（一）摩擦性失业

摩擦性失业是指在经济中由于正常的劳动力流动而引起的失业。在一个动态经济中，各行业、各部门与各地区间劳动需求的变动是经常发生的。这种变动必然会导致劳动力的流动，在劳动力的流动过程中，总有部分工人处于失业状态，这就形成了摩擦性失业。经济中劳动力的流动是正常的，所以，这种失业的存在也是正常的。一般还把新加入劳动力队伍正在寻找工作而造成的失业，也归入摩擦性失业的范围之内。

（二）求职性失业

求职性失业是指工人不满意现有的工作，离职去寻找更理想的工作所造成的失业。这种失业的存在主要是因为劳动力市场不是同质的，即使是完全相同的工作也存在着工资与其他条件的差异。而且，劳动力市场中信息又是不充分的，并不是每一个工人都可以得到完全的工作信息。工人在劳动力市场上得到的信息越充分，就越能找到理想的工作。如果得到好工作的收益大于寻找这种工作的成本，工人就宁愿失业去找工作。工人在寻找理想工作期间的失业就是求职性失业。这种失业也是劳动力流动的结果，但它又不同于摩擦性失业。因为这种劳动力的流动，不是经济中难以避免的原因所引起的，而是工人自己造成的，属于自愿失业的性质。失业补助的存在也在一定程度上助长了这种失业。在这种失业中，青年人占的比例相当大，因为青年人往往不满现状，渴望找到更适合于自己的工作。

（三）结构性失业

结构性失业是指由于劳动力市场结构的特点，劳动力的流动不能适应劳动力需求变动所引起的失业。经济结构的变动（例如有些部门发展迅速，而有些部门正在收缩；有些地区正在开发，而有些地区已经衰落）要求劳动力的流动能迅速适应这些变动。但由于劳动力有其一时难以改变的技术结构、地区结构和性别结构的特点，从而很难适应经济结构的这种变动，因此就会出现失业。在这种情况下，往往是"失业与空位"并存，即一方面存在着有工作无人做的"空位"，另一方面又存在着有人无工作的"失业"。这种失业的根源在于劳动力市场的结构特点。

（四）技术性失业

技术性失业是由于技术进步所引起的失业。在经济增长过程中，技术进步的必然趋势是生产中越来越广泛地采用了资本密集性技术，越来越先进的设备代替了工人的劳动。这样，对劳动力需求的相对缩小就会使得失业增加。此外，在经济增长过程中，资本品相对价格的下降和劳动力相对价格的上升加剧了机器取代工人的趋势，从而也就加重了这种失业。在长期中，技术性失业是很重要的，属于这种失业的工人大都是文化技术水平低、不能适应现代化技术要求的工人。

（五）季节性失业

季节性失业是指由于某些行业生产的季节性变动所引起的失业。某些行业的生产具有季节性，生产繁忙的季节所需的工人多，生产淡季所需要的工人少，这样就会引起具有季节性变动特点的失业。这些行业生产的季节性是由自然条件决定的，很难改变。因此，这种失业也是正常的。在农业、建筑业、旅游业中，这种季节性失业最为严重。

（六）古典失业

古典失业是指由于工资具有刚性所引起的失业。按照古典经济学家的假设，如果工资具有完全的伸缩性，则通过工资的调节能实现人人都有工作。也就是说，如果劳动的需求小于供给，则工资会下降，直至全部工人都被雇用为止，从而不会产生失业。但由于人类的本性不愿使工资下降，而工会的存在与最低工资法又限制了工资的下降，这就形成了工资特有的只能升不能降的工资刚性。这种工资刚性的存在，使得部分工人无法受雇，从而形成失业。这种失业是古典经济学家提出的，所以称为古典失业，凯恩斯也把这种失业称为自愿失业。

三、周期性失业

周期性失业又称需求不足的失业，是指由于总需求不足而引起的短期失业，也就是凯恩斯所说的非自愿失业。它一般出现在经济周期的萧条阶段，故称周期性失业。

根据凯恩斯的分析，就业水平取决于国民收入水平，而国民收入又取决于总需求。凯恩斯把总需求分为消费需求与投资需求。他认为，决定消费需求的因素是国民收入水平与边际消费倾向，决定投资需求的是预期的未来利润率（即资本边际效率）与利息率水平。他认为，在国民收入既定的情况下，消费需求取决于边际消费倾向。他以边际消费倾向递减规律说明了消费需求不足的原因。这就是说，在增加的收入中，消费也在增加，但消费的增加低于收入的增加，这样就造成了消费不足。投资是为了获得最大限度的纯利润，而这一利润取决于投资预期的利润率（即资本边际效率）与为了投资而贷款时所支付的利息率。如果预期的利润率大于利息率，则纯利润越大，投资越多；反之，如果预期的利润率小于利息率，则纯利润越小，投资越少。

凯恩斯用资本边际效率递减规律说明了预期的利润率是下降的，又说明了由于货币需求（即心理上的流动偏好）的存在，利息率的下降有一定的限度，这样预期利润率与利息率越来越接近，投资需求因此也是不足的。消费需求的不足与投资需求的不足造成了总需求的不足，从而引起了非自愿失业，即周期性失业的存在。

四、隐蔽性失业

隐蔽性失业是指表面上有工作，但实际上对生产并没有作出贡献的人，即有"职"无"工"的人。或者说，这些工人的边际生产力为零。当经济中减少就业人员而产量仍没有下降时，就存在着隐蔽性失业。这种失业在发展中国家存在较多。美国著名发展经济学家阿瑟·刘易斯曾指出，发展中国家的农业部门存在着严重的隐蔽性失业，这种失业的存在给经济带来了巨大的损失。因此，消灭隐蔽性失业对提高经济效率是十分重要的。

五、失业的经济损失

对于个人来说，如果是自愿失业，则会给他带来闲暇的享受。但如果是非自愿失业，则会使他的收入减少，从而导致生活水平下降。

对社会来说，失业增加了社会福利支出，造成财政困难，同时，失业率过高又会影响社会的安定，带来其他社会问题。从整个经济看，失业在经济上最大的损失就是实际国民收入的减少。美国经济学家阿瑟·奥肯在20世纪60年代所提出的奥肯定律，正是要说明失业率与实际国民收入增长率之间关系的。

奥肯定律是说明失业率与实际国民收入增长率之间关系的经验统计规律。这一规律表明，失业率每增加1%，则实际国民收入减少2.5%；反之，失业率每减少1%，则实际国民收入增加2.5%。在理解这一规律时应该注意：

（1）它表明了失业率与实际国民收入增长率之间是反方向变动的关系。

（2）失业率与实际国民收入增长率之间1∶2.5的关系只是一个平均数，是根据经验统计资料得出来的，这一数据在不同时期并不是完全相同。

（3）奥肯定理主要适用于没有实现充分就业的情况，即失业率是周期性的失业率。在实现了充分就业的情况下，自然失业率与实际国民收入增长率的这一关系就要弱得多，一般估算在1∶0.76左右。

相关链接 **1929—1933年美国经济大危机**

1929—1933年美国出现了经济大萧条。其主要表现是：一是产量和物价大幅度下降。1929年中期，美国一些主要产品的产量开始下降。到同年秋季，局势已非常明显，无论是制造业，还是建设业，都在大幅度减少。从1929年到1934年，美国GDP呈下降趋势，从1929年的3 147亿美元下降到1934年的2 394亿美元，5年期间下降了24%。而消费价格指数在萧条期间也一直呈下降趋势，1933年的CPI与1929年相比下降了24.6%。二是股市暴跌。在1929年9月到1932年6月期间，股市暴跌85%。因此，人们几乎把大萧条与股市崩溃当作一回事。股市崩溃只是大萧条的一个重要表现。随后，证券市场终于走向下跌。经过9月份逐步下跌和10月初局部上升之后，到10月末，证券市场陷入了混乱。10月24日，即著名的"黑色星期四"那天，证券交易额达1 300万股，证券市场一天之内蒙受的损失创下了历史最高纪录。三是奇高的失业率。大萧条带来大量失业。1929—1933年，失业率从3%升至25%。1931—1940年的10年间，美国失业率平均为18.8%。现在国际上通常将12%的失业率作为临界线，因而大萧条时期持续10年之久接近20%的失业率确实称得上奇高的失业率。

第二节 货币理论与通货膨胀理论

一、货币与货币理论

（一）货币及其分类

1. 货币的含义及职能

经济学家认为，货币是人们普遍接受的、充当交换媒介的东西。正如美国经济学家米尔顿·弗里德曼所说,货币"是一个共同的,普遍接受的交换媒介"。

货币的本质体现在货币的职能上。经济学家认为,货币的职能主要有三种:第一,交换媒介,即作为一种便利于交换的工具,这是货币最基本的职能;第二,计价单位,即利用它的单位来表示其他一切商品的价格;第三,储藏手段,即作为保存财富的一种方式。

2. 货币的分类

目前,货币主要有以下几类。

(1) 纸币:由中央银行发行的,由法律规定了其地位的法偿货币。纸币的价值取决于它的购买力。

(2) 铸币:小额币值的辅币,一般用金属铸造。

以上两种货币被称为通货或现金。

(3) 存款货币:又称银行货币或信用货币,是商业银行中的活期存款。活期存款可以用支票在市场上流通,所以是一种可以作为交换媒介的货币。

(4) 近似货币:又称准货币,是商业银行中的定期存款和其他储蓄机构的储蓄存款。这种存款在一定的条件下可以转化为活期存款,通过支票流通,因此称为近似货币。

(5) 货币替代物:在一定条件下可以暂时代替货币起到交换媒介作用的东西。例如信用卡,它本身并不是货币,也不具备货币的职能,只是代替货币执行交换媒介的职能。

在我国,一般把货币分为 M_0、M_1、M_2 和 M_3。

$M_0 =$ 流通中的现金;

$M_1 = M_0 +$ 商业银行活期存款;

$M_2 = M_1 +$ 定期存款与储蓄存款;

$M_3 = M_2 +$ 具有高流动性的证券和其他资产。

表9-1为近四年来我国货币供应量情况分析。

表9-1 近四年来我国货币供应量情况分析 亿元

数据日期	M_0(流通中现金)			M_1(货币)			M_2(货币与准货币)	
	数量	同比/%	环比/%	数量	同比/%	环比/%	数量	同比/%
2014年12月								
2014年11月	58 438.53	3.50	1.29	335 114.13	3.20	1.67	1 208 605.95	12.30
2014年10月	57 691.64	3.80	-1.96	329 617.73	3.20	0.73	1 199 236.31	12.60
2014年9月	58 844.99	4.20	1.46	327 220.21	4.80	-1.45	1 202 051.41	12.90
2014年8月	57 997.61	5.60	1.14	332 023.07	5.70	0.20	1 197 499.08	12.80
2014年7月	57 346.50	5.40	0.69	331 347.32	6.70	-2.97	1 194 249.24	13.50
2014年6月	56 951.05	5.30	-1.89	341 487.45	8.90	4.16	1 209 587.20	14.70
2014年5月	58 051.11	6.70	-0.96	327 835.25	5.70	1.03	1 182 300.32	13.40
2014年4月	58 615.54	5.40	0.49	324 482.52	5.50	-0.98	1 168 812.67	13.20
2014年3月	58 329.30	5.20	-6.40	327 683.74	5.40	3.49	1 160 687.38	12.10
2014年2月	62 320.95	3.30	-18.52	316 625.11	6.90	0.55	1 131 760.83	13.30

续表

数据日期	M_0（流通中现金）			M_1（货币）			M_2（货币与准货币）	
	数量	同比/%	环比/%	数量	同比/%	环比/%	数量	同比/%
2014年1月	76 488.60	22.50	30.62	314 900.55	1.20	-6.63	1 123 521.21	13.20
2013年12月	58 558.31	7.10	3.75	337 260.63	9.30	3.83	1 106 509.15	13.60
2013年11月	56 441.27	7.70	1.52	324 821.92	9.40	1.66	1 079 257.06	14.20
2013年10月	55 595.72	8.00	-1.59	319 509.38	8.90	2.30	1 070 242.17	14.30
2013年9月	56 492.53	5.70	2.85	312 330.34	8.90	-0.56	1 077 379.16	14.20
2013年8月	54 925.35	9.30	0.94	314 085.91	9.90	1.12	1 061 256.43	14.70
2013年7月	54 412.78	9.50	0.65	310 596.46	9.70	-0.93	1 052 212.34	14.50
2013年6月	54 063.91	9.90	-0.68	313 499.82	9.10	1.06	1 054 403.69	14.00
2013年5月	54 431.39	10.80	-2.11	310 204.48	11.30	0.83	1 042 169.16	15.80
2013年4月	55 607.15	10.80	0.26	307 648.42	11.90	-1.05	1 032 551.30	16.10
2013年3月	55 460.52	12.40	-8.05	310 898.29	11.90	5.00	1 035 858.37	15.70
2013年2月	60 313.65	17.20	-3.42	296 103.24	9.50	-4.86	998 600.83	15.20
2013年1月	62 449.63	4.40	14.25	311 228.55	15.30	0.83	992 129.25	15.90
2012年12月	54 659.77	7.70	4.33	308 664.23	6.50	3.97	974 148.80	13.80
2012年11月	52 392.12	10.70	1.80	296 883.00	5.50	1.22	944 832.40	13.90
2012年10月	51 467.71	10.50	-3.68	293 309.78	6.10	2.27	936 404.28	14.10
2012年9月	53 433.49	13.30	6.37	286 788.21	7.30	0.37	943 688.75	14.80
2012年8月	50 235.06	9.70	1.06	286 739.27	4.50	0.94	924 894.59	13.50
2012年7月	49 705.85	10.00	0.85	283 090.68	4.60	-1.54	919 072.40	13.90
2012年6月	49 284.64	10.80	0.50	287 526.17	4.70	3.18	924 991.20	13.60
2012年5月	49 039.72	10.00	-2.31	278 656.31	3.50	1.34	900 048.77	13.20
2012年4月	50 199.32	10.40	1.22	274 983.82	3.10	-1.08	889 604.04	12.80
2012年3月	49 595.74	10.60	-3.60	277 998.11	4.40	2.84	895 565.50	13.40
2012年2月	51 448.78	8.80	-14.00	270 312.11	4.30	0.11	867 171.42	13.00
2012年1月	59 820.72	3.00	17.88	270 010.40	3.10	-6.84	855 898.89	12.40
2011年12月	50 748.50	13.76	7.25	289 847.73	7.85	3.00	851 590.94	13.61
2011年11月	47 317.30	12.00	1.58	281 416.41	7.80	1.76	825 493.98	12.70
2011年10月	46 579.43	11.90	-1.20	276 552.71	8.40	3.50	816 829.29	12.90
2011年9月	47 145.32	12.68	2.99	267 193.20	8.85	-2.27	787 406.24	13.04
2011年8月	45 775.33	14.70	1.31	273 393.81	11.20	1.05	780 852.34	13.50
2011年7月	45 183.14	14.30	1.59	270 545.70	11.60	-1.50	772 923.69	14.70
2011年6月	44 477.91	14.40	-0.28	274 662.68	13.10	2.00	780 820.97	15.90

续表

数据日期	M_0（流通中现金）			M_1（货币）			M_2（货币与准货币）	
	数量	同比/%	环比/%	数量	同比/%	环比/%	数量	同比/%
2011年5月	44 602.93	15.40	-1 95	269 289.72	12.70	0.95	763 409.31	15.10
2011年4月	45 489.11	14.70	1.44	266 766.99	12.90	0.19	757 384.64	15.30
2011年3月	44 845.32	14.78	-5.13	266 255.58	15.01	2.72	758 130.98	16.63
2011年2月	47 270.34	10.30	-18.59	259 200.59	14.50	-0.98	736 130.96	15.70
2011年1月	58 064.04	42.50	30.11	261 765.11	13.60	-1.82	733 884.93	17.20

M_1被称为狭义的货币供给量，M_2被称为广义的货币供给量，M_3被称为最广义的货币供给量。可见，M_0、M_1、M_2和M_3的划分是根据流动性（变现能力）来划分的。M_0本身就是现金，所以流动性最大，M_1中的活期存款也是能够随时变现的，所以流动性虽不及M_0，但要大于M_2，因为M_2中的定期存款是受期限限制，不能随时变现。M_3是考虑到金融创新的现状而设立的，暂未测算。

（二）格雷欣定律

格雷欣定律又称为"劣币驱逐良币定律"。由16世纪英国银行家托马斯.格雷欣所提出。这一定律的基本内容是：实际价值不同的金属货币具有同等法偿能力时，实际价值较高的良币必然退出流通，被作为窖藏，而实际价值较低的劣币必然充斥于流通之中。在复本位情况下，这种现象较普遍。

（三）货币数量论

货币数量论是关于货币流通量与一般价格水平之间关系的理论。其基本观点是：商品的价格水平和货币的价值是由流通中货币的数量决定的。在其他条件不变的情况下，商品的价格水平与货币数量成正比例变化，货币价值与货币数量成反比例变化。所以，流通中的货币数量越多，商品的价格水平越高，货币价值越小；反之，流通中的货币数量越少，商品的价格水平越低，货币价值越大。

二、通货膨胀及其衡量

（一）通货膨胀

通货膨胀是物价总水平在一段时间内持续、明显上涨的现象。理解通货膨胀要注意以下三点：

（1）通货膨胀不是个别商品价格的上涨，而是价格总水平的上涨，包括了商品价格和劳务价格。

（2）通货膨胀不是一次性或短期价格的上升，而是一个持续过程。同样，也不能把经济周期性的萧条、价格下跌以后出现的周期型复苏阶段的价格上升贴上通货膨胀的标签。只有当价格持续的上涨作为趋势不可逆转时，才可称为通货膨胀。

（3）通货膨胀是价格总水平明显的上涨。轻微的价格水平上升，就很难说是通货膨胀。价格总水平增长率的标准到底是多少，取决于人们的主观观念和对价格变化的敏感程度。

相关链接

"八九风暴"

"八九风暴",指1989年8—9月份全国各地发生的挤兑、提款、抢购风潮,标志着通货膨胀预期在我国的形成。1988年和1989年,我国通货膨胀从1987年的7%上涨到18%。1991年我国通货膨胀再次攀升,从2%跃到20%以上。物价上涨了,钱不值钱了。标准粉原来每斤0.18元涨到1.00元;大米从0.23元涨到1.70;瘦猪肉1994年年初还是4.50元,到年终变成了7.50元;一双皮鞋从十多元、数十元涨到了数百元,所有的物价都成倍地上涨了。

相关链接

通货紧缩

1997年10月份,全国零售物价指数首次出现负增长(-0.4%),以后持续6个月保持这一趋势。从1997年下半年开始到1999年7月,全国物价已经连续22个月下降,物价不振,商品积压严重,而且到2001年年初这种现象还没完全消失,这在新中国的历史中是没有出现过的。按经济学的解释,这是典型的通货紧缩。

(二)衡量通货膨胀的指标

衡量通货膨胀的指标是物价指数。物价指数是表明某些商品的价格从一个时期到下一时期变动程度的指数。根据计算物价指数时包括的商品品种的不同,目前经常使用的物价指数主要有三个:

(1)消费物价指数(CPI),又称零售物价指数或生活费用指数,是根据居民所购买的大约300种商品和劳务的价格计算出来的,是衡量各个时期居民个人消费的商品和劳务零售价格变化的指标。

(2)批发物价指数(PPI),又称生产者物价指数,是根据2 000种有代表性的商品的批发价格计算出来的,是衡量各个时期生产资料(即资本品)与消费资料(即消费品)批发价格变化的指标。

延伸阅读

2000—2012年中国消费物价指数
(国家统计局公布,表9-2)

表9-2 2000—2012年中国消费物价指数

年份	居民消费价格指数	城市居民消费价格指数	农村居民消费价格指数	商品零售价格指数	工业生产者出厂价格指数	工业生产者购进价格指数	固定资产投资价格指数
2012	102.6	102.7	102.5	98.3	98.2		
2011	105.4	105.3	105.8	104.9	106	109.1	106.6
2010	103.3	103.2	103.6	103.1	105.5	109.6	103.6
2009	99.3	99.1	99.7	98.8	94.6	92.1	97.6
2008	105.9	105.6	106.5	105.9	106.9	110.5	108.9
2007	104.8	104.5	105.4	103.8	103.1	104.4	103.9
2006	101.5	101.5	101.5	101	103	106	101.5
2005	101.8	101.6	102.2	100.8	104.9	108.3	101.6
2004	103.9	103.3	104.8	102.8	106.1	111.4	105.6

续表

年份	居民消费价格指数	城市居民消费价格指数	农村居民消费价格指数	商品零售价格指数	工业生产者出厂价格指数	工业生产者购进价格指数	固定资产投资价格指数
2003	101.2	100.9	101.6	99.9	102.3	104.8	102.2
2002	99.2	99	99.6	98.7	97.8	97.7	100.2
2001	100.7	100.7	100.8	99.2	98.7	99.8	100.4
2000	100.4	100.8	99.9	98.5	102.8	105.1	101.1

(3) 国民生产总值折算指数，是根据国民生产总值的价格变动因素计算出来的，是衡量各个时期一切商品与劳务价格变化的指标。

这三种物价指数都能反映出基本相同的通货膨胀率变动的趋势，但由于各种指数所包括的范围不同，所以，数值并不相同。消费物价指数与人民生活水平关系最为密切，因此，一般都用消费物价指数来衡量通货膨胀。

（三）通货膨胀的分类

按照不同的标准可对通货膨胀进行不同分类，最常见的是根据通货膨胀的严重程度进行分类，可将其分为四类：

(1) 爬行的通货膨胀，又称温和的通货膨胀，其特点是通货膨胀率低而且比较稳定。

(2) 加速的通货膨胀，又称奔驰的通货膨胀，其特点是通货膨胀率较高（一般在两位数以上），而且还在不断加剧。

(3) 超级的通货膨胀，又称恶性通货膨胀，其特点是通货膨胀率非常高（一般在三位数以上），而且完全失去了控制。这种通货膨胀会引起金融体系甚至整个经济的崩溃，以至于会导致政权的更迭。如第一次世界大战后德国的通货膨胀与国民党政府垮台前旧中国的通货膨胀就属于这种超级的通货膨胀。

(4) 受抑制的通货膨胀，又称隐蔽的通货膨胀，是指经济中存在通货膨胀的压力，但由于政府实施了严格的价格管制与配给制，通货膨胀并没有发生。一旦解除价格管制并取消配给制，就会发生较严重的通货膨胀。原计划经济的国家在经济改革过程中出现的通货膨胀就属于这种情况。

（四）通货膨胀对经济的影响

如果通货膨胀率相当稳定，人们可以完全预期，那么，通货膨胀对经济的影响就会很小。因为在这种可预期的通货膨胀之下，各种名义变量（名义工资、名义利率等）都可以根据通货膨胀率进行调整，从而使实际变量（实际工资、实际利率等）不变。这时，通货膨胀的唯一影响就是人们将减少他们所持有的现金数量。

在通货膨胀不能完全预期的情况下，通货膨胀将影响收入分配及经济活动。因为这时无法准确地根据通货膨胀率来调整各种名义变量，以及采取相应的经济行为。

延伸阅读　　**不能完全预期的通货膨胀对经济的影响**

第一，在债务人与债权人之间，通货膨胀将有利于债务人而不利于债权人。这是因为，债务契约根据签约时的通货膨胀率来确定名义利率。当发生了未预期到的通货膨胀之后，由于债务契约无法更改，从而就使实际利息率下降，债务人就会受益，而债权人将会受损。

第二，在雇主与工人之间，通货膨胀将有利于雇主而不利于工人。这是因为，在不可预期的通货膨胀之下，工资不能迅速地根据通货膨胀率来调整，从而就在名义工资不变或略有增长的情况下使实际工资下降。实际工资的下降会使利润增加。

第三，在政府与公众之间，通货膨胀将有利于政府而不利于公众。这是因为，在不可预期的通货膨胀之下，名义工资总会有所增加（尽管并不一定能保持原有的实际工资水平），随着名义工资的提高，达到纳税起征点的人增加了，还有许多人进入了更高的税率等级，这样，政府的税收将会增加，而公众纳税数额的增加将会使实际收入减少。政府由这种通货膨胀中所得到的税收称为"通货膨胀税"。

通货膨胀对经济发展究竟是有利还是不利呢？经济学家对这个问题并没有一致的看法，大体上可以分为"有利论""不利论""中性论"三种观点。

1. "有利论"

"有利论"者认为，通货膨胀，尤其是温和的通货膨胀有利于经济发展。在他们看来，"通货膨胀是经济发展必不可缺的润滑剂"。其理由如下。

（1）通货膨胀所引起的有利于雇主而不利于工人的影响可以增加利润，从而刺激投资。

（2）通货膨胀所引起的"通货膨胀税"可以增加政府的税收，从而增加政府的支出，这就刺激了经济发展。

（3）通货膨胀会加剧收入分配的不平等，而富人的边际储蓄倾向大于穷人，所以，通货膨胀可以通过加剧收入分配不平等而增加储蓄。他们强调，对于资金缺乏的发展中国家来说，利用通货膨胀来发展经济尤为重要。

2. "不利论"

"不利论"者认为，通货膨胀是不利于经济发展的。他们的理由如下。

（1）在市场经济中，通货膨胀使价格信号扭曲，无法正常地反映社会的供求状态，从而使价格失去调节经济的作用，导致经济无法正常发展。

（2）通货膨胀破坏了正常的经济秩序，使投资风险增大，引发社会动荡，从而致使经济混乱以及经济效率低下。

（3）通货膨胀所引起的紧缩政策会抑制经济的发展。

（4）在固定汇率下，通货膨胀所引起的货币贬值不利于对外经济交往。他们强调，也许通货膨胀在某个时期中可以促进经济发展，但其最终结果却是不利于经济发展，采用通货膨胀的方法来刺激经济无疑是"饮鸩止渴"。

3. "中性论"

"中性论"者认为，通货膨胀与经济增长并没有什么必然的联系。他们认为，货币是中性的，从长期来看，决定经济发展的是实际因素（劳动、资本、自然资源等），而不是价格水平。在长期中，由于货币量变动所引起的通货膨胀，既不会有利于也不会不利于经济的发展，因此，没有必要把经济增长与通货膨胀联系在一起。

以上三种观点各有其理论与实际依据，很难说哪种观点绝对正确。应该说，在不同国家的不同历史时期，通货膨胀有不同的作用。只有把通货膨胀与经济增长放在具体的历史条件下进行分析才有意义。但从第二次世界大战后的情况来看，通货膨胀的弊大于利，借助于通货膨胀来发展经济绝非上策。

> 相关链接　　　　　　　　　**幸福指数和痛苦指数**

幸福和痛苦是每个人都会深有体会的两种截然相反的感受。可是当你幸福或是痛苦的时候有没有想到过把它们用具体的数字表现出来？经济学家们就这样做了。

幸福指数最早是由美国经济学家萨缪尔森提出来的，他认为幸福等于效用与欲望之比，用公式表示，即幸福＝效用/欲望。从这个等式来看，当欲望既定时，效用越大越幸福；当效用既定时，欲望越小越幸福。幸福与效用同方向变化，与欲望反方向变化。如果欲望是无穷大，则幸福为零。我们经常会说人的欲望是无限的，那是指人们常常会表现为一个欲望满足之后又会产生新的欲望，而在一个欲望满足之前，可以把这个欲望当作是既定的，当欲望既定时，人的幸福就取决于效用了。因此，可以简单地把追求幸福最大化等同于追求效用最大化。

与幸福指数衡量个人主观愿望不同，痛苦指数是用来衡量宏观经济状况的一个指数，它等于通货膨胀率加上失业率。例如，通货膨胀率等于6%，失业率等于5%，则痛苦指数等于11%。这个指数说明人们对宏观经济状况的感觉，指数越大，人们就越会感到遗憾或痛苦。在失业与通货膨胀中，人们往往更注重失业状况。根据美国耶鲁大学的学者调查，人们对失业的重视程度是通货膨胀的6倍，因此，表示人们对政府不欢迎程度的指数就等于6乘以失业率加通货膨胀率。在前面的例子中，政府不受欢迎程度的指数为6%×5%+6%＝36%。这一指标越高，政府越不受欢迎，该届政府获得连任的机会就越少。所以各国政府都把降低失业率当作非常重要的工作目标。

> 相关链接　　　　　　　　**世界各国治理通货膨胀的良策**

大多数国家普遍认为通货膨胀对经济的长期增长有害无益，所以，各国政府都很重视抑制通货膨胀。由于各国的历史基础、经济和社会环境存在差异，还有通货膨胀的状况和引发的原因也有所不同，所以，各国实行的政策和采取的措施就会不同，产生的效果也会不同。虽然别的国家的一些办法不一定适合中国，但我们还是有必要了解一下国际上的治理经验，从中吸取其精华，制定出良策，以防患于未然。

1. 美国

美国历来就很重视通货膨胀，货币政策是美国政府抑制通货膨胀的主要策略。20世纪70年代后半期以来，美国主要以货币供应增长率为货币政策的控制目标，按经济发展长期规律确定货币供应量增长率，并对不同货币即 M_1、M_2、M_3 的增长率规定不同的比率和范围。1993年7月22日美联储主席格林斯潘宣布，美联储决定放弃以控制货币供应量为中心的货币政策，转而实施以调整实际利率为核心和关键的货币政策，这是由于美国人投资方式的改变，使政府很难把社会上大量流动的资金都包括在货币供应量之内而加以控制。同时，由于美国经济开始复苏和强劲回升，因此，格林斯潘于1994年2月2日宣布，美联储将以"中性"的新货币政策取代前几年以刺激经济为目标的货币政策，通过调整利率，使年经济增长率基本稳定在2.5%（其中劳动力的年均增长率约为1.5%，生产率的年均增长率约为1%）左右，即提前采取措施，"防患于未然"，以解未来通胀之忧。

2. 德国

德国是战后西方国家中控制通货膨胀最有成就的国家之一，40多年来联邦德国的物价上涨率都基本控制在5%以下。德国抑制通胀的最大特点是，把货币政策置于首位，由联邦银行（中央银行）担任"首席执行官"。它具有高度的独立性，肩负"货币监护者"的使命，不受政府对稳定货币的干预。联邦银行以它拥有垄断纸币发行、驾驭所有银行和为国家理财的特殊功能，采取一系列货币政策手段，包括实行贴现政策和抵押贷款政策，调整最低储备金率，频繁进行"债券回购协议"式交易等公开市场业务，规定联邦和州政府将流动资金存入联邦银行而不计利息，以及通过外汇买卖控制流动资金数量等。德国抑制通货膨胀的另一个显著特点是，联邦银行与政府、政府与议会、政府与资方和工会、劳资双方，以及其他各社会经济集团之间协调行动，取得了比较好的成效。

3. 加拿大

加拿大中央银行近年来一直把抑制通胀作为货币政策的最终目标，并且把目标具体化。1991年2月，中央银行与当时的保守党政府共同宣布，到1995年年底，加拿大的通胀率要降到2%。由于货币政策对通货膨胀的影响，传递过程迟缓和易变，而使中央银行捉摸不定或把握不准，于是提出和使用中间指标，把它作为控制通胀的支撑点。加拿大中央银行从1975年到1982年建立了货币供应目标区，分阶段地控制或减少货币供应量，逐步达到最终的控制目标。后来，由于货币需求压力的增大，使目标区控制未能达到抑制通胀的目标，因此把中间指标由"货币供应目标区"，改为综合反映短期利率和加元汇率变化的"货币条件"。通过检测"货币条件指数"的变化而快速地检测货币总流通量的变化，从而可以及时采取措施，如调整利率，以控制货币流通总量和抑制通货膨胀。

4. 韩国

韩国政府为了抑制和扭转通货膨胀上涨而加剧对经济增长的损害，首先于1979年4月颁布"稳定化"计划，提出"稳定、均衡、增长"的方针，即把快速增长政策调整为稳定增长政策，并相应地把扩张的财政信贷政策调整为紧缩的财政信贷政策。之后，韩国进一步把保持低通货膨胀作为一项主要政策目标，坚持稳定化计划，继续进行一系列的政策调整。

韩国政府在治理通货膨胀时，也考虑到了本国资源缺乏、能源主要依赖进口、国内市场小、粮食等供给不足的实际情况，尤其是针对"资源型"通货膨胀等，而采取相应的对策，即既要抑制通货膨胀，又要使经济保持一定的增长，并提高效益。

为此，政府采取措施，鼓励储蓄、增加生产和稳定物价，特别是保证重点消费品的生产。同时，韩国政府通过有力的政府指导或干预，与维护和加强有效竞争的市场机制结合起来。韩国政府还制定和实施《反垄断法》，降低企业和个人所得税，放松对进口和直接投资的控制等，以维护、扩大和促使市场竞争。

正是由于韩国政府对通货膨胀实行既治标又治本，既"抑制需求"又"促进供给"的综合治理，因此通货膨胀得到有效控制。1982年维持多年的两位数物价上涨率首次降为一位数，并在1983—1987年5年间，消费物价上涨率持续稳定在3%左右。进入90年代，虽然受"经济过热"的威胁，但仍把通胀控制在较低的水平，1992年为6.2%，1993年为4.8%。同时，经济实现了较高增长，1992年为4.8%，1993年为5.6%。所以韩国抑制通货膨胀的功效由此可见一斑。

5. 阿根廷

阿根廷是发展中国家抑制通货膨胀比较成功的国家之一。阿根廷的通货膨胀1990年达到1 344%。1991年4月，梅内姆政府开始实施稳定经济的"秋季计划"，颁布了"兑换法"，将本国货币奥斯特拉尔与美元的比价固定为10 000:1（采用新币后为1比索比1美元)。中央银行以外汇储蓄保证货币自由兑换,同时实行严格的紧缩货币政策和财政政策,严格控制货币发行量,逐步恢复本国货币的支付能力。具体措施包括裁减政府冗员以减少行政开支,加强税收管理以增加财政收入,降低关税、吸引外资和官方银行向企业低息贷款以促进生产和增加供给。这些措施作用的结果是,通胀得到有效抑制,年通胀率1991年降为85%,1992年降为17.5%,1993年降为7.4%,1994年降为4.3%,实属难能可贵。

由此可见,各国都有治理通货膨胀的良策。如果中国也面临这个问题,则不能一味模仿和照抄别的国家的策略,要根据我国的基本国情和经济社会环境,制定出适合自己的政策和措施。

第三节 失业与通货膨胀的关系

失业与通货膨胀是经济中的两个主要问题,那么,这两者之间究竟是什么关系呢?这是许多经济学家所关心的问题。不同学派的经济学家对这一问题做出了不同的回答。

一、凯恩斯的观点:失业与通货膨胀不会并存

凯恩斯认为,在未实现充分就业,即存在资源闲置的情况下,总需求的增加只会使国民收入增加,而不会引起价格水平上升。也就是说,在未实现充分就业的情况下,不会发生通货膨胀。在充分就业得到实现,即资源得到充分利用之后,总需求的增加无法再使国民收入增加,这时才会引起价格上升。

二、菲利普斯曲线

1958年,威廉·菲利普斯根据英国1861—1957年失业率和货币工资变动率的经验统计资料,提出了一条反映失业率和货币工资变动率之间交替变动关系的曲线,这条曲线被称为"菲利普斯曲线"。

菲利普斯曲线表明:当失业率较低时,货币工资增长率较高;反之,当失业率较高时,货币工资增长率较低,甚至是负数。根据成本推动的通货膨胀理论,货币工资增长率可以表示通货膨胀率。因此,这条曲线就可以表示失业率与通货膨胀率之间的交替关系,即失业率高时,通货膨胀率就低;失业率低时,则通货膨胀率就高。这就是说,高失业率表明经济正处于萧条阶段,这时工资与物价水平都较低,从而通货膨胀率也就较低;反之,低失业率表明经济处于繁荣阶段,这时工资与物价水平都较高,从而通货膨胀率也就较高。失业率与通货膨胀率之间之所以存在反方向的变动关系,是因为通货膨胀会使实际工资下降,从而刺激生产,增加对劳动力的需求,失业也就减少了。可用图10-1来说明菲利普斯曲线。

在图10-1中,横轴代表失业率,纵轴代表通货膨胀率,向右下方倾斜的曲线 PC 即为菲利普斯曲线。这条曲线表明,当失业率高 (d) 时,通货膨胀率较低 (b);当失业率低 (c) 时,通货膨胀率就会较高 (a)。

菲利普斯曲线提出了以下几个重要的观点。

(1) 通货膨胀是由于工资成本推动所引起的,这就是成本推动的通货膨胀理论。正是根据这一理论,把货币工资增长率与通货膨胀率联系了起来。

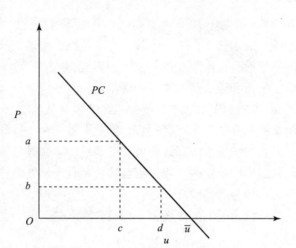

图 10-1　菲利普斯曲线

（2）承认了通货膨胀与失业之间存在着交替的关系。这就否定了凯恩斯关于失业与通货膨胀不会并存的观点。

（3）当失业率为自然失业率 $\bar{u}$ 时，通货膨胀率为零。因此，也可以把自然失业率定义为通货膨胀率为零时的失业率。

（4）为政策选择提供了理论依据。这就是说，政府既可以运用扩张性宏观经济政策，即以较高的通货膨胀率来换取较低的失业率；也可以运用紧缩性宏观经济政策，即以较高的失业率来换取较低的通货膨胀率。这也是菲利普斯曲线的政策含义。

相关链接

通货膨胀率、失业率和经济增长率三者之间的关系（图 10-2）

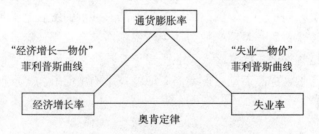

图 10-2　通货膨胀率、失业率和经济增长率的关系

延伸阅读

"滞胀"分析

从 20 世纪 70 年代末期开始，西方国家出现了通货膨胀和失业的并发症，即所谓的"滞胀"。对于这种"滞胀"，标准凯恩斯主义是难以解释的。因为按照标准的凯恩斯理论，通货膨胀只能发生在充分就业之后，通货膨胀和失业不能同时存在。因此，西方经济学家不得不用新的理论来解释"滞胀"。但他们的解释不尽相同，大致有以下几种。

1. "滞胀"是由重要商品的价格上涨引起的。有的西方经济学家认为，消费物价指数和批发物价指数包括几百种物品。这种物品的大多数是总数的一部分，它们的价格对物价总指数的变化没有什么影响。但也有一些商品如粮食、石油等，或是形成居民消费的重要部分,或是广泛在工业中使用,对物价总指数的变化有着重要的影响。20世纪70年代初,粮食和石油的价格发生了巨大的增长,并带动了其他商品价格的普遍上升,引起了严重的通货膨胀。但这种通货膨胀不仅没有促进就业的增加,反而使某些部门的成本提高,生产缩减,减少了就业人数,形成了失业和通货膨胀并存的现象。

2. "滞胀"是政府福利支出增长的结果。有的经济学家认为,在现实经济生活中,政府财政支出中有越来越多的部分被用于社会福利,如失业救济金、福利金、食品券以及其他转移支付等。这种福利开支的增长造成了政府巨额的预算赤字,导致了通货膨胀,但却没有起到公共工程开支所起到的增加就业的作用。因为这种福利支出的增长使工人在低工资岗位上所得到的收入和他不工作所得到的收入已没有多大的区别,这时工人会更"挑剔",更有时间找市场,更随便拒绝不符合他们的工资要求和其他要求的工作,这就会提高失业率,结果是失业和通货膨胀并存。

3. 引起"滞胀"的重要原因是价格和工资刚性。有些西方经济学家认为,市场上存在着两大垄断力量,即垄断企业和工会。垄断企业控制了物价使其易涨不易落,形成了"价格刚性"。工会则控制了工资,使其易升不易降,形成了"工资刚性"。垄断企业提高物价时,工会就要求提高工资,于是工资跟着上升。工资上升后,垄断企业又按成本定价,物价再度上升。这样,就引起了物价和工资的螺旋式上升,造成了通货膨胀。同时,他们还认为,劳动力市场的结构是不协调的,由于劳动力的技术、工种、年龄、性别和居住地区等因素的限制,失业者不一定符合雇主的要求,因此,有的部门或地区存在工人失业的同时,另外一些部门或地区却存在着职位空缺。在"工资刚性"的作用下,尽管存在着失业,但工资并不下降,而存在职位空缺,工资就一定上升。随着工资上升,物价在"价格刚性"的作用下也跟着上升。这样,失业和职位空缺的同时存在就转化为失业和通货膨胀的并存。

4. 认为"滞胀"的起因是由于经济部门发展的不平衡。有的西方经济学家认为,经济部门可以分成两大类,即扩展中的部门和停滞的部门。它们的发展是不平衡的:前一类部门的劳动生产率增长较快,后一类部门的劳动生产率停滞甚至降低,这种状况会引起结构性的通货膨胀。在发生结构性通货膨胀时,失业不仅不会减少,反而会由于后一类部门的企业盈利状况的恶化以及它们为提高劳动生产率而采取的技术措施而增加,从而形成失业和通货膨胀同时存在的并发症。

本章小结

自20世纪30年代世界经济发生第一次大萧条以来,失业和通货膨胀一直是困扰经济发展的痼疾,也是经济学界经久不衰的重大研究课题。实际上,它体现着政府的就业政策和价格政策。应该根据国民收入决定理论确定合理的就业政策和价格政策,以促进经济不断增长。本章包括失业理论、通货膨胀理论和菲利普斯曲线等内容。

关键概念

充分就业　自然失业　奥肯定律　消费物价指数　通货膨胀　菲利普斯曲线

复习思考题

一、名词解释

充分就业　自然失业　奥肯定律　消费物价指数　通货膨胀　菲利普斯曲线

二、选择题

1. 失业率是指（　　）。
   A. 失业人数与全部人口总数之比
   B. 失业人数与全部就业人数之比
   C. 就业人数与全部劳动力总数的百分比
   D. 失业人数与全部劳动力总数的百分比

2. 周期性失业是指（　　）。
   A. 经济中由于正常的劳动力流动而引起的失业
   B. 由于劳动力总需求不足而引起的短期失业
   C. 由于经济中一些难以克服的原因所引起的失业
   D. 由于经济中一些制度上的原因引起的失业

3. 奥肯定律说明了（　　）。
   A. 失业率和实际国民收入增长率之间高度负相关的关系
   B. 失业率和实际国民收入增长率之间高度正相关的关系
   C. 失业率和物价水平之间高度负相关的关系
   D. 失业率和物价水平之间高度正相关的关系

4. 在以下四种情况中，可称为通货膨胀的是（　　）。
   A. 物价总水平的上升持续了一个星期之后又下降了
   B. 价格总水平上升而且持续了一定时期
   C. 一种物品或几种物品的价格水平上升而且持续了一定时期
   D. 物价总水平下降而且持续了一定时期

5. 根据菲利普斯曲线的解释，降低通货膨胀率的方法只能是（　　）。
   A. 减少货币供给量　　　　　　B. 降低失业率
   C. 提高失业率　　　　　　　　D. 增加工资

三、问答题

1. 什么是自然失业？引起自然失业的原因有哪些？
2. 什么是 M_1 和 M_2？
3. 什么是通货膨胀？衡量通货膨胀的指标有哪些？根据通货膨胀的严重程度可将通货膨胀分为哪几类？
4. 通货膨胀对经济发展有哪些影响？

四、阅读思考题

阅读材料一

我国经历了多少次通货膨胀？

通货膨胀是现代货币理论中涉及的一个与现实生活最密切的问题，也是世界各国普遍存在的经济现象。通货膨胀是指市场上的货币供应量超过了商品生产和流通对货币的需求量而引起的货币贬值，一般物价水平持续上涨的经济现象。改革开放以来，我国出现了多次通货膨胀，其各有特点，国家也因此采取了不同的方式进行治理。历次通货膨胀的主要表现如下。

1980年的通货膨胀发生在我国开始改革开放政策初期，宏观上经济增长速度迅猛、投资规模猛增、财政支出加大，导致出现较严重的财政赤字、盲目扩大进口导致外贸赤字，外贸储备迅速接近于零。1979年、1980年的物价出现了明显上涨，其中1980年通货膨胀达到6%。后来我国经过压缩基本建设投资、收缩银根、控制物价等一系列措施，通货膨胀得到抑制，表现为国务院在1980年12月发出了《关于严格控制物价、整顿议价的通知》，对通货膨胀进行治理。

1984—1985年的通货膨胀体现在固定资产投资规模过大引起社会总需求过旺，工资性收入增长超过劳动生产率提高，引起成本上升导致成本推动型通货膨胀，伴随着基建规模、社会消费需求、货币信贷投放急剧扩张，经济出现过热现象，通货膨胀加剧。为了抑制通货膨胀，当时采取了控制固定资产投资规模、加强物价管理和监督管理、全面进行信贷检查等一系列措施。具体表现为从1984年11月到1985年10月国务院发布的一系列宏观调控措施。

1987—1989年的通货膨胀是由于1984—1985年中央采取的紧缩政策在尚未见到成效的情况下，1986年又开始全面松动，导致需求量的严重膨胀。此期间，1988年的零售物价指数，创造了新中国成立以来40年间上涨的最高纪录。物价的上涨和抢购风潮引发了一系列的社会问题。在突如其来的冲击面前，中央迅即做出反应，召开会议整顿经济秩序。于是，1989年11月党的十三届五中全会通过《中共中央关于进一步治理整顿和深化改革的决定》，提出用3年或更长一些时间基本完成治理整顿任务，使用大力度的调整措施。

1993—1995年的通货膨胀表现为邓小平南方谈话后，中国经济进入高速增长的快车道，起因主要是固定资产投资规模扩张过猛与金融秩序的混乱。有人形象地总结为"四热"（房地产热、开发区热、集资热、股票热）、"四高"（高投资膨胀、高工业增长、高货币发行和信贷投放、高物价上涨）、"四紧"（交易运输紧张、能源紧张、重要原材料紧张、资金紧张）和"一乱"（经济秩序特别是金融秩序混乱）。此次通货膨胀的治理以1993年6月《中共中央、国务院关于当前经济情况和加强宏观调控的意见》提出16条措施为起点，经过3年的治理，到1996年我国实现了经济的"软着陆"。

2003—2004年的通货膨胀主要表现在国民经济运行中出现了粮食供求关系趋紧，固定资产投资增长过猛，货币信贷投放过多，煤电油运供求紧张等问题。居民消费价格指数自2003年9月起快速上升，12月达到3.2%的水平；进入2004年后继续保持快速上涨态势，从1月份的3.2%升至6月份的5.0%，7、8、9月三个月均维持在5%以上的较高水平。党中央国务院于2002年中央经济工作会议时就对出现低水平重复建设问题提出预警，2003年又针对经济生活中的一些苗头性、倾向性问题，见微知著，主动调控，陆续采取了一系列调控措施。2004年，中央根据经济运行中出现的投资膨胀加剧、物价回升加快等新情况，在"两会"以后果断提出要紧紧把握土地、信贷两个闸门，及时加大了调控力度。2004年下半年以来，随着加强和改善宏观调控取得积极成效，又明确提出宏观调控仍处于关键阶段，多次强调要防止出现反弹。总的来看，加强和改善宏观调控取得了明显成效，居民消费价格指数出现了一定程度的回落，国民经济继续保持平稳较快发展。

2007年至2008年上半年，我国经济开始步入通货膨胀，主要表现在：供需失衡——比如农产品价格上涨；成本拉动——比如原油铁矿等国际价格上升、新劳动法实施、国内某些行业的价格上涨；国内投资过热——大量流动性资金流向楼市股市；国内突发事故灾难——如雪灾、地震等造成短期物价反弹；国际贸易失衡——巨额顺差长期存在，外汇占款严重，人民币投放过多；人民币升值预期使得大量国际资本流入，国内投资的高速增长导致货币超额投放。国家采取的治理措施主要表现在：从2007年起央行连续14次上调存款准备金率、多次加息、发行央票等从紧货币政策，同时执行稳健的财政政策，主要体现在税收手段的运用，还有对房地产和股市的调控。后来随着全球次贷危机的恶化，国内外经济形势发生了根本性的逆转，世界经济放缓，消费需求急剧下降，我国进出口贸易快速下降，经济出现了严重的下滑风险，原油等国际大宗商品价格快速回落，紧缩政策效果的显现及流动性的收紧，使物价得到了控制，并逐步回落到了央行目标控制区间。

思考：
1. 通货膨胀对我国经济发展有哪些影响？
2. 针对我国的通货膨胀，政府采取了哪些措施？是否达到了预期效果？

阅读材料二

2011年我国CPI新统计方法

为更好地适应我国经济社会发展和城乡居民消费结构变化，切实保障CPI计算的科学性和准确性，我们对CPI调查方案进行了例行调整，涉及对比基期、权数构成、调查网点和代表规格品的调整。

一是从2011年1月起，我国CPI开始计算以2010年为对比基期的价格指数序列。这是自2001年计算CPI定基价格指数以来，第二次进行基期例行更换，首轮基期为2000年，第二轮基期为2005年。调整基期，是为了更容易比较。因为对比基期越久，价格规格品变化就越大，可比性就会下降。选择逢0逢5年度作为计算CPI的对比基期，目的是为了与我国国民经济和社会发展五年规划保持相同周期，便于数据分析与使用。

二是根据2010年全国城乡居民消费支出调查数据以及有关部门的统计数据，按照制度规定对CPI权数构成进行了相应调整。其中居住提高4.22个百分点，食品降低2.21个百分点，烟酒降低0.51个百分点，衣着降低0.49个百分点，家庭设备用品及服务降低0.36个百分点，医疗保健和个人用品降低0.36个百分点，交通和通信降低0.05个百分点，娱乐教育文化用品及服务降低0.25个百分点。

三是根据各选中调查市县2010年最新商业业态、农贸市场以及服务消费单位状况，按照国家统一规定的原则和方法，增加了1.3万个调查网点。采集全国CPI价格的调查网点（包括食杂店、百货店、超市、便利店、专业市场、专卖店、购物中心以及农贸市场与服务消费单位等）达到6.3万个。

四是各选中调查市县根据当地居民的消费水平、消费习惯按照国家统一规定的原则和方法，对部分代表规格品及时进行了更新。

CPI 权数构成调整后是否会影响价格涨幅？

从理论上讲，CPI 权数构成的调整自然会影响到价格总指数的计算，但影响的方向和影响程度的大小，既取决于权数构成的调整力度，也受到分类价格指数高低的影响。为了解权数构成调整对数据的影响，我们进行了相关的数据测算。

一是利用 2011 年新的权数构成和 2010 年已发布的 CPI 八大类别价格指数，对 2010 年各月的环比和同比价格总指数分别进行了测算，测算结果与已发布的价格总指数基本一致，误差较小，衔接较好。

二是利用 2010 年的旧权数构成和 2011 年按新权数计算出来的八大类别价格指数对 1 月份的总指数进行了测算，结果是：同比涨幅为 4.918%，比用新权数计算的同比涨幅 4.942% 降低了 0.024 个百分点；环比涨幅为 1.070%，比用新权数计算的环比涨幅 1.021% 提高了 0.049 个百分点。

思考：
1. 为什么要对 CPI 统计采用新的方法？
2. 新的 CPI 统计方法比旧的统计方法有何优势？

第十一章

要增长，还是要发展——经济增长与经济周期理论

学习目标

掌握经济增长的含义和源泉；
掌握哈罗德—多马经济增长模型、新古典经济增长模型的基本观点；
了解其他经济增长模型；
掌握经济周期的含义、阶段及特征；
了解经济周期的主要类型和成因、乘数—加速数原理模型。

学习建议

本章主要介绍宏观经济学中增长理论及经济周期理论，重点是经济增长的基本概念、主要经济增长模型及经济周期的含义及阶段划分，对其他问题可作一般了解。延伸阅读部分可供学有余力者学习。建议学习时间为4～6课时。

导入案例

美国30年代萧条与40年代繁荣原因

20世纪30年代初的经济灾难称为大萧条，而且是美国历史上最大的经济下降。从1929年到1933年，实际GDP减少了27%，失业从3%增加到25%。同时，在这四年中，物价水平下降了22%。在这一时期，许多其他国家也经历了类似的产量与物价下降。

经济史学家一直在争论大萧条的原因，但大多数解释集中在总需求的大幅度减少上。许多经济学家主要抱怨货币供给的减少：从1929年到1933年，货币供给减少了28%。另一些经济学家提出了总需求崩溃的其他理由。例如，在这一时期股票价格下降了90%左右，减少了家庭财富，从而也减少了消费者支出。此外，银行的问题也阻止了一些企业想为投资项目进行筹资，而且，这就压抑了投资支出。当然，在大萧条时期，所有这些因素共同发生作用紧缩了总需求。

40年代初的经济繁荣是容易解释的,这次事件显而易见的原因是第二次世界大战。随着美国在海外进行战争,联邦政府不得不把更多资源用于军事。从1939年到1944年,政府的物品与劳务购买几乎增加了5倍。总需求这种巨大扩张几乎使经济中物品与劳务的生产翻了一番,并使物价水平上升了20%。失业从1939年的17%下降到1944年的1%,这是美国历史上最低的失业水平。

世界经济就是在繁荣与衰退的周期性交替中不断发展的。一般把这种经济波动称为经济周期。经济周期是现代经济社会中不可避免的经济波动,是现代经济的基本特征之一。衡量总体经济状况的基本指标是国民收入,所以,经济周期表现为国民收入的波动。

从本章开始,宏观经济学的讨论将从短期分析的范围扩展到长期。考察国民经济的长期发展问题,常涉及两个既紧密相连又有区别的概念,即经济增长和经济发展。经济周期与经济增长是经济学的重要理论,从广泛的意义上说,经济发展不仅包括经济增长,而且包括国民的生活质量,以及整个社会经济结构和制度结构的总体进步。总之,经济发展是反映一个经济社会总体发展水平的综合性概念。而在宏观经济学中,重点在于论述经济增长理论。

第一节 经济增长理论

经济增长一直是经济学界非常关注的一个话题。真正意义上的现代经济增长理论是在凯恩斯以后才出现的,它研究国民收入的长期增长趋势,是国民收入决定理论的长期化与动态化。在凯恩斯时代以前的经济学被称为古典经济学时代,他们对于宏观经济的研究比较模糊,也没有提出明确的经济增长理论,最多只有经济增长和经济发展思想。

一、经济增长理论概述

最早系统地研究经济增长问题的可以说是英国古典经济学家亚当·斯密和大卫·李嘉图,他们都强调了资本积累在经济增长中的重要性。如《国富论》中关于经济增长的思想是,"土地是财富之父,劳动是财富之母",也就是说,土地和劳动两个方面共同促进经济增长。马克思也有经济增长思想,马克思指出,劳动是社会财富的唯一源泉,经济增长主要体现在劳动的数量和质量的提高。总之,在凯恩斯时代以前的经济学,由于没有将宏观经济测算做到科学化,对于经济增长和宏观经济的认识很大程度属于感性的。他们没有没有完整的经济增长模型,只有经济增长思想。而经济增长理论的真正发展是在第二次世界大战以后,英国经济学家哈罗德和美国经济学家多马在凯恩斯宏观经济理论模型的基础上,对各国国民收入的增长进行了长期的研究后发展起来的。

现代经济增长理论的内容十分广泛,可以把战后增长理论的发展大致分为三个时期:第一个时期是20世纪50年代,这一时期主要是建立各种经济增长模型,探讨经济长期、稳定发展的途径;第二个时期是20世纪60年代,这一时期主要是对影响经济增长的各种因素进行定量分析,寻求促进经济增长的途径;第三个时期是20世纪70年代之后,这一时期研究了经济增长的极限,即经济能不能无限增长,与应不应该无限增长的问题。

二、经济增长的含义与特征

（一）经济增长的含义

在经济学界，对经济增长的理解并不完全一致。美国经济学家库兹涅茨曾给经济增长下了这样一个定义："一个国家的经济增长，可以定义为给居民提供种类日益繁多的经济产品的能力长期上升，这种不断增长的能力是建立在先进技术以及所需要的制度和思想意识之相应的调整的基础上的。"这个定义是对各国经济增长历史经验的高度概括，体现了经济增长的实质。因此，已被经济学家广泛接受，并作为研究经济增长问题的出发点。这一定义包含了以下三层意思。

（1）经济增长首先表现在经济实力的增长，即商品和劳务总量的增加，也就是国内生产总值的增加。这种增加不仅包含总量上的增加，也包含了人均国内生产总值指标的增长，如表11-1所示。

（2）技术进步是实现经济增长的必要条件，即经济增长是建立在技术不断进步的基础上。

（3）经济增长的充分条件是制度与意识的相应调整。即社会制度与意识形态的某种变革是经济增长的前提。

因此，可以把经济增长定义为：某国在一定时期内，生产商品与提供劳务潜在能力的扩大，或者商品与劳务的增加，通常用国内生产总值来衡量。

（二）经济增长的特征

在此基础上，库兹涅茨认为，现代经济增长具有以下几个方面的基本特征。

（1）人均产量和人口高增长，其中GDP的增加是最基本特征。这一点在经济增长的过程中是非常明显的。

（2）生产率本身的高速增长。在经济增长的过程中，所有投入的生产要素产出效率的增长都很迅速。这是由于技术进步是实现经济增长的必要条件，而技术进步必然引起生产效率的提高。

（3）经济结构的变化速度很快，产业结构不断升级。在经济增长过程中，从农业转移到非农业，从工业转移到服务业，生产规模的变化，劳动力职业状况的变化，消费结构的变化等，所有这些变革的速度都是很快的。此外，生产单位的规模、企业组织形式、消费结构、国内国外供应的相对份额也都发生了变化。

（4）社会结构与意识形态迅速改变。例如，城市化以及职业科学教育的发展就是整个社会的重要组成部分，也是经济增长的必然的结果。

（5）增长在世界范围内迅速扩大。发达国家凭借其技术力量，尤其是运输和通信方面的优势，通过和平的或战争的形式向世界其他地方伸展，使整个世界都卷入经济增长之中，成为一个经济增长的统一体。

（6）世界增长的情况是不平衡的，尽管部分国家增长迅速，但3/4国家仍处于落后地位。目前世界还有很多国家是经济欠发达的，经济发达地区和欠发达地区人口贫富差距悬殊。

表 11-1 中国年度国内生产总值及人均国内生产总值

来源：中国国家统计局　制作：北海居

年份	名义GDP 亿元	名义GDP 同比%	实际GDP 1952=100	实际GDP 同比%	GDP平减指数 1952=100	GDP平减指数 同比%	美元名义GDP 亿美元	美元名义GDP 同比%	年均人口 千人	年均人口 同比%	人均名义GDP 元	人均名义GDP 美元	人均实际GDP 1952=100	人均实际GDP 同比%	官方平均汇率 USD/CNY	升值%
1952	679.0	—	100.00	—	100.00	—	304.89	—	568 910	—	119	54	100.00	—	2.2270	0.5
1953	824.2	21.4	115.60	15.6	104.99	5.0	316.51	3.8	581 390	21.94	142	54	113.13	13.1	2.6040	-14.5
1954	859.4	4.3	120.50	4.2	105.05	0.1	330.02	4.3	595 310	23.94	144	55	115.14	1.8	2.6040	0.0
1955	910.8	6.0	128.70	6.8	104.19	-0.8	349.76	6.0	608 660	22.43	150	57	120.33	4.5	2.6040	0.0
1956	1 029.0	13.0	148.10	15.0	102.34	-1.8	395.15	13.0	621 470	21.05	166	64	135.56	12.7	2.6040	0.0
1957	1 069.3	3.9	155.60	5.1	101.23	-1.1	410.63	3.9	637 410	25.65	168	64	138.85	2.4	2.6040	0.0
1958	1 308.2	22.3	188.60	21.3	102.13	0.9	502.38	22.3	653 240	24.83	200	77	164.29	18.3	2.6040	0.0
1959	1 440.4	10.1	205.30	8.8	103.34	1.2	550.39	9.6	666 010	19.55	216	83	175.35	6.7	2.6170	-0.5
1960	1 457.5	1.2	204.60	-0.3	104.90	1.5	556.93	1.2	667 070	1.59	218	83	174.51	-0.5	2.6170	0.0
1961	1 220.9	-16.2	148.70	-27.3	120.91	15.3	495.95	-10.9	660 330	-10.10	185	75	128.12	-26.6	2.4618	6.3
1962	1 151.2	-5.7	140.40	-5.6	120.79	-0.1	467.64	-5.7	665 770	8.24	173	70	119.94	-6.4	2.4618	0.0
1963	1 236.4	7.4	154.70	10.2	117.70	-2.6	502.22	7.4	682 340	24.89	181	74	128.98	7.5	2.4618	0.0
1964	1 455.5	17.7	182.90	18.3	117.18	-0.4	591.25	17.7	698 360	23.48	208	85	149.03	15.5	2.4618	0.0
1965	1 717.2	18.0	214.10	17.0	118.12	0.8	697.54	18.0	715 190	24.10	240	98	170.31	14.3	2.4618	0.0
1966	1 873.1	9.1	237.10	10.7	116.36	-1.5	760.85	9.1	735 400	28.26	255	103	183.40	7.7	2.4618	0.0
1967	1 780.3	-5.0	223.60	-5.7	117.28	0.8	723.16	-5.0	754 550	26.04	236	96	168.56	-8.1	2.4618	0.0
1968	1 730.2	-2.8	241.40	-4.1	118.84	1.3	702.80	-2.8	774 510	26.45	223	91	157.50	-6.6	2.4618	0.0
1969	1 945.8	12.5	250.60	16.9	114.34	-3.8	790.39	12.5	796 030	27.79	244	99	179.13	13.7	2.4618	0.0
1970	2 261.3	16.2	299.30	19.4	111.29	-2.7	918.56	16.2	818 320	28.00	276	112	208.05	16.1	2.4618	0.0
1971	2 435.3	7.7	320.40	7.0	111.95	0.6	989.21	7.7	841 110	27.85	290	118	216.68	4.1	2.4618	0.0

续表

年份	名义GDP 亿元	同比%	实际GDP 1952=100	同比%	GDP平减指数 1952=100	同比%	美元名义GDP 亿美元	同比%	年均人口 千人	同比%	人均名义GDP 元	人均名义GDP 美元	人均实际GDP 1952=100	同比%	官方平均汇率 USD/CNY	升值%
1972	2 530.2	3.9	332.40	3.8	112.10	0.1	1 129.51	14.2	852 030	24.87	294	131	219.39	1.2	2.2401	9.9
1973	2 733.4	8.0	358.50	7.9	112.28	0.2	1 380.55	20.5	881 940	23.10	310	154	231.28	5.4	2.0090	11.5
1974	2 803.7	2.6	366.80	2.3	112.57	0.3	1 397.68	2.7	900 350	20.87	311	155	231.78	0.2	2.0060	0.1
1975	3 013.1	7.5	398.70	8.7	111.30	−1.1	1 529.50	9.4	916 400	17.83	329	167	247.52	6.8	1.9700	1.8
1976	2 961.5	−1.7	392.20	−1.6	111.19	−0.1	1 503.29	−1.7	930 690	15.59	318	162	239.77	−3.1	1.9700	0.0
1977	3 221.1	8.8	422.10	7.6	112.38	1.1	1 750.57	16.4	943 460	13.72	341	186	254.54	6.2	1.8400	7.1
1978	3 645.2	13.2	471.40	11.7	113.89	1.3	2 119.31	21.1	956 170	13.47	381	222	280.47	10.2	1.7200	7.0
1979	4 062.6	11.4	507.10	7.6	117.99	3.6	2 612.59	23.3	969 010	13.43	419	270	297.71	6.1	1.5550	10.6
1980	4 545.6	11.9	546.80	7.8	122.42	3.8	3 050.75	16.8	981 240	12.62	463	311	317.05	6.5	1.4900	4.4
1981	4 891.6	7.8	575.50	5.2	125.18	2.2	2 753.02	−9.8	993 890	12.89	492	277	329.43	3.9	1.7768	−16.1
1982	5 323.4	8.8	627.60	9.1	124.91	−0.2	2 765.52	0.5	1 008 630	14.83	528	274	354.01	7.5	1.9249	−7.7
1983	5 962.7	12.0	695.80	10.9	126.22	1.0	3 046.37	10.2	1 023 310	14.55	583	298	386.80	9.3	1.9573	−1.7
1984	7 208.1	20.9	801.30	15.2	132.47	5.0	3 270.00	7.3	1 036 830	13.21	695	315	439.70	13.7	2.2043	−11.2
1985	9 016.0	25.1	909.20	13.5	146.04	10.2	3 070.23	−6.1	1 051 040	13.71	858	292	492.16	11.9	2.9366	−24.9
1986	10 275.2	14.0	989.70	8.8	152.91	4.7	2 975.90	−3.1	1 066 790	14.99	963	279	527.79	7.2	3.4528	−15.0
1987	12 058.6	17.4	1 104.30	11.6	160.82	5.2	3 239.73	8.9	1 084 040	16.17	1 112	299	579.55	9.8	3.7221	−7.2
1988	15 042.8	24.7	1 228.90	11.3	180.28	12.1	4 041.49	24.7	1 101 630	16.23	1 366	367	634.63	9.5	3.7221	0.0
1989	16 992.3	13.0	1 278.80	4.1	195.69	8.5	4 513.11	11.7	1 118 650	15.45	1 519	403	650.37	2.5	3.7651	−1.1
1990	18 667.8	9.9	1 327.90	3.8	207.04	5.8	3 902.79	−13.5	1 135 512	15.07	1 644	344	665.31	2.3	4.7832	−21.3
1991	21 781.5	16.7	1 449.80	9.2	221.26	6.9	4 091.73	4.8	1 150 780	13.45	1 893	356	716.74	7.7	5.3233	−10.1
1992	26 923.5	23.6	1 656.30	14.2	239.40	8.2	4 882.22	19.3	1 164 970	12.33	2 311	419	808.84	12.8	5.5146	−3.5
1993	35 333.9	31.2	1 887.60	14.0	275.69	15.2	6 132.23	25.6	1 178 440	11.56	2 998	520	911.25	12.7	5.7620	−4.3

续表

年份	名义GDP 亿元	名义GDP 同比%	实际GDP 1952=100	实际GDP 同比%	GDP平减指数 1952=100	GDP平减指数 同比%	美元名义GDP 亿美元	美元名义GDP 同比%	年均人口 千人	年均人口 同比%	人均名义GDP 元	人均名义GDP 美元	人均实际GDP 1952=100	人均实际GDP 同比%	官方平均汇率 USD/CNY	升值%
1994	48 197.9	36.4	2 134.50	13.1	332.56	20.6	5 592.24	-8.8	1 191 835	11.37	4 044	469	1 018.87	11.8	8.618 7	-33.1
1995	60 793.7	26.1	2 367.70	10.9	378.15	13.7	7 279.81	30.2	1 204 855	10.92	5 046	604	1 117.97	9.7	8.351 0	3.2
1996	71 176.6	17.1	2 604.60	10.0	402.46	6.4	8 560.85	17.6	1 217 550	10.54	5 846	703	1 217.03	8.9	8.314 2	0.4
1997	78 973.0	11.0	2 846.80	9.3	408.56	1.5	9 526.53	11.3	1 230 075	10.29	6 420	774	1 316.64	8.2	8.289 8	0.3
1998	84 402.3	6.9	3 069.80	7.8	404.93	-0.9	10 194.62	7.0	1 241 935	9.64	6 796	821	1 406.22	6.8	8.279 1	0.1
1999	89 677.1	6.2	3 303.70	7.6	399.77	-1.3	10 832.79	6.3	1 252 735	8.70	7 159	865	1 500.32	6.7	8.278 3	0.0
2000	99 214.6	10.6	3 582.20	8.4	407.90	2.0	11 984.75	10.6	1 262 645	7.91	7 858	949	1 614.05	7.6	8.278 4	-0.0
2001	109 655.2	10.5	3 879.60	8.3	416.27	2.1	13 248.18	10.5	1 271 850	7.29	8 622	1 042	1 735.37	7.5	8.277 0	0.0
2002	120 332.7	9.7	4 231.90	9.1	418.77	0.6	14 538.20	9.7	1 280 400	6.72	9 398	1 135	1 880.34	8.4	8.277 0	0.0
2003	135 822.8	12.9	4 656.20	10.0	429.61	2.6	16 409.66	12.9	1 288 400	6.25	10 542	1 274	2 056.00	9.3	8.277 0	0.0
2004	159 878.3	17.7	5 125.80	10.1	459.37	6.9	19 316.44	17.7	1 296 075	5.96	12 336	1 490	2 249.95	9.4	8.276 8	0.0
2005	184 937.4	15.7	5 705.53	11.3	477.38	3.9	22 576.19	16.9	1 303 720	5.90	14 185	1 732	2 489.73	10.7	8.191 7	1.0
2006	216 314.4	17.0	6 428.79	12.7	495.55	3.8	27 134.95	20.2	1 311 020	5.60	16 500	2 070	2 789.72	12.0	7.971 8	2.8
2007	265 810.3	22.9	7 339.26	14.2	533.40	7.6	34 956.64	28.8	1 317 885	5.24	20 169	2 652	3 168.22	13.6	7.604 0	4.8
2008	314 045.4	18.1	8 046.38	9.6	574.81	7.8	45 218.27	29.4	1 324 656	5.14	23 708	3 414	3 455.72	9.1	6.945 1	9.5
2009	340 902.8	8.6	8 787.79	9.2	571.33	-0.6	49 905.26	10.4	1 331 260	4.99	25 608	3 749	3 755.41	8.7	6.831 0	1.7
2010	401 512.8	17.8	9 705.85	10.4	609.25	6.6	59 312.03	18.8	1 337 705	4.84	30 015	4 434	4 127.75	9.9	6.769 5	0.9
2011	473 104.0	17.8	10 608.48	9.3	656.81	7.8	73 249.52	23.5	1 344 762	5.28	35 181	5 447	4 487.95	8.8	6.458 8	4.8
2012r	519 470.1	9.8	11 420.29	7.7	669.91	2.0	82 292.29	12.3	1 350 695	4.41	38 459	6 093	4 810.17	7.3	6.312 5	2.3
2013p	568 845.2	9.5	12 299.65	7.7	681.14	1.7	91 849.97	11.6	1 357 367	4.94	41 908	6 767	5 155.09	7.2	6.193 2	1.9

注：(1) p＝初步核算数。
(2) 按照国际通行的做法，2013 年我国 GDP 数据修订后，还对 2013 年以前的 GDP 历史数据进行修订，故数据会有不一致的情况。
资料来源：http：//tieba.baidu.com/p/2849406375。

亚洲四小龙、金砖四国与灵猫六国

相关链接

1. 亚洲四小龙

从20世纪60年代开始，韩国、新加坡和我国台湾、香港推行出口导向型战略，重点发展劳动密集型的加工产业，在短时间内实现了经济的腾飞。它们的经济发展具有一些鲜明的特点，如下所示。

（1）增长速度快。从20世纪60年代开始，国民生产总值年平均增长速度都接近或超过10%。

（2）出口扩张迅速。我国台湾1970年出口总值是1960年的9倍，1980年为1970年的13倍；韩国1980年出口总值是1960年的534倍；新加坡1980年出口总值是1965年20多倍。

（3）经济结构发生重大变化。韩国农业在国民经济中的比重从1961年的47.4%降为1985年的15%，工矿业从16.5%上升为33.4%；我国台湾农业比重从1952年的35.7%降为1978年的12.1%，工业比重从17.9%上升为40.3%。而我国香港与新加坡也从转口港变为工业城市。

（4）人均国民收入水平迅速提高。

（5）失业人数减少，收入分配相对平均。80年代这些国家和地区的失业率都降到4%以下，收入分配与美、日等国相比较为平均。

2. 金砖四国

自从2001年，"金砖四国"（BRIC，引用了巴西、俄罗斯、印度和中国的英文首字母）的概念被提出来之后，巴西、俄罗斯、印度和中国的经济增速让人印象非常深刻，GDP增长率显著高于全球经济的增长水平。南非加入后，其英文单词将变为"BRICS"，并改称为"金砖国家"。高盛认为，按照平均购买力来计算，"金砖四国"将于2018年超过美国，成为全球第三大经济体，到2020年，将占据全球国民生产总值增长额的49%。2000—2010年"金砖四国"的经济增长率如表11-2所示。

表11-2 "金砖四国"的经济增长率   %

年份	中国	印度	巴西	俄罗斯	世界
2010	10.3	10.4	7.5	4.0	5.1
2009	9.2	6.8	-0.6	-7.8	-0.5
2008	9.6	7.3	5.1	5.6	2.1
2007	13.0	9.3	5.7	8.1	3.8
2006	11.6	9.8	4.0	7.7	3.9
2005	10.4	9.2	3.2	6.4	3.4
2004	10.1	7.9	5.7	7.2	4.0
2003	9.3	7.4	-0.2	7.3	3.9
2002	8.3	4.7	1.9	4.7	3.0
2001	7.5	4.0	1.3	5.1	2.4
2000	8.0	5.4	4.4	10.0	4.7

资料来源：IMF，经整理得出。

3. 灵猫六国

灵猫六国是伦敦对冲基金经理之间的新流行词，"灵猫六国"——中国、印度、越南、印度尼西亚、土耳其和南非（CIVITS）——将会成为接下来这个十年期的经济增长热点。2009年CIVITS六国的经济总量占世界经济总量13.41%，其中中国和印度占比份额分别为8.62%和2.14%。将六国在2000—2009十年间的GDP平均增速与世界平均水平及其他地区整体水平相比较，不难看出中国、印度、越南、印度尼西亚、土耳其与南非十年间GDP平均增速分别达到10.28%、6.86%、7.27%、5.13%、3.78%和3.63%，均高于世界平均水平3.58%，更远高于发达经济体1.78%的平均增速。

CIVITS六国十年间经济高速增长源于其对内通过基础设施建设与教育投入带动国民经济长远发展，对外积极参与国际分工与国际交换，吸引外资以优化资源配置，但六国在经济发展的过程中也面临国内贫富不均、外贸结构不平衡、创新能力不足等问题，尤其是后经济危机时代严峻的通货膨胀与高企的失业率更是给六国发展带来风险与挑战。

三、经济增长的源泉

经济增长的源泉要说明的是哪些因素影响着一国的经济增长率。由于在经济增长过程中必须投入各种生产要素，因此，生产要素投入量和生产要素生产率是经济增长的直接制约因素。经济增长主要是产量的增加，因此，可以通过总生产函数来研究增长的源泉。

总生产函数是总产量与生产中使用的全部生产要素的投入量之间的函数关系。用公式可表示为：

$$Y = AF(K, L, A)$$

其中，Y代表产量，K代表资本，L代表劳动，A代表技术。由上式可以看出，经济增长的主要源泉是资本、劳动和技术进步。

（一）资本

资本可以分为物质资本和人力资本。物质资本又称为有形资本，指厂房、设备、存货等的存量。人力资本又称为无形资本，指体现在劳动者身上的投资，如劳动者的知识、技能、健康状况等。人力资本对经济增长的促进作用十分重要，但由于不易结算，所以，在研究经济增长时所说的资本一般是指物质资本。资本增加是经济增长的重要条件。在经济增长的前期，资本的增加十分重要，许多经济学家都把资本增加作为实现经济增长的首要任务。在经济增长的后期，资本的作用就会相对下降。但从西方各国的情况看，仍然是储蓄率高、资本增加快的国家，其经济增长率也较高。

（二）劳动

劳动是指劳动力。劳动力是数量与质量的统一，因此，劳动这一概念中实际包括劳动力的人数与劳动力的知识、技能及身体素质。由于劳动力的质量难以估算，因而，经济增长中的劳动概念一般指劳动力的数量，或者指劳动时间。劳动在经济增长中的作用是不言而喻的。劳动与资本之间在一定范围内存在一种替代关系，当资本不足时可以通过增加劳动来弥补，同样，在劳动不足时也可以通过增加资本来弥补。据索洛估算，1909—1940年，美国2.9%的年增长率中，由劳动引起的增长率为1.09%，即劳动在经济增长中做出的贡献占38%左右。在经济增长的不同阶段中，劳动的重要程度是不同的。

（三）技术进步

技术进步促进要素生产率的提高，使在技术进步的条件下，同样的生产要素投入可以提供更多的产品。因而，技术进步是提高生产要素使用效率的最直接因素，从而也是促进经济增长的重要因素。技术进步包括以下几个方面的内容：第一，知识的进展，即知识增加、新技术的发明与创造对增长的作用；第二，资源配置的改善，即劳动力和资本从效率低的部门转移到效率高的部门；第三，规模经济，即大企业经营规模扩大所带来的经济效益，也就是一般所说的大规模生产的经济效益；第四，管理水平的提高，即企业组织改善与管理水平提高所带来的经济效益。据索洛估算，1909—1940 年，美国 2.9% 的年增长率中，由于技术进步而引起的增长率为 1.49%，即技术进步在经济增长中所作的贡献占 51% 左右。随着经济的发展，在经济发展的更高发展阶段上，技术进步将起着越来越重要的作用。

应该指出的是，传统的经济增长理论一般不考虑经济制度因素，将经济制度因素作为"外生变量"被抽象掉。然而，现实的经济运行总是在一定体制背景下进行的，经济体制不仅为经济增长提供制度框架和平台，而且是经济增长的重要动力来源和保障基础。此外，这里所分析的经济增长的源泉是指经济因素，它所假定的前提是社会制度和意识形态已经符合经济增长的要求。但在不具备这一假设条件时，社会制度和意识形态对经济增长也是很重要的。非经济因素，尤其是政治因素，也是经济增长中应考虑的。

上述影响经济增长的因素是相互影响、相互作用的，但每个因素在经济增长中的作用不尽相同，它们共同构成了经济增长的源泉。

四、经济增长模型

经济增长模型是经济增长理论的概括表现，它说明经济增长和有关变量之间的关系。经济增长模型并不是具体考察一国经济发展的过程及分析制约该国经济增长的因素，而是运用传统的均衡分析方法，论证所谓的经济均衡增长问题。换言之，经济增长模型是探讨经济长期稳定、均衡增长的模型。

（一）哈罗德—多马模型

哈罗德—多马模型是由英国经济学家哈罗德（R. Harrod）和美国经济学家多马（D. Domar）在 20 世纪三四十年代提出的。由于两个模型的内容基本相同，所以一般称为哈罗德—多马模型。该模型是以凯恩斯的有效需求不足理论为基础，考察一个国家长时期内的国民收入和就业的稳定均衡增长所需条件的理论。

> **延伸阅读**　　　　　　　**哈罗德—多马模型的产生**
>
> 1939 年，英国经济学家罗伊·F·哈罗德以凯恩斯经济理论为基础，发表了《论动态理论》一文，试图将凯恩斯经济理论长期化、动态化。1948 年，哈罗德又出版了《动态经济学导论》一书，系统地提出了他的经济增长模型。20 世纪 40 年代中期，美国经济学家埃夫塞·多马也进行了类似研究，在《扩张与就业》、《资本扩张、增长率和就业》及《资本积累问题》等论文中独立地提出了与哈罗德模型基本相同的增长模型。因而，一般将他们的模型合称为哈罗德—多马经济增长模型，是当代增长经济学中第一个广为流行的经济增长模型。
>
> 1. 哈罗德—多马模型的基本假设
>
> 哈罗德—多马经济增长模型以一些严格的假设条件为前提，说明资本主义经济稳定增长的条件，其假设条件如下：
> (1) 全社会所生产的产品只有一种，不是消费品，就是资本品（故称一部门的增长模型）。
> (2) 只有劳动和资本两种生产要素，并且资本与劳动比率固定不变，彼此之间不能互

相替代。

(3) 产品的规模收益不变，即规模扩大时不存在收益递增或是递减。

(4) 技术状态既定，不存在技术进步。

(5) 边际储蓄倾向不变。

2. 哈罗德—多马模型的基本公式

哈罗德—多马模型的基本公式由三个经济变量组成：国民收入增长率（即经济增长率）G、储蓄率 S、资本—产出比率 C。哈罗德—多马经济增长模型的公式可表示为：

$$G = \frac{S}{C}$$

根据这一模型的假设，资本与劳动的配合比率是不变的，从而资本—产出比率也是不变的。这样，经济增长率实际就取决于储蓄率。也就是说，在资本—产出比率不变的条件下，储蓄率高，则经济增长率就高；反之则相反。例如，假定资本—产出比率 C 为 3，如果储蓄率 S 为 15%。则经济增长率 G 为 5%。可见，这一模型强调的是资本增加对经济增长的作用，分析的主要是资本增加与经济增长之间的关系。

3. 哈罗德—多马模型的意义

第一，哈罗德—多马经济增长模型认为，由于投资能形成新的生产能力，所以，投资具有两重性，即一方面可以增加总需求，另一方面具有生产能力效应，可以增加总供给。所以，它将凯恩斯的理论动态化、长期化，并重点阐明了投资的双重作用，从而发展了凯恩斯的理论，奠定了现代经济增长理论的基础。

第二，强调了资本积累（表现为储蓄率或投资率）在经济增长中的重要作用。由于储蓄率与资本—产出比率共同决定经济增长率，因而，既可以在资本—产出比率为既定的条件下，用改变储蓄率或投资率的办法来改变经济增长率，也可以在储蓄率不变的前提下，用改变资本—产出比率的办法来使经济增长率发生变动。

第三，说明了经济波动的原因和实现经济长期、稳定、均衡增长的条件，并将复杂的经济增长理论简单化、模型化，为人们研究经济增长问题提供了新思路。

第四，阐明了国家干预和实现调控在促进经济增长中的必要性，为政府制定宏观经济政策及经济计划提供了理论依据和方法、手段。

相关链接　　　　哈罗德—多马模型的启示

哈罗德—多马模型主要是强调资本积累对经济增长的促进作用，当产出率一定时，资本积累率 S 就成为决定一国经济增长率 G 的唯一因素。由于文化传统的影响，我国老百姓自古就偏好储蓄。根据中国人民银行课题组的测算，改革开放以来，我国的国民储蓄率较发达国家高出十几个百分点，从而为经济建设提供了源源不断的资金（表 11-3）。困扰很多发展中国家经济发展的投资不足的问题在我国得到很好的解决。

表 11-3　中国人均收入增长率与储蓄率变化　　　　　　　　　%

时间段	1960—1970	1970—1980	1980—1990	1990—2000
人均收入增长率	2.7	6.3	9.4	10.1
国民储蓄率	26.8	32.8	34.9	40.6

资料来源：根据世界银行 2006 年的资料整理得出。

（二）新古典经济增长模型

新古典经济增长模型对哈罗德—多马模型进行了修正，放弃了哈罗德—多马模型中关于资本和劳动力不可替代及不存在技术进步的假设，重新提出了自己的前提条件，并在此条件下得出结论，建立了新的经济增长模型。由于他们的理论具有凯恩斯以前的传统经济学的痕迹，强调了价格对资本—劳动比率的调节作用，与新古典经济的观点相似，因而，被称为新古典经济增长模型。

延伸阅读　新古典经济增长模型的产生

一部分西方学者认为哈罗德的结论过于悲观，而且也不符合战后资本主义发展的事实。第二次世界大战后西方各国的发展经验表明，各国的国民收入虽然经常处于波动之中，然而却还没有出现过哈罗德—多马模型所指出的那种大起大落的状态。为了改变这一情况，一些西方学者在 20 世纪 50 年代提出了不同的增长模型，其中以美国的索洛提出的新古典增长模型理论最为有名，这一模型认为哈罗德—多马模型所指出的经济增长途径是很难实现的。新古典模型要通过改变资本—产量比率来解决这一问题，并且充分考虑技术进步对经济增长的作用。提出该模型基本公式的是英国经济学家 J·米德，米德在分析中还首先提出了与哈罗德不同的假设。

1. 新古典经济增长模型的基本假设

新古典增长模型也假设，社会生产一种产品，使用资本和劳动两种生产要素，以及生产的规模收益不变，这一模型同哈罗德—多马经济增长模型的主要区别，反映在新古典经济增长模型的下列假设上。

（1）生产中只使用劳动和资本两种生产要素，且两种要素可以相互替代，因此，资本—劳动比率是一个变化的量。而在哈罗德—多马经济增长模型中，资本和劳动是按固定比例组合的。

（2）在任何时候，这两种生产要素总能得到充分利用，不存在资源闲置问题。而哈罗德—多马模型则不包含这一假定。

（3）考虑技术进步对经济增长率的影响。而哈罗德—多马模型把生产技术水平看成是既定的，只强调投资增加对经济增长的作用。

2. 新古典经济增长模型的基本公式

新古典经济增长模型的公式可表示为：

$$G = a\left(\frac{\Delta K}{K}\right) + b\left(\frac{\Delta L}{L}\right) + \frac{\Delta A}{A}$$

其中，$\frac{\Delta K}{K}$ 为资本增长率，$\frac{\Delta L}{L}$ 为劳动增长率，$\frac{\Delta A}{A}$ 代表技术进步率。a 和 b 分别代表资本和劳动对总产出的贡献，即 a 代表经济增长中资本所做的贡献比例，b 代表经济增长中劳动所做的贡献比例，a 与 b 之比即资本—劳动比率。

3. 新古典经济增长模型的基本含义

（1）决定经济增长的因素是资本和劳动的增加以及技术进步。

（2）资本和劳动的组合比率是可变的，从而资本—产出比率也可变，这是对哈罗德—多马模型的重要修正。因此，经济增长不仅可以通过改变储蓄率即资本增长来实现，而且也可以通过改变资本—产出比率来实现。

（3）资本—劳动比率及资本—产出比率的变动是通过市场上的价格调节来实现的。如果资本量大于劳动量，则资本的相对价格下降，劳动的相对价格上升，从而就使生产中更多的使用资本，更少的利用劳动，通过资本密集型技术来实现经济增长；反之，如果资本量小于劳动量，则通过劳动密集型技术来实现经济增长。这样，通过价格调节使资本和劳动都得到充分利用，经济得以稳定增长。

总之，新古典经济增长模型的基本含义是：可以通过市场调节，即通过市场上生产要素价格的变动，来改变劳动和资本的配合比率或资本—产出比率，从而实现稳定的经济增长。

相关链接　　　　新古典经济增长模型的启示

改革开放以来，我国一方面千方百计地引进外资；另一方面，内资企业采用劳动替代资本，发挥劳动的比较优势，选择劳动密集型产业，走低成本加工业为主的发展路子。低成本的劳动密集型产业道路，使中国变成了世界的加工厂，在劳动密集型产业方面，中国有许多全球之最。2011年，中国货物出口额跃居世界第一位。但是，商务部统计数字显示，出口工业创造的利润中，中国只获得了8%，其余92%都归外国所有。尽管如此，外国同行还是认为我们的低价商品给他们造成了实质性损害，反倾销此起彼伏，没有多少利益的便宜商品却引来了国外同行的仇视，我们应该反省和深思。

长期依赖劳动的比较优势，以农耕经济的心态忙于计算如何以更大量更低的价格占领地球另一端的低端货铺，却不知这种做法越陷越深，乃至无法脱身，一旦国际经济有任何风吹草动或对方不乐意，就将面临死亡的可能性。

新古典经济增长理论提供的经济增长路径对发展中国家早期的经济发展很适用。随着经济发展阶段的变化，以及要素边际收益递减现象的出现，主要依靠增加资本和劳动的早期的粗放经济增长路径已经走到了尽头，必须转向以技术进步为主推动的经济增长路径。

明确自主创新和技术进步作为一个高附加值竞争源泉是未来中国经济是否具有国际竞争力的核心要素，也是未来中国在成本优势削弱的情况下新的经济增长源泉。在加大自主创新和技术引进的条件下加快推进经济结构转型、促进产业升级，是维持未来中国经济竞争力的必要条件。

（三）新剑桥经济增长模型

新剑桥经济增长模型又称新剑桥增长模型，是由英国经济学家琼·罗宾逊、卡尔多和意大利的帕森奈蒂等人提出来的，是现代凯恩斯主义新剑桥学派的经济增长模型。该模型着重分析了收入分配的变动如何影响并决定经济增长率与储蓄率，以及收入分配与经济增长之间的关系。

1. 新剑桥经济增长模型的基本假设

新剑桥经济增长模型的基本假设如下。

（1）社会成员分为利润收入者与工资收入者两个阶级。

（2）利润收入者与工资收入者的储蓄倾向（储蓄率）是不变的。

（3）利润收入者的储蓄倾向大于工资收入者的储蓄倾向。

2. 新剑桥经济增长模型的基本公式

新剑桥经济增长模型的基本公式为：

$$G = \frac{S}{C} = \frac{\left(\frac{P}{Y}S_p + \frac{W}{Y}S_w\right)}{C}$$

其中，C 仍然是资本—产出比率，$\frac{P}{Y}$ 是利润在国民收入中所占的比例，$\frac{W}{Y}$ 是工资在国民收入中所占的比例。国民收入分为利润与工资两部分，所以 $\frac{P}{Y} + \frac{W}{Y} = 1$。$S_p$ 是利润收入者的储蓄倾向（即储蓄在利润中所占的比例），S_w 是工资收入者的储蓄倾向（即储蓄在工资中所占的比例）。根据假设，利润收入者的储蓄倾向大于工资收入者的储蓄倾向，即 $S_p > S_w$，而且 S_p 与 S_w 都是既定的。

从上式中可看出，在 S_p 与 S_w 既定时，储蓄率的大小取决于国民收入分配的状况，即利润与工资在国民收入分配中所占的比例。在 $S_p > S_w$ 的假定之下，利润在国民收入中所占的比例越大，则储蓄率越高；反之，工资在国民收入中所占的比例越大，则储蓄率越低。

因此，该公式的含义是：在既定的技术水平下，经济增长率决定于利润率的高低以及资本家和工人两个阶级的储蓄倾向。举例说明如下：

假设 $S_p = 20\%$，$S_w = 10\%$，如果 $\frac{P}{Y} = 30\%$，$\frac{W}{Y} = 70\%$，则：

$$S = (30\% \times 20\% + 70\% \times 10\%) = 13\%$$

如果改变收入分配，$\frac{P}{Y} = 70\%$，$\frac{W}{Y} = 30\%$，则：

$$S = (70\% \times 20\% + 30\% \times 10\%) = 17\%$$

3. 新剑桥经济增长模型的意义

根据新剑桥经济增长模型，在资本—产量比率不变的情况下，增长率取决于储蓄率，储蓄率越高，则增长率越高。而要提高储蓄率，就要改变国民收入的分配，使利润在国民收入中占更大的比例。所以，盲目追求经济持续高速增长，在经济增长中收入分配必将会有利于资本家而不利于工人。收入分配比例失调反过来又影响了经济增长，并引起经济和社会问题。因此，经济增长是以加剧收入分配的不平等为前提的。经济增长的结果，也必然加剧收入分配的不平等。这就是新剑桥模型的重要结论。而要解决问题，根本途径不是盲目追求经济持续高速增长，而是实现收入分配的均等化。

相关链接　中国的经济增长与分配问题

在过去的 30 多年间，中国经济增长取得了举世瞩目的成就。国民生产总值由 1978 年的 3 624 亿元增加到 2014 年的 636 463 亿元，年均增长近 10%。但是，与经济快速增长形成鲜明对比的是居民收入差距的持续拉大。据国家统计局的数据，1978 年中国的基尼系数为 0.317，自 2000 年开始越过 0.4 的警戒线，并逐年上升。此后，国家统计局不再公布国内的基尼系数，大都是经济学者的估计。2013 年 1 月 18 日，中国国家统计局一次性公布了自 2003 年以来十年的全国居民收入的基尼系数。虽然从 2009 年开始，我国基尼系数逐步回落，但依然超过了联合国有关组织规定的 0.4 的收入分配差距的"警戒线"（见表 11 - 4）。

表 11-4　中国近年来全国居民收入基尼系数

年份	2003	2004	2005	2006	2007	2008	2009	2010	2011	2012	2013
基尼系数	0.479	0.473	0.485	0.487	0.484	0.491	0.490	0.481	0.477	0.474	0.473

从新剑桥经济增长模型来看，当前中国收入差距扩大的主要原因是劳动者收入份额显著下降和资本所得份额显著上升。从更深层次的原因来看，则是由于我国劳动力资源过剩、经济增长方式过早转变和政府重资轻劳政策所致。因此，要改变当前经济增长与收入分配逆向变动的局面，政府需要大力发展劳动密集型产业；改变重资轻劳的政策导向，合理调整劳资双方的利益分配格局。

新古典经济增长模型和新剑桥经济增长模型实际上都是从 $G=\dfrac{S}{C}$ 这个公式出发来分析经济长期增长条件的。不同之处在于新古典模型分析 C 的变动，新剑桥模型分析 S 的变动。

延伸阅读

新经济增长理论

经济增长理论在20世纪60年代以前的长期发展过程中，虽然都涉及技术因素在经济增长中的作用问题，但却一直停留在把技术作为外生变量的阶段。索洛的新古典经济增长模型在考察技术进步方面，曾经被认为是重大进展的，但技术的外生处理依旧是索洛模型的特色。把技术作为外生变量来对待，是新古典经济增长理论的局限性的反映。

进入20世纪90年代以后，随着西方经济发达国家逐渐进入后工业化时期，知识、人力资本对技术进步以及对经济增长的作用日益显著，于是出现了"新经济增长理论"。新经济增长理论以美国经济学家罗默和卢卡斯各自创立的罗默经济增长模型和卢卡斯经济增长模型为代表，是把技术进步作为经济内生变量的增长理论。在新经济增长理论中，技术进步被作为内生变量，从而揭示了劳动、资本、技术进步对增长的共同作用以及从不同角度分析了这三者之间的相互关系。

在罗默模型中，技术进步是一个内生变量，是知识积累的结果。罗默认为，知识积累是现代社会经济增长的新的源泉，为此，他建立了两时期模型和两部门模型。在两时期模型中，罗默把知识积累作为经济增长的一个独立要素纳入生产函数中，同时又把知识分为一般知识和专业化知识，认为一般知识会产生经济外部性，使所有企业都能获得收益；而专业化知识会产生经济内部性，给个别企业带来收益。但从整个社会来看，知识积累可以使全社会产生递增收益，从而为经济的长期稳定增长提供保证。在两部门模型中，他把一个经济社会的经济部门划分为物质生产部门和知识积累部门即研究与开发部门，并且建立了物质生产部门和研究与开发部门之间的内在联系，同时建立了产出与技术、资本、劳动、知识积累之间的内在联系，并强调了研究与开发部门在经济增长中的作用。他认为一个国家要实现长期的可持续增长，就必须重视研究与开发部门的作用，增加研究与开发部门的投入，提高知识积累率。

卢卡斯模型认为，只有特殊的、专业化的人力资本积累才是经济增长的真正源泉。为此，卢卡斯建立了两资本模型和两商品模型。在两资本模型中，卢卡斯将资本分为有形资本和无形资本两种形式，同时又把劳动区分为纯体力的"原始劳动"和具有劳动技能的专业化的人力资本两种类型，并认为只有专业化的人力资本积累才是促进经济增长的源泉。在两商品模型中,卢卡斯认为,通过学校教育产生的是人力资本的内部效应,而"干中学"所产生的是人力资本的外部效应,外部效应的人力资本模型是一个两商品模型。卢卡斯的两资本模型和两商品模型都是用来表示人力资本积累的增长模型。所不同的是,两资本模型强调人力资本的积累是通过在校学习而形成的,所产生的是内部效应。而两商品模型所强调的是劳动者的时间全部用于商品生产,表明人力资本是通过"干中学"形成的,所产生的是外部效应。卢卡斯的两个模型都强调了人力资本对经济增长的作用,并且把人力资本形成的途径归结为两个:正规的学习教育和"干中学"。

五、对经济增长的反思

(一)经济增长极限论

增长极限论是否定经济增长的可能性的一种观点,1972年由美国经济学家麦多斯在《增长的极限》一书中提出。他认为,影响经济增长有五个因素:人口增长、粮食供应、资本投资、环境污染和能源消耗。这五个因素的共同特点是其增长都表现为指数增长:即按照一定的百分比递增。这种增长的特点是起初不引人注意,但经过一段时间之后却会变得非常惊人。麦多斯运用电子计算机计算了影响经济增长的上述五种因素的倍增时间;然后又把这五个因素综合起来考察,通过五个相互影响的反馈回路,经电子计算机处理,建立起他的世界模式,并由此提出经济增长极限理论。通过实证分析,麦多斯得出两个结论。

(1)1970年以后,人口和工业仍维持着指数增长,但迅速减少的资源将成为约束条件,并使工业化放慢增长速度。

(2)工业化达到最高点后,由于自然时延,人口和污染还会继续增长,但由于食物与医药缺乏引起死亡率上升,最后人口增长停止,这样人类将在2100年之前崩溃。因此,这一模式被称为"世界末日模式"。

延伸阅读　　　**麦多斯解决经济增长极限的措施**

麦多斯提出的避免人类崩溃的主要措施如下。

1. 在出生率和死亡率之间增加一个环路,使每年的出生婴儿数等于该年的预计死亡数,从而保持人口不变。

2. 在投资和折旧之间增加一个环路,使投资率等于折旧率,使工业资本保持不变,从而保持对立力量的平衡,达到"全球均衡状态"。

麦多斯还指出,为了保持持续的均衡状态,还需要有控制增长的技术政策。

1. 在1975年停止人口增长,1980年停止工业资本增长。

2. 工业品的单位物质消耗量降为1970年的四分之一,以避免不能再生的资源的短缺。

3. 经济的重点应由生产物质商品转移到增加学校、医院等服务设施。

4. 污染降到1970年数值的四分之一。

5. 将资本投放在粮食生产上,农业资本应优先使用于增加土地肥力和水土保持,增加粮食生产。

6. 要改善设计,以便使工业生产中的机器设备耐用、易修理和减少报废,延长工业资本的寿命。

西方国家许多经济学家都认为麦多斯的增长极限论是错误的,有人认为他是带着电子计算机的马尔萨斯。他们认为,麦多斯对基本经济关系与参数的估算是错误的,经济增长中出现的粮食、污染以及资源等问题是可以通过发展经济的办法得到解决的;相反,如果实行零经济增长,使技术停滞,人类只能自取灭亡。但也应看到,麦多斯提出的人口增长、环境污染、生态平衡等问题是很重要的,他从量的角度分析资源、环境、人口与经济增长之间的关系也是很有意义的。

相关链接 **自然资源会限制经济的增长吗?**

自20世纪70年代以来,关于人口的增长和生活水平的提高是否有极限的问题始终存在着争论。一些评论学家认为,随着人口的增长,食物生产会受到资源的限制。自然资源是有限的,当水、石油、矿藏这类不可再生资源的供给耗尽之后,经济增长将会停止,人们的生活水平也将随之而下降。尽管这些观点看来言之有理,但大多数经济学家并不担心自然资源会成为经济增长的限制。他们认为,技术进步会避免自然资源成为经济增长的限制。例如,人们可以开发出耗油更少的汽车,建造有更好隔热设备的新住房,使用在采油过程中浪费较少的新型石油钻机等,这些都有利于节约能源。此外,资源回收可使一些不可再生性资源得到重复利用。可替代燃料的开发,例如用乙醇代替石油,使我们可以用可再生性资源代替不可再生性资源。更重要的是,技术进步可以使一些曾经至关重要的自然资源变得不太必要。例如,100多年前人们使用的容器都用铜和锡制造,曾有人担心铜和锡用完后怎么办。但是技术进步使人们今天可以用塑料取代铜和锡,而电话通信则可使用砂子生产的光导纤维,现在没人这样担心了。因此,虽然人类的发展中会出现很多问题,但人们也能解决这些问题。技术进步使人们保存资源的能力的增长总是快于它们供给的减少。世界市场上大多数自然资源的价格依然是稳定甚至下降的。现实也表明,时至今日,世界并没有陷入自然资源的短缺。这使我们有理由相信,技术进步将使自然资源不会成为经济增长的限制。

(二)经济增长怀疑论

增长价值怀疑论是从价值判断的角度对经济增长的必要性表示怀疑和否定的一种观点,是由美国经济学家米香提出的。他认为技术进步及其所带来的经济增长仅仅是物质产品的增加,并非一定是人们生活水平的提高;相反,人们为经济增长所付出的代价,尤其在社会与文化方面,却是高昂的、持续的经济增长。

首先,使人们失去了许多美好的享受和幸福,诸如无忧无虑的闲暇、田园诗式的感受、清新的空气等。

其次,经济增长所带来的仅仅是物质享受的增加,而物质享受却不是人们幸福的唯一源泉。特别是随着社会的发展,人们并不把物质享受作为自己追求的唯一目标,有些物质产品的增加甚至给人们带来负效用。

最后,人们对幸福的理解取决于他在社会上的相对地位,因此,经济增长虽然增加了个人收入的绝对量,却并不一定能够提高他在社会中的相对地位,从而也就不一定能够为他带来幸福。

米香由此认为:即使经济增长是可能的,也不是可取的;应当停止经济增长,恢复过去那种田园式的生活。美国经济学家贝克尔认为,米香的反经济增长观点代表了西方中产阶级的思想。由于这些人占有的商品满足了他们的大部分需要,才转而注意生活质量。他们反对经济增长的又一原因是经济增长使他们失去了许多特权，如其旅行由过去的舒适变为现在的拥挤等。西方著名经济学家托宾也反对经济增长怀疑论和零经济增长理论，主张用经济增长的办法解决出现的问题。经济增长怀疑论显然是一种悲观的论点，但米香等人提出的许多问题确实是当今世界各国经济发展中出现的重大问题。

经济增长理论告诉我们，一国要谋求较快的增长速度，必须重视研究影响其经济增长的诸多因素，并制定相应的政策和措施，努力改善和提高制约其经济增长的主要因素，以实现其经济的长期稳定和快速的增长。

第二节 经济周期理论

西方国家的政府，总是把经济均衡作为理想目标之一。但是，自从资本主义世界于1825 年爆发了第一次生产过剩性的经济危机以来，以后每隔 10 年左右就有一次这样的危机，资本主义经济就是这样在繁荣与萧条的交替中发展着。这种经济波动引起了一些西方经济学家的关注，对这种波动的情况与原因的研究正是经济周期理论的内容。

当代西方经济学者对经济周期的研究大体可分为 3 个阶段：第一阶段从 20 世纪 20 年代中后期到第二次世界大战，这一时期的研究重点大多是对经济周期的统计证明和对经济周期根源的定性分析；第二阶段从第二次世界大战后到 20 世纪 70 年代初，这个阶段是资本主义经济发展的繁荣时期，因此，也是经济周期理论研究的沉寂时期；第三阶段从 20 世纪 70 年代初至今，在此阶段，西方发达国家的经济增长进入了一个以下降、停滞或缓慢增长为特征的时期，因此，对经济周期理论的研究再度活跃。

一、经济周期的含义

1825 年，英国出现了历史上的第一次经济危机，从这以后，这种现象每隔几年到几十年就要重复发生一次，人们把这种经济现象叫做危机、恐慌。1862 年，法国经济学家朱格拉在在《论法国、英国和美国的商业危机以及发生周期》一书中首次提出后，19 世纪中叶以来至现在，西方经济学家提出了近百种关于经济周期的理论，从而产生了经济周期理论。

延伸阅读　　　　　**关于经济周期的不同定义**

凯恩斯给经济周期下了这样一个定义："所谓循环运动者，是指当经济体系向上前进时，使其向上前进之力初则逐渐扩大，相互加强，继则逐渐不支，到某一点时，向下力乃代之而起，后者也是初则逐渐扩大，互相加强，达到最高发展，最后逐渐衰退，最后也让位于相反力量（即向上力）。"

美国著名经济学家萨缪尔森对资本主义经济的发展曾作了这样的描述："在繁荣之后，可以有恐慌与暴跌，经济扩张让位于衰退、国民收入、就业和生产下降。价格与利润跌落，工人失业。当最终到达最低点以后，复苏开始出现。复苏可以是缓慢的，也可以是快速的。新的高涨可以表现为长期持续的旺盛需求、充足的就业机会以及增长的生活标准。它也可以表现为短暂的价格膨胀和投机活动，紧接而至的是又一次灾难性的萧条。简单说来，这就是所谓的经济周期。"

1946 年，美国经济学家米切尔和伯恩斯对经济周期做出了如下定义：经济周期是在主要按商业经济来组织活动的国家的总体经济活动所看到的一种波动，一个周期有几乎同时在许多经济活动中所发生的扩张，随之而来的是同样普遍的衰退、收缩和下一周期的扩张阶段相连的复苏组成，这样变化的顺序反复出现。这个定义受到经济学界的普遍公认。

西方学者在对经济周期这一概念的解释上，集中强调了以下几个要点。

（1）经济周期的中心是国民收入的波动，由于这种波动而引起了失业率、物价水平、利率、对外贸易等活动的波动。所以，研究经济周期的关键是研究国民收入波动的规律与根源。

（2）经济周期是总体经济活动中不可避免的波动。

（3）经济周期都是有规律性的，即每个周期都是繁荣与萧条的交替，可以分为繁荣、萧条、衰退和复苏。但每一周期又都有自己的特点，在表现形式、时间长短、波动大小上并不完全一样。

所以，简单地说，经济周期就是国民收入及经济活动的周期性波动，即经济运行中周期性出现的经济扩张与经济紧缩交替更迭、循环往复的一种现象。

二、经济周期阶段及其特征

经济周期可以分为两个大的阶段：扩张阶段与收缩阶段。收缩阶段常常短于扩张阶段。如果更细一些，则把经济周期分为繁荣、衰退、萧条、复苏四个阶段，其中繁荣与萧条是两个主要阶段，衰退与复苏是两个过渡性阶段。如图 11-1 所示，A—B 为衰退阶段，B—C 为萧条阶段，C—D 为复苏阶段，D—E 为繁荣阶段。

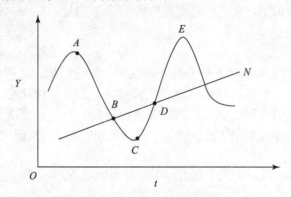

图 11-1 经济周期的阶段

（一）繁荣阶段（高涨阶段）

这是国民收入与经济活动高于正常水平的一个阶段。此时，生产迅速发展，市场需求旺盛，企业产品库存减少，投资增加，信用扩张，导致企业利润明显增加。虽然此时价格水平也有一定程度的上升，但是，生产的发展和利润的增加幅度会大于物价的上涨幅度，公众对未来保持乐观。当就业与产量水平达到最高，这时经济就开始进入衰退阶段。

（二）衰退阶段（危机阶段）

在这一阶段，由于繁荣阶段的过度扩张，社会总供给开始超过总需求，经济增长减速，生产急剧减少，存货增加，投资减少，信用紧缩，价格水平下降，公司的成本日益上升，加上市场竞争日趋激烈，业绩开始出现停滞甚至下滑，于是，企业破产倒闭，失业急剧增加，公众对未来悲观。

（三）萧条阶段

这是国民收入与经济活动低于正常水平的一个阶段，即在低水平上徘徊向前。在这一阶段，市场需求不足，公司经营情况不佳，经济下滑至谷底，因此，生产、投资、价格水平等不再继续下降，失业人数也不再增加。

（四）复苏阶段（恢复阶段）

在这一阶段，经济逐渐走出谷底，全面回升，投资不断在增加，商品价格水平、股票价格、利息率等逐渐上升，信用逐渐活跃，就业人数也在逐渐增加，公众的情绪逐渐高涨，由悲观转为乐观。等产量或产值等相关经济指标恢复到萧条前的最高水平时，就进入了新一轮的繁荣高涨阶段。

总的来看，经济周期的总体特征是：经济周期不可避免；是经济活动总体性、全局性的波动；由繁荣、衰退、萧条、复苏四个阶段组成；周期长短由周期的具体性质所决定。

相关链接　　**专家解读——如何把握好中国经济运行的周期节奏**

本期圆桌论坛围绕经济周期话题展开讨论，嘉宾是：中国经济改革研究基金会国民经济研究所副所长王小鲁、国务院发展研究中心宏观经济研究部副研究员任泽平、中国银行国际金融研究所高级分析师周景彤。

《中国经济时报》：改革开放以来，中国的经济周期大概可以分为几个周期？划分的主要标准是什么？

王小鲁：改革前的经济波动严格来说不能称为经济周期，因为这些波动主要与当时的经济政策及政治运动有关，没有什么规律性。而改革开放以后的经济波动大体上具有周期性，但仍然与经济政策关系密切。如果以波峰划界，大致可见四个周期：

1978—1984年可以算第一个周期，但因为1980—1981年的调整有些过度，导致1981年提前落入谷底，随后的改革措施和政策放松使1984—1985年提前出现第二个波峰，因此，整个周期缩短。

1984—1993年可以算第二个周期，其间1989—1990年调整期间的重新收权对经济有不良影响，加深了回落；1992年伴随放权、改革的信贷投放失控导致1992—1993年出现波峰和经济泡沫。

1993—2007年可以算第三个周期，其间波谷在1998年。但因为2001年"入世"后带来的出口增长效应使繁荣期大大延长至2007年。

2007年至今可算第四个周期（未结束），2013年很可能是谷底，未来几年可能将有缓慢回升。

周景彤：改革开放以来，我国经济增长也表现出明显的周期性特征，已经历了三轮完整的经济周期，目前，经济正处于第四轮经济周期。

第一轮周期为1981年至1990年，历经9年时间。经济增长处于周期的波谷，谷值为5.2%；1984年，经济增长处于周期的波峰，峰值为15.2%，是改革开放以来的最高值；1990年，经济增长回落到周期的波谷，谷值为3.8%，是改革开放以来的最低值。

第二轮周期为1990年至1999年，再次历经9年时间。这轮周期从1990年经济增长处于波谷开始，1992年达到周期的波峰，峰值为14.2%，是改革开放以来的次最高值；1999年，经济增长回落到周期的波谷，谷值为7.6%。

第三轮周期从 1999 年至 2009 年，共经历 10 年时间。经济增长处于波谷开始，种种迹象表明，2007 年已经达到了本轮经济增长的波峰，峰值为 11.9%，2008 年开始经济增长进入回落期，到 2009 年进入波谷，经济增长率为 8.7%。

目前的经济正处于第四轮经济周期中，本轮经济周期始于 2009 年，从 2010 年开始进入复苏通道，经济增长率为 10.3%。

任泽平：从峰谷看，改革开放以来，我国经历了三轮经济周期，大致十年一轮，分别在 20 世纪 80 年代、20 世纪 90 年代和 20 世纪初，存在逢二见底、逢八见顶的典型"二八现象"。从原因看，主要是世界经济周期、我国政府换届效应以及设备更新替换等因素叠加的结果。

（资料来源：《中国经济时报》2013 年 10 月 16 日，经整理。）

三、经济周期分类

在研究经济周期时，西方经济学家依据不同的统计资料，按每个经济周期时间长短的不同，把经济周期划分为不同类型。

（一）基钦周期——短周期

1923 年，英国经济学家基钦在《经济因素中的周期与倾向》一文中研究了 1890—1922 年间英国与美国的利率、物价、生产和就业等统计资料，认为资本主义的经济周期只有 3~5 年，经济周期有大周期与小周期两种。小周期平均长度约为 40 个月，大周期约包括 2 个或 3 个小周期。经济学中一般把基钦提出的小周期称为短周期，也叫基钦周期。

（二）朱格拉周期——中周期

朱格拉周期是针对资本主义经济中一种为期约 10 年的周期性波动而提出的理论。1862 年，法国医生、经济学家克里门特·朱格拉在《论法国、英国和美国的商业危机以及发生周期》一书中首次提出。在该书中，他指出危机或恐慌并不是一种独立的现象，而是经济中周期性波动的三个连续阶段（繁荣、危机和萧条）中的一个，这三个阶段反复出现就形成周期现象，平均每一个周期为 8~10 年。这种中等长度的经济周期一般被称为"朱格拉周期"，也称"朱格拉"中周期。

（三）康德拉季耶夫周期——长周期或长波

1925 年，苏联经济学家康德拉季耶夫在《经济生活中的长波》中研究了美国、英国、法国和其他一些国家长期的时间序列资料，认为资本主义经济有一种平均长度为 54 年左右的长期波动，这就是长周期，又称康德拉季耶夫周期。他将经济长波归因于主要固定资产的更新换代引起的经济平衡的破坏与恢复这一内在经济因素，而不是外来的偶发因素。

延伸阅读 **长周期现象的不同解释**

经济学家对长周期现象有不同的解释。有的经济学家认为这是一种长期积累的变动；有的经济学家认为是由战争引起的，与政府在繁荣时期的大量军费开支有关。也有的经济学家认为，长周期仅仅是一种价格现象，而不是产量现象。现在有许多经济学家仍然重视对长周期的研究，称之为长波理论。

康德拉季耶夫认为，生产技术的变革、战争和革命、新市场的开发、金矿的发现、黄金产量和储量的增加等因素都不是导致长波运动的根本原因。例如，新市场的扩大一般不会引起长时期的经济高涨；相反，经济高涨会使扩大新市场成为可能和必要。技术新发现一般出现在长周期的下降阶段，这些新发现只会在下一个大的上升阶段开始时被大规模地应用。由于长周期的上升阶段在扩大经济实力方面引起高度紧张的局势，因此，它又是挑起战争和革命的主要因素。康德拉季耶夫认为，长波产生的根源是资本主义经济实质固有的那些东西，尤其与资本积累密切相关。

（四）库兹涅茨周期——另一种长周期

1930年，出生于苏联的美国经济学家西蒙·库兹涅茨在《生产和价格的长期运动》一书中，提出了存在一种与房屋建筑业相关的经济周期，这种周期长度在15~25年，平均长度为20年左右。这也是一种长周期，被称为库兹涅茨周期或建筑业周期。

延伸阅读 **库兹涅茨周期**

库兹涅茨认为，现代经济体系是不断变化的，这种变化存在一种持续、不可逆转的变动，即"长期运动"。他根据对美、英、法、德、比利时等国19世纪初叶到20世纪初期60种工、农业主要产品的生产量和35种工、农业主要产品的价格变动的时间数列资料，着重分析了有关数列的长期消长过程，提出了在主要资本主义国家存在着长度从15年到25年不等，平均长度为20年的"长波"或"长期消长"的论点。这种周期与由人口增长而引起的建筑业的增长与衰退相关，是由建筑业的周期性变动引起的。而且，在这些国家中，产量增长呈现出逐渐减缓的趋势。

库兹涅茨周期典型的是美国大移民时代的体现，主要标志是两大因素互相作用推进发展：一是居民财产购建；二是人口转移。我国80年代中前期主要集中在农村改革带来的农业发展，居民生活水平迅速提高，城乡居民消费进入到"数量性扩张"，农村住房是这一时期最重要的资产累积；中后期农民开始了就业变动——"离土不离乡"的过程，使乡镇企业发展迅速，城市居民进入了家用电器普及化过程，城乡居民进入以耐用消费品为主导的"追求消费质量"阶段，家庭资产中的家用电器累积加速。

（五）熊彼特周期——一种综合

与凯恩斯同龄的美籍奥地利经济学家约瑟夫·熊彼特在1939年出版的两大卷《经济周期》第一卷中，以他的"创新理论"为基础，对朱格拉周期、基钦周期和康德拉季耶夫周期进行了综合分析，提出资本主义经济发展历史中，同时存在着长、中、短3种周期的论点。他认为，每一个长周期包括6个中周期，每一个中周期包括3个短周期。其中短周期约为40个月，中周期为8~10年，长周期为48~60年。

延伸阅读 **熊彼特周期**

熊彼特以各个时期重大的创新为标志，划分了3个长周期：第一个长周期从18世纪80年代到1842年，是"产业革命时期"，在这一周期中纺织工业的创新活动起了主导作用；第二个长周期从1842年到1897年，是"蒸汽和钢铁时期"；第三个长周期从1897年至以后，是"电气、化学和汽车时期"。在每个长周期中有中等创新所引起的波动，这就形成若干个中周期；在每个中周期中还有小创新所引起的波动，这就形成若干个短周期。熊彼特的这种划分与康德拉季耶夫周期是相吻合的。

四、经济周期的成因

根据经验事实描述经济周期现象容易,但解释引起经济周期的原因就比较困难。经济学家并不满足于这种状况,他们力图寻找引起经济周期的原因,并试图建立起一套经济周期理论。因此,在不同时期,不同学派的经济学家提出了不同的经济周期的成因理论。

(一)外因论

外因论认为,经济周期的根源在于经济之外的某些因素的变动,如太阳黑子、战争、革命、选举、金矿或新资源的发现、科学突破或技术创新等。

1. 太阳黑子理论

太阳黑子理论由英国经济学家杰文斯于1875年提出,把经济的周期性波动归因于太阳黑子的周期性变化。因为据说太阳黑子的周期性变化会影响气候的周期变化,这又会影响农业收成,而农业收成的丰歉又会影响工业生产乃至整个经济。太阳黑子的活动是有规律的,大约每十年左右出现一次,因而,经济周期大约也是每十年一次。

2. 创新理论

熊彼特在1912年发表的著作《经济发展理论》中,首次提出了他的创新理论。所谓"创新",本质是"建立一种新的生产函数",也就是实现生产要素和生产条件的一种"新组合"。在"创新理论"基础上,熊彼特又提出了他的"经济周期理论"。他认为:一种"创新"(生产要素新组合)在扩散的过程中,能刺激大规模的投资,引起经济高涨,经济高涨导致价格下跌,一旦投资机会消失,经济便转入了衰退。在衰退阶段,因为没有新的技术创新出现,因而很难刺激大规模投资,从而难以摆脱萧条;直到新的创新出现,才会有新的繁荣出现,因此,就产生了经济波动或"经济周期"。总之,该理论把经济周期性波动的原因归为科学技术的创新,而科学技术的创新不可能始终如一地持续不断的出现,从而必然有经济的周期性波动。

3. 政治性周期理论

政治性周期理论把经济周期性循环的原因归为政府的周期性的决策,主要是为了循环解决通货膨胀和失业问题。政治性周期的产生有三个基本条件:

(1)凯恩斯国民收入决定理论为政策制定者提供了刺激经济的工具。

(2)选民喜欢高经济增长、低失业以及低通货膨胀的时期。

(3)政治家喜欢连选连任。

(二)内因论

内因论认为,周期源于经济体系内部——收入、成本、投资等在市场机制作用下的必然现象。

1. 纯货币理论

纯货币理论极端地认为,社会经济周期性波动完全是由于银行体系周期性的扩张和紧缩信用所造成的,尤其以短期利率起着重要的作用。应该说,在市场经济中,货币的因素确实对经济波动起了很大的作用,但应该明确肯定的是,把经济周期性波动唯一地归结为货币信用的扩张与收缩是欠妥的。

2. 投资过度理论

投资过度理论把经济的周期性循环归因于投资过度。由于投资过多,与消费品生产相对比，资本品生产发展过快。资本品生产的过度发展促使经济进入繁荣阶段，但资本品过度生产从而导致的过剩又会导致经济进入萧条阶段。

3. 消费不足理论

该理论把经济的衰退归因于消费品的生产超过了人们对消费品的需求导致的消费不足，这种不足又根源于国民收入分配不公所造成的过度储蓄。该理论一个很大的缺陷是，它只解释了经济周期危机产生的原因，而未说明其他三个阶段。因而在周期理论中，它并不占有重要位置。

延伸阅读

消费不足理论

消费不足理论的出现较为久远。早期有西斯蒙第和马尔萨斯，近代则以霍布森为代表。

19世纪初，法国经济学家西斯蒙第最先用广大劳动人民的贫困化所引起的消费需求不足，来论证资本主义制度下生产过剩的经济危机的必然性。他认为大规模机器生产使许多小生产者破产，随着机器生产的发展，劳动者的状况越来越坏，富人增加的消费比起破产和贫困化人群所减少的消费来说要少得多。生产与消费的矛盾导致不断出现生产过剩的经济危机。

马尔萨斯提出了过度危机论。他认为生产与有效消费需求之间应保持适度平衡，提出用增加不劳动者和非生产性劳动者的消费的对策，来避免储蓄过度而引起的消费需求不足的普遍的生产过剩危机。

英国经济学家霍布森提出根源于资本主义分配引起的消费危机理论。生产过剩是由于社会对消费品的需求赶不上生产增长的消费不足所造成的。其中国民收入分配不当而产生的过度储蓄所引起的消费不足是周期性经济衰退的重要原因。

4. 心理理论

英国经济学家凯恩斯和庇古是这种理论的代表人物。该理论强调了心理预期对经济行为的影响，特别是企业家在做出未来投资的决策时，在很大程度上取决于对未来的预期。因为预期是一种心理现象，而心理现象又具有不确定性的特点。因此，当预期乐观时，引起投资高涨，经济步入复苏与繁荣；当这种乐观情绪所造成的投资过度被觉察之后，又会导致悲观，由此引起紧缩投资，经济则陷入衰退与萧条。在持续的萧条过程中，信心逐渐得以恢复，使经济进入复苏阶段，再由于乐观而使经济出现繁荣。所以，随着人们情绪的变化，经济也就周期性地发生波动。心理理论和投资过度理论是紧密相连的。

本章小结

本章首先讲授了经济增长的含义，然后，分析了经济增长的源泉——资本、劳动和技术进步，据此，又概括出多种经济增长模型，常见的有：哈罗德—多马模型、新古典经济增长模型、新剑桥经济增长模型等。本章还叙述了经济周期的概念、经济周期一般经过的繁荣、衰退、萧条、复苏四个阶段及其特征。经济学家把经济周期划分为朱格拉周期、基钦周期、康德拉季耶夫周期、熊彼特经济周期及库兹涅茨周期等不同类型，并进一步分析了经济周期的成因——外因论和内因论。

关键概念

经济周期　经济增长　资本　朱格拉周期　基钦周期　康德拉季耶夫周期　哈罗德—多马模型　新古典经济增长模型

复习思考题

一、名词解释

经济周期　经济增长　哈罗德—多马模型

二、选择题

1. 经济周期的四个阶段依次是（　　）。
   A. 繁荣、萧条、衰退、复苏　　B. 繁荣、衰退、萧条、复苏
   C. 繁荣、复苏、衰退、萧条　　D. 衰退、复苏、萧条、繁荣
2. 朱格拉周期是一种（　　）。
   A. 中周期　　B. 短周期　　C. 长周期　　D. 不能确定
3. 康德拉季耶夫周期是（　　）。
   A. 长周期　　B. 中周期　　C. 长度约50年　　D. 长度8～10年
4. 在熊彼特周期中，一个长周期包括（　　）个中周期，一个中周期包括个（　　）短周期。
   A. 6，3　　B. 4，4　　C. 5，6　　D. 5，5
5. 经济增长的原因包括（　　）。
   A. 资本的积累　　B. 劳动力素质的提高
   C. 资源更有效配置　　D. 技术进步
6. 在《增长的极限》中，麦多斯认为影响经济增长且为指数增长的因素有（　　）。
   A. 人口增长　　B. 粮食生产
   C. 资本投资　　D. 环境污染和资源消耗
7. 现代经济增长理论中，哈罗德—多马模型强调（　　）对经济增长的促进作用。
   A. 技术进步　　B. 人力资本　　C. 资本积累　　D. 管理效率
8. 经济周期的中心是（　　）。
   A. 价格的波动　　B. 利率的波动　　C. 国民收入的波动　　D. 消费的波动
9. 人力资本指的是（　　）。
   A. 人们所拥有的本品　　B. 能提高人生产率的教育和技能
   C. 生育能力　　D. 工人工作时使用的资本品

三、问答题

1. 经济周期有几个阶段和哪些主要种类？
2. 简述新古典增长理论的内容。
3. 什么是经济增长？经济增长有哪些特征？
4. 简述哈罗德—多马经济增长模型的基本内容和政策含义。

四、阅读思考题

根据有关研究数据，自1951年至2003年，日本经济可以划分11个周期，平均每一个周期波的长度为4.7年；其中最长的波长达9年，最短的波长为3年。1951—1974年，日本经济高速增长，经济增长率年平均高达9.1%。从1975年以来，日本经济进入稳定增长阶段，经济增长率年平均为2.7%，下降幅度高达6.4个百分点，这是平稳增长期。在这个过程中，投资发挥的作用是不同的。根据日本学者金森久雄等的研究，1955—1968年资本的增长贡献度年平均是3%左右，1970—1973年资本的增长贡献度在5.6%~6.7%，1974年降至4.5%，此后就进一步明显下降，1975—1990年平均是2.2%。资本高速增长的原因是由高速增长的设备投资来支撑的，1955—1972年，民间设备投资年平均增长17.3%；1973—1990年设备投资年平均增长仅6.3%。平均而言，投资对日本经济增长的贡献度是3%左右。

对中国经济增长数据的研究显示，中国每轮经济周期的平均长度为5.2年，最长的波长是9年，最短的波长为4年。根据国家统计局的数据，2002年，中国投资拉动GDP增长4.1%，2003年为6%；2004年投资贡献度在6%以上。从这种不完全对比可以看到，中国近几年的投资对经济增长的贡献度，与日本当年经济高速增长时的投资贡献度所在区间基本吻合。

思考：

1. 从以上资料可以看出，日本的经济周期大都属于什么周期？
2. 如果要保持中国经济长期稳定增长，你认为需要注重哪些方面？

第十二章

打好经济政策的"组合拳"
——宏观经济政策

学习目标

掌握宏观经济政策目标；
理解宏观经济政策工具；
掌握扩张性财政政策和紧缩性财政政策；
理解挤出效应与内在稳定器以及银行对货币的创造过程；
掌握宏观经济政策的实施。

学习建议

本章的中心理论是财政政策与货币政策的方法手段，以及宏观经济政策的实施。延伸阅读部分可供学有余力者学习。建议学习时间为6~8课时。

导入案例

我国政府在2008年经济危机时采取的措施

2008年9月15日，雷曼兄弟控股公司被迫申请破产保护，标志着2008年全球金融危机开始失控。面对此次金融危机，我国政府采取了一系列措施，主要有：

1. 4万亿元投资计划。
2. 着力改善民生，扩大国内需求。把城乡保障性住房、基层医疗卫生服务设施等建设作为扩大内需的重点领域，实现民生改善和经济发展双赢。
3. 加强社会保障，增强消费需求。
4. 增大国库券发行。中国政府通过发行国债来刺激经济。
5. 适度宽松货币政策。2008年，央行累计4次下调金融机构人民币存款基准利率、5次下调贷款基准利率；央行累计10次调整存款类金融机构人民币存款准备金率。

2008年央行共发行央行票据122期，总计从市场回笼资金76 210亿元；累计央票到期及利息支付金额和正回购到期资金总计向市场投放资金68 197亿元。2008年央行总计从市场回笼资金 8 013 亿元，较 2007 年有所减少。国务院于 12 月在《关于当前金融促进经济发展的若干意见》中提出，2009 年要适当调减公开市场操作力度，这有利于市场保持较为宽松的流动性。

我国采取的这一系列宏观经济政策，是如何带动我国经济保持稳定增长的？本章，我们将从财政政策和货币政策两个角度进行分析。

第一节 宏观经济政策概况

一、宏观经济政策目标

宏观经济政策是国家进行总量调控，以达到一定目的的手段。那么，这种调控的具体目标是什么呢？经济学家一般认为，宏观经济政策应该同时达到 4 个目标：充分就业、物价稳定、经济增长和国际收支平衡。

（1）充分就业并不意味着人人都拥有工作，而是指一个经济应该维持一定水平的失业率，这个失业率要在社会可接受的范围之内。

（2）物价稳定是指要维持一个低而稳定的通货膨胀率，这种适度的通货膨胀率能为社会所接受，对经济也不会产生不利的影响。

（3）经济增长是指要维持一个适度的增长率，这种增长率要既能满足社会发展的需要，又是人口增长和技术进步所能达到的。

（4）国际收支平衡是指一国经济既无国际收支赤字，又无国际收支盈余。因为国际收支赤字和盈余，都会给国内经济发展带来不利的影响。

以上四种经济目标之间是存在矛盾的。

首先，充分就业与物价稳定是矛盾的。因为要实现充分就业，就必须运用扩张性财政政策和货币政策，而这些政策又会由于财政赤字的增加和货币供给量的增加而引起通货膨胀。

其次，充分就业与经济增长有一致的一面，也有矛盾的一面。这就是说，一方面，经济增长会提供更多的就业机会，有利于充分就业；另一方面，经济增长中的技术进步又会引起资本对劳动的替代，相对缩小对劳动的需求，使部分工人，尤其是文化技术水平低的工人失业。

再次，充分就业与国际收支平衡之间也有矛盾。因为充分就业的实现会引起国民收入的增加，而在边际进口倾向既定的情况下，国民收入的增加必然引起进口的增加，从而使国际收支状况恶化。

最后，在物价稳定与经济增长之间也存在矛盾。因为在经济增长过程中，通货膨胀是难以避免的。

宏观经济政策目标之间的这些矛盾，就要求政策制定者或者确定重点政策目标，或者对这些政策目标进行协调。政策制定者在确定宏观经济政策目标时，既受自己对各项政策目标重要程度的理解，考虑国内外各种政治因素，又要受社会可接受程度的制约。不同流派的经济学家，对政策目标有不同理解。例如，凯恩斯主义的经济学家较重视充分就业与经济增长，而货币主义经济学家则比较重视物价稳定。这些不同的见解对政策目标的确定都有相当的影响。从战后美国的实际情况来看，不同时期也有不同的政策目标偏重。例如，20 世纪

50年代,宏观经济政策的政策目标是兼顾充分就业与物价稳定,而在60年代,政策目标则是充分就业与经济增长,到70年代之后,政府则强调物价稳定和四个目标的兼顾。

二、宏观经济政策工具

宏观经济政策工具是用来达到政策目标的手段。一般说来,政策工具是多种多样的,不同的政策工具都有自己的作用,但也往往可以达到相同的政策目标。政策工具的选择与运用是一门艺术。在宏观经济政策工具中,常用的有需求管理、供给管理以及国际经济政策。

(一) 需求管理

需求管理是通过调节总需求来达到一定政策目标的宏观经济政策工具。这也是凯恩斯主义所重视的政策工具。

凯恩斯主义产生于20世纪30年代的大危机时期。这时经济中的资源严重闲置,总供给不是限制国民收入增加的重要因素,经济中的关键是总需求不足。凯恩斯主义的国民收入决定理论,是在假定总供给无限的条件下说明总需求对国民收入的决定作用。因此,由这种理论所引出的政策工具就是需求管理。

需求管理是要通过对总需求的调节,以实现总需求等于总供给,达到既无失业又无通货膨胀的目标。在总需求小于总供给时,经济中会由于需求不足而产生失业,这时就要运用扩张性的政策工具来刺激总需求。而在总需求大于总供给时,经济中会由于需求过度而引起通货膨胀,这时就要运用紧缩性的政策工具来压抑总需求。需求管理包括财政政策与货币政策。

(二) 供给管理

20世纪70年代初,石油价格大幅度上升对经济的严重影响,使经济学家们认识到了总供给的重要性。这样,宏观经济政策工具中就不仅有需求管理,而且还有供给管理。

供给管理是通过对总供给的调节来达到一定的政策目标。供给即生产,在短期内,影响供给的主要因素是生产成本,特别是生产成本中的工资成本。在长期内,影响供给的主要因素是生产能力,即经济潜力的增长。因此,供给管理包括控制工资与物价的收入政策、指数化政策、改善劳动力市场状况的人力政策,以及促进经济增长的增长政策。

(三) 国际经济政策

现实经济中,每一个国家的经济都是开放的,各国经济之间存在着日益密切的往来与相互影响。一国的宏观经济政策目标中有国际经济关系的内容(即国际收支平衡),其他目标的实现不仅依赖于国内经济政策,而且也依赖于国际经济政策。因此,在宏观经济政策中也应该包括国际经济政策,或者说政府对经济的宏观调控中也包括了对国际经济关系的调节。

三、宏观经济政策的发展与演变

自从20世纪30年代以来,宏观经济政策的发展大致经历了三个阶段。

第一阶段:从20世纪30年代到第二次世界大战前。30年代的大危机迫使各国政府走上了国家干预经济的道路。凯恩斯1936年发表的《就业、利息与货币通论》,正是要为这种干预提供理论依据。这时是宏观经济政策的试验时期,其中最全面而且成功的试验是美国罗斯福总统的"新政"。

第二阶段：第二次世界大战以后，宏观经济政策的发展进入了第二个阶段。1944年英国政府发表的《就业政策白皮书》和1946年美国政府通过的《就业法》，都把实现充分就业，促进经济繁荣作为政府的基本职责。这标志着国家将全面而系统地干预经济，于是宏观经济政策的发展进入了一个新时期。这一时期的宏观经济政策是以凯恩斯主义为基础的，其主要政策工具是财政政策与货币政策。

第三阶段：20世纪70年代初，西方国家出现了高通货膨胀率与高失业率并存的"滞胀"局面。这就迫使它们对国家干预经济的政策进行反思，于是，宏观经济政策的发展进入了第三个阶段。在这个阶段，最重要的特征是自由放任思潮的复兴。自由放任思潮主张减少国家干预，加强市场机制的调节作用。因此，经济政策的自由化和多样化，成为宏观经济政策的重要发展。

现在，国家对经济的宏观调控已成为现代市场经济的一个重要组成部分。正如经济学家们所言，现代经济是一种混合经济。就国家干预而言，并不是一成不变的，也不是不断加强的。有时国家会干预得更多一些，有时也会减少一些干预。

第二节　财政政策

一、财政政策的内容

在凯恩斯主义出现之后，财政政策被作为需求管理的重要工具，通过运用政府支出与税收等工具来调节经济，以实现既定的政策目标。其中，政府支出包括政府公共工程支出（政府对基础设施的投资等）、政府购买（政府对各种产品与劳务的购买）以及转移支付。政府的收入也就是我们通常所说的税收，政府税收主要指个人所得税、公司所得税和其他税收。具体来说，就是在经济萧条的时期，政府要通过实施扩张性的财政政策，即通过增加政府支出与减税等手段来刺激总需求，以实现充分就业。

其中，政府公共工程支出与购买的增加有利于刺激私人投资，转移支付的增加可以提高个人的消费能力，这样就会刺激总需求；减少个人所得税可以使个人的可支配收入增加，从而刺激其消费的增加，而减少公司所得税可以使公司收入增加，从而促进投资的增加，以达到增加总需求的目的。反之，在经济繁荣的时期，当出现了总需求大于总供给，经济中存在着通货膨胀时，政府则必须通过实行紧缩性的财政政策来抑制总需求，以实现物价的稳定。紧缩性的财政政策包括减少政府支出与增税。

延伸阅读　　　　　　　　　**政府财政收支**

1. 政府的收入

税收是政府的收入来源，资金以税收的形式流入政府，再以政府购买产品和劳务、对居民的政府转移支付等形式流出。图12-1表示的是中国2010年税收的来源。

税收对总需求的影响表现在，例如，当政府减少个人所得税时，就增加了家庭可以拿回家的工资。家庭将把一部分额外的收入储蓄起来，但也要把一部分用于消费支出。由于减税增加了消费支出，就会使总需求曲线向右移动。同样，增税抑制了消费支出，使总需求曲线向左移动。

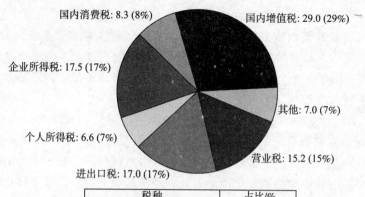

图 12-1 2010 年中国各种税收来源

资料来源：国家统计局。

2. 政府的支出

那么我们上缴的税款用在了哪里？钱又流向了哪里？政府的支出分为两种形式：一种是购买产品和劳务；另一种形式是政府转移支付，主要有三个大项目，即社会福利、医疗保险和医疗补助。图 12-2 表明了 2010 年中国政府开支。

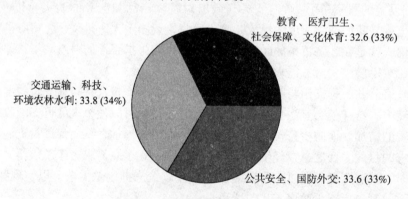

图 12-2 2010 年中国财政支出

汇总以上各项支出，2010 年全国财政用于与人民群众生活直接相关的教育、医疗卫生、社会保障和就业、保障性住房、文化体育方面的民生支出合计 29 256.19 亿元，比上年增长 21.1%，占全国财政支出的 32.6%。与民生密切相关的支出还包括农林水利、交通运输、环境保护、城乡社区事务、科学技术、商业服务等事务、国土资源气象事务、粮油物资储备、地震灾后恢复重建等方面，这些支出合计达到 30 345.63 亿元，占全国财政支出的 33.8%。2010 年民生支出合计达到 59 601.82 亿元，占全国财政支出的 2/3。此外，还有 1/3 的全国财政支出（30 272.34 亿元），主要用于一般公共服务、公共安全、国防、外交以及资源勘探、电力信息、国债利息、金融监管等支出，这些方面的支出是公共财政必须予以保障的，也是满足人民群众生产生活需要的必然要求。比如，公共安全支出促进了社会稳定，为保障和改善民生营造了良好的经济社会环境；国债利息支出是国债发行的必要条件，对于支持交通运输、环境保护等国债建设项目顺利推进具有重要意义，这些国债建设项目是与民生发展紧密相关的。

二、扩张性财政政策和紧缩性财政政策

政府通过财政政策来移动总需求曲线。在经济衰退期，也就是总产出水平低于潜在产出水平时，运用扩张性财政政策减缓衰退；在总产出水平大于潜在产出水平时，运用紧缩性财政政策抑制膨胀。

（一）扩张性财政政策

图 12-3 表示在一个经济体中存在衰退缺口。$SRAS$ 是短期总供给曲线，$LRAS$ 是长期总供给曲线，AD_1 是初始的总需求曲线。在初始的短期宏观经济均衡点 E_1 上，总产出水平为 Y_1，低于潜在总产出水平 Y_P。政府应该做的是增加总需求，把总需求曲线向右移动到 AD_2 的位置。这将使之等于潜在产出水平。增加总需求的财政政策称为扩张性财政政策，一般采取三种形式：增加政府对产品和劳务的购买；减税；增加政府转移支付。

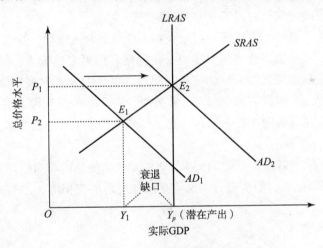

图 12-3 扩张性财政政策

（二）紧缩性财政政策

图 12-4 表现了相反的情形——一个经济体存在通货膨胀缺口。同样，$SRAS$ 是短期总供给曲线，$LRAS$ 是长期总供给曲线，AD_1 是最初的总供给曲线。在初始的短期宏观经济均衡点 E_1 上，总产出水平为 Y_1，高于潜在产出水平 Y_p，为了消除这个通胀缺口，财政政策应该减少总需求。把总需求曲线向左移动到 AD_2 位置。这将减少总产出水平，使之等于潜在产出水平。减少总需求的财政政策，称为紧缩性财政政策，一般采取三种形式：减少政府对产品和劳务的购买；增税；减少政府转移支付。

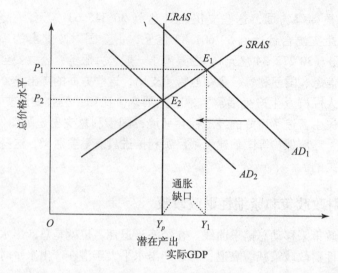

图 12-4 紧缩性财政政策

三、乘数效应

当政府投资 1 800 亿元用于三峡工程建设时,这种政府购买将产生一系列影响。政府需求增大的直接影响是增加三峡工程作业工人的就业和收入。当工人的收入增加,企业利润增加时,他们对这种收入增加的反应是增加对消费品的支出。结果,政府对三峡工程的投资还增加了经济中许多其他企业产品的需求。由于政府支出每一元可以增加的物品与劳务的总需求大于一元,所以说政府购买对总需求有一种乘数效应。

在政府进行了投资之后,直接作业的工人和企业利润收入增加。这时的直接表现是,他们的消费支出增加,那么生产这些消费品的企业需要雇用更多的工人,并获得更高的利润,于是,这些生产消费品的工人收入增加,利润增加;更高的收入和利润又刺激了消费支出,如此循环往复。因此,当较高需求引起较高收入时,存在一种正反馈,这种正反馈又引起较高需求。一旦把所有这些效应加在一起,对物品与劳务需求量的总影响就远远大于最初来自政府投资的刺激。

图 12-5 说明了乘数效应。政府购买 1 800 亿元最初使总需求曲线向右移动从 AD_1 移动到 AD_2,正好为 1 800 亿元。但消费者的反应是增加自己的支出时,总需求曲线就进一步向右移动到 AD_3。

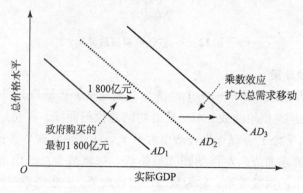

图 12-5 扩张性财政政策

为了确定政府购买变动对总需求的影响，我们逐步观察这种效应，如图12-6所示政府购买增长的乘数效应示意图。

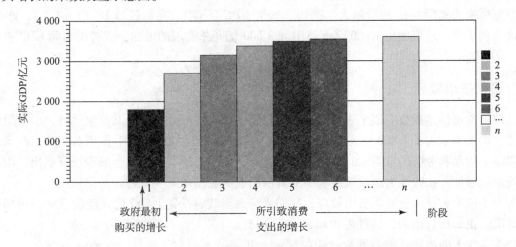

阶段	此阶段新增支出	需求增长/亿元
1	1 800亿元政府购买	1 800
2	900亿元新增消费支出	2 700
3	450亿元新增消费支出	3 150
4	225亿元新增消费支出	3 375
5	112.5亿元新增消费支出	3 488
6	56.25亿元新增消费支出	3 544
…		0
n	0	3 600

图12-6 政府购买增长的乘数效应示意图

当政府支出1 800亿元时，这是这个过程的开始，这意味着收入（工资和利润）也增加了这么多。这种收入增加意味着消费增加了$MPC \times 1\ 800$亿元（边际消费倾向$\times 1\ 800$亿元），这又增加了生产消费品的企业的工人收入和所有者的收入。第二轮增加的收入又增加了消费支出，这一次增加了$MPC \times (MPC \times 1\ 800$亿元$)$，这种反馈效用会这样一轮一轮的持续下去，带动实际GDP增长。

为了得出对物品和劳务的总影响，把所有的这些效用进行相加：

政府购买变动 $= 1\ 800$ 亿元

消费第一轮变动 $= MPC \times 1\ 800$ 亿元

消费第二轮变动 $= MPC^2 \times 1\ 800$ 亿元

消费第三轮变动 $= MPC^3 \times 1\ 800$ 亿元

…

总需求的变动量 $= (1 + MPC + MPC^2 + MPC^3 \cdots) \times 1\ 800$ 亿元

因此，可以把乘数写为：乘数 $= 1 + MPC + MPC^2 + MPC^3 + \cdots$

这个乘数说明，每一元政府购买所引起的物品与劳务的需求以及实际GDP的增长。为了简化这个乘数方程式，数学课上这个式子是一个无穷几何级数，令x在-1和$+1$之间。则：

$$1 + x^2 + x^3 + \cdots = 1/(1-x)$$

在例子中，$x = MPC$，因此：乘数 $= 1/(1 - MPC)$

这个乘数公式说明一个重要结论：乘数大小取决于边际消费倾向。当 $MPC=1/2$ 时，乘数为 2，当 $MPC=1/4$ 时，乘数仅为 1.333，因此，MPC 越大，意味着乘数越大，意味着政府投资带来的实际 GDP 增量越大。例如，如果 MPC 是 $1/2$，乘数就是 $1/(1-1/2)$，即 2。在这个例子中，政府支出 1 800 亿元将引起 3 600 亿元总需求的增加，或者说实际 GDP 将增加 3 600 亿元。

四、挤出效应

政府支出的乘数效应似乎表明，当政府投资 1 800 亿元用于三峡工程建设时，所引致的总需求扩大必定大于 1 800 亿元。然而还有一种效应在相反的方向发生作用。当政府购买增加刺激了物品和劳务的总需求时，使得利率上升，而较高的利率往往会减少投资支出，阻止总需求的增加。扩张性财政政策使利率上升所引起的总需求减少，称为挤出效应。

为了说明为什么会发生挤出效应，我们来考虑当政府投资 1 800 亿元建设三峡时市场上的情况。正如所讨论的，这种需求增加会引起工人和企业收入的增加。随着乘数效应的深化，其他企业的工人和所有者的收入增加。随着收入增加，家庭计划购买更多的商品和劳务，因此，就选择以流动性形式持有更多财富，也就是说，扩张性财政政策引起的收入的增加提高了货币的需求。

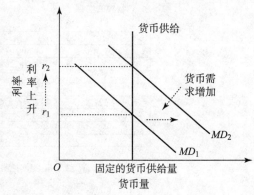

图 12-7　货币市场

货币的需求增加效应如图 12-7 所示。由于中央银行并没有改变货币的供给量，所以垂直的供给曲线保持不变。当收入水平提高使货币需求量从 MD_1 向右移动到 MD_2 时，为了保持货币供求平衡，利率由 r_1 上升到 r_2。

利率的上升又减少了物品和劳务的需求量，特别是由于借款昂贵了，所以投资品的需求量减少了。这就是说，当政府购买增加提高了对商品和劳务的需求的同时，也会挤出投资。这种挤出部分抵消了乘数效应带来的总需求的增加，如图 12-8 所示。政府购买增加，通过乘数效应最初使得总需求曲线向右移动从 AD_1 移动到 AD_2，但挤出效应的发生，总需求曲线又回到了 AD_3。

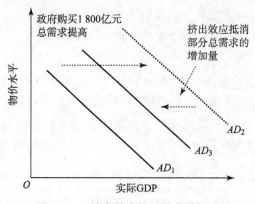

图 12-8　挤出效应与总需求的移动

总之，当政府增加 1 800 亿元投资时，物品和劳务的总需求增加可大于可小于 1 800 亿元，这取决于乘数效应和挤出效应的作用强弱。

五、内在稳定器

某些财政政策由于其本身的特点，具有自动调节经济，使经济稳定的机制，因此，被称为"内在稳定器"或者"自动稳定器"。

自动稳定器是指经济系统本身存在的一种会减少各种干扰对国民收入冲击的机制，能够在经济繁荣时期自动抑制通胀，在经济衰退时期自动减轻萧条，无须政府采取任何行动。财政政策的这种内在稳定经济的功能主要通过下述三项制度得到发挥。

首先是政府税收的自动变化。当经济衰退时，国民产出水平下降，个人收入减少；在税率不变的情况下，政府税收会自动减少，留给人们的可支配收入也会自动地少减少一些，从而使消费和需求也自动地少下降一些。在实行累进税的情况下，经济衰退使纳税人的收入自动进入较低纳税档次，政府税收下降的幅度会超过收入下降的幅度，从而可起到抑制衰退的作用。反之，当经济繁荣时，失业率下降，人们收入自动增加，税收会随个人收入增加而自动增加，可支配收入也就会自动地少增加一些，从而使消费和总需求自动地少增加一些。在实行累进税的情况下，繁荣使纳税人的收入自动进入较高的纳税档次，政府税收上升的幅度会超过收入上升的幅度，从而起到抑制通货膨胀的作用。由此，西方学者认为，税收这种因经济变动而自动发生变化的内在机动性和伸缩性是一种有助于减轻经济波动的自动稳定因素。

其次是政府支出的自动变化。这里主要是指政府的转移支付，它包括政府的失业救济和其他社会福利支出。当经济出现衰退与萧条时，失业增加，符合救济条件的人数增多，失业救济和其他社会福利开支就会相应增加，这样就可以抑制人们收入特别是可支配收入的下降，进而抑制消费需求的下降。当经济繁荣时，失业人数减少，失业救济和其他福利费支出也会自然减少，从而抑制可支配收入和消费的增长。

最后是农产品价格维持制度。经济萧条时，国民收入下降，农产品价格下降，政府依照农产品价格维持制度，按支持价格收购农产品，可使农民收入和消费维持在一定水平上。经济繁荣时，国民收入水平上升，农产品价格上升，这时政府减少对农产品的收购并抛售农产品，限制农产品价格上升，也就抑制农民收入的增长，从而也就减少了总需求的增加量。

总之，政府税收和转移支付的自动变化、农产品价格维持制度对宏观经济活动都能起到稳定的作用。它们都是财政制度的内在稳定器和对经济波动的第一道防线。

第三节 货币政策

中央银行通过控制货币供应量来调节利率，进而影响投资和整个经济，以达到一定经济目标的行为就是货币政策。当然，这主要是凯恩斯主义者的观点，大致也是在其后的货币主义者的观点。他们认为，货币政策和财政政策一样，也可以调节国民收入以达到稳定物价、充分就业的目标，最终实现经济稳定增长。二者不同之处在于，财政政策直接影响总需求的规模，这种直接作用是没有任何中间变量的；而货币政策则还要通过利率的变动来对总需求发生影响，因而，是间接地发挥作用。

一、货币的需求

图 12-9 展示了货币的需求曲线。纵轴是利率，横轴代表货币数量。在这里，我们用 Q 来表示货币数量，它等于流通当中的通货加上活期存款。货币的需求曲线是向下倾斜的。

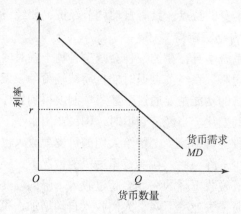

图 12-9 货币需求曲线

货币的需求曲线为什么向下倾斜？我们考虑家庭和企业在保有货币和其他金融资产（例如债券）之间的选择。货币一直有一种引人关注的特征：可以用它直接购买商品、服务和金融资产。货币也有一个缺点：它是无息的——钱包当中的货币无法带来利息收入，活期存款账户也无法或者只能带来极少量的利息。货币的替代品，如国库券，可以获得利息，但当你要购买商品或者劳务时却需要先把它们卖掉求得变现。当诸如国库券等金融产品的利率上升时，家庭和企业持有货币所损失的利息收入就比较高——这样人们更偏向于持有债券。当利率下降时，家庭和企业持有货币的成本也会下降。利率是货币持有的机会成本。

现在，就可以解释为什么货币的需求曲线向下倾斜了：当国库券和其他金融资产的利率低时，持有货币的机会成本就很小，所以，家庭和企业货币需求就比较高。当金融资产利率高时，持有货币的机会成本很高，这时人们选择持有债券，于是货币的需求量就比较低了。

二、货币的供给与存款的创造

（一）货币的供给

我国的货币是由中央人民银行发行并管理的，央行控制了流通领域当中货币的供给数量。用一个简单的比喻，你可以想象央行印制人民币，然后押运到全国各地；同时，你也可以想象央行用一把巨大的吸尘器把人们钱包中的货币都吸回去。实际上央行改变货币供给的方法比这要复杂和微妙得多，不过这个比喻倒是十分贴切地描述了货币政策的含义。

央行主要控制货币供给的工具是公开市场业务——买卖中国政府债券：如果央行决定增加货币供给，央行就创造人民币并用它们在全国债券市场上从公众手里购买债券。于是，这些人民币就到了人们手中，相反如果央行要减少流通当中的货币供给量，央行就在全国债券市场上把债券卖给公众，出售之后，它从公众手中得到了人民币。这样的方法与方式解释货币供给是十分正确的，但是并不全面，特别是遗漏了银行在货币制度中起到的作用。

（二）存款的创造

所谓活期存款，是指不用事先通知就可以随时提取的银行存款。虽然活期可随时提取，但很少会出现所有储户在同一时间里取走全部存款的现象。因此，银行可以把绝大部分存款用来从事贷款或购买短期债券等营利活动，只需要留下一部分存款作为应付提款需要的准备金就可以了。这种经常保留的供支付存款提取用的一定金额，称为存款准备金。

在现代银行制度中，这种准备金在存款中起码应当占的比率是由政府（具体由中央银行代表）规定的，这一比率称为法定准备率。按法定准备率提留的准备金是法定准备金。法定准备金一部分是银行的库存现金，另一部分存放在中央银行的存款账户上。由于商业银行都想赚取尽可能多的利润，它们会把法定准备金以上的那部分存款当作超额准备金贷放出去或用于短期债券投资。正是这种以较小的比率的准备金来支持活期存款的能力，使得银行体系得以创造货币。下面举例说明这一点。

案例分析

存款的创造

假定法定准备率为20%，再假定银行客户会将其一切货币收入以活期存款形式存入银行。在这种情况下，甲客户将100万元人民币存入自己有账户的 A 银行，银行系统因此就增加了100万元人民币的存款。A 银行按法定准备率保留20万元人民币作为准备金存入中央银行，其余80万元全部贷出，假定是借给一家公司用来买机器，机器制造厂商乙得到这笔从 A 银行开来的支票，又全部存入与自己有往来的 B 银行，B 银行得到这笔80万元人民币支票存款后，留下16万元作为准备金存入中央银行，然后再贷放出64万元，得到这笔贷款的丙厂商又会把它存入与自己有业务往来的 C 银行，C 银行留其中12.8万元作为准备金存入自己在中央银行的账户上，然后再贷出51.2万元。由此，不断存贷下去，各银行的存款总和是：

$100 + 80 + 64 + 51.2 + \cdots$

$= 100 \times (1 + 0.8 + 0.8^2 + 0.8^3 + \cdots + 0.8^{n-1}) = 100 \div (1 - 0.8) = 500（万元）$

而贷款总和是：

$80 + 64 + 51.2 + \cdots = 100 \times (0.8 + 0.8^2 + 0.8^3 + \cdots + 0.8^n) = 400（万元）$

从上例可以看出，存款总和（用 D 表示）同这笔原始存款（用 R 表示）及法定准备率（用 r_d 表示）之间的关系为：

$$D = \frac{R}{r_d}$$

上例中，这笔原始存款假定来自于中央银行增加的一笔原始货币供给，则中央银行新增一笔原始货币供给，将使活期存款总和（亦即货币供给量）扩大为这笔新增原始货币供给量的 $\frac{1}{r_d}$ 倍。

相关链接

信用卡、借记卡和货币

"刷卡"是我们生活中经常消费完说的一句话，当然这个"卡"包括信用卡和借记卡，这是一种非常方便的消费方式，那么，信用卡和借记卡难道不是一种交换媒介吗？

尽管这个推理看似很有道理，但是信用卡并不是一种货币量的衡量指标。理由是，信用卡其实并不是一种支付方式，而是一种延期支付方式。

比如，当你用信用卡买了一件衣服时，发行信用卡的银行向商家支付了你应该支付的钱，过一段时间，你必须偿还银行的钱（也许还有利息）。

需要注意的是，信用卡和借记卡完全不同，借记卡自动地从银行账户提取资金为所买的东西付款。借记卡不允许使用者为购买而延期付款，只允许使用者立即从银行账户上提取存款。在这个意义上，借记卡上的账户余额包括在货币的衡量体系中。

尽管信用卡不作为货币的一种形式，但它对于分析货币制度是相当重要的。信用卡的持有人可以在月底一次性付清所有账单，而不是在购买时随时支付。因此，信用卡的持有人所持有的货币平均而言可能少于没有信用卡的人。这样，使用并提高信用卡的普及程度可以减少人们选择持有货币的数量。

三、货币政策的手段

货币政策一般分为扩张性的和紧缩性的。扩张性货币政策是通过增加货币供给来带动总需求的增长，货币供给增加时，利息率会降低，取得信贷更为容易，因此，经济萧条时多采用扩张性货币政策。反之，紧缩性货币政策是通过削减货币供给的增长来降低总需求水平，在这种情况下，取得信贷比较困难，利率也随之提高，因此，在通货膨胀严重时，多采用紧缩性货币政策。货币政策的主要手段包括以下三种。

（一）改变法定准备率

当中央银行认为需要增加货币供给时，就降低法定准备率。其原理在于，法定准备率的降低使货币乘数增加，进而增加了货币的供给。反之，当中央银行认为需要减少货币供给时，就提高法定准备率。从理论上说，变动法定准备率是中央银行调整货币供给最简便的方法。然而，现实当中，中央银行一般不愿轻易使用这一手段。其原因在于，变动法定准备率的作用十分猛烈。一旦准备率变动，所有银行的信用都必须扩大或收缩。再者，如果准备率变动频繁，会使商业银行和所有金融机构的正常信贷业务受到干扰而感到无所适从。

（二）改变贴现率

中央银行给商业银行的贷款称为贴现，中央银行对商业银行的贷款利率称为贴现率。中央银行想使货币供给量减少时，可提高贴现率，从而商业银行向中央银行的借款就会减少，最后使货币供给量减少。反之，中央银行若想增加货币供给量，则可降低贴现率。

（三）公开市场业务

公开市场业务是中央银行稳定经济最经常使用的货币政策手段。所谓公开市场业务，是指中央银行在公开市场上买进或卖出政府债券以增加或减少商业银行准备金的行为。政府债券是政府为筹措弥补财政赤字资金而发行支付利息的国库券或债券。这些被初次卖出的证券在普通居民、厂商、银行、养老基金等单位中反复不断地被买卖。中央银行可参加这种交易，在这种交易中扩大和收缩货币供给。

中央银行在公开市场上购买政府债券时，商业银行和其他存款机构的准备金将会以两种方式增加：如果中央银行向个人或公司等非银行机构买进证券，则会开出支票，证券出售者将该支票存入自己的银行账户，该银行则将支票交给中央银行作为自己在中央银行账户上增加的准备金存款；如果中央银行直接从各银行买进证券，则可直接按证券金额增加各银行在中央银行中的准备存款。

当中央银行售出政府证券时，情况则刚好相反。这样准备金的变动就会引起货币供给按乘数发生变动。准备金变动了,银行客户取得信贷变得容易或困难了,这本身就会影响经济,同时,中央银行买卖政府债券的行为,也会引起证券市场上需求和供给的变动,因而影响到债券价格以及市场利率。

有价证券的市场是一个竞争性的市场,其证券价格由供求关系决定。当中央银行要购买证券时,对有价证券的市场需求就增加,证券价格会上升,从而利率下降;反之亦然。显然,中央银行买进证券就是去创造货币,因为当它把比如说30万元的证券卖给某银行时,它只要通知那家已买进证券的银行,说明准备金存款账户上已增加30万元就行了。因此,中央银行有可能根据自己的意愿增加或减少货币供应量。

公开市场业务之所以能成为中央银行控制货币供给最主要的手段,是因为运用这种政策手段有着比用其他手段更多的优点。例如,在公开市场业务中,中央银行可及时地按照一定规模买卖政府证券,从而比较易于准确地控制银行体系的准备金。如果中央银行只希望少量地变动货币供给,则只要少量地买进或卖出政府证券;如果希望大量地变动货币供给,就只要买进或卖出大量政府证券即可。由于公开市场操作很灵活,因而,便于为中央银行及时用来改变货币供给变动的方向。中央银行可以连续地、灵活地进行公开市场操作,自由地决定有价证券的数量、时间和方向,而且中央银行即使有时会出现某些政策失误,也可以及时得到纠正,这是贴现政策和改变准备金率政策所不可能有的长处。公开市场业务的优点还表现在这一业务对货币供给的影响可以比较准确地预测出来。例如,一旦买进一定数量金额的证券,就可以大体上按货币乘数估计出货币供给增加了多少。

货币政策除了以上三种主要工具之外,还有一些其他工具,道义劝告就是其中之一。所谓道义劝告,是指中央银行运用自己在金融体系中的特殊地位和威望,通过对银行及其他金融机构的劝告,影响其贷款和投资方向,以达到控制信用的目的。如在衰退时期,鼓励银行扩大贷款;在通货膨胀时期,劝阻银行不要任意扩大信用,也往往会收到一定的效果。但由于道义劝阻没有可靠的法律地位,因而并不是强有力的控制措施。

延伸阅读 ## 量化宽松货币政策

量化宽松主要是指中央银行在实行零利率或近似零利率政策后,通过购买国债等中长期债券,增加基础货币供给,向市场注入大量流动性资金的干预方式,以鼓励开支和借贷,也被简化地形容为间接增印钞票。量化指的是扩大一定数量货币发行,宽松即减少银行的资金压力。当银行和金融机构的有价证券被央行收购时,新发行的钱币便被成功地投入到私有银行体系。量化宽松政策所涉及的政府债券,不仅金额庞大,而且周期也较长。一般来说,只有在利率等常规工具不再有效的情况下,货币当局才会采取这种极端做法。

在经济发展正常的情况下,央行通过公开市场业务操作,一般通过购买市场的短期证券对利率进行微调,从而将利率调节至既定目标利率;而量化宽松则不然,其调控目标即锁定为长期的低利率,各国央行持续向银行系统注入流动性,向市场投放大量货币。即量化宽松下,中央银行对经济体实施的货币政策并非是微调,而是开了一剂猛药。

美国金融危机爆发后,为了应对金融危机负面冲击,救赎陷入流动性困境的金融机构,美联储于2008年10月启动了第一轮量化宽松政策,到2010年3月末累计向市场投放1.725万亿美元基础货币。在经济复苏后,美联储于2010年11月再度实施第二轮量化宽松政策,于半年内向市场投放6 000亿美元购买国债,并将第一轮量化宽松政策到期的2 500亿~

3 000 亿美元，抵押贷款支持证券以及到期的国债再投资国债；2012 年 9 月美联储启动第三轮量化宽松政策，每月购买 400 亿美元抵押贷款支持证券；2012 年 12 月启动第四轮量化宽松政策以维持美联储长期利率低位，缓解财政减支带来的负面影响。

第四节　宏观经济政策的实施

一、财政政策和货币政策的配合

财政政策和货币政策可有多种配合，这种配合的政策效应，有的是事先可预计的，有的则必须根据财政政策和货币政策何者更强有力而定，因而是不确定的。

例如：图 12-10 中 IS_1 曲线和 LM_1 曲线相交于均衡点 E_1 移动，在此均衡点上总产出 y_0；当国家采取扩张性财政政策，使得 IS 曲线从 IS_1 移动到 IS_2，均衡点由 E_1 移动到 E_2，在新的均衡点，由于国家采取扩张性财政政策，使得利率升高，由 r_0 增加到 r_1，总产出由 y_0 增加到 y_1；与此同时，国家配合采取扩张性货币政策，使得 LM 曲线由 LM_1 移动到 LM_2，均衡点又一次发生了变化，从 E_2 移动到了 E_3，在均衡点 E_3 上，由于国家在采用了扩张性财政政策的同时配套采用了扩张性货币政策，总产出增加，从 y_1 增加到 y_2，利率从 r_1 下降到了 r_0。值得注意的是：在此例当中 IS 和 LM 移动幅度相同，因而产出增加时利率不变，若财政政策影响大于货币政策，IS 右移距离超过 LM 右移的距离，则利率就会上升；反之，则会下降。由此可见，这两种政策结合使用时对利率的影响是不确定的。

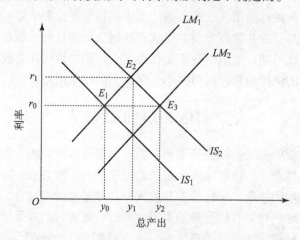

图 12-10　财政政策和货币政策的配合使用

政府和中央银行可以根据具体情况和不同目标，选择不同的政策组合。例如，当经济萧条但又不太严重时，可采用第一种组合，用扩张性财政政策刺激总需求，又用紧缩性货币政策控制通货膨胀。当经济发生严重通货膨胀时，可采用第二种组合，用紧缩货币来提高利率，降低总需求水平，又紧缩财政，以防止利率过分提高。当经济中出现通货膨胀又不太严重时，可用第三种组合，用紧缩财政压缩总需求，又扩张性货币政策降低利率，以免财政过度紧缩而引起衰退。当经济严重萧条时，可用第四种组合，用扩张性财政政策增加总需求，用扩张性货币政策降低利率以克服"挤出效应"。表 12-1 就给出了各种政策配合使用的效应。

表 12-1 财政政策和货币政策配合使用的政策效应

序号	政策混合	产出	利率
1	扩张性财政政策和紧缩性货币政策	不确定	上升
2	紧缩性财政政策和紧缩性货币政策	减少	不确定
3	紧缩性财政政策和扩张性货币政策	不确定	下降
4	扩张性财政政策和扩张性货币政策	增加	不确定

案例分析

美国财政政策和货币政策的配合

20世纪60年代初美国经济萧条，为克服衰退，政府一方面减税；另一方面采用"适应性的"货币政策，使产量增加时利率基本上保持不变。到60年代末70年代初，美国经济生活中通货膨胀率过高而失业率较低，为控制通货膨胀，实行了紧缩财政和紧缩货币相结合的政策。70年代末80年代初，美国里根政府为克服通货膨胀和经济萧条并存的"滞胀"局面，采用了减税和紧缩通货膨胀相结合的政策。一方面刺激需求，增加供给；另一方面又克服通货膨胀。

在考虑如何配合使用两种政策时，不仅要看当时的经济形势，还要考虑政治上的需要，这是因为，虽然扩张性财政政策和货币政策都可增加总需求，但不同政策的后果可以对不同的人群产生不同的影响，也使GDP的组成比例发生变化。例如，实行扩张性货币政策会使利率下降，投资增加，因而对投资部门尤其是住宅建设部门十分有利。可是，实行减税的扩张性财政政策，则有利于增加个人可支配收入，从而可增加消费支出。而同样是采用扩张性财政政策，如果是增加政府支出，例如兴办教育、防止污染、培训职工等，则人们受益的情况又不相同。正因为不同政策措施会对GDP的组成比例（投资、消费和政府购买在GDP中的构成比例）产生不同影响，进而影响不同人群的利益，因此，政府在做出配合使用各种政策的决策时，必须考虑各行各业、各个阶层的人群的利益如何协调的问题。

二、相机抉择

相机抉择是指政府在运用宏观经济政策来调节经济时，可以根据市场情况和各项调节措施的特点，机动地决定和选择当前究竟应采取哪一种或哪几种政策措施。财政政策和货币政策各有其不同的特点，具体表现在以下几个方面。

（1）作用的猛烈程度不同。政府支出的增加与法定准备率的调整，其作用都比较猛烈；而税收政策与公开市场业务的作用都比较缓慢。

（2）政策效应的时滞不同。货币政策可以由中央银行决定，其作用会快一些；而财政政策从提案到议会讨论、通过，则要经过一段相当长的时间。

（3）政策的影响范围不同。政府的支出政策影响面就大一些；而公开市场业务影响的面则相对小一些。

（4）受到的阻力大小不同。一般来说，增税与减少政府支出的阻力较大；而货币政策遇到的阻力相对会小一些。

这种对政策的配合在于要根据不同的经济形势采取不同的政策。比如，在经济发生严重的衰退时，就不能运用作用缓慢的政策，而是要运用作用较猛烈的政策，如紧急增加政府支出，或举办公共工程；相反，当经济开始出现衰退的苗头时，不能用作用猛烈的政策，而要采用一些作用缓慢的政策，例如有计划地在金融市场上收购债券以便缓慢地增加货币供给量，以达到降低利息率的目的。

因此，在需要对经济进行调节时，究竟应采取哪一项政策，或者如何对不同的政策手段进行搭配使用，并没有一个固定不变的定式，政府应根据不同的情况灵活地决定。总之，相机抉择的实质就是灵活地运用各种政策，其所包括的范围相当广泛。例如，在什么情况下不需采用政策措施，可以依靠经济本身的机制自发地调节；什么情况下必须采用政策措施，等等，这些都属于运用政策的技巧。

相关链接　　　一张图看 2015 年财政政策和货币政策

（资料来源：新华社中央政府门户网站：www.gov.cn，2015-03-05。）

三、宏观经济政策实施中的困难

在宏观经济政策的实施过程中会遇到各种困难,主要包括以下几个方面。

(一) 政策时滞问题

任何一项政策,从决策到在经济中达到预期的目标,都会有一定的时间间隔,这种时间间隔就叫作政策时滞。这种政策时滞的长短,对政策能否达到预期的目标有重要的影响。

政策时滞可以分为内在时滞与外在时滞。内在时滞是指从经济中发生了引起不稳定的变动,到决策者制定出适当的经济政策并付诸实施之间的时间间隔。其中包括:从经济中发生了引起不稳定的变动到决策者认识到有必要采取某种政策的认识时滞;从认识到有必要采取某种政策到实际做出决策的决策时滞,以及从做出决策到政策付诸实施的实施时滞。外在时滞是指从政策实施到政策在经济中完全发生作用,达到预期目标之间的时间间隔。

各种宏观经济政策的时滞是不同的。一般来说,财政政策从决策、批准到实施,需要经过许多中间环节,内在时滞较长,但其作用比较直接,见效快,外在时滞较短。而货币政策由中央银行直接决定,所经过的中间环节少,内在时滞较短,但它的作用比较间接,外在时滞就较长。缩短政策时滞,使政策更快地发挥作用是十分必要的。但是时滞是客观存在的,无法消除。这样,在决定政策时一定要考虑到各种政策的时滞,以免政策无法达到预定的目标。

(二) 预期对政策效应的影响

政策的效应如何,还要受到公众对政策本身和经济形势预期的影响。如果公众认为政策的变动只是暂时的,从而不对政策做出反应,那么,政策就很难达到预期的目标。例如,如果公众认为某次减税只是暂时的,那么,他们就不会由于这次减税增加消费或投资,从而减税也就起不到刺激总需求的作用。再假定,如果公众认为未来的经济会发生严重衰退,这样,即使政府减税,公众也不会增加消费或投资,减税也就起不到刺激总需求的作用。只有当公众认为政策是一种长期的政策,并与政府有大致相近的经济预期时,他们才会配合政策,使政策发挥作用,从而达到预期的效应。但要公众能作出正确的预期,自动配合政府又是十分困难的,这就使政策在实施中有时得不到公众的配合,从而难于完全达到政府预期的目标。

(三) 非经济因素对政策的影响

经济政策不是孤立的,它要受到许多因素,特别是国内外政治因素的影响。这首先在于制定政策时所应考虑的不仅有经济因素,而且有政治因素,有时政治因素甚至比经济因素还重要。例如,在大选前夕,尽管经济中已出现通货膨胀,但本届总统为了连选连任,一般不会采取紧缩性政策。因为紧缩性政策会使失业增加,经济萧条会给他的当选带来不利的影响。其次,在政策的实施中也会由于各种因素的影响,而使政策难于达到预期的目标。例如,减少政府支出的政策会遇到被减少了订货的企业集团与工人,以及接受政府补助的穷人的反对或抵制。政府出于政治上的考虑,也会中止或减少这种政策,从而使原定政策难于达到预定的目标。此外,国际政治关系的变动,某些重大事件的发生,甚至意想不到的自然灾害,都会影响政策的实施与效应。

案例分析　　2008 年经济危机与"李克强经济学"

正如开篇案例中所说，面对 2008 年全球范围内如此猛烈的经济危机，我国政府采取了一系列措施，那么，我们就简单地从财政和货币政策两个方面来分析这些政策的影响（图 12-11）。

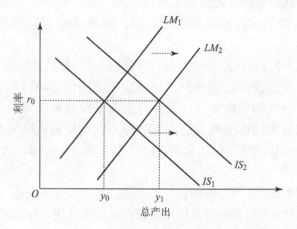

图 12-11　2008 年国家主要宏观政策影响

首先，财政政策。4 万亿元投资计划，应用于民生、医疗、基础设施建设。4 万亿元的大型政府购买在经济衰退时，不仅直接刺激了民生、医疗、基础设施建设这些部门，还将通过政府购买的乘数效应，带动相关产业的生产，保持稳定的就业。

但同时，政府的大规模投资还将通过挤出效应使得利率提高，民间投资减少，生产放缓，削弱了乘数效应。那么这时，我国政府采用扩张性货币政策，如图 12-11 所示，LM 曲线向右移动，稳定利率，稳定民间投资和生产，拉动经济增长。

但是，这种扩张性的财政和货币政策，2008—2014 年给我国也带来了很多负面影响，诸如物价上涨、产能过剩、地方政府债务危机等。

2013 年李克强总理提出了调整中国经济发展的"李克强经济学"。

李克强经济学：短痛换长益

由巴克莱资本公司创造的新词"李克强经济学"（Likonomics）。它被用来指以国务院总理李克强为首的新一届政府为中国制定的经济增长计划，其核心内容包括：不出台刺激措施、去杠杆化和结构性改革，以短痛换取长期的益处。

2013 年年初时，中国总的信贷规模已经从 2008 年的 9 万亿美元跃升至 23 万亿美元。尤其值得担心的是，虽然信贷增速超过 20%，但最近几个季度中国名义 GDP 的增长率却不足 10%。

中国新一届政府顶住了各方面要求中国出台新的经济刺激措施的一再呼吁，因为他认为，由国家牵头的投资不再是可以持续的了。与此同时，中国决策者开始整顿放贷行为，特别是影子银行业务，以防止资产泡沫的出现。

李克强经济学原理如下：

1. 政府不推出刺激经济的政策,而是通过逐步缩减国家主导的投资行为。
2. 去杠杆化,以大幅削减债务,降低借贷与产出比。
3. 推行经济结构改革,以短痛换取长期的可持续发展。

思考:"李克强经济学"对中国经济会造成什么影响?

本章小结

本章主要讲授国家为什么必须干预经济,以及应该如何干预经济,即要为国家干预经济提供理论依据与政策指导。国家干预和指导宏观经济一般分为财政政策和货币政策。财政政策是指国家运用财政手段,通过政府购买、税收、政府转移支付等手段调整国民经济。货币政策是指国家通过调整法定银行准备金率、贴现率和公开市场业务来调整国民经济。

关键概念

财政政策　政府购买乘数　挤出效应　货币政策　货币的创造　准备金　贴现率

复习思考题

一、名词解释

财政政策　政府购买乘数　挤出效应　货币政策　货币的创造

二、选择题

1. 下列不是宏观经济政策的主要目标的是(　　)。
   A. 失业率为自然失业率　　　　B. 稳定的实际 GDP 增长率
   C. 国际收支平衡　　　　　　　D. 政府预算盈余
2. 当政府为克服经济衰退采用扩张性财政政策而出现挤出效应时,可以配合使用以消除挤出效应的政策手段是(　　)。
   A. 增加货币供给　　　　　　　B. 减少货币供给
   C. 增加个人所得税　　　　　　D. 增加政府转移支付
3. 经济中存在失业时,应采取的财政政策工具是(　　)。
   A. 减少政府支出　　　　　　　B. 降低个人所得税
   C. 提高个人所得税　　　　　　D. 增加货币发行
4. 当经济过热时,政府应采取(　　)的财政政策。
   A. 减少财政支出　　　　　　　B. 增加政府支出
   C. 扩大财政赤字　　　　　　　D. 减少税收收入
5. 中央银行最常用的政策工具是(　　)。
   A. 调整法定准备金率　　　　　B. 公开市场业务
   C. 调整贴现率　　　　　　　　D. 道义劝告
6. 中央银行在公开的证券市场上买入政府债券会使货币供给量(　　)。

A. 增加　　　　　B. 减少　　　　　C. 不变　　　　　D. 难以确定

7. 公开市场业务是指（　　）。
   A. 商业银行的信贷活动
   B. 商业银行在公开市场上买进或卖出政府债券
   C. 中央银行增加或减少对商业银行的贷款
   D. 中央银行在公开市场上买进或卖出政府债券

8. 中央银行提高贴现率会导致（　　）。
   A. 货币供给量增加、利率提高　　　B. 货币供给量减少、利率提高
   C. 货币供给量增加、利率降低　　　D. 货币供给量减少、利率降低

9. 面对经济萧条，政府最可能采取的宏观政策是（　　）。
   A. 扩大支出、减税，以及实施从紧的货币政策
   B. 扩大支出、减税，以及实施从宽的货币政策
   C. 削减支出、增税，以及实施从宽的货币政策
   D. 削减支出、增税，以及实施从紧的货币政策

10. 紧缩性财政政策和紧缩性货币政策的共同实施将使得利率（　　）。
    A. 提高　　　　　B. 下降　　　　　C. 不变　　　　　D. 不确定

三、问答题

1. 宏观经济政策的目标是什么？它们之间有没有矛盾？应如何解决矛盾？
2. 什么是财政政策？这一政策是如何调节宏观经济运行的？
3. 什么是自动稳定器？它是如何发挥作用的？
4. 请说明商业银行体系能使原始存款扩大若干倍的过程。
5. 何为公开市场业务？如何运用这一货币政策手段？
6. 财政政策和货币政策应如何配合使用？

四、阅读材料

> **阅读材料一**

定量宽松的货币政策

定量宽松，就是指利率接近或者达到零的情况下，央行通过购买各种债券，向货币市场注入大量流动性的干预方式。与利率杠杆这一"传统手段"不同，定量宽松一般只在极端条件下使用，因此，经济学界普遍将之视为"非传统手段"。

定量宽松也叫量化宽松，其中的"量化"指将会创造指定金额的货币，而"宽松"则指减低银行的资金定量宽松压力。即中央银行利用凭空创造出来的钱在公开市场购买政府债券、借钱给接受存款机构、从银行购买资产等。此项措施有助于刺激本国经济，但当银根已经松动，购买的资产将随着通胀而贬值。由于量化宽松有可能增加货币贬值的风险，政府通常在经历通缩时推出量化宽松的措施。而持续的量化宽松则会增加通胀的风险。在经济学上，"定量宽松"指央行直接向市场注资的一种货币政策手段。之前，日本、英国的央行因为利率已降无可降，已经在采取这一手法。西方一些经济学家认为，所谓"定量宽松"，其实就是央行开动印钞机器的一种委婉说法。

阅读材料二

为何英国应实施定量宽松政策?

制定英国宏观经济政策的责任落到了英国央行（BoE）身上。英国财政大臣乔治·奥斯本反而旗帜鲜明地表明了自己对财政纪律的立场："正如我的同事克里斯·贾尔斯上周指出的那样，下周的财政预算案无论提议什么，都不会对当前的情况有多大帮助。不过，这并不意味着预算案无足轻重。"伦敦财政研究所所长保罗·约翰逊也指出，一套缺乏原则、充满欺骗的税收体制是不可预测的，因此也造成了具有破坏性的不确定性。但遗憾的是，这种情况不太可能得到改变。

关于宏观经济的重大疑问是"定量宽松"政策是否有效。定量宽松涉及的金额令人吃惊。在完成第三轮资产购买后，英国央行将拥有 3 250 亿英镑的金融资产，其中大部分是政府债券（即英国国债），英国央行将用新创造的货币来购买。英国央行持有的英国国债将占到国债市场总量的近三分之一。没错，这就是债务货币化。那么，它会奏效吗？又或者，它会造成危害吗？

英国央行的观点是，定量宽松是货币政策的自然延伸，有必要在短期利率低至 0.5%（为英国央行成立 318 年以来的最低水平）的时候实施。随着传统手段的用尽，英国央行与美联储（Fed）和欧洲央行（ECB）一样，不得不尝试非常规手段。英国央行辩称，当标准机制（银行放贷）失效时，资产购买可以通过恢复信心、发出未来政策信号、迫使投资者对投资组合进行再平衡、改善流动性和增加货币供给来发挥作用。英国央行的分析表明，整体而言，规模为 2 000 亿英镑的首轮定量宽松将国内生产总值（GDP）推高了 1.5%～2%，将通胀推高了 0.75%～1.5%。如果果真如此，那么它阻止了一次"双底"衰退，同时加剧了业已高企的通胀水平——这是一种合理的取舍。如果随后 1 250 亿英镑的定量宽松（2011 年 10 月敲定的 750 亿英镑加上 2012 年 2 月敲定的 500 亿英镑）产生相应比例的影响，或许能将 GDP 推高 1%～1.25%——这当然不错，但并非决定性的增长。当总需求、信贷供应和企业信心全都遭受重创时，英国央行任重而道远。

对定量宽松有效性的一种切实担忧是，英国央行的政策对中小企业没有帮助。可以理解的是，这个担忧一直是英国下议院财政委员会热议的话题之一。英国央行指出，承担信用风险是财政部的责任。美国和欧元区的形势有所不同：它们的财政部陷入了瘫痪。英国央行的主张无疑是合理的。如果英国政府要承担信用风险，它应该在一个合法和精心设计的框架下承担。

定量宽松会造成危害吗？我们常听到的一种极端说法是，定量宽松让英国走向了恶性通胀。如果真是如此，那么问题不在于定量宽松的影响过小，而在于它的影响会极大，并且不可能及时逆转。这两种观点似乎都没有道理。在当今银行体系下，储备金与放贷之间不存在一对一的联系。真希望存在这种联系！那样推动复苏就相当简单了。一旦放贷最终复苏、收紧货币政策变得符合时宜，就可以通过让部分国债到期，并将其余国债重新向市场出售，来轻易地扭转定量宽松政策。这就是英国央行应该保留英国国债而不是让它们被勾销的原因。说这种政策非常危险，就像说化疗非常危险一样。危险的病症需要大胆的疗法。担心无法管理这些政策是在自暴自弃。

一种不同的观点是，这种政策不公平，因为它伤害了谨慎的储户。然而，所有货币政策都具有分配效应。这些效应无法避免。比如，危机前累积的大量金融债权在很大程度上是房地产价格飙升的结果。卖家及其遗赠对象受益，那些被迫借钱购买昂贵房地产的人则遭受了损失。这种结果没有什么公道可讲，也没有谁能保证人们能从这些人为夸大的资产负债表中获得收入。如果现在利率大幅上升，经济会更为疲弱，房价会下跌，个人会出现一波破产潮，甚至金融资产都会出现风险。即使对那些所谓的谨慎储户而言，这也不是更佳的结果。

另一个看起来更有道理的观点是，超低利率政策有可能产生"僵尸"公司，并因此导致"僵尸"经济。在最坏的情况下，英国央行极为廉价的资金或许无法在短期内使经济恢复健康，从而在长期产生一个由僵尸企业组成的经济。必须避免出现这种结果。解决办法在于迫使银行增加资本和核销不良贷款。

的确，定量宽松是一项令人不安的必要政策。但重点在于它是必要的。我们真正应该担心的是，它的效果可能不够好，而不是它会具有破坏性。

（资料来源：FT中文网，作者是英国《金融时报》首席经济评论员马丁·沃尔夫。）

复习思考题参考答案（部分）

第一章　步入经济学殿堂——经济学导论

二、选择题

1. B；2. D；3. C；4. B；5. C；6. A；7. D；8. A；9. BCD；10. ABCD

第二章　谁在操纵物价——均衡价格理论

二、选择题

1. C；2. C；3. B；4. D；5. A；6. A；7. D；8. C；9. A；10. B

四、计算题

解：（1）均衡时 $Q_s = Q_d$

$50 - 5P = -10 + 5P$

$P = 6$

将 $P = 6$ 代入 Q_d 或者 Q_s 得 $Q_e = 20$

（2）均衡时 $Q_s = Q_d$

$60 - 5P = -10 + 5P$

$P = 7$

将 $P = 7$ 代入 Q_d 或者 Q_s 得 $Q_e = 25$

（3）均衡时 $Q_s = Q_d$

$50 - 5P = -5 + 5P$

$P = 5.5$

将 $P = 5.5$ 代入 Q_d 或者 Q_s 得 $Q = 22.5$

第三章　学会理性消费——消费者行为理论

二、选择题

1. A；2. B；3. B；4. A；5. B；6. B；7. B；8. A；9. B；10. C

第四章　怎样才算真正盈利——生产与成本理论

二、选择题

1. C；2. A；3. A；4. C；5. B；6. D；7. B；8. B；9. D；10. C；11. B

三、判断题

1. √；2. ×；3. √；4. ×；5. √；6. ×；7. ×；8. √；9. √；10. ×；11. √；12. ×

五、计算题

产量	固定成本	可变成本	总成本	边际成本	平均固定成本	平均可变成本	平均成本
0	120	0	120	—	—	—	—
1	120	34	154	34	120	34	154
2	120	63	183	29	60	31.5	91.5
3	120	90	210	27	40	30	70
4	120	116	236	26	30	29	59
5	120	145	265	29	24	29	53
6	120	180	300	35	20	30	50
7	120	230	350	50	120/7	230/7	50
8	120	304	424	74	15	38	53
9	120	420	540	116	120/9	420/9	60

第五章 都是垄断惹的祸——市场结构与厂商行为理论

一、选择题
1. C；2. B；3. C；4. B；5. D；6. B；7. C；8. D；9. D；10. A；11. C

二、判断题
1. ×；2. ×；3. √；4. ×；5. √；6. ×；7. √；8. ×；9. ×；10. ×；11. ×；12. √

第六章 市场不是万能的——市场失灵

二、选择题
1. C；2. D；3. B；4. D；5. B；6. A；7. D；8. B；9. A；10. D

第七章 "蛋糕"该怎样分——分配理论

二、选择题
1. A；2. B；3. C；4. C；5. A

第八章 什么是宏观经济——国民收入核算理论

二、选择题
1. A；2. C；3. A；4. A；5. C

第九章 一国财富的衡量——国民收入决定理论

二、选择题
1. C；2. D；3. A；4. B；5. D；6. A；7. B；8. A；9. B；10. D

三、计算题
1. （1）$APC = C/Y = 800/1\,000 = 0.8$
$APS = 1 - APC = 0.2$

复习思考题参考答案（部分）

$$MPC = \frac{\Delta C}{\Delta Y}$$

$MPC = （900 - 800）/ （1\,200 - 1\,000）= 0.5$

$MPS = 1 - MPC = 1 - 0.5 = 0.5$

（2） $K = \dfrac{1}{1 - MPC} = 1/0.5 = 2 \quad \Delta Y = 50 \times 2 = 100$（亿元）

（3） $MPC = \dfrac{\Delta C}{\Delta Y} = 80/200 = 0.4$

$MPS = 1 - MPC = 1 - 0.4 = 0.6$

$K = \dfrac{1}{1 - MPC} = 1/1 - 0.4 = 1.67$

2.

年份	收入	消费	储蓄	MPC	APC	MPS	APS
1	9 000	9 110	-110		1.01		-0.01
2	10 000	10 000	0	0.89	1	0.11	0
3	11 000	10 850	150	0.85	0.986	0.15	0.014
4	12 000	11 600	400	0.75	0.967	0.25	0.033
5	13 000	12 240	760	0.64	0.942	0.36	0.058
6	14 000	12 830	1 170	0.59	0.916	0.41	0.084
7	15 000	13 360	1 640	0.53	0.891	0.47	0.109

第十章 按下葫芦浮起瓢——失业与通货膨胀理论

二、选择题

1. D；2. B；3. A；4. B；5. C

第十一章 要增长，还是要发展——经济增长与经济周期理论

二、选择题

1. B；2. A；3. A；4. A；5. ABD；6. ABCD；7. C；8. C；9. B

第十二章 打好经济政策的"组合拳"——宏观经济政策

二、选择题

1. D；2. A；3. B；4. A；5. B；6. A；7. D；8. B；9. B；10. D

参 考 文 献

[1] [美] 加里·贝克尔. 人类行为的经济分析 [M]. 王业宇, 陈琪, 译. 上海: 上海三联书店, 上海人民出版社, 2003.

[2] [英] 阿·马歇尔. 经济学原理 [M]. 朱志泰, 陈良璧, 译. 北京: 商务印书馆, 1965.

[3] [英] 亚当·斯密. 国民财富的性质和原因的研究 [M]. 郭大力, 王亚南, 译. 北京: 商务印书馆, 2005.

[4] [美] 小罗伯特·B·埃克伦德, 罗伯特·F·赫伯特. 经济理论和方法史 [M]. 杨玉生, 张凤林, 等, 译. 北京: 中国人民大学出版社, 2001.

[5] 蒋自强, 史晋川. 当代经济学流派 [M]. 上海: 复旦大学出版社, 2001.

[6] 高鸿业. 西方经济学 [M]. (第3版). 北京: 中国人民大学出版社, 2004.

[7] 高鸿业. 西方经济学学习与教学手册 [M]. (第3版). 北京: 中国人民大学出版社, 2005.

[8] 俞宪忠, 吴雪花, 张守凤. 微观经济学 [M]. 北京: 中国人民大学出版社, 2010.

[9] 尹伯成. 西方经济学简明教程 [M]. (第1版). 上海: 上海人民出版社, 1995.

[10] 厉以宁. 西方经济学 [M]. 北京: 高等教育出版社, 2000.

[11] 范里安. 微观经济分析 [M]. (第3版). 纽约: 诺顿公司, 1992.

[12] [英] 科斯. 社会成本问题 [J]. 法学和经济学杂志, 1960 (10).

[13] [美] 布坎南. 公共物品的需求和供给 [M]. 芝加哥: 兰特麦克纳赖公司, 1968.

[14] 宋承先, 许强. 现代西方经济学 [M]. (第3版). 上海: 复旦大学出版社, 2005.

[15] 梁小民. 西方经济学 [M]. 北京: 中国统计出版社, 1998.

[16] 吴志清. 经济学基础 [M]. 北京: 机械工业出版社, 2006.

[17] [美] 保罗·萨缪尔森, 威廉·诺德豪斯. 经济学 [M]. 北京: 华夏出版社, 2000.

[18] 黎旨远. 微观经济学 [M]. 北京: 清华大学出版社, 1995.

[19] 宋承先. 现代西方经济学 [M]. 上海: 复旦大学出版社, 1997.

[20] 张永良. 西方经济学 [M]. 西安: 西北大学出版社, 2003.

[21] 王海滋. 西方经济学 [M]. 武汉: 武汉理工大学出版社, 2006.

[22] 史忠健. 经济学基础 [M]. 北京: 高等教育出版社, 2003.

[23] 缪代文. 微观经济与宏观经济学 [M]. 北京: 高等教育出版社, 2004.

[24] 刘风良, 吴汉洪. 西方经济学学习指导 [M]. 北京: 高等教育出版社, 2000.

[25] 刘风良. 西方经济学 [M]. 北京: 中国财政经济出版社, 2002.

[26] 尹伯成. 西方经济学简明教程 [M]. 上海: 上海人民出版社, 2003.

[27] 何璋. 西方经济学 [M]. 北京: 中国财政经济出版社, 2006.

[28] 肖桂山. 西方经济学 [M]. 大连: 东北财经大学出版社, 2003.

[29] 张东辉. 现代西方经济学 [M]. 济南：山东大学出版社，2004.
[30] [美] 保罗·萨缪尔森，威廉·诺德豪斯. 微观经济学、宏观经济学 [M]. 第17版. 北京：人民邮电出版社，2004.
[31] [美] 迈克尔·帕金. 微观经济学、宏观经济学 [M]. 北京：人民邮电出版社，2003.
[32] [美] 约瑟夫·斯蒂格利茨. 经济学（上下册）[M]. 第2版. 北京：中国人民大学出版社，2001.
[33] [美] 曼昆. 经济学原理（上下册）[M]. 北京：北京大学出版社，2000.
[34] [英] 琼斯. 现代经济增长理论导引 [M]. 北京：商务印书馆，1994.
[35] 高鸿业. 西方经济学（上下册）[M]. 北京：中国人民大学出版社，2001.
[36] 黎旨远. 西方经济学 [M]. 北京：高等教育出版社，2002.
[37] 吴易风，等. 政府与市场 [M]. 北京：商务印书馆，1998.
[38] 杨伯华，等. 西方经济学原理 [M]. 成都：西南财经大学出版社，2003.
[39] 蔡继明. 宏观经济学 [M]. 北京：人民出版社，2002.
[40] 余少谦. 宏观经济分析 [M]. 北京：中国金融出版社，2004.
[41] 华桂宏. 经济学基础 [M]. 北京：中国人民大学出版社，2012.
[42] 冯瑞. 经济学基础 [M]. 北京：高等教育出版社，2014.
[43] 陈福明. 经济学基础 [M]. （第2版）. 北京：高等教育出版社，2014.
[44] 缪代文. 微观经济学与宏观经济学 [M]. （第5版）. 北京：高等教育出版社，2014.

学习参考网站

[1] http：//bbs.cenet.org.cn/（中国经济学教育科研网，CENET）
[2] http：//jjx.onjobedu.com/（中国在职教育网）
[3] http：//bbs.jjxj.org/（经济学家论坛）
[4] www.ftchinese.com（FT中文网—全球财经精粹）
[5] www.wspost.com（华尔街电讯）
[6] http：//v.163.com/special/economics/（斯坦福大学公开课：经济学）
[7] http：//www.jingjixue.info/（经济学百科）
[8] http：//www.cenet.org.cn/（中国经济学教育科研网）
[9] http：//www.jjxj.com.cn/（经济学家）
[10] http：//www.ccer.edu.cn/cn/（北京大学国际经济研究中心）
[11] http：//www.ncer.tsinghua.edu.cn/（清华大学经济研究中心）
[12] www.worldbank.com
[13] www.marketwatch.com
[14] www.finance.yahoo.com
[15] www.reuters.com
[16] www.wsj.com
[17] www.bloomberg.com
[18] www.thestreet.com
[19] www.economist.com
[20] http：//www.btdcw.com/btd_4cyd948e8x6u75e0ar5x_1.html